KB105621

문학 속의 도덕철학

문학 속의 도덕철학

박재주(청주교육대 윤리교육과 교수) 지음

철학과현실사

도덕(morality)과 인격(character)은 통합적인 것이다. 그것
은 인지적 / 정서적 / 행동적 요소들로 결코 구분될 수 없다. 도덕
교과교육 역시 통합적 접근의 교육이어야 함은 지극히 당연하다.
그런데도 지금까지의 도덕교과교육은 세 가지 요소들을 차시별
로 구분하여 가르치는 수준이었다. 그것은 도덕과 인격을 '함양
(fostering)'하는 교육이 아니라 그것을 '조립(assembling)'하는
식의 이른바 '사이비' 통합 교육이었다. 도덕과 인격이란 진정
으로 무엇인가 그리고 '함양'한다는 것은 무엇을 어떻게 하는
것인가에 거의 관심을 보이지 않았고, 사회과 교육에서 다루고
있는 가치 / 태도 교육의 수준에 머물렀던 것이 우리 도덕교과
교육의 모습이었다. 최근 미래형 교육 과정에서 사회과와 통합
된 것이 오히려 당연한 일일 수 있다. 사회과'에' 통합된 것이
아니라 사회과'와' 통합된 상태에서 진정한 도덕교과교육의 모
습을 되찾지 못한다면, 도덕교과의 존재 이유는 사라질 것이
다. 그것의 진정한 모습은 통합적 접근의 도덕교과교육이다.

통합적 접근은 다양한 방식들로 이루어질 수 있지만. 필자는 문학을 통한 도덕교육을 강조하고자 한다. 그것은 곧 서사적(narrative) 내지 이야기하기(story-telling) 접근의 도덕교육이다. 도덕교과교육이 인간 삶과 관련된 지식 / 감정 / 행동을 다루는 것이 아니라 인간 삶 자체를 다루어야 하듯이, 문학은 인간 삶 자체를 다룬다. 이야기를 통하여 인간 삶 자체를 이해하는 과정에서 인격과 도덕의 함양은 크게 기대될 것이다.

아리스토텔레스가 말하는 도덕적 행위는 그저 알기만 하고 행하는 행위가 아니다. 아는 것도 중요하지만 그것보다 훨씬 더 중요한 것은 선택이나 결정을 하고 성품에 따라서 행위하는 것이다. 따라서 단순히 옳고 절제하는 행위가 도덕적 행위가 아니고, 옳고 절제하는 사람이 하는 행위인 것이다. '옳고 절제하는 사람이 하듯' 행하는 사람이 옳고 절제하는 사람이다. 따라서 도덕교과교육은 수심(修心) 교육이라기보다 수신(修身) 교육이어야 한다. 유교에서 말하는 마음[心]은 영어로는 'mind and heart'로 번역될 정도로 정신과 마음이 분리되지 않은 것이다. 몸은 더욱 통합적인 개념이다. 그것은 단순한 육체(body)만이 아니라 정신(mind)과 마음(heart)을 포함한 인간 전체를 가리킨다. 수신 교육으로서의 도덕교육은 아리스토텔레스가 말하는 '함으로써 되기(becoming by doing)'의 교육이다. 도덕성은 몸의 실천을 통해 비로소 얻게 되는 것이다. 옳은 행위를 알면서 느끼면서 실행함으로써 옳은 사람이 되는 것이며, 용감한 행위를 알면서 느끼면서 실행함으로써 용감한 사람이 되는 것이다. 이런 점에서 도덕교과교육은 실기 교과여야 한다. 그러나 교실에서 인간 삶 전체를 직접 경험할 수 없다. 문학(특히 소설이나 희곡)을 통해 간접적으로 경험하는 실기 교과여야 할 것이다.

문학은 세계에 관한 하나의 관점으로 다가온다. 특히, 자신들에게 강한 관심을 가진 어린이들은 성장하면서 가정, 학교 그리고 세계 속에서 다른 사람들을 바라보는 법을 배운다. 어린이 문학은 어린이들 자신의 삶 밖의 세계 속으로 자신들을 소개하는 데 중요한 기능을 수행한다. 그것은 어린이들의 경험과 다른 사람들의 경험들 사이에 중요한 연계를 제공한다. 문학 작품의 등장인물들이 어떻게 행동하고 왜 그렇게 행동하는지를 들으면서 어린이들은 그들의 행동들을 자신의 행동들과 비교한다. 그들은 이야기들 속에서의 주인공의 역할에 자신을 자리매김하는 것과 그 주인공이 어떻게 행동하는지 혹은 그들 자신들이 그 이야기 속에 있다면 어떻게 행동할 것인지를 묘사하는 것을 배운다. 도덕성의 발달 과정에서 자아 중심적인 단계에 있는 어린이들은 세계를 그들 자신의 관점에서 바라보는 경향이 있으며, 다른 관점을 볼 수 없다. 문학의 이용은 어린이들이 다른 관점들로부터 사물들을 바라보기 시작하도록 돕는 방법일 수 있다. 그들이 이야기들 속의 인물들을 확인하면서 역할놀이를 배우는데, 그것은 공감뿐 아니라 자아 중심적인 관점보다 더 많은 것으로부터 추론하는 능력의 발달로 나아가게 한다. 그들은 역할놀이 상황에서 이야기 속 인물들에 대한 공감을 발달시키는 과정에서, 실제적인 상황에서의 공감과 친절을 발달시킬 수 있다. 문학은, 어린이들이 실제 삶 속에서 실천하고자 하는 그런 종류의 행위를 실천할 수 있는 많은 기회들을 제공한다. 어린이들이 그들 자신의 것과는 다른 사고를 만날 때, 그들은 상황을 바라보는 방식은 서로 다른 것들이 많이 있음을 알게 된다. 그들은 사람들 사이에서의 차이들을 평가하기 시작하고, 더 관용적인 사람이 되고, 더 잘 사회적으로 상호 작용할 수 있게 된다. 어린이들은 자신의 관점과 삶들이 그들 주변사람들의 관점들과 삶의 양식들에 일치함을 알게 될 때, 자부심과 자존심을 가지게 된다. 문학은 또한 하나의 모델로서 다가온다. 도덕적 행동의 모델은 쉽게 만날 수 없다. 문학은 그런 모델을 제공한다. 많은 어린이 책들에서 도덕적 결정내리기와 행동을 반영하는 행동들이 있다. 어린이들이 다른 사람의 행동들에 관하여 읽을 때, 그들은 자신의 삶들에 연결 짓고 그들 자신의 행동들에 관해 성찰한다. 그래서 문학 모델은 아주 큰 힘을 발휘할 수 있다.

맥킨타이어는 자아를 이야기 양식으로 사유할 것을 제의한다. 이야기가 시작과 중반과 종말로 이어지는 하나의 통일성을 지니듯이, 인간 삶 역시 탄생과 삶과 죽음으로 이어지는 하나의 통일성을 가진다는 것이다. 인간의 삶이 서사적 특성과 같다는 것은, 인간의 행위는 의도적으로 이루어지는 것이기 때문에 이해 가능할 수 있다는 점과 연관된다. 인간의 행위는 기계적인 움직임이 아니다. 그것은 반드시 의도를 전제한다. 따라서 행위는 의도의 규명을 통해 이해 가능한 행위가 될 수 있다. 의도의 규명은 우선 그 행위자의 개인적 역사의 맥락 속에서 규명되어야 한다. 행위자 개인의 역사 속에서 그 의도들이 어떤 역할을 하는가에 따라 일차적인 의도 또는 부차적인 의도, 단기적인 의도 또는 장기적인 의도 등 시간적으로 인과적으로 규명되는 것이다. 그리고 행위자의 역사는 그 행위가 이루어지는 주변 환경의 역사 속에서 규명된다. 인간의 행위는 거대한 이야기를 꾸며가는 하나의 일화일 수 있으며, 그 거대한 이야기 속에 편입되어 있다고 볼 수 있다. 그 속에서 하나의 일화(episode)로서의 한 행위가 이루어지는 주변 환경은 특정한 서사적 역사를 지니고 있다. 따라서 인간의 행위는 의도와 무관하게 규정할 수 없으며, 행위자 자신뿐 아니라 다른 사람들에게 이해 가능하게 만드는 주변 환경과 무관하게 그 의도들을 규정할 수 없다.

맥킨타이어에 의하면, 자아를 이야기 양식으로 사유하는 것은 두 가지를 요구한다. 나의 삶은 하나의 이야기를 살아가는 과정 속에 있다. 나는 나의 역사의 주체다. 주체라는 말은 이야기될 수 있는 삶을 구성하는 행위들과 경험들에 책임을 진다는 의미와 통한다. 즉, 그것은 우리가 행한 것, 우리에게 일어난 것에 관해 설명을 해달라는 요청에 열려 있다는 것을 의미한다. 인격적 정체성은 어떤 이야기의 통일성이 요청하는 성격의 통일성에 의해 전제되는 정체성이다. 통일성이 결여되면 이야기할 수 있는 주체들이 존재할 수 없게 된다. 서사적 자아가 요청하는 또 다른 점은, 나는 책임을 지는 사람일뿐 아니라 다른 사람들에게 책임을 묻고 또 그들에게 질문을 제기할 수 있는 사람이라는 점이다. 그들이 나의 이야기의 한 부분인 것처럼, 나는 그들 이야기의 한 부분이다. 어떤 사람의 이야기는 서로 맞물린 일련의 이야기들의 한 부분이다. 더욱이 해명을 요구하고 설명해주는 것은 그 자체가 이야기를 구성하는 데 중요한 역할을 담당한다. 무슨 일을 행하였고 왜 행했는가를 묻는 것과, 내가 행한 것에 대한 나의 설명 그리고 내가 행한 것에 대한 나의 설명과 당신의 설명의 차이점들을 생각하는 것 등, 모든 것들이 이야기의 본질적 구성 요소들이다.

누스바움은 세 가지 주장들을 통해 문학과 도덕철학의 밀접한 관련성을 주장한다. 첫째, 일부 소설들은 반드시 도덕철학의 작품들이라는 주장이다. 그녀는 글쓰기 양식과 내용은 서로 관련된다고 주장한다. 글쓰기 양식은 중립적이 아니다. 문학 속에 담겨진 인지적 그리고 정서적 내용은 부분적으로 장르와 스타일에 의해 결정된다는 것이다. 철학적 글쓰기의 표준 양식은 도덕적으로 의미 있는 모든 삶의 측면들을 드러내지 않는 다. 논쟁적인 글쓰기는 삶의 어떤 측면들을 적절하게 담아낼 수 없다는 것이다. 원리나 규범에 집중하는 도덕철학은 인간 삶의 구체적인 상황들이 지니는 의미들을 경시한다. 그러므로 도덕철학은 도덕적 삶을 위해 준비하는 사람들에게 큰 역할을 하지 못한다. 그러나 문학은 인간 삶에 관한 진실을 말할 수 있다. 그것은 도덕적 작품의 형태로 독자들의 주의를 끄는 잠 재력을 가진다. 그리고 둘째, 일반적인 규범들과 원리들은 실 제적인 삶에서 행위자가 잘 행위하기를 준비하기에 부적절하 다는 주장이다. 실제적인 삶의 상황들에 잘 대응하기 위해서는 도덕규범들의 철학적 근거를 이해하는 것 이상이 요구된다. 특 별한 것들을 식별하고 상황들을 읽어내는 능력이 본질적인 것 이다. 더욱이 문학은 도덕적 삶의 이런 측면이 얼마나 복잡한 지를 묘사할 수 있다. 세 번째, 문학은 허구적 등장인물들이 직 면하는 문제들을 통하여 생각하기라는 도덕적 활동에 독자들 이 참여하게 할 수 있다는 주장이다. 철학적 글쓰기도 대화나 실례들을 사용하여 가끔 생각하기에 참여할 수 있게 할 수 있 겠지만, 문학적 글쓰기는 특정한 환경들이나 등장인물들에 관 한 성찰에 독자를 더 쉽게 참여시킨다는 것이다. 도덕철학의 '다양한 선 관념들에 대한 면밀한 탐구'는 선 개념에 대한 철학 적 분석을 가리킬 것이다. 문학에서의 '면밀한 탐구'는 '분석'보 다는 상상을 통하여 상세하게 보여주고 묘사하고 혹은 제시하 는 등을 가리킨다. 도덕적 성품, 동기들, 선택들, 행위들 그리 고 문제들의 풍부하고 복잡한 것을 내용으로 담는다는 것이다.

필자의 본래 의도는 '문학(소설) 속의 도덕'을 다루는 것이 었다. 특히, 도덕교육을 위해서는 문학 속의 도덕 문제들, 예를 들어 정직, 배려, 사랑, 우정 등 도덕적 삶의 구체적인 모습들을 다루는 것이 중요할 것이다. 이 문제는 다음 기회에 상세하게 다루고자 한다. 지금 다루는 '문학 속의 도덕철학'은 도덕이 아니라 도덕 이론들을 다룬다. 필자는 도덕철학을 강의하면서, 강의 내용들을 지식으로 이해하고 기억할 뿐 결코 도덕이나 인격을 함양하지 못하는 학생들의 모습을 늘 안타깝게 여겨왔다. 지금까지의 도덕교육은 '수심(修心)'의 교육이지 '수신(修身)'의 교육일 수 없었다. 머리를 통한 이해의 교육을 벗어나 몸을 통한 함양의 교육을 위해, 우선 여러 가지 도덕 이론들을 소설과 희곡에 적용시키는 논문들을 작성하고, 일부는 학술지에 발표하면서 강의에 사용하였고, 이제 그 논문들을 모아서 출판한다. 이것은 하나의 시도에 불과한 것이기 때문에 부족한 점들이 많을 것이다. 많은 지도편달을 기대한다. 그리고 작은 시도에 불과한 논문들을 모아서 기꺼이 출판해주신 <철학과 현실사>에 깊은 감사의 말씀을 전한다.

2010년 5월
心石 박 재 주

문학 속의 도덕철학

차 례

제1장
왜 도덕적이어야 하는가?

1. 서 론

'왜 도덕적이어야 하는가?' 도덕(=윤리)은 왜 필요한가? 그
것은 인간에게 어떤 기능을 수행하는가? 이는 도덕철학이나
도덕교육에서 가장 중요하고 기본적인 질문이다. 그런데 도덕
철학에서 이 기본적인 질문을 진지하게 검토한 경우는 아주
드물다. 이 질문에 대한 그동안의 대답들을 검토하면 그 이유
를 쉽게 짐작할 수 있을 것이다. 이 질문에 대한 가장 일반적
인 대답으로서, '그것이 자기 이익이나 공공 이익이 되기 때문
에', '그것이 신의 명령이기 때문에', '그것이 옳기 때문에' 등의
이유들이 제시된다.1) 이 가운데 도덕철학적인 대답은 '그것이

---

1) John Hospers, "Why Be Moral?", Wilfrid Sellars & John Hospers ed.,
Readings in Ethical Theory (New Jersey : Prentice-Hall, Inc., 1970), pp.
730-746.

이익이 되기 때문이다', '그 자체가 옳기 때문이다'라는 두 가지 대답이다. 그것은 논증이라기보다는 전제 수준의 정당화다. 두 경우 모두에서 질문 자체가 무의미하거나 잘못된 것으로 간주된다.

도덕이 (자기) 이익이라고 생각하는 사람은 그 외 다른 이유를 생각하지 않으려 한다. 이익에 반하는 도덕이 있을 수 없고, 이익에 반하면서 도덕을 따를 이유도 있을 까닭이 없다. 이익에 반하는 도덕을 따를 이유를 이익의 관점에서 묻는 것은 일종의 자기-모순적 요청에 불과하다.[2] 도덕 자체의 정당성을 전제하는 경우, 즉 '그것이 옳기 때문'이라고 대답하는 경우에도 '왜 도덕적이어야 하는가?'라는 질문 자체는 잘못된 질문이다. 도덕철학에 의무의 개념을 도입한 칸트는 도덕과 자기 이익의 철저한 분리를 주장한다. 그는 의무를 특수한 역할과 임무로부터 분리시키고 유용성으로부터도 분리시켜 보편성을 그 본질로 삼는다. 그에 따르면, 의무는 인간의 행복이나 만족을 증진시키기 위한 것이 아니라 전적으로 그 자체를 위해서 수행되어야 하는 것이라고 한다. 도덕적 선은 의무 자체에 대한 수행으로 얻어지는 것이다. 의무의 충족은 단지 추상적인 도덕적 요구이지, 인간적인 사회 제도의 효과적 기능에 의해 요구되는 어떤 것이 아니다. 의무는 인간의 행복이나 만족을 증진시키기 위한 것이 아니라 전적으로 그 자체를 위해 수행되는 것이다. 여기서 '왜 도덕적이어야 하는가?'라는 질문은 잘못된 질문이 되고 만다. 프리차드(H. A. Prichard) 역시 도덕을 수학과 같이 직접적으로 지각되고 직관되는 것으로 생각한다. 그는 왜 도덕적이어야 하는가에 대한 대답이 도덕 자체에 대

---

2) John Hospers, *Human Conduct : an introduction to the problems of ethics* (New York : Harcourt, 1961), pp. 174-195).

한 정당성이 아니라 도덕에 대한 동기 부여가 될 뿐이라고 생각한다. 그는 도덕적이어야 하는 것은 증명할 수 없는 것이며 도덕의 증명을 요구하는 것은 필요하지도 않고 가능하지도 않다는 의미에서 잘못된 질문이라고 한다.3) 그는 도덕적으로 행동해야 되는 다른 이유가 있다고 믿는다. 이런 다른 이유들이 있기 때문에 도덕적인 행동이 자기 자신에게 이익이 된다는 것을 증명할 수 없다고 하더라도 이것이 별로 중요한 사실이 아니라고 보는 것이다. 그가 주장하는 다른 이유는 '옳은 일을 하기를 원한다'는 것이다.

도덕이 '옳기 때문에' 따라야 한다는 직관적이고 의무론적인 주장은 도덕의 정당성에 대한 적절한 대답이기 힘들다. '왜 도덕적이어야 하는가?'라는 질문은 '왜 옳은 일을 해야 하는가?'라는 질문과 같다. 이는 옳은 일을 하는 데 대한 정당한 이유를 요구하는 질문이다. 그런데 그것이 옳기 때문에 도덕적이어야 한다는 주장은 도덕이 인간에게 가지는 정당성을 고려하는 주장이 아니다. 그 주장은 도덕의 정당성을 선험적으로 전제하는 일방적인 주장이지 도덕이 인간에게 어떤 정당성을 가지는가를 문제 삼는 인간 중심의 입장이 아니다. 그것은 '그것이 신의 명령이기 때문에' 지켜야 한다는 입장과 크게 다르지 않다. 도덕의 정당성을 문제 삼는 질문에 '그저 일방적으로 주어지고 요구되는 것'이라고 하는 대답은 수용하기 어렵다. 인간에게 정당성을 주장하지 못하는 도덕을 왜 인간은 따라야 할 것인가? 의무론적 도덕철학은 사람들이 도덕적으로 행동할 동기를 불러일으키기에 미흡하다는 결정적인 약점을 지닌다. 도덕이 인간에게 정당성을 가지는 것은 그것이 개인 이익이든 공공

---

3) H. A. Prichard, "Does Moral Philosophy Rest on a Mistake?", in *Readings in Contemporary Ethical Theory*, p. 415.

이익이든 인간에게 이익을 가져다준다는 점이다. (자기) 이익을 가지고 도덕(=윤리)에 정당성을 부여하는 것이 도덕 자체의 목표를 파괴하지 않는다.[4] 그러한 목적론적 입장의 도덕철학은 인간이 도덕을 실천할 동기를 강하게 부여한다는 점에서 오히려 도덕을 더욱 인간적이고 실제적인 것으로 만든다.

목적론적 도덕철학은 도덕의 정당성을 목적 내지 (자기) 이익에서 찾는다. 그러나 (자기) 이익에서 도덕의 정당성을 찾는다는 입장은 더욱 진지하게 검토될 필요가 있다. 우선 이 입장에서 본다면, 도덕(규범)은 인간의 목적을 실현하는 수단으로 기능한다. 그것은 다른 사람들과 더불어 살아가야 하는 개인들이 서로의 이익을 더불어 보장받기 위하여 합의한 규범에 다름 아니다. 모든 사람들은 자신의 이익을 추구하기보다는 오히려 그것에 제약을 가하는 규범을 따르는 것이 더욱 나은 결과를 가져온다는 것에 동의를 하게 된다. 즉, (자기) 이익을 제약한다는 점이 도덕(규범)의 본질적인 구성 요소가 된다. 그런 의미에서 베이어는 '도덕의 존재 이유는 각자 자기 이익에 따르는 것이 모두에게 해가 되는 경우에 자기 이익을 규제하기 위한 것이라고' 말한다.[5] 그러나 도덕적이어야 할 이유가 자기 이익이 되기 때문이라면서 도덕은 자기 이익의 제약이라고 하는 것은 일견 모순 어법에 해당하는 것 같다. 자기 이익과 도덕이 상호 배타적이라고 생각한다면 분명히 그것은 모순 어법이다. 그러나 자기 이익의 제약이 도덕이라고 해서 자기 이익과 도덕이 항상 상반되는 것은 아니다. 도덕이 곧 자기 이익이 되는 경우도 있을 수 있다. 자기 이익을 제약한다는 것은 무조

---

4) Peter Singer, *Practical Ethics* (Cambridge : Cambridge University Press, 1979), p. 212.
5) Kurt Baier, *The Moral Point of View : A Rational Basis of Ethics* (New York : Cornell University Press, 1958), p. 309.

건 제약한다는 것이 아니다. 그것은 역시 자기 이익을 위한 것
이다. 그 제약은 다른 더 크고 장기적인 자기 이익을 위해서
받아들여지는 것이다. 그래서 자기 이익의 제약도 도덕이며,
그 도덕은 더 크고 장기적인 자기 이익인 것이다. 자기 이익을
단기적인 것과 장기적인 것으로 구분하지 않고 똑같은 의미로
사용한다면 모순 어법의 문제는 해결되지 않는다. 자기 이익을
단기적인 것과 장기적인 것으로 구분하고 도덕적 이유를 단기
적 자기 이익보다 우위에 둔다면 도덕과 장기적 자기 이익은
상충하지 않는다. 도덕은 자기 이익의 제약인 동시에 자기 이
익이라거나, 자기 이익의 제약(=도덕)을 따르는 것이 자기 이
익(=도덕)이 된다는 주장의 자기 모순은 사라질 수 있다.6)

또한 자기 이익의 제약으로서의 도덕은 사회 존속을 위한
것이며, 사회 존속이라는 도덕의 목적 역시 결국은 개인의 이
익을 보장하기 위한 합의의 산물이라는 점이 적절하게 설명되
어야 한다. 도덕은 단기적인 자기 이익과 장기적인 자기 이익
간의 타협의 산물이다. 도덕은 모든 사람이 자기 이익을 추구
하는 세계와 자기 이익에 대한 일정한 제약을 받아들이는 세
계를 비교하여, 모든 사람이 자기 이익에 대한 일정한 제약을
받아들이는 세계가 그 반대의 경우보다 더 나은 세계임을 알
게 되었을 때 생겨난다. 도덕적인 행동이란 (자기) 이익을 제
약하는 규범을 일반적으로 따를 때 그것이 모든 사람들에게
(자기) 이익이 되는 그런 규범을 따르는 것이기 때문에, 우리
는 도덕적이어야 한다는 것이다. 따라서 도덕은 모든 사람들이
받아들이고 또 그것에 따라 행동한다면 모두에게 이익이 되는

---

6) K. Baier, "Why Should We Be Moral?", David P. Gauthier, ed., *Morality
and Rational Self-Interest* (Englewood Cliffs : Prentice-Hall, 1970), pp.
163-164.

그런 규범들의 체계다. 그러나 문제는 도덕을 따른다는 것은 누군가가 단기적인 이익을 포기하거나 현실적인 손해를 감수할 것을 요구한다. 그리고 그것은 단지 단기적으로만 손해가 되며 장기적으로는 그 손해를 보상하거나 더 큰 이익을 가져오는 행동이 아니라 결코 보상받지 못하는 손해의 감수를 요구할 수 있다. 그리고 도덕을 따르는 것이 사회 구성원들 모두에게 최상의 결과를 가져온다는 것이 모두에게 이익을 가져다 준다는 적극적인 의미가 아니다. 도덕이 없는 경우보다는 더 나을 것이라는 소극적인 의미다. 그리고 그것은 손해를 감수하는 개인들의 손해보다는 나머지 사람들이 가지는 이익이 더 크다는 의미다. 도덕은 서로의 이익을 증진시키기 위한 수단으로 누군가가 손해가 되거나 적어도 이익이 감소되는 행동을 할 것을 요구한다. 따라서 오직 타산적이기만 한 사람은 도덕적인 행동을 하지 않을 것이다. 그런데 모든 사람들이 타산적이어서 도덕적 행동을 하지 않는다면 결국 그들 모두가 손해를 입게 된다. 도덕적인 사람은 타산적이지 않은 것은 아니지만 믿을 만한 사람이다. 믿을 만하다는 것은 자신이 합의한 것을 결과에 관계없이 지키며, 지켜야 한다고 판단할 수 있는 사람이다. 그는 자신이 합의를 지키는 경우 그것이 이익이 된다고 여기는 한에서만 믿을 만한 행동을 할 수 있다. 그는 합의한 것이 이익이 될 것이라고 기대하고 또 그것을 하기로 합의한다면, 그 기대가 빗나가더라도 그것을 해야 된다는 것을 받아들인다.[7]

문제는 개인들이 자기 이익을 추구한다는 데 있기보다는 자기 이익을 추구하는 개인들이 서로의 이익을 조정하는 도덕(= 일정한 규범)에 합의하기가 힘들고, 또 서로가 그 합의를 준수

---

7) K. Baier, op. cit. p. 164.

하는가를 알기 어렵다는 점이다. 합의해야 하는 도덕의 일차적
인 요건인 '보편화 가능성'은 다른 사람들에 대한 최소한의 배
려를 요구하기 때문에,8) 서로 간에 합의할 수 있기 위해서는
개인들의 이익 추구가 다른 사람들의 이익 추구에 방해가 되
지 않아야 한다. 이 조건을 만족시키는 도덕 원칙은 '장기적으
로 이익이 되도록 행동하라'는 것이다. 이것이 이른바 '합리적
이기주의(rational egoism)'라고 불린다. 이는 '일정한 제약의
틀 안에서 자신의 이익을 추구하라'는 윤리적 이기주의의 본래
모습이다. 여기서 말하는 '합리적'이라는 말은 '장기적으로 이
익이 된다'는 의미다. 선의를 베푸는 등 도덕적인 행동이 장기
적으로는 자기 이익이 되는 경우들이 많다는 점에서 도덕적
행동을 합리적인 행동이라고 보는 것이다.9) 이 입장에서는 근
시안적 이기주의10)가 아닌 진정한 이기주의는 무엇이 자기 자
신에게 장기적으로 최선의 것인가 그리고 그 방법이 무엇인가
를 오직 이성에 의해 판단할 수 있는 것을 가리킨다.11) 이런
입장에서 본다면 도덕이란 자기 이익에 근거하여 자기 이익을
합리적으로 제약하는 것이다.12) 도덕은 합리적인 개인들의 자
발적인 합의의 산물로 간주된다. 그러한 합의는 도덕 규범과
그 실천을 수용하는 데 도덕 이전의 맥락을 상정한다는 점에

---

8) W. K. Frankena, *Ethics* (Englewood Cliffs : Prentice-Hall, 1973), p. 115.
9) R. B. Brandt, *A Theory of the Good and the Right* (New York : Oxford
University Press, 1979), p. 333.
10) 황경식, 「사회 개혁과 시민의식」, 『철학과 현실』(철학문화연구소, 1993 가
을), p. 57.
11) Nathaniel Branden, "Isn't Everyone Selfish?", Ayn Rand & Nathaniel
Branden, *The Virtue of Selfishness : A New Concept of Egoism* (New York :
Signet, 1964), p. 69.
12) David P. Gauthier, *Morals by Agreement* (New York : Oxford University
Press, 1986), p. 2.

서 가상적이라 할 수 있다. 문제는 가상적 합의로서의 도덕 규범 자체에 있다기보다는 그러한 도덕 규범의 실천에 있다.

궁극적인 문제는, 도덕과 자기 이익의 갈등이 아니라 어리석은 이익과 현명하고 합리적인 이익 사이의 갈등일 것이다. 따라서 사람들이 행동을 선택할 때 궁극적으로 고려해야 하는 것은 자기 이익을 어떤 방식으로 추구할 것인가의 문제다. 장기적이고 진정으로 자기에게 이익이 되는 합리적 선택이 중요한 것이다. 이것은 바로 자기 이익이 우리에게 주는 역설적 교훈이다. 여기서 우리는 '도덕은 인간을 위해 만들어진 것이며, 인간이 도덕을 위해 만들어진 것은 아니다'라는[13] 말을 기억할 필요가 있다. 도덕과 자기 이익의 만남이 부분적으로는 도덕의 권위를 손상시킬 수 있을지라도 전반적으로는 도덕을 우리의 삶에 더욱 친숙하고 지킬 만한 것으로 만들 것이다. 결국 도덕의 인간화를 통해서만 인간의 도덕화가 이루어질 수 있다고 생각한다.

2. 홉스는 어떻게 답하는가?

1) 자연 상태

'왜 도덕적이어야 하는가?'라는 질문에 대한 가장 유명한 도덕철학적 대답은 토마스 홉스(Thomas Hobbes)의 대답일 것이다. 그의 대답은 두 가지 주제로 이루어진다. 하나의 주제는 사회적 무질서에서 오는 혼란과 국가의 통치에서 오는 안정 사이의 현저한 차이를 강조하는 것이다. '왜 도덕적이어야 하

---

13) W. K. Frankena, op. cit., p. 116.

는가?'에 대한 대답은 주로 이 첫째 주제와 연관된다. 다른 하나의 주제는 강력한 심지어 절대적인 군주의 필요성을 강조하는 것이다.

첫째 주제는 그의 책 『공민론』14)의 첫머리에 그림으로 요약하여 제시된다. 이 그림에는 '리베르타스'(=무정부 상태)와 '임페리움'(=군주 통치)이라는 이름의 두 여인이 그려져 있다. '리베르타스'는 처참하고 초췌한 모습의 여인으로서, 거의 벌거숭이에 부러진 활을 들고 있다. 그녀의 뒤에는 허술한 울타리가 소수의 주민들을 겨우 위태롭게 보호하고 있는 풍경이 그려져 있다. 울타리 밖에서는 도둑들이 한 남자를 습격하고 있으며, 한 여인이 한 남자의 난폭한 포옹을 피하려고 몸부림치고 있다. 강도질과 약탈과 강간이 자행되는 가운데 사람들은 나무를 심거나 곡식을 가꿀 생각을 하지 못한다. 곡식도 열매도 열리지 않는 황폐한 상태다. 그러나 '임페리움'은 아름답고 젊은 여인으로서, 머리에는 왕관을 쓰고 있으며, 손에는 힘과 정의를 상징하는 칼과 저울을 들고 있다. 그녀의 뒤에는 풍성한 정치의 풍경이 그려져 있다. 멀리 언덕 위에는 아름다운 도시가 건설되어 있고, 도시 전방에는 상인들이 마음 놓고 여행하고 있으며, 어머니들이 개울둑에서 아기에게 젖을 먹이는가 하면, 농부들은 풍년 든 곡식을 거두어들이고 있다. '리베르타스'와 '임페리움' 두 여인의 두 손가락이 떠받치고 있는 널판 위에는 그리스도와 최후의 만찬 그림이 그려져 있다. 이 조그마한 그림은, 천당의 성자와 지옥의 죄지은 사람들 사이에 건널 수 없는 큰 구렁이 가로놓여 있듯이, 강력하고 현명한 군주의 통치

---

14) Thomas Hobbes, *De Cive or Philosophical Rudiments Concerning Government and Society*, Sir William Molesworth, ed., *Collected Works of Thomas Hobbes*, Vol. Ⅱ, (Scientia Verlag Aalen, 1966)(이 책은 앞으로 *De Cive*로 표기한다).

권 아래에 사는 백성들과 황폐하고 잔인한 혼란 속에 사는 비참한 야만인들 사이에도 넘을 수 없는 구렁이 가로놓여 있다는 것을 상징한다. 물론, 이 그림에 등장하는 두 여인 '리베르타스'와 '임페리움'은 무정부 상태와 정부의 상태를 상징하고 있지만, 그들은 또한 '자연 상태'와 '사회 상태' 혹은 도덕이 없는 상태와 도덕이 있는 상태를 상징한다. 여기서 말하는 정부 혹은 군주 통치가 단순한 정치적·법적 지배만을 의미하는 것이 아니라 이성과 도덕의 지배를 의미하기 때문이다.

홉스가 말하는 '무정부 상태' 혹은 '자연 상태'는 인류의 어떤 원시적인 상태가 결코 아니다. 그것은 인간이 국가와 사회의 형성을 통해 이미 극복한 역사적 과거가 아니다. 오히려 그것은 인간의 삶 속에 깊이 뿌리박고 있는 불변의 인자(因子)로서, 인간의 두 가지 슬기로운 힘을 상실하면 언제나 드러날 수 있는 삶의 양상이다. 그 하나는 정부 권위(혹은 법 지배)의 상실이며, 다른 하나는 이성의 상실이다. 인간의 이성은 행위를 위한 타당한 원리를 분별할 수 있는 힘이다. 그러나 때로는 그것이 판단한 바를 실천에 옮기지 못할 경우가 있다. 국가의 기능이 약화되고 인간의 이성이 존경을 받지 못할 경우에 남는 것이 바로 '자연 상태'다. 정부나 법이 침묵하면 이성도 침묵한다. 그리고 법과 이성을 대신하여 공포와 증오와 탐욕의 정념이 인간을 좌지우지한다. 이것이 바로 그가 말하는 '자연 상태'다.

이 '자연 상태'에서 인간은 '자연의 권리(Jus Naturale=right of nature)'를 가진다. 그것은 개인이 자기 자신의 자연(=본성)을 지키기 위하여 자기 자신의 힘을 자기 마음대로 사용할 수 있는 자유다.15) 그것은 도덕적 원리가 아니다. 그러한 자연의

---

15) Thomas Hobbes, *Leviathan, or, Matter, Form, and Power of a Commonwealth Ecclesiastical and Civil* (Encyclopaedia Britannica, Inc.,

권리 내지 자유의 근원을 제거하자는 것이 홉스의 주장이다. 정부가 없거나 있더라도 약하고 무능한 경우, 따라서 이성도 힘을 잃고 사람을 바람직한 방향으로 인도하지 못할 경우, 사람은 폭력과 모략에 의지할 수밖에 없다. 인간 스스로가 법이 되고, 생명과 음식과 육체적 만족을 위해 투쟁하게 된다. 그러므로 자연의 상태에서 모든 사람들은 모든 사람들에 대해 적이 된다. 그들이 무엇을 갖든 무슨 짓을 하든 나쁠 것이 없다. 모든 것과 모든 짓이 자연의 권리다. 여기서는 자기 이익이나 자기 욕망 외에 시비나 이해를 판단할 기준이 존재하지 않는다. 자연은 모든 사람들에게 모든 일에 대해서 권리를 부여한 것이다. 따라서 개인은 자기 보존이라는 목적을 달성하기 위하여 그것에 적합한 수단을 선택하고, 그러한 권리를 그 어떤 제재 없이 발휘할 수 있는 자유를 지니며, 그러한 권리는 만인에게 있다는 의미에서 평등하다. 자연 상태의 자유와 평등은 절대적 자유와 절대적 평등이다. 그리고 자기 보존이라는 목적을 위해 행사하는 개인들이 자연의 권리를 행사하는 것은 이성에 부합하는 합리적인 행동이다.

'자연 상태'에서 모든 사람은 신체와 정신의 능력에서 평등하다. "때때로 어떤 사람이 다른 사람보다 신체적인 면에서 분명히 더 강하거나 더 기민한 정신을 소유하고 있는 것이 발견될지라도 모든 것을 합하여 평가한다면, 사람과 사람 사이의 차이는, 어느 한 사람이 어떤 이익을 자기 것이라고 주장하면서 다른 사람은 자기처럼 그것이 자기의 이익이라고 주장할 수 없다고 주장할 수 있을 만큼 큰 차이가 아니다. 가장 약한 사람도 비밀스런 모략을 통해서나, 같은 위험에 빠진 다른 사

1952)(Britannica Great Books 23)(이 책은 앞으로 *Leviathan*으로 표기한다), chapter 14, p. 86.

람들과의 공모를 통해서 가장 강한 사람을 죽일 수 있기에 충분한 힘을 가진다."16) 사람의 육체적·정신적 능력이 평등하다는 사실은 목적을 달성할 수 있다는 희망의 평등으로 이어진다. "능력의 평등에서 우리의 목적을 달성하는 데 희망의 평등이 생긴다. 그러므로 만일 어떤 두 사람이 같은 것을 의욕하고, 그럼에도 불구하고 그들이 둘 다 향유할 수 없다면, 그들은 적으로 된다. 그리고 그들의 목표를 달성하는 과정에서 (이 목표는 대체로 그들의 자기 보존이고 때로는 그들의 환락뿐이다) 서로를 멸망시키거나 굴복시키려고 노력한다. 그리고 여기에서 다음과 같은 일이 생겨난다. 침입자가 다른 사람의 단독의 힘 이외에 두려운 것이 없는 곳에서는, 만일 상대자가 밭을 갈아 씨를 뿌리고 쾌적한 거처를 만들거나 소유한다면, 침입자는 결속된 폭력을 가지고 그에게서 그의 노동의 성과뿐 아니라 그의 자유나 생명을 박탈하고 약탈하려고 할 것이다. 그리고 침입자는 다시 그와 같은 다른 상대자로부터의 위험에 부딪히게 되는 것이다."17) 이제 남는 것은 서로 불신하고 불안하고 서로가 서로에게 공포의 대상이 되는 상태다. 어떤 공동의 삶의 방식이나 법이나 도덕 규범이 적용될 리 없다. 오직 불신만 남을 뿐이다. 이 불신은 전쟁으로 이어진다.

'자연 상태'는 '모든 사람들에 대한 모든 사람들의 전쟁(war of every man against every man)' 상태가 된다. "사람들이 그들 모두를 두렵게 하는 공동의 힘이 없이 살아가는 동안, 그들은 '전쟁'이라고 불리는 상태에 있으며, 그리고 그러한 전쟁은 모든 사람에 대한 모든 사람의 전쟁인 것이다. 전쟁은 전투나 싸우는 행동에만 있는 것이 아니고 전투하고자 하는 의지가

---

16) *Leviathan*, chapter 13, p. 84.
17) *Leviathan*, chapter 13. p. 84-85.

충분히 알려지는 그 속에 있기 때문이다. 그러므로 '시간'의 개념은 날씨의 본질에서처럼 전쟁의 본질에서도 고려되어야 한다. 불순한 날씨의 본질이 한두 번의 소나기에 있지 않고 여러 날에 걸치는 그러한 경향에 있는 것처럼, 전쟁의 본질도 실제의 싸움에 있지 않고 투쟁으로의 명확한 지향에 있는 것이다."18) "그러한 상태에서는 근로의 여지가 없다. 그것의 성과가 불확실하기 때문이다. 따라서 토지의 경작이나 항해 및 바다를 통해 수입될 수 있는 상품의 사용, 편리한 건물, 많은 힘을 필요로 하는 것을 운반하고 이동하는 기계, 지표에 관한 지식, 시간의 계산, 기술이나 문학, 그리고 사회 같은 것이 존재하지 않는다. 무엇보다도 나쁜 것은 계속적 공포와 폭력에 의한 죽음에 대한 공포며, 인간의 생활은 고독하며 가난하고 험악하며 잔인하고 짧은 것이다."19)

'자연 상태'에서 인간의 자기 보존은 동물적 본능과도 같은 것이다. 자기 보존, 즉 죽음의 회피를 위해 수단과 방법을 총동원하는 것은 합리적이다. "모든 인간은 자신에게 좋은 것을 추구하고 나쁜 것을 회피한다. 그러나 자연적 악 중 최악은 죽음이고 인간은 특정한 자연적 충동으로 죽음을 회피하는데 그것은 돌이 아래로 떨어지는 것과 같다. 따라서 인간이 자기의 몸을 보존하고 방어하며 죽음과 비탄으로부터 구성원들을 보호하기 위하여 모든 수단을 총동원하는 것은 터무니없는 일도 아니고 비난받을 일도 아니며, 진정한 이성의 명령에 반하는 일도 아니다."20) 홉스는 인간이 자기 이익과 자기 보존을 추구하는 것을 너무나 당연하고 자연적인 것으로 설명한다. 그리고

---

18) *Leviathan*, chapter 13, p. 85.
19) 위와 같은 곳.
20) *De Cive*, p. 8.

최악의 상황인 죽음을 회피하는 것이 인간에게 가장 중요하며 이를 위해 모든 수단과 방법을 총동원하는 것은 선과 악의 영역을 떠난 생존 그 자체의 문제다. 인간에게 생존의 문제가 해결되고 난 후에야 비로소 자신이 선호하거나 원하는 것을 추구하게 되는 것 또한 자연적이다. 그래서 그는 인간을 결코 천성적으로 악한 것으로 보지 않는다. 도덕성은 사회 상태에서 가능하다고 보기 때문에 그에게 성선설이나 성악설은 별 의미가 없다고 본다. 그의 '자연 상태'는 루소와 같은 원시 상태가 아니라 통치가 이루어지지 않은 상태일 뿐이다. 그 '자연 상태'에서 인간은 다른 사람들에 의해 도덕이 무너질 것을 걱정하며 자신 또한 도덕을 지키지 않게 된다. 즉, 사람들은 사회 상태에서만 도덕을 지키게 된다. '자연 상태'에서 부정한 것은 없다. 즉, "거기에서는 어떤 것도 부정한 것이 될 수 없다는 것 또한 당연하다. 옳고 그름, 정의와 부정의의 관념들이 존재할 여지가 없다. 공통되는 힘이 없는 곳에는 법이 존재하지 않으며, 법이 없는 곳에는 부정의도 존재하지 않는다. 폭력과 기만은 전쟁에서 두 가지의 기본적인 덕이며, 정의나 부정의는 육체나 정신의 어떤 능력도 아니다. … 그것들은 고독한 상태가 아니라 사회 속의 인간에게 연관된 성질들이다. 그런 상태에서는 소유나 지배도 없고, '나의 것'과 '너의 것'의 구별이 존재하지 않는다는 것 또한 당연하다. 거기에서는 그가 얻을 수 있는 것만이 그의 것이 될 수 있으며, 그가 그것을 유지할 수 있는 한에서만 그의 것이다."21) 인간의 욕망도 감정도 그 자체로는 악이 아니다. 욕망과 감정에 의한 행동도 그것을 금하는 법이나 도덕이 존재하지 않는 한 범죄가 되거나 비도덕적인 행동이 되는 것은 아니다.

---

21) *Leviathan*, chapter 14, p. 86.

2) 자연법 : 합리적 인간 관계의 기준

홉스에 의하면, '자연 상태'에서 사람들 모두가 자신의 자기 보존을 위해 자연의 권리를 행사한다면 자신의 자기 보존이 더욱 어려워진다는 점을 안다. 그리고 그런 신체적 자기 보존의 위협을 회피하기 위한 방법으로 상호 협조가 있다는 점도 안다. 그러나 사람들은 상호 협조라는 평화적 방법을 추구하기보다는 서로에 대한 지배의 방법을 추구하게 된다. 따라서 혼란 상태는 계속될 수밖에 없다. 상황이 점점 극단적인 단계에 이르면서 상호 협조의 필요성은 더욱 절실하게 느껴지게 된다. 이제 사람들이 모두 자신의 우월한 요소들을 벗어버리고 자유롭고 평등한 상태에서 합리적 인간 관계를 위한 기준을 마련할 수밖에 없는 극단의 상황이 요청된다. 그래서 홉스는 '자연 상태'에서 생명 자체의 보존이 문제되는 극단적인 상황을 그 혼란 상태를 벗어나서 평화에 이를 수 있는 상황으로 설정한다. 이 극단의 상황은 롤즈(John Rawls)의 이른바 '무지의 베일'[22]과 같은 것이다. 롤즈는 개인들이 모든 사회적 지식과 자신들의 과거에 대한 기억을 갖지 않는 평등의 상황 속에서 정의(=도덕)의 원칙이 마련되어야 한다고 주장한다. 마찬가지로 '자연 상태'의 극단의 상황에서는 누구도 사회에서 가졌던 불평등의 재원들을 활용할 수 없는 평등한 상태가 된다는 것이다. 자기 보존 내지 죽음이 문제되는 이 극단의 상황에서 오히려 '자연 상태'라는 나쁜(ill) 상황을 벗어날 수 있는 계기가 마련된다고 홉스는 생각한다. 그 계기는 "부분적으로는 정념에, 그리고 부분적으로는 인간의 이성에 존재한다. 인간을 평화로

---

22) John Rawls, *A Theory of Justice* (Cambridge, Mass. : Belknap Press of Harvard University Press, 1971), pp. 136-142.

나아가게 하는 정념은, 죽음에 대한 공포나 편리한 삶에 필요한 것과 같은 것에 대한 욕망과, 자신의 노력에 의해 그런 것들을 획득할 수 있다는 희망이다. 그리고 이성은 사람들이 합의를 도출할 수 있는 편리한 평화 조항들을 제시한다."23) 여기서 이성은 욕망과 희망이라는 정념에 도구적 역할을 한다. 그것은 자기 보존을 목적으로 삼기 때문에 철저하게 자기 중심적이다.

그러한 이성에 의해 발견된 교훈이나 일반 규칙이 '자연법 (Lex Naturalis=law of nature)'이다. 그가 제시하는 자연법은 모두 19개로 구성되지만, 『리바이어던』에 나타나는 자연법은 대체로 세 가지다. 제1자연법은 '근본적인 자연법(fundamental Law of Nature)'이다. 그것은 '모든 사람은 그가 그것을 획득할 것이라는 희망을 가지는 한, 평화를 얻기 위해 노력해야 한다. 그리고 그것을 획득할 수 없을 때는 그가 전쟁에 도움이 되는 것과 이로운 것을 모두 찾고 사용하라'는 내용이다.24) 이 '자연법'은 두 가지로 구성된다. 평화를 추구하라는 것과 자연의 권리로서의 모든 수단들을 동원하여 자신을 보호하라는 것이다. 이 '근본적인 자연법'은 '자연 상태'에서의 최악인 죽음에 대한 공포의 상태에서 신체적 자기 보존을 위한 인간의 합리성에서 비롯한다. 그래서 '평화를 추구하라'는 것이 그 요점이다. 나머지 자연법들은 이 요점으로부터 도출된다.

제2자연법은 만물에 대한 권리를 포기 또한 양도하라는 것이다. 즉, '인간은 평화와 자신의 방어를 위해 그가 필요하다고 생각하는 한, 다른 사람들도 그러할 때는 모든 것에 대한 권리를 포기해야 한다. 그리고 그가 다른 사람에게 허락한 그 자신에 대한 정도의 자유를 다른 사람에 대해 가지는 것으로 만족

---

23) *Leviathan*, chapter 14, p. 86.
24) 위와 같은 곳.

해야 한다'는 내용이다.25) 모든 것에 대한 권리는 바로 자연의 권리다. 인간은 자연의 권리를 가진다는 점에서 평등하고, 그 것을 자기 보존의 목적을 위해 자유롭게 사용한다는 면에서 자유를 지닌다. 이 자연의 권리가 모든 것에 대한 권리인 것은 '자연 상태'에서는 소유권이 법적 구속력을 갖지 못하기 때문 이다. 또한 개인은 자신의 자기 보존을 위해 필요하다고 판단 되는 것을 모두 사용할 권리를 가지기 때문이다. 홉스는 자연 권을 모두가 사용할 경우 전쟁 상태는 지속될 수밖에 없고 모 두가 자연권을 포기 또는 양도해야 평화 상태가 도래한다고 보는 것이다. 모든 것에 대한 권리 대신 자신이 다른 사람에게 허락하는 정도의 자유에 만족한다는 계약을 맺을 때 자연 상 태를 극복할 수 있다는 것이다. 이는 결국 자신의 권리를 포기 또는 양도하는 것이다. '권리를 포기한다는 것은 그 권리가 누 구에게 이익이 되는가에 상관하지 않는 것'을 말한다. '권리를 양도한다는 것은 그 권리가 특정인에게 이익이 되도록 하는 것'을 말한다.26) 권리를 포기한다는 것은 다른 사람이 권리의 이익을 얻는 것을 방해할 수 있는 자유를 포기하는 것이기 때 문에 다른 사람에게 새로운 권리를 부여하는 것이 아니다. 단 지 자신이 그 권리를 사용하지 않는다는 것이다. 그런데 권리 의 포기나 양도는 반드시 이익에 대한 고려와 관련된다. 그것 은 자발적 행위며, 자발적 행위의 대상은 반드시 자기 이익이 기 때문이다. 그래서 포기될 수 없는 권리가 존재한다. 자신의 목숨을 노리는 폭력에 저항할 권리는 포기될 수 없다. 그 권리 를 포기하는 것은 결코 자기 이익이 아니다. 권리는 포기되기 보다는 양도되는 것이다. 따라서 홉스가 계약을 중시하는 것은

---

25) *Leviathan*, chapter 14, p. 87.
26) 위와 같은 곳.

이 때문이다. 계약은 권리의 상호 양도다.27) 개인들은 자신이 지닌 것을 양도하는 대가로 무언가를 얻기 위해 계약에 임한다. 계약의 일차적 목적은 신체적 자기 보존이다. 계약은 자연법에 대한 합의로서, 개인적 합리성의 발휘를 위한 합리적 인간 관계의 기준에 대한 합의다. 그에게 자연의 권리를 양도하는 계약은 분명히 합리적인 선택이다.

제3자연법은 '인간들은 그들이 맺은 계약을 지켜야 한다'는 것이다.28) 평화를 추구하기 위해 자연권을 양도한다는 계약을 지키는 것은 개인들의 관점에서 볼 때는 합당하며 합리적 선택의 결과다. 이제 자연권을 양도한 후에 개인들이 지켜야 할 기준이 필요하다. 그 기준이 합리적 인간 관계의 핵심이다. 홉스는 계약이 지켜지는 경우에만 정의(=도덕)의 관념이 싹튼다고 생각한다. "정의의 원천은 자연법에 존재한다. 그것은 계약이 지켜지지 않는 곳에서는 어떤 권리도 양도되지 않고 있다는 것이며, 모든 사람은 모든 것에 대한 권리를 가지고 있으며 따라서 어떤 행동도 부정의한 것일 수 없기 때문이다. … 부정의는 '계약이 지켜지지 않음'에 다름 아니며, 부정의한 것이 아닌 것은 어떤 것이나 정의로운 것이다."29) 계약이 지켜지지 않을 것이라는 두려움이 있는 곳에서는 그 계약 자체가 무효이기 때문에 여전히 부정의는 실제로 존재할 수 없다는 것이다. 여기서 정의와 이성의 문제가 생길 수 있다. 자기 이익을 추구하는 합리적인 선택의 결과로서 체결된 것이 계약이며, 그것을 지키는 것이 정의라면 자기 이익을 위해서 그것을 지키지 않는 그 행동 역시 합리적인 선택이 아닌가? 홉스는 '어리석은

---

27) 위와 같은 곳.
28) *Leviathan*, chapter 15, p. 91.
29) 위와 같은 곳.

사람'의 사례를 들면서 계약을 지키는 것, 즉 정의가 이성에 반하지 않는다는 점을 밝힌다. '어리석은 사람'은 세상에 정의는 없다고 여기고 자기 이익만을 추구한다. 그가 자기 이익을 추구한다고 하지만 결국 자신의 파멸을 가져오기 때문에 그를 '어리석다'고 하는 것이다. 그는 합리성의 한 측면인 개인적 합리성만을 고려하여 행동하기 때문에 '자연 상태'에서 죽음에 대한 공포에 이르는 비참한 상태에 빠지게 하는 행동을 재현한다는 것이다. 죽음의 공포를 느끼는 계약 이전의 '자연 상태'에서는 개인들이 '어리석은 사람'이 되는 것이 합리적일 수 있지만, '모든 사람의 모든 사람에 대한 전쟁'을 벗어나기 위하여 계약을 맺었기 때문에 그 계약을 혼자 깰 경우 오히려 자기 파멸만 가져오는 결과를 초래한다. 그래서 계약을 지키는 것, 즉 정의는 이성에 반하지 않으며, 생명을 파괴하는 행위를 금하며 결과적으로 이것은 자연법이다.

홉스에 의하면, 시민법(civil law)은 공평성을 잃을 수도 있지만 자연법은 영구적이며 불변적인 것이다. 그리고 그것은 의욕과 노력에 의무를 부과하기 때문에 용이하게 준수할 수 있는 것이다. 그것은 노력 외에는 어떤 것도 요구하지 않기 때문에 그것을 지키려고 노력하는 사람은 그것을 지키는 것이고, 그것을 지키는 사람은 정당하다.30) 그리고 자연법은 양심의 문제로 남는다. 실제 행동으로는 지키지 않더라도 내면적으로는 지켜야 한다고 생각해야 한다는 것이다. "자연법은 내면의 법정에서 의무가 된다. 즉, 그것이 지켜져야 한다고 의욕하도록 구속한다. 그러나 외부의 법정에서는 그것을 행동으로 옮기도록 늘 구속하는 것은 아니다."31) 따라서 행동으로 그것이 지

---

30) *Leviathan*, chapter 15, pp. 95-96.
31) *Leviathan*, chapter 15, p. 95.

켜지는 것을 보장하기 위해서는 강력한 심지어 절대적인 권력이 요구되는 것이다. 그 권력이 바로 리바이어던인 것이다. 이 점에서 그의 도덕철학이 합리성에 지나치게 비중을 두고 도덕성(=양심성)을 외면하고 있다는 비난을 받게 된다.

그는 자연법을 아주 쉽게 요약하여 제시한다. 그것은 바로 '입장을 바꾸어보는 것'이다. 그는 '네가 네 자신에게 하지 않을 일을 타인에게 하지 말라'는 격언을 제시한 것이다.[32] 여기서 이 격언은 소극적인 의미를 지닌다. 사회적 평화를 유지하기 위하여 최소만 지킨다는 의미인 것이다. 인간의 합리성은 근본적으로 자아 중심적이기 때문에 최소한의 조건은 궁극적으로 나의 신체적이고 사회적 자기 보존을 위해 필요한 것들이다. 이 최소한의 합리적 인간 관계의 기준이 바로 덕(virtue)이요 도덕(moral)이다. 즉, 도덕은 사회의 일원으로 살아가는 데 필요한 최소한의 사회성(sociability)이다. 자기 보존을 위한 자연법에 의거하여 행동하는 습관이 도덕인 것이다.

3. 골딩의 『파리대왕』은 어떻게 답하는가?

1) 『산호섬』의 패러디로서의 『파리대왕』

한 폭의 그림이 천 마디의 말보다 더 큰 가치를 지니듯이, 한 편의 이야기는 수많은 논문들보다 더 설득력 있는 설명을 제시할 수 있다. 윌리엄 골딩(William Golding)의 『파리대왕 (Lord of the Flies)』[33]은 도덕철학에 관한 수많은 논문들보다

---

32) 위와 같은 곳.
33) 윌리엄 골딩 지음 · 유종호 옮김, 『파리대왕』(서울 : 민음사, 1999)을 참고한

'왜 도덕적이어야 하는가?'라는 질문에 더 설득력 있는 대답을 제시한다. 그것은 도덕(성)의 본질과 목적에 대한 현대적 우화다.

그것은 밸런타인(Robert Ballantyne)이 지은 빅토리아 시대 영국 어린이들의 고전이었던 『산호섬(The Coral Island)(1858)』[34]을 패러디한 작품으로 알려져 있다. 기독교적 가치에 대한 절대적인 믿음과 영국인의 우월 의식을 과장되게 표현하고 있는 『산호섬』은 빅토리아 시대의 낙관론의 입장에서 선악의 문제를 제시하는 반면, 『파리대왕』은 인간의 실존적인 가치 개념을 제시한다. 그리고 전자는 악(evil)의 관념을 인간의 내부적인 본질의 의미로 파악하기보다는 외부적 상황에 의해 지배를 받는 것으로 단순화시킨다. 그래서 여기에 등장하는 인물들의 도덕적 성향은 완전하게 양분된다. 즉, 잭(Jack)을 리더로 하는 영국 소년들은 선과 미덕의 상징인 반면, 원주민들은 악의 화신처럼 잔인하고 야만적이다. 그리고 기독교와 이교도, 문명 세계와 원시 세계도 선과 악으로 양분된다. 골딩은 인간의 본성에는 어둠의 빛(darkness of human heart)이 내재하고 있기 때문에 도덕적 가치의 기준을 사회 제도의 폐단에 한정시키지 않고 인간 본성의 문제로 부각시킨다. '파리대왕'이라는 제목은 인간 본성의 사악함을 상징한다. 그것은 유대교와 기독교의 전통에서 'Beelzebub'(바알세불)(=devil. 악마)이라는 의미를 지닌다. 『산호섬』의 소년들은 원죄와는 전혀 무관한 듯, 에덴의 동산 같은 산호섬에서 그들만의 유토피아를 꿈꾼다.

"이 일이 있은 뒤 여러 달 동안 우리는 섬에서 줄곧 조화롭고 행복하게 살고 있었다. 산 호수로 낚시를 하러 가고 가끔은 숲에서 사

다. 직접적인 인용은 쪽수를 본문 속에 표기한다.
34) 로버트 밸런타인 지음·박정호 그림·이원주 옮김, 『산호섬』(주니어 파랑새, 2005)을 참고한다.

냥을 하거나 산꼭대기로 올라가기도 했다. … 나는 우리 누구도 이렇게 간혀 있는 상황에서 해방되는 것을 원치 않으리라고 확신한다. 왜냐하면 우리는 정말로 행복하기 때문이다."(『산호섬』, p. 240)

이는 자연 상태의 인간이 문명이나 도덕이 없이도 평화롭고 행복하게 살아갈 수 있음을 암시한다. 루소가 말하는 '고귀한 야만인'을 연상하게 하는 것이다. 반면, 원죄설에 입각하여 신과 인간의 관계 단절을 그의 작품에 반영하는 골딩은 '인간은 마치 벌이 꿀을 생산하듯 악을 만들어내고 있다(man produces evil as a bee produces honey)'35)고 주장한다. 그리고 그는 문명이 발전하더라도 인간의 타고난 야만성은 완전하게 제거될 수 없으며, 현대 문명은 단순히 피상적인 것으로 순식간에 원시 상태로 되돌아갈 수 있다고 주장한다.36) 처음에는 "우리는 규칙을 만들고 또 거기에 복종해야 해. 즉, 우리는 야만인이 아닌 거야. 우리는 영국 국민이야. 영국 국민은 무슨 일이라도 척척 잘해. 그러니 우리는 온당한 일을 해야 해."(『파리대왕』, p. 61)라고 말할 정도로 영국인으로서의 자부심과 긍지를 가지고 있었으며, 문명과 도덕(=규칙)을 받아들이려고 했던 잭 매리듀(Jack Merridew)라는 소년도 결국에는 미덕과 의지력을 상실하고 야만인으로 변하고 만다. 골딩은 인간의 순수성을 상실하고 야만인이 되는 대표적인 인물로서 잭을 등장시킨다. 이 잭의 변모를 통해 인간에게는 문명과 도덕이 절실하게 요구된다는 점을 암시하고 있다. 그는 『산호섬』에서 등장하는 잭과는 이름은 같지만 아주 대조적인 성격의 인물이다.

---

35) William Golding, "Fable", *The Hot Gates and other Occasional Pieces* (London : Faber & Faber, 1965), p. 87.
36) Arnold Johnston, *of Earth and Darkness* (Columbia University of Missouri Press, 1980), pp. 8-9.

"밸런타인의 잭은 문명 사회 속에서의 힘을 상징하며 어떤 사악함도 드러내지 않았다. 골딩의 잭은 악이 가진 공격적인 힘이다. 그가 점점 더 많은 추종자들을 얻으면서 섬에서의 생존은 점점 더 어렵게 되어간다."[37]

『산호섬』에서의 잭은 그의 동료들인 랠프(Ralph)와 피터킨 (Peterkin)의 신임을 얻어 리더로 추천된 강인하고 영민한 소년이지만, 『파리대왕』의 잭은 자신이 리더가 되어야 하는 이유를 당당히 제시함으로써 자신감에 차 있고 오만하여 다른 사람을 지배하려는 욕망을 지닌 소년이다. 그의 오만하고 독선적인 사고방식이 랠프와 대립을 이루고 마침내 악의 화신으로 변모한다.

『산호섬』에서, 15세의 내레이터 랠프 로버(Ralph Rover), 잭 마틴(Jack Martin), 창조적이고 지혜로운 피터킨 게이(Peterkin Gay) 등 세 명의 십대 소년들은 미확인된 태평양의 섬에서 배가 좌초되어 표류한다. 이 세 소년들은 이상적인 영국인이며, 그들이 자신들을 잡으려는 식인종들을 만나기 전에는 유토피아 속에서 산다. 그러나 식인종들이 그들을 먹기 위해 끓이려고 할 순간 선교사들이 도착하여 식인종들을 개종시키고 그들을 야만의 어두움에서 해방시키며 소년들을 그 어두운 가마솥에서 해방시킨다. 이 책은 당시 유행했던 캘빈주의와 퓨리턴의 원죄 교의에 대한 반박으로서 쓰였다. 원죄 교의는 인간 본성은 피할 수 없이 비뚤어져 있다고 주장한다. 『산호섬』에서 인간 본성은 본질적으로 선하다. 골딩은 랠프 로버를 상식적이고 친절하고 호감을 사는 지도자 랠프로, 잭 마틴을 랠프의 라이

---

37) James Gindin, *William Golding* (Macmillan Modern Pub. Ltd., 1988), p. 22.

벌이면서 붉은 머리를 한 탐욕스럽고 디오니소스적인 잭 메리듀로, 창조적이고 지혜로운 피터킨을 통찰력을 지니고 있으며 간질을 앓고 있는 사이먼(Simon)과 천식을 앓고 있으며 근시안적인 철학자이자 랠프의 양심인 피기(Piggy) 두 사람으로 패러디한다.

2) 문명(=도덕)과 인간의 악

(1) 랠프와 잭의 대립

『파리대왕』은 인간 조건과 도덕 의식의 필요성을 탐색한다. 골딩은 문명 속에서 문명의 역할을 안다는 것이 한계를 지닌다고 생각하여 소설의 무대로 무인도를 선택한 것 같다. 무인도에서 살아가는 소년들의 모습을 보면서 문명(좁게는 도덕)이 어떤 역할을 하는지 살펴본다. 문명이나 도덕이 존재하지 않는 무인도의 생활은 인간(=소년)들의 마음을 관찰할 수 있는 가장 좋은 기회라고 생각한 것 같다. 소년들에게 강요되었던 문명과 교양의 껍질들이 하나씩 떨어져나가면서 그들의 악한 본성이 드러나기 시작한다. 그들은 살생하고도 도덕적 죄의식을 느끼지 못한다. 그들은 동물 살생에 머물지 않고 마침내 인간 사냥에 나선다. 이 과정에서 인간의 사악함이 적나라하게 드러난다.

이 소설에서 등장하는 소년들은 문명 세계에서 성장했기 때문에 문명의 영향을 피할 수 없다. 무인도에 떨어진 소년들은 어른이 없음을 확인하자 이성의 시선에서 해방되었다는 일시적인 기쁨에 빠진다. 이성적인 질서를 부여하는 랠프마저도 야릇한 희열을 느낀다. 섬에는 어른들이 없지만 아직 어른들의 시선들은 존재한다. 문명의 잔재가 그들을 감시한다. 세 어린이들이 모래바닥에서 놀면서 만든 모래성을 로저와 모리스는 심술궂게 망가뜨린다. 그때 모리스는 그곳을 황급히 떠나면서 이 섬에는 없지만 내면에서 잘못을 야단치는 부모의 시선을 느낀다. 잔인한 로즈(Roger)마저도 자기 주위의 돌들을 던져서 어린이를 비웃으면서도 돌들로 인해 그 애가 다치지 않도록 일부러 빗나가게 던진다.

로저는 돌을 한 주먹 모아가지고 던지기 시작하였다. 그러나 헨리 주변의 직경 6야드쯤 되는 공간에는 감히 팔매질을 하지 않았다. 보이지는 않지만 강력한 이전의 생활의 터부가 존재하고 있었던 셈이었다. 웅크리고 앉은 어린이의 주위에는 부모와 학교와 경찰관과 법률의 보호가 있었다. 팔매질하는 로저의 팔은 로저를 전혀 알지도 못하고 이제는 파멸한 문명 세계에 의해서 규제되고 있었던 것이다.(89)

한편, 랠프와 잭을 비롯한 일부 소년들이 섬의 정세를 살피기 위해 가던 중 덤불 속에서 멧돼지를 발견한다. 그러나 잭은 그 돼지를 죽일 수 없다. 돼지와의 첫 대면에서 칼을 돼지 살 속으로 찌르지 못한다. "나는 겨냥을 하고 있었어." "어디를 찍을까 하고 잠시 기다리고 있었을 뿐이야."라는 잭의 변명에도 불구하고 소년들은 잭이 돼지를 죽이지 못한 이유를 알고 있었다.

칼을 내리쳐서 산짐승의 살을 베는 것이 끔찍했기 때문이었다. 용솟음칠 피가 견디기 어려운 것이었기 때문이다.(43)

문명과 도덕은 인간의 본능적 사악함을 자제시키는 역할을 한다. 이 소설에서 악을 대변하는 잭마저 '문명적 삶의 터부(the taboo of the old life)'[38]에서 아직 자유롭지 못한 상태다.

그가 아직 문명 세계에서의 도덕과 교육의 통제를 받고 있기 때문에 살생이 옳지 않은 일임을 알고 있다는 것이다.

이 이야기는 무인도에서의 소년들, 특히 잭에게서 문명의 껍질들이 떨어져나가면서 본능적인 악의 모습들이 드러나는 과정을 묘사하는 내용이다. 이야기의 줄거리는 랠프와 잭의 대결을 중심으로 전개된다. 그들은 각각 문명(도덕)과 악을 대변한다. 랠프는 금발머리에 밝고 명랑하며 체격이 좋고 잘 생긴 소년이다. 그는 합리적이며 온화한 분위기를 풍긴다. 잭은 붉은 머리카락에 검은 피부를 가진 깡마른 체격에 똑똑하게 보이지만 못생긴 소년이다. 그는 난폭한 성격을 가진 소년이다. 랠프는 규칙의 준수와 질서의 유지를 강조하면서 리더로서의 역할에 최선을 다한다. 문명을 대표하는 그는 질서 있는 문명사회를 건설하기 위하여 성실하게 소년들을 이끌어나간다. 그러나 그는 집단의 생리를 깊이 통찰하고 대처해나가는 카리스마와 선동적인 능력이 부족하다. 또한 논리적인 사고와 결단성이 결여되어 있기 때문에 끝까지 리더로서의 역할을 다하지 못한다. 그는 리더임에도 불구하고 소년들의 감정을 잘 이해하지 못한다. 오히려 잭은 소년들의 세계에 머물면서 그들을 더 잘 이해한다. 리더가 된 랠프는 어린애들처럼 놀고 싶은 마음이 있으면서도 구조의 희망을 가지고 봉화를 피우고 오두막을 짓는 등 건설적인 일을 한다. 그러나 잭 일행은 처음에는 랠프처럼 봉화의 중요성과 규칙의 필요성을 깨닫지만 시간이 지날수록 판단력이 흐려지고 악한 본성이 그들의 사고력을 마비시킨다. 그들은 규칙과 질서, 봉화를 무시하고 사냥에만 몰두한다. 그는 고기를 먹고 생존해야 한다는 당위성을 내세우면서

---

38) W. R. Mueller, *An old Story Well Told in Lord of the Flies*, ed., J. R. Baker & A. P. Ziegler (New York : G. P. Putnam's Sons, 1955), p. 246.

파괴적 행동을 일삼으며 사냥에 몰두한다. 잭 일행의 그러한 행동은 합리성과는 대치되는 인간 본능을 암시한다. 잭이 사냥에 몰두하는 이유는 표면적으로는 먹을 고기를 얻기 위함이지만, 이면에는 랠프와의 리더 경쟁에서 진 이후 리더가 되고자 계획한 음모다. 잭은 얼굴에 색칠을 하고 자신을 드러내지 않은 채 악마와 같은 행동을 스스럼없이 행한다. 그는 가면을 쓰고 수치심을 없앰으로써 자아를 의식하지 않고 무의식의 세계인 본능에 따라 행동하는 것이다. 잭은 자신이 맡은 사냥 임무에 지나칠 정도로 집착하고 봉화를 피워 구조되기를 바라는 희망보다도 우선적인 것으로 생각한다. 잭은 순간마다 자신의 감정이나 본능을 잘 깨닫는다. 이 요소가 그를 감정과 본능의 세계에서의 지도자로서의 자질을 부여한다. 잭은 본능적으로 다른 소년들의 두려움을 이해한다. 그는 소년들의 마음이 나약하다는 사실을 알아차리고 유령(The Beast)에 대한 공포를 이용하여 조직을 결속시킨다. 그는 유일하게 성가대 지휘자의 경험을 가진 소년이다. 그는 이미 조직의 생리와 권위를 헤아릴 수 있는 능력과 함께 오만함을 지니고 있다. 그는 희망에 찬 섬 사회를 파멸로 이끌어나간다. 먼저 리더가 되지 못한 것에 분노를 느끼고 물리적인 힘이 강한 사냥 부대를 거느리고 충동적인 선동을 한다. 그리하여 라이벌인 랠프에 대한 증오를 노골적으로 표현하고, 멧돼지를 죽임으로써 얻게 된 권력은 마침내 사이먼을 죽일 수 있을 만큼 난폭해진다. 끝을 모르고 치닫는 피에 대한 갈증은 새로운 사냥을 부르면서 이를 정당화시키기 위한 의식이 진행된다. 이 사냥 의식 뒤에는 또 다른 살생, 즉 살인이 잉태된다. 잭이 얼굴을 진흙으로 위장할 때 명분은 사냥을 위한 것이었다. 그리하여 잭은 진흙이라는 일종의 가면을 쓴다. 그는 문명의 얼굴이 가지는 수치심과 열등감을 감출 수 있는 야성의 가면이 필요했던 것이다. 가면은 거의 존재의 일부가 되어버렸고, 그 가면 뒤에서 잭은 도덕적 책임감이나 수치심, 죄의식으로부터 자유로울 수 있었던 것이다.

그들의 대립이 표면적으로 드러나는 계기가 된 것은 커다란 배가 섬 주변을 지나가고 있었지만 신호용 봉화가 꺼져 모처럼의 구조 기회가 사라진 사건이었다. 사냥에 몰두하던 잭은 구조를 위해 피운 봉화를 꺼뜨리게 되어 구조의 기회를 놓치고, 이에 화가 난 랠프는 사냥을 핑계로 봉화를 꺼뜨린 잭에게 자신의 감정을 자제하며 인간성에 호소한다. 그러나 잭은 자신의 사냥을 정당화시키려고 랠프와 맞서고 그들의 적대감이 드러난다. 그들의 대립은 봉화를 피우는 것에 대한 인식이 차이로부터 생긴다. 봉화의 중요성을 인식한 랠프와 그렇지 못한 잭은 가치관의 차이에서 오는 갈등을 극복하지 못하고 두 개의 서로 다른 집단을 조직하여 끝까지 화합하지 못한다.

봉화를 꺼뜨린 것에 대해 형식적인 사과를 하는 잭은 감정을 통제하지 못하고 랠프에 대한 도전으로 피기를 때리는 치사한 속임수를 사용한다. 문명의 상징인 피기의 안경 한쪽이 깨지고, 랠프와 함께 합리적 사고를 해왔던 피기 역시 잭으로 인해 파멸된다. 이제 이 섬에서는 문명과 합리가 통하지 않게 되었음을 짐작하게 한다. 결국 문명 세계를 본능이 주도하는 세상과 대립시킴으로써 문명적인 요소와 야만적인 요소를 평면적으로 소년들을 통해 표현하고 있지만, 이는 곧 복합적인 인간 내면을 상징적으로 그리고 있다.

"우리에겐 고기가 필요했어."

이 말과 동시에 피 묻은 창칼을 손에 들고 잭은 벌떡 일어섰다. 두 소년은 얼굴을 마주 보았다. 한쪽에는 사냥과 술책과 흥겨움과 솜씨

의 멋있는 세계가 있었고, 다른 한쪽엔 동경과 좌절된 상식의 세계가
있었다. 잭은 창칼을 왼손으로 옮겨 잡고 찰싹 늘어붙은 머리칼을
내려서 이마에 피를 묻혔다.

피기가 다시 입을 열었다.

"불은 꺼뜨리지 말았어야 했어. 연기를 올리겠다고 해놓고서는 ⋯."

이런 말이 피기 입에서 나오고 거기 호응하듯 사냥 부대의 몇몇이
울음을 터뜨리자 잭은 사나워졌다. 그의 파란 눈은 쩌리는 눈길이
되었다. 그는 한 발짝을 내디뎠다. 누군가를 치고 싶은 기분이 되어
피기의 배때기에다 주먹을 내질렀다. 피기는 어이쿠 소리를 내며 주
저앉았다. 잭은 그를 내려다보며 서 있었다. 그의 목소리는 수모감으
로 떨리고 있었다.(103)

소년들은 남은 한쪽 안경으로 불을 피우고 멧돼지를 구워먹
기 시작한다. 여기서 랠프도 피기도 군침을 흘리면서 잭 일행
이 잡은 고기를 먹고 싶어한다.

랠프는 군침을 흘렸다. 그는 멧돼지 고기를 거절할 작정이었으나
지금까지 과일이나 나무 열매 혹은 묘한 게나 생선만을 먹어왔기 때
문에 크게 고집을 피우진 못했다. 그는 반밖에 구워지지 않은 고깃
점을 받아들고 흡사 이리처럼 물어 씹었다.

돼지가 역시 군침을 흘리면서 말했다.

"난 먹으면 안 되니?"

잭은 여봐란 듯이 권력을 과시하기 위해 피기를 의아스러운 상태
속에 놓아둘 작정이었다. 그러나 자기만 빠졌다는 것을 피기가 이렇
게 광고했기 때문에 잭으로서는 다시 잔인하게 굴지 않을 수 없었다.

"너는 사냥을 안 했어."

"사냥이라면 랠프도 안 했고, 또 사이먼도 거들지 않았어." 하고
피기는 맥없이 처량하게 말했다. 그러더니 또 부연했다. "게 고기 같
은 것은 먹으나마나야."

랠프가 불안스레 뒤척였다. 쌍둥이 형제와 피기 사이에 자리를 잡고 있던 사이먼은 입을 닦고는 손에 들고 있던 자기 고깃점을 바위 너머로 피기에게 건네주었다. 피기는 그것을 잡았다. 쌍둥이 형제는 낄낄거리고 사이먼은 창피하다는 듯 고개를 숙였다.

그러자 잭이 벌떡 일어나 큰 고깃점을 베어서 사이먼의 발께로 던졌다.

"처먹어! 자씩!"

그는 사이먼을 노려보았다.(106-107)

섬 소년들에게 유령(The Beast)에 대한 공포는 점점 커지고, 랠프는 소년들에게 생존 수단을 제공하지 못하기 때문에 잭으로 인해 권위와 지도력을 상실하게 된다. 합리적이고 이성적인 랠프보다는 어떤 규칙도 지켜지지 않는 상황에서 무기력하고 괴로워하는 랠프의 모습을 볼 수 있다. 그래서 잭은 지금까지 그저 명령만 내리고 복종만 요구하는 지도자 랠프의 권위를 무시하게 되고, 랠프에게 불만의 감정을 표현하며 오두막을 떠난다. 리더로서 명령만 내렸지 겁쟁이며 사냥도 못하는 위인이므로 잭은 더 이상 랠프 밑에 있지 않겠다고 선언한다. 아이들은 하나둘씩 잭의 편에 가담한다. 소년들에게 고기와 쾌락을 주지 못하는 랠프는 잭으로부터 리더의 자리를 위협받게 된다.

소년들의 공포의 대상이 된 유령을 죽이기 위해 나선 잭 일행은 도중에서 만난 암퇘지를 죽인다. 잭은 암퇘지를 죽인 뒤 창자를 도려내어 바위 위에 놓고 아이들에게 자랑하며 피투성이가 된 손을 바위에 닦는다.

잭은 피투성이가 된 손을 바위에 닦았다. 이어 그는 암퇘지에 달려들어 배를 가르고 가지각색의 뜨거운 창자를 도려내어 바위 위에

쌓아올렸다. 그러는 사이 모두들 그를 지켜보았다.(203)

잭은 이처럼 잔인하고 야만적인 살육 행위를 서슴없이 저지르고, 나아가 그의 부하들을 폭력적으로 다스린다. 그의 돼지 사냥은 생존을 위한 식량 조달 차원을 넘어 소년들을 통제하기 위한 수단으로 발전한다. 그리고 그는 유령을 달랜다는 명목으로 돼지머리를 유령에게 바친다. 잭의 이런 행위는 그의 마음속에 악을 영접한 것이며, 그 돼지머리는 그가 악에게 보낸 선물인 것이다. 소년들의 악행은 돼지를 죽이는 과정에서 가장 잘 드러난다. 그들의 악행은 돼지를 죽이는 장소와 큰 대조를 이룬다.

소년들이 뒤로 바싹 다가갔을 때 암퇘지는 화려한 꽃이 피어 있는 공지로 비틀거리며 들어섰다. 거기에는 나비들이 서로의 주위를 날고 있었으며, 무더운 대기가 조용히 깔려 있었다.(201-202)

이처럼 나비들이 춤추고 아름다운 꽃들이 피어 있는 곳에서도 인간은 아무런 거리낌 없이 잔인한 행동을 저지른다는 사실을 보여줌으로써, 착하고 이성적인 인간이 악하고 추한 주위 환경을 개선시킨다는 밸런타인의 낙관적 인간관을 골딩은 정면으로 비판하는 것이다. 이들은 또한 사냥 축제를 할 때 춤을 추며 의식적인 합창을 하는데, 이것은 억제할 수 없는 욕망이 소년들을 사로잡아 집단적 무의식의 표출로써 내재된 악을 발산하게 되는 것이다. 인간의 어두운 그림자가 사람 사냥 흉내에서 살인에까지 이르게 한다. 사이먼에 대한 집단적인 살인 행위가 소년들의 흥분 속에서 이루어진다.

잭은 자신이 리더가 되지 못한 것에 대해 처음부터 결코 수용하려 하지 않았으며, 랠프를 적대시하여 지도자의 자리를 빼앗아 결국 스스로 리더가 된다. 잭이 랠프와의 경쟁에서 승리하게 된 것이다. 그는 아이들의 심리적 불안과 공포를 이용해 사냥을 통해 그들에게 만족감을 주고 그 대가로 자신의 강력한 권력을 얻는다. 이 권력을 지키기 위해 잭은 의식을 고안한다. 인간이 지적으로 이해할 수 없는 불가사의한 힘에 대한 두려움을 가라앉히는 수단으로 고안된 의식이 바로 사냥 축제다. 그는 그 의식의 명분으로 그 짐승을 달래는 것으로 가장한다. 잭은 이 의식을 통해서 사냥 부대의 결속을 강화시킨다. 민주주의 방식의 회의와 토론을 멸시하는 권위 지향적인 잭은 폭력의 집단화, 피의 축제 등을 수단으로 수치심과 죄의식에서 해방되어 자기 스스로의 가면 뒤에 숨어버리고, 소년들에게도 불안감을 제거해줌으로써 자신의 세력 구축에 성공한다.

"짐승을 죽여라! 목을 따라! 피를 흘려라!"
노랫소리가 신나 보이는 처음의 가락을 버리고 안정된 맥박처럼 일정한 율동을 치기 시작하자 원을 그리는 동작도 규칙적으로 되었다. ⋯ 하나의 유기체가 가슴을 두근거리며 발소리를 내는 것 같았다. ⋯
"짐승을 죽여라! 목을 따라! 피를 흘려라!"(226-227)

잭의 무리들은 점점 잔인해진다. 이제 잭의 통제가 아니면 다스릴 수 없는 상황에 이른다. 오로지 사냥에 몰두하는 과정에서 점점 문명을 벗어나서 야만의 상태로 나아가는 삶이 계속된다. 그들의 광기는 결국 사이먼을 희생자로 만들어 잔인하게 죽인다.
그들은 문명의 상징이며 구출의 유일한 수단이었던 안경을 강탈하게 되어, 구조를 위한 수단이었던 안경은 이제 그저 생존을 위한 불쏘시개로 전락한다. 안경을 강탈당한 피기의 울부짖음, 사이먼이 죽은 것에 대하여 랠프가 공포를 느끼는 것은 불행한 미래를 예고하는 것이다. 안경 없이는 살 수 없는 피기가 잭에게 항의하던 중 무참히 살해되고, 그와 함께 이성의 세계를 지키며 노력하던 쌍둥이 형제가 잭의 일당에게 포로로 잡히게 된다. 현명한 판단으로 그에게 실제적으로 많은 도움을 주었던 피기도 옆에 있지 않고 쌍둥이 형제가 야만인과 일행이 되었다는 사실이 랠프에게 회한을 느끼게 한다.

악의 그림자가 표출된 마지막 절정의 순간은 랠프에 대한 사냥에서다. 이 사냥에서는 사이먼의 죽음에서는 나타나 있지 않은 소년들의 의도적인 잔인성이 묘사된다. 랠프를 잡기 위해 얼굴에 색칠을 하고 짐승처럼 날뛰던 소년들은 인간이 추악하고 더럽혀진 존재임을 상징적으로 나타낸다. 양끝이 뾰족한 나무는 돼지 사냥에서 실제로 사용했던 것이다. 돼지를 사냥할 때 사용하던 양끝이 뾰족한 창을 랠프에게도 사용하는 것은 인간의 사악함에 대한 극단적인 표출이다. 잭은 랠프를 죽이기 위해서 섬에 불을 지른다. 자신의 라이벌을 제거해야만 비로소 진정한 의미의 대장이 될 수 있다고 생각했기 때문이다. 랠프는 고통을 느끼고 죽음의 위협을 받으며 쫓기게 된다. 랠프가 쫓기는 상황은 마치 전쟁을 보는 듯하다. 소년들의 잔인한 싸움은 랠프에게 죽음과 같은 고통을 느끼게 한다. 그는 자신도 몰랐던 본능에 따라 정신없이 도망을 친다. 그는 잭 일행의 날카로운 창과 그들이 섬 전체에 지른 불로부터 도망치는 과정에서 극도의 고통을 느끼며 인간의 파괴 본능을 새로이 인식한다.

(2) '불'과 '유령'의 상징 그리고 사이먼과 피기의 죽음

『파리대왕』에는 문명(혹은 선)과 야만(혹은 악)을 상징하는

'불'과 '유령(The Beast)'이 등장한다. 소년들은 의도적이든 아니든 아름다운 섬을 두 번이나 불태운다. 이 섬은 꽃과 열매가 가득한 낙원이었지만 소년들은 이성을 잃고 살인을 자행하여 아름다운 낙원을 지옥으로 만들어간다. 여기서 소년들을 악의 세계로 이끄는 데 큰 영향을 미친 불은 상징적 의미를 지닌다. 불은 문명을 상징하는 요소로 소년들이 무인도에서 살아가기 위해 가장 필요한 것이다. 그들은 처음에는 불을 유용하게 이용했지만 시간에 지남에 따라 불은 무서운 무기로 변한다. 무인도였던 섬은 소년들에 의해 두 번 불타게 된다. 문명을 상징하는 피기의 안경이 잭의 눈에 띄게 되고 잭은 강제로 피기의 안경을 탈취하여 불을 붙이는 데 사용한다. 불은 곧 불기둥으로 변하고 그 불꽃은 강물처럼 섬을 집어삼킨다. 소년들의 봉화 불에 대한 부주의로 인해 이 섬에서의 첫 번째 화재가 발생한다. 이 화제로 섬 전체가 불에 탈 뻔했고, 어린 소년이 불에 타 죽게 만들었다. 이 사건으로 인해 결국 소년들의 가슴속에 공포심과 악마성의 불씨를 키우게 된다. 잭의 행동에서 보이는 것처럼 그는 독단적이고 파괴적이며 약자를 괴롭히는 성격의 소유자다. 강자의 횡포에 대항하지 못하는 인간의 무기력함과 인간의 생명에 대한 존엄성을 무시하는 풍조가 소년들 사이에 생긴다. 봉화 불을 피우다가 발생한 불로 인해 얼굴에 자줏빛 반점을 가진 아이가 실종되지만 그 책임은 규명되지 않았고 피기를 제외하고 누구도 이 사태의 심각성을 깨닫지 못한다. 이 불로 인해 자연과 인간이 함께 파괴되는 현상에서 인간의 마음속에 악마성이 존재함이 입증된다. 도덕성을 상실한 잭 일행은 얼굴에 진흙을 칠하고 랠프의 캠프를 습격한다. 그들은 피기의 나머지 안경 한쪽을 훔치기 위해 침입한 것이다. 잭이 불을 훔치는 행동은 불이 단지 사냥에 대한 본능적인 욕망과 고기를 굽기 위한 수단으로 전락되었음을 보여준다. 이 경우의 불은 구조를 위한 '봉화의 불'과는 대조적이다. 이처럼 불은 신성한 것인 동시에 악의 요소도 간직하고 있음이 극명하게 부각된다. 안경 없이는 살 수 없는 피기에게 나머지 한쪽의 안경을 강탈함으로써 피기는 거의 장님과 같다. 이는 잭의 양심과 이성의 말살을 의미한다. 잭은 권력에 대한 욕망과 폭력성을 드러냄으로써 다른 소년들에 대한 지배를 정당화시키고 결국 섬을 지배한다. 그러나 섬에서 발생한 두 번째 화재는 잭에 의해 고의로 저질러진다. 잭은 랠프를 죽이려고 섬에 불을 지른다. 이때 잭에 의해 저질러진 불은 무기로 이용된다. 이 화재로 섬 전체가 불길에 휩싸이게 되고 과일나무도 모두 타버리고 섬이 폐허로 변한다. 이 불은 분명히 랠프를 죽이려는 의도로 피워진 것이지만, 역설적으로 소년들을 구조할 함선을 불러온다. 불은 잔인할 정도로 파괴적인 속성과 동시에 아이들의 생명을 구원할 불로 피어오른 것이다. 불의 중요성과 그것의 파괴성을 극명하게 보여준다.

처음에 얼굴에 자줏빛 반점을 가진 어린 소년이 '뱀 같은 것'에 대해 문제를 제기했을 때 소년들은 그 유령의 존재를 부인한다. 이처럼 '뱀 같은 것'으로 단순하게 지칭되던 것이 점점 공포의 존재로 변화되면서 유령으로 인식된다. 저녁이 되면 소년들을 괴롭히는 유령에 대한 공포는 순식간에 소년들의 마음을 사로잡는다. 이것은 소년들이 심리적 불안에서 오는 두려움이다. 소년들은 유령에 대해 이야기하기 위해 회의를 열고 투표로 유령의 유무를 결정한다. 그러나 유령에 대한 문제 해결은 랠프의 상식과 피기의 과학적 사고로는 불가능하기 때문에 소년들의 공포감과 좌절감은 해소되지 않는다. 잭과 랠프 등은 유령을 탐색하기 위해 산정으로 올라간다. 그들 앞에는 커다란 원숭이 같은 것이 머리를 처박고 앉아 있었다. 낙하산에 매달린 이 시체는 소년들에게 부풀어 오르는 괴물로 인식된다. 그들은 창도 내던지고 캄캄한 비탈길을 무작정 정신없이 내려온다. 그러나 결과적으로 그들은 유령의 실체를 알아내지도 못하고 돌아온 것이다. 낙하산에 매달린 죽은 시체가 유령으로 오인되면서 섬 전체는 공포로 휩싸인다. 그 공포심이 깊으면 깊을수록 잭의 통치 방식에 소년들이 길들여진다. 유령에 대해 소년들에게 생기는 공포는 증가하고 이에 비례하여 그들의 순수성과 이성은 더 약화된다. 이 과정에서 잭은 묘한 사냥 의식과 흥겨움으로 소년들의 공포심을 잊게 해주는 대신 절대자로서 권한을 가진다.

잭은 유령을 달래기 위해 돼지머리를 바친다. 의식의 제물이 된 돼지머리가 사이먼에게 진리를 깨닫게 한다. 그가 만나게 되는 돼지머리는 곧 파리 떼를 새까맣게 거느리고 있는 '파리대왕'이다. 그는 스스로 유령의 문제를 해결하려고 애쓴다. 그는 돼지의 커다란 입 속으로 빨려들어가 '파리대왕'을 만나게 되고 그와의 대화 속에서 유령의 실체를 깨닫는다. 아이들이 무서워하던 유령은 추락한 낙하산에 매달린 시체일 뿐 허상에 불과하며, 우리 인간의 마음속에 존재하는 유령은 단지 불안한 아이들의 마음속에 자리 잡은 악마성을 나타내는 것으로 우리 자신이 만든 것임을 깨닫는다. 소년들이 가장 두려워하는 유령은 인간에 의해 창조된 허상에 불과하지만, 소년들은 그들의 마음속에 자리 잡은 유령으로 인하여 선한 본성이 악으로 변한다. 공포의 대상인 '파리대왕'과의 대화 속에서 사이먼은 인간의 내면에 존재하는 폭력성과 악마성을 인식하게 된다. 몸집이 작고 나약해보이지만 반짝이는 눈을 가진 사이먼은 항상 고독하고 혼자 사색을 즐긴다. 그는 말보다는 침묵 속에서 모든 일들을 조용히 실천하는 소년이다. 그는 직관력과 예지력이 있기 때문에 상황 파악에 남다른 영감을 발휘한다. 그가 유령의 공포가 섬을 지배할 때 그 유령의 존재는 영웅적이고 병든 인간의 모습일 뿐이었다. 그가 이해한 것은 '악은 바로 우리 자신'이라는 것이다. 이는 인간의 본질적인 병을 표현한다. '파리대왕'과의 대화를 통해 인간의 본질적인 병을 인식한 그는 소년들의 병을 치료해주기 위해 노력한다. 그는 낙하산에 묶인 채 죽은 시체를 보고 유령의 시체를 발견한다. 모든 소년들의 공포의 대상인 유령의 존재를 알아낸 그는 기쁜 이 소식을 소년들에게 알리려 달려온다. 이때 소년들은 해변가에서 사냥 축제를 벌이고 있었는데, 갑자기 나타난 사이먼은 소년들에게 유령으로 오해를 받아 어이없이 살해된다. 그들의 사냥 의식 속에서 사이먼은 유령이 되어 갈기갈기 찢겨진다. 그의 죽음은 현대 사회에서 인간의 도덕적 타락이 초래한 불가피한 비극이다.

그는 '파리대왕'과 무언의 대화를 하는데, 이는 자신과의 대화이기도 하다. 대화 내용을 보면 사이먼 자신도 유령의 일면을 지니고 있음을 알게 된다.

"나 같은 유령을 너희들이 사냥을 해서 죽일 수 있다고 생각하다니 참 가소로운 일이야!" 하고 그 돼지머리는 말하였다. 그러자 순간 숲과 흐릿하게 식별할 수 있는 장소들이 웃음소리를 흉내 내듯 하면서 메아리쳤다. "넌 그것을 알고 있었지? 내가 너희들의 일부분이란 것을. 아주 가깝고 가까운 일부분이란 말이야. 왜 모든 것이 틀려먹었는가, 왜 모든 것이 지금처럼 돼버렸는가 하면 모두 내 탓인 거야." … "이건 정말 어이없는 짓이야. 저 아래쪽에서도 나를 다시 만나게 되리라는 것을 넌 잘 알고 있어, 그러나 도망치려고 할 거 없어!"(214-215)

이런 자각은 사이먼 자신도 잭의 무리들과 똑같은 인간임을 깨닫는 데서 오는 것이다. 유령이 인간의 한 부분이라는 말은 인간이 유령이라는 것이 아니라, 인간이 자기 내면에 잠재한 유령을 직시하고 그것을 통제해야 한다는 것을 함축한다. 우리의 마음속에 있는 유령을 사냥해서 죽일 수 있는 존재가 아니기 때문에, 스스로 자기 자신을 다스리고 통제해나가야 한다는 골딩의 교훈을 읽을 수 있다. 인간에 대한 사이먼의 인식은 과학적인 방법으로 이해될 수 없는 직관적이고 비이성적인 것이다. 그러므로 과학적 지식만을 중시하는 현대 사회에서 그는 광인으로 취급되어 결국 사회로부터 단절된다. 사이먼은 인간성의 두 가지 발현인 이성의 세계와 야만의 세계 모두를 포용하는 인물이다. 그는 인간에 대한 가장 정확한 인식에 도달한 사람의 모습이다.

피기는 가장 날카로운 목소리로 소년들의 각성을 촉구한다. 그는 시종일관 소라가 상징하는 문명적 또는 민주적 질서를 지키려고 애를 쓰는 인물이다. 소년들은 우선 섬에 있는 산 정상으로 올라가 구조를 받기 위해 봉화를 피우려 한다. 아무리 불을 피우려 해도 할 수 없는 상황에서 피기의 두꺼운 안경이 잭의 눈에 띄어 그것으로 점화할 수 있게 된다. 피기의 안경은 문명의 상징인 불을 아이들에게 전달함으로써, 아직 이 아이들이 문명의 세계와 단절되지 않았음을 상징한다. 피기는 늘 혼자가 되고 고독하게 지낸다. 그러나 그는 잭의 행동을 신랄하게 비난하는 용기를 가지고 있으며, 성급하게 봉화를 올리다 큰 불을 낸 소년들에게 잘못을 지적하는 냉철함을 지닌다. 그는 섬에서 발생하는 많은 문제들의 해결을 위한 합리적인 방안을 모색하고 소년들에게 동의를 구하지만, 오히려 그는 끊임없이 그들에게 무시되고 조롱거리가 될 뿐이다. 그의 의식은 사이먼의 그것에 도달하지 못한다. 그는 상식이나 경험에 비추어 이해할 수 없는 것, 과학적으로 설명될 수 없는 것을 거부한다. 그는 인간의 영혼이나 초자연적인 것을 이해하지 못한다. 무서운 유령은 과학적 논리에 의하면 존재하지 않으므로 아이들이 느끼는 공포는 존재하지 않는 것이라고 말한다. 그래서 유령은 그들 자신일지도 모른다는 사이먼의 말을 '난센스'라고 일축한다.

피기는 자신 속에 악의 실체가 있음을 부정한다. 그가 범하는 가장 큰 오류는 악의 존재를 객관화시킨 것이다. 그는 잭에게서 안경을 도난당한 후 악이 있다면 그것은 잭일 것이라고 말한다. 피기는 그 자신의 마음속에 존재하는 악을 잭이라는 특정한 인물로 객관화시킨 것이다. 사이먼이 모든 인간의 내부에 존재한다고 믿는 악을 피기는 특정한 인물로 객관화시킴으로써, 자신은 그 부류에서 벗어나는 것이다. 그래서 폭풍 속에서 광란의 춤을 추며 잭 일행과 어울려 사이먼을 살해에 가담한 자신과 랠프의 행동을 단순한 사고라고 변명한다. 그러나 사이먼을 살해한 것은 우연한 사고가 아니라 광란의 춤과 함성 속에서 자신들이 저지른 것임을 인정한 랠프는 구원의 가능성을 보여준다. 피기는 사이먼이 살해될 때 방관한 죄를 모면할 수 없다. 그는 자신이 미워하는 잭을 악이라고 규정하고 자신은 잭과 다르다는 이유로 악에서 벗어나려 한다. 그의 이런 발상은 위험하다. 자기 자신에게 내재된 악의 요인을 인식하지 못함은 그의 한계다. 이는 피기의 과학적 합리주의의 한계이기도 하다. 그는 천식과 비만과 근시라는 육체적인 결함으로 인해 국외자가 되어버린다. 피기의 지성과 합리주의는 그의 신체적 결함과 함께 있으므로 비난의 대상이 된다. 피기의 천식과 비만과 근시는 신체의 부자연스러움을 나타내는 것으로 현대 사회의 지성과 합리주의에 대한 비판이다. 피기는 결국 자신의 논리성 때문에 죽는다. 불을 달라고 요청한다면 언제라도 줄 의사가 있는데, 왜 안경을 강탈했느냐고 잭의 캠프로 찾아가서 항의를 하던 중 돌에 맞아 죽는다.

> "네가 불을 달랬으면 언제든지 주었을 거야. 그런데 넌 달라지 않았어. 도둑놈처럼 몰래 들어와서 피기의 안경을 훔쳐갔어!"
> "또 한 번 말해봐!"
> "도둑놈! 도둑놈!"
> ······.
> 바위는 턱에서 무릎으로 스치면서 피기를 쳤다. 소라는 산산조각 박살이 나서 이제 없어져버렸다. 무슨 말을 하기는커녕 신음소리를 낼 틈도 없이 피기는 바위에서 조금 떨어진 채 공중으로 떨어져내렸다. … 피기의 팔다리가 살해된 직후의 돼지처럼 경련했다.(265, 271)

소라가 깨지고 피기가 비참하게 죽게 된 사건은 더 이상 잭 일행이 인간으로서의 이성마저 유지할 수 없는 상황에 이르게 되었음을 단적으로 보여준다. 질서의 상징인 소라와 지성의 대변인인 피기의 죽음은 이성이 말살당하는 현실을 암시하는 것이다.

4. 결 론

문학은 인간 본질에 대한 탐구라고 생각한다. 그래서 그것은 (도덕)철학의 현실적 구현이다. 골딩의 『파리대왕』역시 홉스의 『리바이어던』에 나타난 도덕철학을 삶과의 관련 속에서 구체적으로 묘사한 것이다. 일단의 소년들이 다음의(=제3차)

세계대전 동안 영국으로부터 피난된 후 태평양의 무인도에 표류하게 되는데, 이곳이 홉스의 이른바 '자연 상태'인 것이다. 문명의 영향을 버리지 못했던 6세부터 12세까지의 소년들이 문명을 잃고 본능적으로 살아가면서 악의 본성을 드러내는 것은 '자연 상태'에서의 인간의 모습을 구체적으로 묘사해주는 것이다.

도덕과 문명과 어른들의 세계로부터의 해방이 가져다주는 행복감은 잠시, 소년들은 인간의 야만성을 그대로 표출하기 시작한다. 그들은 도덕적으로 타락하고, 권력을 위해 투쟁하고, 사회적 책임을 회피하고, 폭력은 점점 더 증가하고 잔인해진다. 결국 야만인으로 변한 잭 일행들은 도덕적 죄의식을 전혀 느끼지 않은 상태에서 살인을 저지른다. 구조를 위한 봉화에 소홀하고 사냥에 몰두하는 잭 일행들은 희망을 버리고 현실에 집착하는 인간의 모습인 동시에 그것은 문명이나 도덕을 버리고 현실적 이익에 연연하는 인간의 모습을 보여준다. 홉스가 '자연 상태'에서의 인간들이 자연의 권리를 가지고 살아가면서 결국 '모든 사람들에 대한 모든 사람들의 전쟁' 상태가 된다고 말했던 것처럼, 『파리대왕』 역시 문명과 도덕을 잃은 인간 사회의 모습이 디스토피아(dystopia)의 모습, 즉 사실적 지옥의 모습임을 생생하게 묘사한다. 결국 '왜 도덕적이어야 하는가?'에 대한 대답은 문명과 도덕을 통한 인간의 삶이 인간 자신에게 이익이 되기 때문이라는 것이다. 문명과 도덕을 상실할 때 인간은 야만의 삶, 전쟁의 삶을 살아갈 수밖에 없다는 것이다.

그런데 '왜 도덕적이어야 하는가?'라는 질문에 대한 대답으로서 (자기) 이익을 제시하는 것은 그 질문에 대한 절반의 대답일 뿐이다. 문명적 (내지 도덕적) 삶이 반드시 이익이 되는 삶이라는 것을 충분하게 설명하는 대답이야말로 완전한 대답일 수 있을 것이다. 이런 관점에서 살핀다면 홉스의 도덕철학이나 골딩의 『파리대왕』에서의 대답은 불완전한 대답에 머물고 만다고 생각한다.

우선 홉스는 도덕적 삶이 이익이 되는 삶이기를 보장하는 제도적 장치로서 막강한 통치, 즉 '리바이어던'의 통치를 제시한다. 절대적인 권력을 가진 정부에 의한 통치가 인위적으로 강제적으로 그것을 보장해야 한다는 것이다. 이 주제는 『리바이어던』의 첫머리 그림 속에서 잘 묘사되고 있다. 그림 윗부분에 한 인물이 크게 그려져 있는데, 그 사람은 머리에 왕관을 쓰고 손에는 힘의 상징을 들었다. 그는 얼핏 보기에는 쇠사슬 같은 갑옷을 입은 것 같다. 자세히 보면 그는 수없이 많은 사람들의 머리와 어깨들로 구성되어 있다. 이 그림은 통치권이 무수히 많은 사람들의 자연적 권리를 통치자에게 위임함으로써 형성된다는 것을 의미한다. 사람들은 자신의 권리를 군주에게 바칠 때 공민이 된다는 것이다. 그런데 문명과 도덕이 모든 권리를 위임받은 절대 권력인 리바이어던에 의해서 강제된다는 것 자체가 문명적 내지 도덕적 삶의 보장과 거리가 멀다고 생각한다. 절대 권력 자체의 타락은 무엇으로 견제할 수 있을 것인가? 이 문제에 대한 신통한 대답을 찾아보기 힘들다.

『파리대왕』에서의 대답은 문명과 도덕의 대변자였던 랠프가 구조되는 모습에서 찾을 수 있다. 문명과 도덕과 질서를 끝까지 지키려고 하면서 잭 일행의 약탈에 끝까지 저항하던 랠프는 돼지처럼 사냥당하고 죽임을 당하기 직전에 그 섬의 정글이 불타는 연기를 보고 구하러온 영국 해군에 의해 구조된다. 랠프에 대한 인간 사냥에 개입하게 된 장교는 지금 동일하게 무자비한 방식으로 적을 사냥하고 있는 순양함 속에 그 어린이들을 섬으로부터 구하려고 준비한다. 아이러니컬하게, 모든 것을 상실하였을 때 결국 랠프(=문명)를 구하러온 것은 영국 해군이다. 그러나 그 해군의 상징은 야누스적인 얼굴을 한 전조다. 한편에서, 그것은 군사적 방어는 불행하게도 가끔 야만인들로부터 문명을 구하는 데 필요하다는 사실을 상징한다. 그러나 다른 한편, 그것은 현대 문명 속에 잠재한 피와 복수의 추구를 상징한다. 그 어린이들의 세계는 진실로 그들이 거기에서 나오는 어른의 세계보다 더 낮은 단계일 뿐이며, 그것이 너무 날카롭게 긁힌다면 얕은 문명은 아주 잘 이와 발톱으로 후퇴한다. 그 어린이들은 성인들에 의해 구출되었지만 누가 그 성인들을 구출할 것인가? 누가 군사 사업과 무기 체계에 그렇게 많은 강조를 하고 있는가?

"인간 사냥에 개입한 장교는 지금 동일한 무자비하게 적을 사냥하고 있는 순양함 속에 그 어린이들을 그 섬으로부터 구출하려고 준비한다. 그리고 누가 그 성인들과 그의 순양함을 구출할 것인가?"[39]

□ 참고 문헌

골딩, 윌리엄 · 유종호 옮김, 『파리대왕』(서울 : 민음사, 1999).
밸런타인 로버트 · 박정호 그림 · 이원주 옮김, 『산호섬』(주니어 파랑새, 2005).
황경식, 「사회 개혁과 시민의식」, 『철학과 현실』(철학문화연구소, 1993 가을).
Baier, Kurt, *The Moral Point of View : A Rational Basis of Ethics* (New York : Cornell University Press, 1958).
Baier, Kurt, "Why Should We Be Moral?", David P. Gauthier, ed., *Morality and Rational Self-Interest* (Englewood Cliffs : Prentice-Hall, 1970).
Branden, Nathaniel, "Isn't Everyone Selfish?", Ayn Rand & Nathaniel Branden, *The Virtue of Selfishness : A New Concept of Egoism* (New York : Signet,

39) E. L. Epstein, "Notes on *Lord of the Flies*", William Golding, *Lord of the Flies* (New York : G. P. Putnam, 1959), p. 251.

1964).

Brandt, R. B., *A Theory of the Good and the Right* (New York : Oxford University Press, 1979).

Epstein, E. L., "Notes on Lord of the Flies", William Golding, *Lord of the Flies* (New York : G. P. Putnam, 1959).

Frankena, W. K., *Ethics* (Englewood Cliffs : Prentice-Hall, 1973).

Gauthier, David P., *Morals by Agreement* (New York : Oxford University Press, 1986).

Gindin, James, *William Golding* (Macmillan Modern Pub. Ltd., 1988) Hobbes, Thomas, *De Cive or Philosophical Rudiments Concerning Government and Society*, Sir William Molesworth, ed., *Collected Works of Thomas Hobbes*, Vol. II, (Scientia Verlag Aalen, 1966).

Golding, William, "Fable", *The Hot Gates and other Occasional Pieces* (London : Faber & Faber, 1965).

Hobbes, Thomas, *Leviathan, or, Matter, Form, and Power of a Commonwealth Ecclesiastical and Civil* (Encyclopaedia Britannica, Inc., 1952)(Britannica Great Books 23).

Hospers, John, *Human Conduct : an introduction to the problems of ethics* (New York : Harcourt, 1961).

Hospers, John, "Why Be Moral?", Wilfrid Sellars & John Hospers ed., *Readings in Ethical Theory* (New Jersey : Prentice-Hall, Inc., 1970).

Johnston, Arnold, *of Earth and Darkness* (Columbia University of Missouri Press, 1980).

Mueller, W. R., *An old Story Well Told in Lord of the Flies*, ed., J. R. Baker & A. P. Ziegler (New York : G. P. Putnam's Sons, 1955).

Prichard, H. A., "Does Moral Philosophy Rest on a Mistake?", in *Readings in Contemporary Ethical Theory*.

Rawls, John, *A Theory of Justice* (Cambridge, Mass. : Belknap Press of Harvard University Press, 1971).

Singer, Peter, *Practical Ethics* (Cambridge : Cambridge University Press, 1979).

제2장
선과 악은 무엇인가?

1. 서 론

도덕철학은 무엇보다도 선과 악(good and bad) 그리고 옳음과 그름(right and wrong)에 관한 일반적인 확신들을 체계적으로 설명하는 것에서부터 시작한다. 도덕철학에서는 선악의 기준을 인간의 본성 밖에서 찾으려는 학설, 그 속에서 찾으려는 학설 그리고 직각설 등이 있어왔다.[1]

직각설은 선 내지 도덕 법칙은 직각적으로 명확한 것이며 달리 이유가 있는 것이 아니라는 입장이다. 선한 행위와 악한 행위를 구분하는 것은, 불은 뜨겁고 물은 차다는 것을 알듯이 직각적으로 알 수 있으며, 선악은 행위나 사람 그 자체의 성질이기 때문에 달리 설명할 필요가 없다는 것이다. 눈이 사물의

---

[1] 니시다 기타로 지음 · 서석연 옮김, 『선의 연구』(서울 : 범우사, 1990), pp. 150-179를 참고.

아름다움을 판명하듯이 사람들은 양심을 가지고 직각적으로 선악을 판단한다는 사실에 근거를 두는 학설이다. 그러나 직접적으로 자명하며 정확하고 모순 없는 도덕 법칙이나 선의 기준이 있을 수 있는가? 개개의 경우나 일반의 경우나 결코 그런 명확한 판단은 없다는 것이 분명하다. 그렇다면 직각설은 학설로서의 가치를 상실하게 된다.

선악의 기준을 인성 밖에서 찾으려는 학설, 이른바 권력설(權力說)은 도덕적 '선'이 엄숙한 명령의 의미를 가진다는 데에서 착안한다. 인간이 도덕 법칙을 따르는 것은 자신의 이해득실을 위한 것이 아니라 절대적인 권위나 세력을 가진 자의 명령에 따르는 것이며, 선과 악은 이 권력자의 명령에 의해 규정된다는 것이다. 기독교가 무상(無上)의 세력을 행사했던 중세에는 물론 그 권력자는 신이었다. 선하기 때문에 신이 명령하는 것이 아니라 신이 명령하기 때문에 선한 것이 된다. 기독교적 선악관은 선의 실체만을 인정하고 악은 선의 부속물로 간주한다. 3세기 절정을 이루었던 신플라톤주의 철학자들은 악이란 존재 원천인 일자(the One)에서 거리가 멀어짐에 따라서 생긴다고 이해했다. 예를 들어, 태양의 빛이 태양에서 거리가 멀어지면 그 빛이 약해져서 마지막에는 어둠이 된다. 이 어둠은 빛과 정반대가 된다. 이와 같이 선과 존재의 근원인 일자에서 거리가 가장 먼 곳에 있는 것이 악이며, 이것은 실제적 존재가 아니다. 그러므로 악은 선에서 가장 멀리 떨어져 있으며 존재 가치가 없다고 주장한다. 기독교 사상을 집대성한 아우구스티누스(354~430)는 악은 결코 실질적인 존재가 아니며, 단지 선의 부재일 뿐이라고 생각했다. 그는 신의 선성을 적극적으로 강조한다. 선한 신이 우주 만물을 창조했기 때문에 모든 것은 선하다. 따라서 악은 창조에 포함되지 않고, 악은 창조의 결과에 모순이 된다. 악은 본체와 자연과 표준과 질서에서 탈락된 것이다. 그는 악이 존재하는 것이 아니라 오히려 선의 결여라고 악을 정의한다. 그의 선악일원론은 서양 정신사와 기독교 신학의 표준설이 되었다.

근대 초에 홉스(Thomas Hobbes)는 절대적인 권력을 가진 존재로서 절대 군주(=리바이어던)를 주장했다. 그의 주장에 따르면, 인성은 완전한 악이며 인간의 자연 상태는 전쟁의 상태다. 여기서 비롯되는 인간의 불행을 막으려면 모든 권력을 군주에게 맡기고 절대적으로 그 명령에 복종해야 한다. 그래서 무엇이든 그 군주의 명령에 따르는 것은 '선'이며, 따르지 않는 것이 '악'인 것이다.

그런데 권력설은 인간이 왜 '선'을 추구하고 '악'을 피해야 하는가를 적절하게 설명하지 못한다. 다만 그 권위 때문에 따르는 것일 뿐이다. 공포 때문에 따른다거나 존경하는 마음 때문에 따른다는 설도 있지만, 엄밀한 의미에서의 권력설은 도덕을 완전히 맹목적인 복종으로 간주한다. 공포나 존경도 전혀 의의가 없는 맹목적인 감정이어야 한다. 이솝의 우화에 등장하는 사슴의 무의미한 공포가 권력설에서의 도덕적 동기에 해당한다. '어느 때 어린 사슴이 개 짖는 소리에 겁을 내어 도망치는 어미 사슴을 보고, 어머니는 큰 몸뚱이를 가지고 있으면서도 왜 조그만 개 짖는 소리에 놀라서 도망치느냐고 물었다. 어미 사슴은, 어찌된 영문인지 모르지만 오직 개 짖는 소리가 너무 무서워서 도망친다고 대답하였다.' 따라서 권력설에 의해서는 도덕적 동기를 설명하기 어렵다.

선의 기준 내지 도덕의 근본을 인성 속에서 찾으려는 학설은 세 가지로 나누어볼 수 있다. 먼저, 이성을 근본으로 삼는 합리설 내지 주지설이 있다. 이것은 도덕적인 선악과 지적인 진위를 동일시한다. 사물의 진상이 곧 선이라는 것이다. 그리고 사물의 진상을 알게 되면 스스로 무엇을 해야 하는가를 분명히 알게 된다는 것이다. 선과 인간의 그것에 대한 의무를 기하학적인 진리처럼 연역할 수 있는 것으로 생각한다. 인간이 선행을 해야 하는 이유는 그것이 진리이기 때문이라는 것이다. 도덕법은 사물의 성질이며 영구불변한 것이라고 주장한다. 스토아학파들에 의하면, 우주는 유일한 이치에 의해서 지배되며, 인간의 본질도 이 이성에서 벗어날 수 없기 때문에 이치를 따르는 것이 자연의 법칙을 따르는 것이며, 이것이 인간에게는 유일한 '선'이다. 생명, 건강, 재산도 선이 아니고 빈궁, 고뇌, 병사도 악이 아니다. 오직 마음속의 자유와 평정이 최상의 선이다. 그래서 그들은 모든 정욕을 배척하고 무욕(無欲. Apathie)의 상태를 지향하고자 했다. 그런데 문제는 논리적 판단과 의지적 선택은 다르다는 점이다. 논리적 판단이 반드시 의지의 원인이 되는 것은 아니다. 의지는 감정 또는 충동으로부터 생기는 것이다. '자기가 원하지 않는 것을 남에게 하지 말라'는 격언도 동정이라는 동기가 없다면 거의 무의미할 것이다. 추상적인 논리가 의지의 동기가 될 수 있다면 추리력이 가장 뛰어난 사람이 가장 선한 사람이어야 할 것이다. 그러나 현실은 그 반대일 경우들이 더 많다.

둘째, 쾌락설은 선을 행복과 쾌락, 악을 고통과 고난 등 순수하게 경험적인 것들과 동일시한다. 악에 관한 한 신비스런 어떤 것도 없다. 초월적인 선악관을 가진 도덕철학은 존재(=사실)와 당위(=가치)를 엄격하게 분리시키고, 그 중 당위의 내용을 자신의 문제로 삼으면서 존재를 자신에게 적실성이 거의 없다고 선언한다. 그러나 쾌락설은 선악의 문제를 인간 본성에 관한 사실의 문제로부터 도출하고자 한다. 즉, 인정의 자연스런 모습은 쾌락(내지 행복)을 바라고 불쾌(내지 불행)를 피하고자 한다는 사실에서 도덕의 문제를 도출하고자 하는 것이다. 여기에는 자신의 가장 큰 쾌락(내지 행복)이 최대의 선이라고 생각하는 이기주의적 쾌락설과 최대 다수의 최대 행복이 선이라고 주장하는 공리주의적 쾌락설이 있다. 그런데 이 설의 근본 가정인 쾌락이 인생의 유일한 목적이라는 점을 인정하더라도, 과연 쾌락이 선악 판단의 기준이나 도덕 규범을 제시할 수 있을까 하는 문제는 남는다. 엄밀한 쾌락설의 입장에서는 쾌락은 모두 같은 종류며 오직 그 양적 차이만 있을 뿐이다.2) 쾌락에 질적 차이가 있고 그것에 따라 가치가 달라진다면 쾌락 이외의 가치 기준이 있어야 할 것이다. 그런데 쾌락이나 행복의 감정은 사람에 따라 같은 사람이라도 때와 장소에 따라 변하는 것이 현실이다. 그래서 쾌락의 양과 강도를 정한다는 것은 불가능하다고 보아야 한다. 일반적으로 육체적 쾌락보다는 정신적 쾌락이 더 나은 것이라고 생각하며, 돈보다는 명예가 더 소중하며, 자기 한 사람의 쾌락보다는 많은 사람들의 쾌락이 더 소중하다고 생각하지만, 이것은 단순히 쾌락의 양과 강도에서 정해졌다기보다는 오랜 경험을 통해 정해진 것이다. 쾌락의 양이나 강도를 정한다는 것이 거의 불가능하다면 쾌락으로부터 인간 행위의 규범(=도덕이나 선의 기준)을 얻기란 거의 불가능하다고 보아야 한다.

마지막으로, 인간의 의지 내지 의욕 자체의 성질에서 선악의 기준을 찾아야 한다는 이른바 활동설(energetism)이 있다. 이 설은 인간의 내면적인 욕구, 즉 이상의 실현 내지 의지의

---

2) 물론, 제임스 밀(James Mill)은 쾌락에 질적 차이가 있음을 인정한다. 예를 들어, 배가 부른 돼지보다는 배고픈 소크라테스가 될 수 있다는 것이다. 그러나 이런 밀의 생각은 엄격한 쾌락설의 입장을 벗어나고 있음이 분명하다.

발전적 완성을 선으로 간주한다. 예를 든다면, 아리스토텔레스
는 인생의 목적을 행복(eudaemonia)으로 간주한다. 그러나 이
행복은 쾌락의 추구에 의해 도달되는 것이 아니다. 그것은 완
전한 활동을 통해 도달되는 것이다. 선 내지 도덕을 의무라느
니 법칙이라고 하여 공연히 인간의 욕구를 억압하고 활동을
속박하는 것을 선의 본질이라고 주장하는 경우도 있다. 그러나
공연히 인간의 욕구를 억압하는 것은 오히려 선의 본질에 어
긋난다. 선에는 명령적 위엄도 있어야 하지만 더 중요한 것은
자연적 욕구다. 도덕적 의무나 법칙은 의무나 법칙 그 자체에
가치가 있는 것이라기보다는 더 큰 자연적 욕구의 충족에서
그 가치를 가지게 되는 것이다. 결국, 선과 행복은 상충하기는
커녕 행복이 곧 선이라고 할 수 있을 것이다. 인간이 욕구를
충족시키거나 이상을 실현하는 것은 항상 행복이다. 선의 이면
에는 반드시 행복의 감정이 수반되어야 한다. 그러나 의지는
쾌락의 감정을 목적으로 삼지 않으며, 쾌락이 곧 선이라고 할
수 없다. 쾌락과 행복은 비슷하기도 하지만 다르기도 하다. 행
복은 만족에 의해 얻어지며, 만족은 이상적 욕구의 실현에서
생기는 것이다. 경우에 따라서는 고통 속에서도 행복을 얻을
수 있는 것이다. 진정한 행복은 엄숙한 이상의 실현을 통해 얻
어지는 것이다. 그것은 곧 의지의 발전적 완성 내지 자기 자신
의 발전적 완성(self-realization)인 것이다. 여기서 선은 '아름
다움[美]'과 상통한다. 아름다움은 사물이 이상적으로 실현되
는 경우에 느껴지는 것이기 때문이다. 선은 곧 아름다움인 것
이다.

테일러(Richard Taylor)는 인간을 '의욕적 존재(conative
being)'로 규정하면서 선과 악의 문제와 옳고 그름의 문제를
고찰한다.3) 그는 사람들이 일반적으로 알고 있는 인간 본성의

사실에 주목한다. 인간은 욕구, 욕망 그리고 목표를 갖는다. 그들은 목적을 추구한다. 그들은 무언가를 바란다. 그리고 다양한 방식으로 그것을 충족시키려 한다. 그래서 어떤 사람이 어떤 일을 하고 있을 때, 무엇 때문에 그 일을 하고 있는지 혹은 그가 무엇을 이루고자 하는지를 물을 수 있다. 이는 그가 그 일을 통해 의도하는 어떤 결과가 있다는 것을 의미한다. 일부 학자들은 어떤 것은 자연적으로 선하고 다른 것은 자연적으로 악하다고, 어떤 행위들은 옳고 다른 행위들은 그르다고, 그리고 우리는 어느 것이 어떠하다는 점을 알기만 하면 된다는 생각을 하는 경향을 지닌다. 그들의 생각에 따르면 인간은 어떤 구분들이 이미 유지되고 있는 세계 속에 태어난다고 가정된다. 그들은 선과 악 그리고 옳음과 그름 간의 구분은 인간에 의해 고안될 수 없거나 인간의 법, 관습, 습관을 기다릴 수 없는 것이라고 생각한다. 만약 그런 구분이 인공적인 것이라면 모든 윤리, 모든 정의, 모든 도덕성은 전적으로 상대적인 것이 되고 말 것이라고 생각하는 것이다. 그러나 분명한 것은 선과 악의 조건은 바로 의욕이라는 것이다. 생명이 없는, 그냥 돌아가는 세계에 선악이 있을 리 만무하다. 사랑스럽고 아름답고 만족스런 것들로 가득한 세계에서도, 반대의 것들로 가득한 세계에서도, 감각을 지닌 존재를 포함하지 않는다면 어느 세계도 더 낫거나 더 나쁜 세계일 수 없을 것이며, 그 속에서도 선과 악을 발견할 수 없을 것이다. 그 세계들은 단순히 선과 악에 관한 한 중립적이며 단순한 하나의 사실일 수밖에 없을 것이다. 합리적이고 지성적이며 지각할 수 있더라도 욕구, 욕망, 목적을

---

3) Richard Taylor, *Good and Evil* (Amherst, NY : Prometheus Books, 1984) in Louis P. Pojman, *The Moral Life : An Introductory Reader in Ethics and Literature* (New York : Oxford University Press, 2004), pp. 141-153을 참고.

갖지 않는 사람에게 그 세계는 단순한 사실 이상의 의미를 지니지 못할 것이다. 감정과 바람을 가진 사람들이 서로 상호 작용하면서 살아가는 세계에서 선과 악은 생겨날 수 있을 것이다. 그래서 선악의 조건은 바로 의욕이라고 볼 수 있다.

벤(Stanley Benn)은 '자연적인 악(natural evil)'(=질병, 홍수, 지진 등 자연 속에서의 악)을 단순한 사실로 간주하면서, 인간의 악을 '사악(wickedness)'이라고 부르고 다양한 형태의 사악들을 설명한다.4) 사악은 어떤 행위를 '악한(evil)' 행위로 만드는 것과는 다른 관념이다. 악한 행위는 사악한 것이 아니라 오직 나약하고 잘못 인도된 사람에 의해 이루어지는 것이기 때문이다. 그른 행동을 하는 사람이 모두 악한(evil) 것은 아니다. 선한 의도를 가지고 그른 행동을 할 수도 있고, 심지어 어떤 상황에서는 무슨 행동을 하든 그른 행동이 될 수도 있기 때문이다. 반대로 주변의 모든 사람들을 증오하고 그들의 불행을 즐기고 그들이 아프기를 바라고 악의적인 환상을 즐기는 사람이 있다면 그가 전혀 그른 일을 하지 않더라도 사악한 인간이 될 것이다. 그러나 어떤 사람을 사악한 인간으로 만드는 데 필수적인 것은 칸트적 의미에서의 악한 준칙(=행동 원리)이다. 어떤 사람의 삶을 명령하는 준칙이 주로 악한 준칙, 즉 누구도 그것에 따라 행동해서는 안 될 준칙이기 때문에 그 사람은 사악한 사람이 되는 것이다. 어떤 사람이 그것이 악하다는 것을 알면서 악한 준칙에 따라 행동한다면, 그것이 악의적 혹은 악마적인 사악의 본질인 것이다.

사악에는 크게 세 가지 종류가 있다. 먼저 '자기 중심적인 사

---

4) Stanley Benn, *Ethics* (Chicago : University of Chicago Press, 1985) in Louis P. Pojman, *The Moral Life : An Introductory Reader in Ethics and Literature* (New York : Oxford University Press, 2004), pp. 108-127을 참고.

악'이다. 오직 자기나 자기 가족, 자기 회사, 자기 민족의 이익을 위해서 악한 준칙에 따라 행동한다면 이는 자기 중심적 사악에 해당된다. 예를 들어, 옳거나 그르거나 오로지 나의 조국만을 생각하는 잔인한 군국주의자나 국수적 애국주의자는 이 범주에 포함된다. 이기적인 사람은 그 자신의 복지를 하나의 선으로 인식하고 그것을 위해 행동한다. 이기심 자체가 혹은 그것을 목적으로 삼는다는 사실 자체가 사악한 것이 아니라 그것이 다른 선들을 배제하기 때문에 사악한 것이다. 즉, 이기적인 행위가 자기 중심적 선 이외의 어떤 선에 눈과 마음을 닫아버린다면 사악한 행위인 것이다.

다음에는 '양심적인 사악'이 있다. 양심적으로 사악한 사람은 그의 행위의 준칙들이 보편적으로 타당하고 보편적으로 적용될 수 있는 것으로 간주한다는 점에서 자기 중심적으로 사악한 사람과 구별된다. 다른 국가들의 주장에 전적으로 무관심한 국수주의자와는 달리, 양심적으로 사악한 민족주의자는 그의 국가 주권이 보편적으로 타당하고 최우선적인 선이라고 주장할 것이다. 합리적인 사람이라면 누구나 그것을 최우선적으로 주장할 수 있을 정도로 우월한 것이며 선일 것이기 때문이다. 예를 들어, 양심적인 나치는 만약 그들이 독일이나 유럽이 아닌 어떤 곳에 있었다면 유태인들의 복지에 관심을 보였을 것이다. 그러나 그들의 고려들은 모두 군주적(지배적) 민족(Herrenvolk)의 이상에 의해 총체적으로 압도당했던 것이다. 물론 양심적인 나치가 군주적 민족의 이상의 도덕적 우월성을 배타적으로 주장했던 것은 자기 중심적 이유 때문은 결코 아니었을 것이다. 자기 중심적 사악과 마찬가지로 양심적인 사악은 이상이라고 생각하는 것이 진정으로 선일 수 있지만 다른 선이 배제된다는 점에서 사악이 되는 것이다. 양심적인 사악은 부수되는 결과들이 악이라는 것을 모르고 목적을 추구하는 것은 아니다. 그것은 부수될 악에 대해서는 냉담하고 무감각하면서, 선으로 간주하는(또 선으로 간주하는 것이 합당할) 그런 목적을 오로지 추구하는 데 있다.

위에서 말한 두 가지 사악의 경우는 모두 선으로 이해하는 것을 추구하는 경우였다. 그 경우의 사악은 다른 선이나 가치들에 대한 무관심에 있었다. 그러나 세 번째의 사악은 그것과는 근본적으로 다른, '동기 없는 악의(motiveless malignity)' 내지 순수한 사악이다. 순수하게 악의적으로 사악한 사람은 다른 사람의 고통을 즐긴다. 그는 다른 사람의 고통을 선으로 보거나 자기 이익으로 보지 않으며, 그것을 악으로 간주하고 악으로서 즐긴다. 소크라테스는 선을 아는 사람은 악을 행할 수 없다고 주장한 바가 있다. 그것이 악이라는 것을 알면서 의도적으로 악을 선택하는 사람은 아무도 없다는 것이다.5) 그런데 우리의 의도적이거나 자발적인 모든 행위는 어떤 목적을 가지고 행해진다고 생각한다면, 그 목적은 욕망된 것이며, 욕망된 것은 그것을 욕망한 사람에게는 선으로 간주될 것이다.6) 악을 목표하는 사람은 누구나, 그것의 진상에 대한 무지(無知) 속에서 그것을 선이라고 잘못 판단한 가운데에서 그렇게 한다는 것이다. 그러나 이 관점은 진정한 악의의 본질을 왜곡시킨다는 문제를 안고 있다. 악의적인 사람은 다른 사람의 고통을 악으로 인식하고, 단지 그것이 악이기 때문에 그것을 즐기며, 그것이 악이라고 보지 않는다면 그것을 즐기지 않을 것이다. 더욱

---

5)「Protagoras」, 352a-358d in John M. Cooper ed, *Plato : Complete Works* (Indianapolis : Hackett Publishing Company, 1997).
6) 스토커는 악을 욕망하는 것은 있을 수 없는 일이라는 주장을 검토한 바가 있다. Michael Stocker, "Desiring the Bad : An Essay in Moral Psychology", *Journal of Philosophy* 76 (1979), pp. 738-753.

이 자기 증오에 의해 촉발된 자기 파멸적 행위의 경우는 이 관점을 더욱 당혹스러운 것으로 만들 것이다. 누군가가 하나의 결과를 목표한다면 그가 그것을 욕망한 것은 분명하다. 그러나 그것을 욕망하는 사람에게서조차 그것이 반드시 바람직스러운 것은 아니다. 바람직한 것은 욕망하기에 적절한 것이지만, 악의적인 사람은 그것이 적절한 것이 아니라는 이유로 종종 그것을 욕망할 수 있기 때문이다. 그는 다른 사람들의 고통을 봄으로써 즐거움을 얻거나 자신의 고통을 경감시키고자 한다. 동시에 그는 그것을 그의 권력의 표현으로 인식하기도 한다. 다른 사람의 고통은 이제 그에게 그 자체로 하나의 목적이 되며, 그가 그 속에서 즐기는 하나의 구경거리며, 그래서 순수한 잔인성, 피에 굶주림 등의 현상들이 생겨나기도 한다. 역사적으로 네로(Nero)(AD 54~68)와 도미티아누스(Domitianus : AD 81~96. 기독교 박해로 유명한 로마 황제)와 같은 사람들에서, 그리고 로베스피에르(Robespierre : 1758~1794. 프랑스의 공포 정치가) 등에게서 그런 예를 볼 수 있다.[7]

2. 밀턴의 『실락원』에 나타난 기독교적 선악관

밀턴(John Milton : 1608~1674)의 『실락원(*Paradise Lost*)』은 기독교적 선악일원론의 관점을 대변한다. 이 책은 『성경』에 나오는 인간 창조 당시의 이야기를 소재로 하여 인간의 시조 아담과 이브의 타락을 중심 사건으로 다루면서 신과 인간의 기본 관계를 기독교인의 눈으로 통찰하고 있는 서사시다. 이

---

7) A. Schopenhauer, *The World as Will and Idea* in Irwin Edman, ed., *The Philosophy of Schopenhauer* (New York : Modern Library, 1928), p. 293.

시는 자비롭고 만능하신 신이 창조한 이 세계에 악(=무질서)의 씨가 싹트는 과정을 철저하게 기독교적인 시각에서 다룬다. 기독교적 관점에서 악의 기원은 죄다. 죄가 가능한 것은 인간이 창조주 신의 뜻을 받들고 안 받드는 것을 자의로 결정할 수 있는 데에서 원인한다. 인간으로 하여금 자의적인 결정을 할 수 있도록 만든 것 역시 신의 뜻이다. 인간이 신을 섬기는 길로 나아갈 때 지상선을 택하는 것이고, 신을 섬기기를 거부할 때 악을 택하는 것이다. 밀턴의 생각은 인간 세상의 모든 고통은 인간이 순종하지 않는 데서 생긴다는 것이다. 인간이 악의 배반을 하도록, 즉 순종하지 않도록 꾄 것은 지옥의 뱀, 즉 사탄의 유혹이다. 인간을 타락하게 유혹한 사탄은 신의 피조물로서 악에 물든 상태가 아니었다. 그러나 자신의 교만과 시기로 인해 선천적인 선과 아름다움의 천상적 존재에서 악으로 전환된 것이다. 사탄은 천상의 선의 세계, 즉 창조주의 질서의 세계에서 악의 세계, 즉 무질서의 세계로 영락했던 것이다. 따라서 악은 원래 있던 것이 아니라 창조주의 선의 과정에서 파생된 것이다. 선의 세계에서 사탄은 자신의 교만과 시기심으로 스스로 타락한다. 그가 스스로 타락할 수 있는 이유는 신이 피조물을 만들었지만 신을 섬기는 것은 피조물의 자유 의지에 맡겼기 때문이다. 피조물의 창조와 자유 의지가 악을 설명하는 열쇠다. 신이 악을 창조한 것이 아니다. 악은 선의 결핍인 것이다. 피조물의 모든 세계는 완전하게 만들어졌다. 그러나 피조물에게 부여된 자유 의지에 따라 피조물은 선과 악을 선택할 자유가 있다. 그런데 악은 선에 반대되는 것으로 존재하는 것이 아니라 피조물 자신의 자유 의지가 신의 세계에서 멀어짐으로써, 즉 선이라는 빛을 점점 잃어가는 것으로 파악해야 한다. 선의 세계인 신의 세계에서 멀어지는 거리만큼 악이 존재한다.

밀턴의 『실락원』에 등장하는 인간, 즉 인류의 조상인 아담과 이브는 원래 선한 존재로 태어났다. 그들은 강직한 성품을 지녔을 뿐 아니라 선천적으로 고결한 위엄을 갖추고 태어났다. 인간의 얼굴에는 영광스런 창조주의 영상, 진리, 지혜, 엄하고 순결한 성덕이 빛나고 있다고 밀턴은 인간의 모습을 노래한다.

> 그 중에서 훨씬 고상한 두 모습이, 몸이 곧고 키가 크고,
> 하나님처럼 곧은데다, 위엄 있는 나체에는
> 본유의 존귀의 옷 입혀졌고, 만물의 장(長)으로 보이며
> 그만한 가치 있어보였다. 그 거룩한 얼굴엔
> 영광스런 창조주의 영상, 진리, 지혜,
> 엄하고 순결한 성덕이 빛났다.
> 엄하지만 아들로서의 참된 자유에서 나온
> 그것은 인간의 참된 권위의 원천이다.8)

인간은 선천적으로 선한 존재였으나 신의 의지에 복종할 의무를 지는 동시에 이성을 가지며 그것에 근거하여 선택할 수 있는 자유를 가진다. 그래서 인간에게는 선과 악의 선택이 가능하고 선택된 행동에 대한 책임도 따른다. 신의 창조물인 인간이 자유 의지를 가지도록 창조된 까닭은 자유가 없다면 참된 충성과 변함없는 신의와 사랑의 실증을 보일 수 없기 때문이다. 의지와 이성에 자유가 부여되었을 때만 참된 충성과 신의와 사랑이 생긴다. 이때 인간에겐 축복, 신에겐 기쁨이 있는 것이다.

---

8) 존 밀턴 지음 · 이창배 옮김, 『실락원 · 장사 삼손』(서울 : 동국대 출판부, 1999), p. 172, 제4편, 288-295행.

타락하는 것은
자유이나, 나는 능히 견디도록 바르고 옳게 그를
만들었느니라. 모든 상천사들도, 영체들도, 그리고
일어선 자들도, 패배한 자들도 그렇게 만들었느니라.
일어선 것은 자유로 일어섰고, 떨어진 것도 자유다.
자유롭지 않다면, 참된 충성과 변함없는 신의와
사랑의 어떠한 실증을 그들은 보일 수 있었을까.
나타나는 것은 다만 그렇지 않을 수 없는 것뿐,
그렇게 하려는 것이 아니다. 이런 순종에서
그들은 어떤 찬양을 얻고, 난 어떤 기쁨을 얻을 것인가.9)

　　따라서 전지전능한 신도 인간이 사탄에게서 시험을 받는 것
을 보고도 사탄을 방해하지 않는다. 선과 악의 선택은 인간의
문제로 남겨두기 위해서다. 여기에서 밀턴이 강조하고자 한 것
은 인간 내부에 있는 충분한 힘과 자유 의지로 사탄의 간계도
간파하고 물리칠 수 있다는 점이다.

　　매사에 현명하고 정당하신 그는,
　　적, 아니 가면의 친구의 어떠한
　　간계도 간파하고 물리칠만한 충분한 힘과
　　자유 의사로써 무장한 인간의 마음을
　　사탄이 시험하는 것을 방해하지 않으셨다.
　　그들은 지금도 알고, 아직 기억하고 있을 것이다.
　　어느 누가 유혹해도, 그 열매를 맛보지 말라는
　　높은 명령을, 그들은 이에 복종치 않았으니,
　　벌을 자초하여(벌이 아닐 수 있겠는가)
　　몇 겹의 죄로 타락하여 마땅한 것이다.10)

---

9) 위의 책, p. 125, 제3편, 98-107행.
10) 위의 책, pp. 401-402, 제10편, 7-16행.

인간의 자유 의지는 신의 명령이든 사탄의 유혹이든 분별하여 선한 방향으로 결정하되, 이것은 자유이기 때문에 자신 안에서만 결정되어야 한다. 외부의 조건이나 환경이 어떠하든 최후의 결정은 자신에게 달려 있다. 그래서 자유다. 인간 의지의 자유는 타락 이전이나 이후에도 똑같이 자유롭다. 인간은 그 의지의 주체다. 그러므로 아담과 이브는 죄를 범한 후에도 의지의 자유로운 결정권은 유지하고 있어서 자기 의지를 결정한 데에 대해 책임을 진다. 이는 죄의 결과에 대한 책임이 신에게 있지 않다는 것이다. 비록 사탄이 죄를 범하도록 유혹하였다 하더라도 외부적인 것에 책임을 전가할 수 없고 다만 의지의 주체가 되는 인간 자신이 책임을 져야 한다는 것이다.

3. 니체의 『선악을 넘어서』에 나타난 선악의 문제

니체(Friedrich Nietzsche : 1844~1900)는 기독교적 도덕 내지 선악관을 강하게 비판한 대표적인 사람이다. 그는 양친이 모두 루터교의 성직자들이었으며 독실한 기독교 가정에서 성장하였고, 그의 급우들에게는 '작은 예수(little Jesus)'로 알려졌다. 그는 대학교에서 신학과 문헌학을 공부하였고 그 과정에서 무신론자가 되었다.

그가 살았던 19세기는 일종의 역사적 과도기로서 인간의 사고와 삶의 방식에 변화의 조짐들이 나타나는 시대였다. 자연과학이 발달하면서 사회 조건들이 변하고, 민족주의 국가들이 등장하였고, 민주주의나 사회주의로의 운동들이 일어나기도 하였다. 이런 시대적 상황 속에서 당시의 사람들은 새로운 가능성에 대한 기대와 함께, 전통적인 가치들의 뿌리가 흔들리면서 새로운 가치나 비전이 설정되지 못한 상태에서 오는 불안과 허무를 동시에 경험하고 있었다. 니체는 기대와 허무라는 이 두 가지 정신 상태들이 모두 파괴적인 작용을 한다고 주장하면서 새로운 비전을 제시하고자 했던 것이다.

우선 니체는 서양의 정신사를 지배했던 플라톤의 형이상학과 기독교의 교의를 비판한다. 그는 이 두 가르침이 이원론적이고 목적론적인 세계관을 기반으로 한다는 점에서 공통점을 갖는다고 생각한다. 플라톤의 형이상학은 이데아의 세계와 현상의 세계를 구분하고, 기독교는 이승(차안)과 저승(피안)의 세계를 구분하면서, 인간이 추구해야 할 가치의 세계를 이데아의 세계나 피안의 세계에 두고 있다. 따라서 인간이 살아가는 현상의 세계와 차안의 세계는 상대적으로 그 가치를 상실하게 된다. 더욱이 두 가르침은 역사나 자연 그리고 인간은 하나의 주어진 목적을 향하고 있다고 주장한다. 바로 그 목적이 이데아며 천국이다. 따라서 현상계에서의 삶이나 이승에서의 삶은 자기 목적을 갖지 못하고 단지 주어진 궁극적인 목적에 이르는 수단으로 전락하게 된다. 니체에게는, 이 이원론적이고 목적론적인 세계관이 거짓이며 기만이다. 그리고 내세의 삶을 동경하는 것은 인간의 자기 기만이며 자기 부정에 불과한 것이다. 지금까지 인간의 역사는 거짓과 오류의 역사로서, 현실을 부정하고 피안의 세계를 부단히 꿈꾸면서 현실적인 삶의 대가로 그 꿈을 실현하려고 노력했던 역사였다. 현실적 욕구나 욕망은 자제하면서 지상의 삶을 업신여기고 멸시하면 할수록 천상의 영원한 세계에 접근하는 것으로 믿었다. 그래서 사람들의 현실적인 삶은 그 가치를 상실하게 되고, 금욕과 절제, 겸손과 복종 등이 도덕으로 자리를 잡게 되었다. 그러나 니체는 인간의 인간다운 욕구나 욕망의 포기를 단호하게 거부한다. 그는 모든 생물들에게 동기를 부여하는 근본적인 창조력은 '힘에의 의지'라고 믿는다. 즉, 힘, 성장하려는 욕구, 권리에의 요구, 투쟁에서 이기려는 의지 등이 현실적 삶이 도덕 이전에 갖는 가장 기본이라는 것이다. 이웃에의 사랑, 무조건적인 용서, 동정, 금욕 등의 기독교적 도덕은 삶의 뜻을 근본적으로 거역하는 것이다. 거짓과 기만과 편견으로서의 서양의 도덕은 인간의 현실적·자연적 삶을 부정하는, 즉 삶의 본능을 부정하는 반자연적 성격을 띠었다는 것이다. 이 도덕은 도덕성의 근거를 인간세상 저편에서 찾는다. 그리고 그것을 세상 이편의 인간에게 본질적인 것으로 만들어버린다. 그래서 니체는 지금까지의 도덕을 '삶에 독을 섞는 것' 내지 '삶의 반대자'11)로 평가한다.

니체는 인간 이편에서 도덕성의 근거를 찾고자 한다. 인류에게 생리적이고 도덕적인 악의 증대는 병들었고 반자연적인 도덕의 결과인 것이다.12) 도덕을 반자연성으로부터 구제하고 도덕에게 자연적 유용성을 부여하는 일이 시급한 그의 과제였다. 그의 관심은 새로운 구체적인 덕목을 제시하는 것이 아니라 도덕적 평가는 행위 주체에 의해서 이루어져야 한다는 점과 선과 악이 그 자체로 존재한다는 기존의 고정 관념을 깨뜨리는 일이었다. 그래서 그는 도덕의 기원이 도덕 외적=비도덕적=자연적 유용성이며, 도덕의 가치도 오로지 이것에 의해서만 평가되어야 한다는 정언적 명제를 세우고자 한다. "자연명

---

11) Friedrich Nietzsche, *Nachgelassene Fragmente Herbst 1887 bis März Herbst 1888, KGW* Ⅷ 2(Berlin·New York, 1970) 10[166], s. 219 & F. Nietzsche, *Der Antichrist, KGW* Ⅵ 3(Berlin·New York, 1969), s. 192, 백승영, 『니체, 디오니소스적 긍정의 철학』(서울 : 책세상, 2005), p. 580에서 재인용.
12) Friedrich Nietzsche, *Nachgelassene Fragmente Anfang 1888 bis Anfang Januar 1889, KGW* Ⅷ 3(Berlin·New York, 1972) 15[41], s. 227, 백승영, 위의 책, p. 585에서 재인용.

법으로 정언명법을 대체한다"13)는 짤막한 표현은 니체의 그런 관심을 잘 대변한다. 자연명법을 세우는 그의 작업은 도덕이 하나의 '해석'이라는 것을 밝히는 일로 시작된다. 이 작업은 선과 악의 이분법을 파괴하여 행위 주체의 도덕적 판단 능력을 공고하게 하는 작업으로 이어진다. 이 작업은 주인 도덕(Herrenmoral) 내지 귀족 도덕과 노예 도덕(Sklavenmoral) 내지 숭인 도덕을 도출해내면서 완성된다.14)

우선, 그는 도덕을 일종의 해석으로 간주한다. 그리고 도덕이 갖는 인간 삶의 생존 조건을 강조한다. 그에 의하면, 본래 도덕적 현상이 따로 있는 것이 아니고 어떤 현상에 대한 도덕적 해석만 있을 뿐이다. 이 해석은 삶을 초월한 도덕적 규범 또는 도덕적 지상명법에서 주어지는 것이 아니고 오히려 삶의 현실성에 대한 원근법적 평가에서 행해지는 것이다. 이런 도덕적 해석은 언제나 고정화하려는 경향을 갖는데, 이것이 고정화할 때 유동하는 삶의 순진무구한 활동이 구속을 받는다. 고정화된 도덕적 강제는 관습의 힘에 의해 계승되면서, 공동체의 권위와 결탁하여 인간의 생동적 삶을 구속하는 가치가 된다. 그는 진정으로 도덕적인 것은 모두 인간의 본성과 조화되는 것이지 결코 모순인 것이 아니다. 실제로 우리의 가치 평가나 도덕적 선의 목록이 그 자체로 가치를 가지는 것은 오직 삶에 대해서 그것이 삶을 고양시킬 경우다. 도덕적 평가는 삶에 대한 관계에 대한 하나의 설명이요 해석의 한 방법이다. 그래서 설명이니 해석이니 하는 것은 어떤 생리적 상태의 징후일 뿐이다. 도덕적 평가로서의 설명이 우리의 정서에 의해 행해진다

---

13) Friedrich Nietzsche, *Nachgelassene Fragmente Herbst 1887 bis März Herbst 1888, KGW* Ⅷ 2(Berlin · New York, 1970) 9[27], s. 12, 백승영, 위의 책, p. 585에서 재인용.
14) 백승영, 위의 책, pp. 585-586.

는 점에서 도덕은 결국 정서의 기호에 불과하다. 따라서 도덕은 생물의 생활 조건에서 나온 평가 체계다. 니체는 이런 자연주의 내지 생물주의의 입장에서 선과 악 그리고 덕을 규정한다. 삶이 자유롭게 성장할 때 그것이 자기에게 의식되며 거기에 선이란 판단이 나오고, 반대로 삶의 성장이 방해될 때 악이란 판단이 나온다. 또 삶의 활동을 조장하는 어떤 조건 혹은 사물이 의식될 때 그 조건 혹은 사물을 선이라 판단한다. 선악의 판단은 삶의 성장 내지 쇠퇴의 의식을 함축한다. 일반적으로 덕은 본래 세련된 정서요 고조된 생리적 기능이다. 도덕이란 생존 조건에 관한 평가 체계며, 선악은 현상에 대한 해석이지 현상 그 자체의 성질이 아니다. 도덕 현상은 언제나 생존 조건에서 이해되어야 한다. 니체에게 좋은 것은 힘의 느낌, 힘에의 의지, 힘 자체를 인간 안에서 증대시키는 모든 것이며, 나쁜 것은 약함에서 유래하는 모든 것이며, 행복이란 힘이 증가한다는 느낌 내지 저항이 극복되었다는 느낌이다.[15] 그래서 니체는 모든 도덕적 평가에서 가장 중요한 것은 원근법이라고 강조한다. 도덕적 판단은 객관적 중립적 인식이 되도록 하는 것이 요구되지 않으며, 삶의 강화를 위하여 자기 중심적이고 주관적인 판단이 오히려 유용한 판단이 된다. 그는 인간의 자연적 생존을 가능하게 하고 긍정하는 건강한 새로운 도덕을 제시하고자 한다.

그는 『선악을 넘어서(*Jenseits von Gut und Böse*)』[16]에서 주인 도덕과 노예 도덕을 구분하면서 선과 악의 근원을 밝힌

---

15) Friedrich Nietzsche, *Nachgelassene Fragmente Herbst 1887 bis März Herbst 1888, KGW* Ⅷ 2(Berlin · New York, 1970) 11[414], s. 434, 백승영, 위의 책, p. 587에서 재인용.
16) 프리드리히 니체 지음 · 김훈 옮김, 『선악을 넘어서』(서울 : 청하, 1982)(이 책의 인용은 본문 속에서 책 이름과 쪽수를 표기함).

다. 주인 도덕에서 선은 주인의 성격과 힘과 종족에게 알맞은 모든 것이다. 즉, 주인들의 고귀하고 뽐내는 상태, 넘쳐흐르려는 가득 찬 감정, 고도로 긴장된 행복, 동정 때문이 아니라 영광을 위해 선물하고자 하는 부의식(富意識) 등이 선이다. 또 이런 주인들에게 속하는 것은 냉혹함, 자신감, 자부심, 자기를 돌보지 않는 모든 일에 근본적으로 적대하는 것, 동정이나 포근한 심정이라고 일컬어지는 모든 것에 대해서 조심하는 것 등이다. 고귀한 사람들은 자기 자신이나 자신의 행위를 선으로 느낀다. 그들이 비천한 사람들에 대해서 느끼는 좋다(gut)거나 나쁘다(schlecht)는 감정이 선과 악의 근원이 된다. 고귀한 사람들은 비천한 사람들을 자신들과 구분하여 생각하며 경멸한다. 고귀한 사람들의 감정이 모든 가치의 기준이 된다.

고귀한 유형의 인간은 스스로를 행위결정자로 생각한다. 그는 타인의 인정을 필요로 하지 않는다. 그는 '내게 해로운 것은 본질적으로 해로운 것이다'라고 단정한다. 그는 사물에 가치를 부여하는 것은 바로 자기 자신이라는 것을 안다. 그는 가치의 창조자다. 그는 자기가 인정하는 모든 것을 자신의 일부로서 존중한다. 이러한 도덕은 자기 찬미의 도덕이다. 고귀한 사람들이 불행한 자를 돕기도 하는데 그것은 연민 때문이 아니라 넘쳐나는 힘에 의한 충동에서 나온 것이다. 고귀한 인간은 힘 있는 자로서 그리고 스스로를 제어할 힘을 가진 자로서 자기 자신을 존경한다.(『선악을 넘어서』, 209)

그런데 노예 도덕은 천민들의 원한 본능에서 나온 것이다. 주인들에 반대되는 사람들은 약한 사람, 낮은 사람, 인생에 패배한 사람 그리고 그렇게 느끼고 있는 노예들이다. 이런 사람들과 관계있는 것은 저속한 것이고 따라서 악이다. 이런 사람들은 경멸당한다. 즉, 이들은 비겁한 사람, 소심한 사람, 도량

이 좁은 사람, 자기 이익만 생각하는 사람, 무엇보다도 거짓말쟁이다. 주인 도덕에서는 주인의 상태를 반영하는 모든 것이 선이기 때문에 노예적인 것은 악이다. 그러나 노예 도덕에서는 가난하고 무력하고 비천한 사람들만이 선한 사람들이다. 고난을 겪는, 결핍된, 병든 사람들은 유일하게 신앙심이 깊은 사람들이자 유일하게 행복한 사람들이다. 구원은 그들에게만 있는 것이다. 여기서 선은 힘없고 연약한 사람들의 사회에 유익한 것이다. 그래서 동정, 친절, 겸손 등이 덕으로 찬양된다. 이 노예 도덕의 기준에 따르면 주인 도덕에서의 선은 곧 악이 된다.

노예의 눈은 강자의 미덕을 좋게 보지 않는다. 그는 회의와 불신에 가득 차 있으며 강자들이 존중하는 선이라면 무조건 의심을 가지고 대한다. 그는 강자들의 행복은 진정한 행복이 아니라고 믿고 싶어한다. 반면에 고통 받는 자들의 괴로움을 조금이라도 덜어주는 것들이 각광을 받고 찬양을 받게 된다. 따라서 여기서 존경을 받는 것은 연민, 자비롭고 친절한 손길, 온정, 인내심, 근면성, 겸손, 친밀성 등이다. 이런 것들은 괴로운 삶을 견뎌나가는 데 가장 도움이 되는 것이며, 또한 유일한 수단이 되기도 하기 때문이다. 노예의 도덕은 본질적으로 효용성에 입각한 도덕이다.(『선악을 넘어서』, 212)

노예 도덕에서는 위험하지 않은, 온화하고 속기 쉽고 어리석은, 이른바 '좋은 사람[好人]'이 선한 사람이며, 다른 사람들에게 공포감을 불러일으키는 사람은 악한 사람이다. 노예 도덕에서는 '선'과 '어리석음'의 의미가 서로 통한다. 그러나 주인 도덕에서는 공포감을 불러일으키거나 그런 의도를 가진 사람이 선한 사람이며 경멸감을 불러일으키는 사람이 악한 사람이다. 즉, 고귀하고 양호하고 강대하고 아름다운 것이 행복이고 선이며, 비천하고 열악하고 쇠약하고 추한 것이 불행이고 악이다. 자유를 갈망하고 본능적인 행복을 추구하는 것은 노예적 속성이며, 열렬하게 존경하고 헌신하는 것이 귀족적 사고방식의 특징이다. 주인 도덕에서는 좋음과 나쁨의 대립이 '고귀함'과 '경멸적임'의 대립과 같은 것이며, 이것이 바로 선과 악의 대립이다. 노예 도덕에서 선과 악의 대립은 '위험하지 않음'과 '위험함'의 대립과 같은 의미다.

니체는, 주인 도덕과 노예 도덕이라는 두 가지 도덕의 전형이 모든 문명 속에서, 심지어 모든 동일한 인간 속에서도 발견될 수 있는 것인데도, 실제로는 두 도덕들이 끊임없이 투쟁해 왔다고 생각한다. 주인 도덕을 대변하는 로마인들은 노예 도덕을 대변하는 유대인들 속에서 반자연적인 자의 전형, 즉 자신들과는 다른 괴물을 감득했고, 유대인들은 복수심에 가득 찬 원한 본능에서 로마인들을 사악한 자의 표본으로 삼아왔다는 것이다. 니체는 유럽의 전통적인 도덕인 노예 도덕으로서의 기독교 도덕은 인간을 사육하고 훈련시키는 이른바 '무리 동물의 도덕'이라고 규정하고 그것에 대한 투쟁을 선언한다. 기독교 도덕은 약자를 대변하는 도덕으로서, 원래 약자란 강자에 의하여 압박받기 마련이므로 강자에 대항하는 방법으로 신성불가침한 당위로서의 도덕을 제정하여 강자의 비대한 권력을 저지하려 한다는 것이다. 그리고 약자가 제정한 도덕은 강자의 권력을 제약하고 나아가서는 강자를 위압하여 복종을 강요하는 음흉한 마력을 내포한다고 생각한다. 기독교 도덕이 바로 그런 속성의 도덕이라는 것이다. 약자들의 무리 동물의 본능은 고귀한 사람과 강한 사람을 자기와 같은 수준으로 끌어내려 인간을 모두 평등한 존재로 만듦으로써 자신의 안전을 도모하고자 한다는 것이다. 그들은 모든 계급차를 적대시하고, 그 밑에 있거나 위에 있거나 간에 모든 예외자를 위험시하고 적대시한다.

그들은 그들 위에 있는 예외적인 사람들, 강한 사람들, 훌륭한 사람들을 설득하여 목자나 수위로 만들어버리는 솜씨를 발휘한다. 그들은 그런 사람들을 자신의 제일의 신복(臣僕)으로 만들어버린다. 그래서 위험을 오히려 공용으로 전환시킨 것이다. 약자의 노예 도덕은 지배자에게 종속되고 복종할 것을 요구한다. 노예는 감히 공개적으로 보복하기보다는 오히려 은밀한 형태의 보복을 모색한다. 본질적으로 노예 도덕인 유럽의 전통도덕은 그 자체로 모순적이다. 그것은 삶에 역행하여 힘에의 의지를 죄악시한다. 그런데 그것은 삶을 부정하는 방면으로 강자를 거세하는 데에서 삶의 안전을 보장하려는 일종의 힘에의 의지의 발로다. 그러므로 노예 도덕은 스스로 부도덕으로 삼는 것에 의해 비로소 도덕으로 서게 된다는 자기 모순을 범한다. 도덕은 삶을 위하여 있는 것임에도 불구하고 도리어 도덕 그것이 삶을 판정하고 규정하려고 한다. 삶을 위한 도덕이기보다는 도덕을 위한 삶을 요구한다.

니체는 기독교 도덕의 가장 근본적인 핵심인 동정과 이웃사랑을 신랄하게 비판한다. 동정이란 근본적으로 자기 완성, 즉 자기 힘의 강화를 저지한다. 고통을 당하는 사람을 동정으로 도우는 것은 그 사람의 극기를 방해하는 것이며, 결국 그의 복수심과 증오심을 불러일으킨다. 그래서 동정은 그것을 느끼는 사람이나 그 마음을 받는 사람에게나 바람직하지 못한 것이다. 그것은 근본적으로 경멸을 내포한다. 인간은 찬양하는 사람을 동정하지 않는다. 인생의 고통이 필요하다는 점을 인정하는 경우에는 동정심이 일어나지 않는다. 삶의 감정의 힘이 고양된 긴장감과는 다른 것이 동정이다. 그것은 항상 침울하게 작용한다. 그래서 동정심을 느끼는 사람은 힘을 상실한다. 그것은 삶 자체를 부정하고 자신에 대한 나쁜 사랑을 조장할 수 있다. 이웃 사랑 역시 자기에의 사랑을 저지한다. 그것은 인간의 자기 자신에 대한 나쁜 사랑이다. 인간이 자기 자신에 대한 사랑보다도 이웃에 대한 사랑을 더 중시한다는 것은 이웃으로부터 지지를 받고자 하는 것이며, 그 지지를 기반으로 자신의 권력을 확대하자는 것에 지나지 않는다. 아울러 그는 노예 도덕으로서의 기독교 도덕이 강조하는 금욕주의를 강력하게 비판한다. 그에 따르면, 인간은 무엇인가를 끊임없이 욕망하는 '의욕적 존재'다. 인간은 허무라도 욕망하는 존재다. 그런데 현실은 고귀하고 강하고 아름답고 행복한 것이 선이라는 등식이 통한다. 이런 현실 속에서 약자들은 추구할 그 어떤 이상도 갖지 못한다. 이런 상황에서 그들은 비현실적인 것일지라도 그들의 삶에 위안을 주고 새로이 의의와 가치를 부여하는 어떤 이상을 절실히 소망한다. 이런 약자들의 요청에 부응하여 생겨난 것이 성직자가 만든 금욕주의다. 금욕의 이상은 피안적인 것이고 자연에 대립하는 것이다. 힘에의 의지는 강하지만 현실에서 거세되어버린 성직자는 현실에 대해 강한 불만을 가지고 그것을 부정하면서 약자들에게 바람직한 이상 세계를 만들어낸다. 이 이상 세계는 모순에 가득 찬 현실 세계와는 다른 진실의 세계이고 신적인 세계며 선악이 공존하지 않는 자유의 세계로서의 완전한 세계다. 이제 현실의 세계는 가치 없는 세계로 전락한다. 허구로서의 이상 세계가 모든 가치 평가의 기준으로 작동한다. 현실 세계의 모든 가치들은 전도된다.

니체는 가치 전도의 현상을 가치의 '뒤집어엎기' 내지 도덕에서의 '노예의 반란'이라고 부른다. 그리고 그 반란의 주동자들이 유대인이며 기독교라는 것이다. 노예들은 자기들은 힘센 사람과 뽐내는 사람들의 재간에는 언제나 미치지 못함을 알고 있다. 이들은 스스로 권력과 힘을 가지기 위해 귀족적 가치의 등식(선=고귀함=힘셈=아름다움=행복함=하느님의 사랑을 받음)을 값어치 없고 나쁜 것이라고 속이고, 그 대신에 그들 자신의 상태와 그들에게 위안을 가져다주는 모든 것을 진정으로 값어치 있는 것이며 좋은 것(=선)이라고 말하기 시작했다는 것이다. 즉, 괴로움, 비천함, 겸손, 친절, 착함, 동정, 인내, 따뜻한 마음씨 등이 선이라고 하게 되었다는 것이다.

니체는 새로운 가치 정립의 원리를 제시하려 한다. 그 원리가 바로 '힘에의 의지'다. 그것은 나약한 존재인 인간을 대지의 주인이 되게 한다. 그것은 모든 존재자의 존재 내용이고 모든 자연 현상을 가능하게 하는 보편적 우주의 원리다. 힘에의 의지에서 의지란 욕망하는 것이다. 그는 기독교 도덕이 '만인 평등'을 기만하고 있다고 생각하고 인간 불평등의 현실을 정직하게 인정할 것을 요구한다. 그는 사람들 사이에서의 '간격의 파토스'가 발전의 원동력임을 주장한다. 사람들 간의 차이와 계층 간의 차이가 존재하고 지배 계급이 피지배 계급을 멸시하고 억압할 때 비로소 간격의 파토스가 생겨나고 그 파토스의 힘을 바탕으로 향상 내지 발전이 가능하게 된다는 것이다. 그의 말을 직접 들어보자.

모든 면에서 '인간'이라는 종이 향상되어온 것은 인간과 인간 사이에 가치의 차이와 많은 등급의 계급 서열이 존재함을 믿으며 어떤 의미에서든 노예 제도를 필요로 하는 귀족 사회 덕분이었고 앞으로도 그러한 추세는 계속될 것이다. 각 계층 간에 뿌리 깊은 차이가 존재할 때, 그리고 지배 계급이 항상 예속자들과 도구들을 경원하고 경멸하며 복종과 명령, 억압과 경원이 일반화될 때 간격의 파토스가 싹트게 되는데, 이것이 없다면 또 다른 더 신비한 파토스 역시 자라날 수 없었을 것이다. 즉, 영혼 그 자체 안에서의 간격을 새로이 확장하려는 끊임없는 갈망, 더 높고 더 희귀하고 더 특이하고 더 넓고 더 포괄적인 상태로의 발전은 기대할 수 없으며, 좀더 간단히 이야기한다면 '인간'이란 종의 향상, 지속적인 '인간의 자기 초극'은 기대할 수 없는 것이다.(『선악을 넘어서』, 205)

더욱이 그는 살아 있음(=생명)의 본질은 '힘에의 의지'라고 주장한다. 그리고 그것을 '착취'라고도 표현한다. 그리고 이 점을 도외시했던 서양의 도덕은 근본적으로 '삶의 반대자'일 수밖에 없다고 생각한다. 즉,

> 생명 그 자체는 본질적으로 이질적이고 더 약한 존재를 나의 것으로 만들고 위해를 가하고 압도하고 억압하는 것이고 냉혹한 것이며, 자신의 방식을 남에게 강요하는 것이고 동화시키는 것이며, 가장 온건하게 말해서 착취하는 것이다. … 생명은 단지 힘에의 의지에 불과한 것이다. 그러나 유럽인의 일반적인 의식은 이 점에 대해 가르치기를 몹시 꺼려하고 있다. 지금 사람들은 도처에서 심지어는 학문적인 형식을 빌려서까지 '착취적인 면'이 제거될 미래의 사회상에 관해 열변을 토하고 있다. 그러나 내게 이것은 마치 일체의 유기적 기능이 정지된 생명 상태를 창조하겠다는 약속과 다름없는 것으로 들린다. '착취'란 부패하고 불완전하고 원시적인 사회에 속하는 현상이 아니다. 그것은 근본적인 유기적 기능으로서 살아 있는 것의 본질에 속한다. 그것은 생명 의지라고 할 수 있는 힘에의 의지의 소산이다. 이것은 이론으로서는 혁신적인 것일지라도 실재에서는 모든 역사의 본질을 이루는 것이다.(『선악을 넘어서』, 207)

니체가 '힘에의 의지'를 가치 판단의 기준으로 제시하는 것은 노예 도덕을 지양하고 주인 도덕을 이상적 경우로 삼으려는 것과 다르지 않다. 그런데 주인 도덕을 도덕적 판단의 기준으로 삼는 것은 행위자(=주권적 존재)의 가치감 및 권력감의 표현인 '좋음과 나쁨'을 근거로 '선과 악'을 판단함을 말하는 것

이다. 니체에 의하면, '좋음과 나쁨'의 계보는 고귀한=주인적=귀족적 가치 평가에서, '선과 악'의 계보는 고귀하지 않은=노예적=천민적 가치 평가에서 찾을 수 있다. 따라서 고귀한=주인적=귀족적 가치 평가는 좋은 인간=강자=고귀한 인간=자연성을 상실하지 않은 인간의 가치 평가로서 니체의 긍정의 대상이 되며 고귀하지 않은=노예적=천민적 가치 평가는 노예적 존재 혹은 원한 인간의 가치 평가로서 폄하의 대상이 된다.17) 그러나 '덕을 다르게 느낄 수 있을 정도의 높이'는 주인 도덕만으로는 부족하다. 그것은 철저한 개인 윤리에 해당한다. 그는 주인 도덕의 사회적 함축을 입증하고자 한다. 그가 '선악을 넘어서'를 요구하는 것은 주인 도덕의 사회윤리화를 모색하면서 승인의 도덕을 도출하면서 완성된다. 주인 도덕이 제공하는 선의 내용은 개인적이다. 모든 도덕은 그 도덕의 주체에 관계된다. 자신의 힘을 상승시키려는 개인의 노력이 다른 사람들의 노력과 충돌할 수 있다. 노예 의식을 가진 개인들 사이에서 다른 사람을 승인하는 것은 여론이나 대중적 판단에 의한다. 주인 의식을 가진 사람들 간의 상호 승인은 자신에 대한 긍정에서 출발하는, 다른 사람에 대한 긍정에서 성립한다. 자기 긍정은 자신이 선과 악의 판단 주체라는 점에 대한 긍정이다. 이는 곧 자신의 가치 판단과 그 행사가 필연적으로 개인적 한계를 가질 수밖에 없음에 대한 긍정이다. 이 반성적 자기 제한은 주인 의식을 가진 강한 사람의 힘이다. 그의 자기 제한은 다른 사람의 가치 판단의 개별성과 차이를 인정하게 한다. 다른 사람에게 자기의 가치 판단을 강요하지 않는다. 다른 사람이 다른 삶의 조건을 가지고 있음을 인정하고, 따라서 다른 사람의 판단을 승인한다. 니체의 주인 도덕은 다른 사람이 가치 판단의 주

---

17) 백숭영, 위의 책, p. 593.

체임을 승인하는 이른바 승인의 도덕이다.18)

4. 도스토예프스키의 『카라마조프의 형제』에 나타난 선의 양상

1) 『카라마조프의 형제』에서의 인간 본성과 선

도스토예프스키의 『카라마조프의 형제』19)는 어느 러시아의 시골 도시에서 한 가족 사이에서 3일 동안 일어난 사건에 관한 이야기다. 카라마조프 집안의 아버지인 늙은 홀아비 표도르 카라마조프와 그의 자식들인 드미트리, 이반, 알료샤를 주인공으로 이야기는 전개된다. 아버지와 세 아들은 오랜만에 유산 상속을 둘러싼 분쟁 때문에 한자리에 모인다. 세 아들 중 모스크바에서 찾아온 이반만이 아버지의 집에 머물고, 장남인 퇴역 장교 드미트리는 다른 곳에 숙소를 구하고, 막내 알료샤는 예비 수도사로서 수도원에 들어가 기거하면서 신앙의 길을 걷고 있다. 그런데 이야기를 좀더 복잡하게 만드는 것은 아버지 표도르가 백치와 다름없는 거지 여인에게서 얻은 사생아인 간질병 환자 스메르쟈코프가 요리사 겸 하인으로 이 집에 함께 살고 있다는 점이다. 카라마조프 집안의 문제를 중심으로 이야기가 전개되고 있지만, 다양하고 상이한 성격의 많은 사람들이 등장하면서 많은 주제들이 서로 조화를 이루면서 제시되고 있다. 이야기의 핵심은, 그루센카라는 여인의 사랑을 차지하기 위한 아버지 표도르와 장남 드미트리의 경쟁, 뒤이은 아버지

---

18) 위의 책, pp. 594-595 참고.
19) 도스토예프스키 지음 · 김학수 옮김, 『카라마조프의 형제』(서울 : 금성출판사, 1990)(이 소설의 인용은 (Ⅰ), (Ⅱ)의 권수와 페이지를 본문 속에 표기함).

표도르가 살해되는 사건, 그리고 장남이 부친 살해의 혐의를 받고 잘못된 재판을 받아 시베리아 유형의 판결을 받는 것 등으로 구성된다.

도스토예프스키는 서문에서 이 소설의 주인공이 알료샤라고 분명히 밝히지만, 살인이 주요 테마로 되어 있는 이 소설에서 그는 주도적인 역할을 하지 못한다. 그는 '적극적인 관찰자'의 역할에 머물고 있을 뿐이다. 오히려 이야기 전개의 실질적인 요인을 만들어내는 드미트리가 사실상의 주인공이라고 할 수 있다. 그러나 이 소설의 사상적 입장에서 본다면 이반이 중요한 역할을 맡고 있으며, 그와 그의 동생 알료샤와의 대화를 통해 작가의 사상이 잘 드러나고 있다.

이야기는 단순한 살인 사건이 아니라 친부 살해 사건이다. 작가는 이 특이한 사건을 냉정한 심리 분석을 통해 철저하게 분석한다. 이 심리 분석은 유전 현상을 토대로 진행된다. 즉, 천성적으로 모든 카라마조프 가족들이 지니고 있는 위험한 본능(='카라마조프시치나')의 문제에 초점을 둔다. 카라마조프가의 형제들은 제각기 다른 심리적·정신적 구성 요소를 지니고 있음에도 불구하고, 그들은 교육이나 확신이나 의식 구조에 관계없이 모두 공통점을 가지고 있다. 상이한 어머니에게서 태어난 그들에게 서로 다른 요소들이 없는 것은 아니지만, 카라마조프가는 본질적으로 간악하고 위태로운 본능, 즉 인간의 도덕적인 완성을 방해하는 본능을 지닌다. 이 위태로운 본능을 지닌 카라마조프가의 형제들 사이에서 벌어지는 사건들의 분석을 통해 인간의 현실적인 삶 속에서 벌어지는 선악 갈등의 문제가 종합적으로 분석된다. 카라마조프의 가족들은 단순한 한 가족이 아니라 인간 세계의 모든 내부적 모순이 반영된 하나의 소우주라고 보아야 한다.

카라마조프 집안에서 악의 원천은 방탕한 아버지 표도르다. 몰락한 시골 귀족의 후예인 그는 세상에서 가장 후안무치(厚顔無恥)한 호색한(好色漢)이다. 그의 특징은 끝없는 지배욕, 물욕 그리고 개인적인 향락에 있다. 그는 인색하고 탐욕스러우면서도 자기 자신의 향락을 위해서는 돈을 아끼지 않는 호색한이다. 그는 말초신경적인 감각의 향락을 최고의 만족이라 생각하고 있었기 때문에 그의 향락의 이상은 가장 파렴치하고 난폭한 정욕이라고 할 수 있다. 그의 정욕에는 한계가 없다. 못생긴 여자, 심지어 혐오감을 주는 추악하거나 불구인 여성에게도 매력을 느끼는 그런 호색한이다. 그는 자신의 죄악에 대해 일말의 양심의 가책이나 의혹을 느끼지 않는다. 오히려 그는 자기의 죄악을 즐긴다. 이 점에서 그는 순수한 사악 내지 악의에 해당한다. 그러나 도스토예프스키는 그를 전형적인 속물, 교활한 겁쟁이, 시기심이 많은 졸장부, 천박한 어릿광대로 등장시킴으로써 그에게서 철저한 악마의 뉘앙스가 풍기지 않도록 한다. 이를 통해 인간의 악의 근원은 악할 뿐 아니라 저속하고 천박하고 평범할 수도 있다는 것을, 그래서 더욱 위험할 수 있다는 점을 보여준다.

　카라마조프가의 형제들에서 나타나는 선의 문제는 인간 본성의 문제와 연관된다. 도스토예프스키는 인간 본성의 선악 문제에 답하고자 한다. 그의 답은, 인간은 선한 본성을 가지고 태어난다는 것이다. 악은 인간 내면에 먼저 존재하는 선을 파괴하기 위해서 외부로부터 침투한다는 것이다. 인간에게 내재된 선이 있음에도 불구하고 사회적인 악이 존재할 수 있는 것은 인간의 본성을 왜곡시키는 악이 인간의 외부로부터 유입되어 인간 본성의 한 부분을 형성하여 선과 공존하기 때문이다. 선은 악과 관련하여 존재하며, 선 자체만으로는 실현되지 않는다. 그래서 선과 악은 상반되는 것이지만 인간 내면에서 공존한다. 악은 선의 파괴를 위하여 존재하고, 선의 파괴를 위해 악은 움직인다. 인간의 마음속에서 선과 악의 상대를 거부하는 투쟁을 하고 있고 이 투쟁에서 승리하는 한쪽은 다른 쪽과 구분하는 경계를 설정한다. 그러므로 선이 악과의 투쟁에서 패하더라도 선은 실재하는 것이기 때문에 인간의 마음에서 근절될 수 없는 것이다. 인류가 비극적인 삶의 고난을 극복할 수 있었던 것은 선이 스스로 자신을 나타내는 활동력을 가지고 있기 때문이다. 아버지에 대한 극도의 증오심 때문에 아버지를 살해하려 달려가던 드미트리를 제지한 것은 그가 회고한 바와 같이 '알 수 없는 어떤 힘', 즉 선이었다. 이처럼 선은 어떠한 상황에서도 활동을 중지하거나 포기하지 않는다. 카라마조프의 형제들에서 강조하고자 한 것은 인간의 본질이 선함에도 불구하고 파괴적인 악의 힘이 나타날 수 있으나 인간은 믿음에 의하여 자신의 선한 본질을 되찾을 수 있다는 것이다. 악은 인간의 영혼에 창조가 아니라 파멸을 가져온다. 도스토예프스키는 인간 행동의 결정 인자를 인간의 삶에서 나타나는 악으로 보지 않았다. 그는 선이 비록 연약하기는 하지만 악이 삶을 지배하고 인생을 멸망으로 인도한다면 인간의 삶은 존재할 수 없기 때문에, 선은 결코 멸망하지 않고 악에 대해 저항한다.

카라마조프의 형제들은 이 세상에서 나타나는 선과 악을 서로 다른 영역에서 보여준다. 그들은 말과 행동을 통해 서로 다른 양상의 선을 나타낸다. 장남인 드미트리는 '카라마조프시치나'의 정열의 세계를 대표한다. 그는 인간의 자연적인 본성에서 나타나는 죄와 도덕적인 영역에서 감정적인 사랑의 원리를 보여준다. 그는 지적으로는 발달하지 않았으나 결코 어리석은 인간은 아니며, 타는 듯한 기질과 열정을 가진 사람이다. 그는 현명하고 성실한 판단을 하지만 합리적인 사고와는 거리가 멀다. 그는 순진하고 자유분방한 사람이다. 그의 방탕과 광기어린 정열은 아버지 표도르의 유전일 수도 있다. 그러나 그는 이미 어떤 선의 요소를 안고 있다. 오히려 그의 방종과 정열은 성장의 싹이라고 할 수 있다. 그는 아버지를 죽이지 않았지만 살인범으로 선고받는다. 사실 그는 아버지의 죽음을 바라고 있었다. 실제로 아버지를 죽일 용의까지 있었다. 그가 아버지를 죽이지 않은 것은 오히려 '우연'이었다고 볼 수 있다. 그는 이 점을 스스로 인정하고 기꺼이 십자가를 질 결심을 한다. 물론 아버지를 죽인 죄 때문이 아니라 과거의 무분별한 생활 때문에, 그리고 아버지를 죽일 수도 있었고 또 죽이려고 했었다는 자책감 때문에 십자가를 지려는 것이다. 바로 이러한 그의 죄의식은 그의 앞날에 많은 상징적인 의미를 부여한다.

둘째 아들 이반은 '카라마조프시치나'의 이성의 세계를 대표한다. 그는 이론적이고 지적인 영역에서 이성의 원리를 구현한다. 그는 매우 복잡한 인물이다. 그는 『죄와 벌』에서의 라스콜리니코프와 마찬가지로 매우 이지적이다. 그러나 그는 자기의 회의론에 대해서까지 회의할 정도로 지적이기도 하다. 즉, 카라마조프가의 탐욕스러운 피가 이반의 경우에는 지적인 탐구로 구현된 것이다. 모스크바의 최고 학부에서 교육을 받고 재기가 넘치는 논문을 발표하고 있는 그는 자연과학적인 입장에서 신이라든가 양심이라든가 영생이라든가 하는 신비적인 존재를 모두 부정한다. 따라서 이 세상에는 선악도 없고 남을 사랑해야 한다는 자연율도 없기 때문에, 인간에게는 '모든 것이 허용된다'는 극단적인 결론에 도달한다. 그의 이런 논리는 이 소설의 사상적인 핵심이라고 볼 수 있는 '대심문관' 속에 잘 나타나 있다. 그는 신을 믿지 않는 것은 아니지만 신이 만든 세계를 인정할 수 없다는 복잡한 입장을 갖는다. 그의 기하학적 정신은 외계에서 균형과 질서와 미를 찾으려고 기대하지만, 실제적인 외계는 혼란과 공포의 도가니 속에 있다. 만일 신이 세계를 창조했다면 왜 악이 존재하느냐? 만일 신이 사랑이고 자비라고 한다면 왜 아무 죄도 없는 순결한 어린아이를 괴롭히느냐? 결국 이반은 대심문관과 마찬가지로 비록 신이 존재한다 하더라도 신의 질서는 인간에게 맞지 않는다는 결론을 내린다. 그러나 그는 자기 자신의 이원성과 모순 때문에 파멸의 비극을 걷지 않으면 안 된다. 그는 스메르댜코프에게 '모든 것은 허용된다'는 사상을 불어넣고 반의도적으로 방탕한 아버지를 죽이도록 선동한다. 범행 후 이반은 범인이 형 드미트리가 아니라 자기가 선동한 스메르댜코프라는 것을 알고 있다. 그리고 그는 '모든 것은 허용된다'는 자기의 명제에도 불구하고 도덕적으로 죄가 있다는 것을 느낀다.

막내인 알료샤는 드미트리의 감정적인 면과 이반의 이성적인 면이 종합된 정신적인 영역에 속해 있으면서 실천적인 사랑을 통해 이상적인 의지의 원리를 나타낸다. 사랑과 희생에 의해서 자유로 이끄는 진실한 기독교의 신앙은 알료샤에 의해 구현된다. 그는 신앙심이 강하고 누구에게나 사랑과 동정을 베풀면서 그를 의지하는 모든 학대받는 사람들과 친하게 지낸다. 게다가 그의 사랑은 활동적이다. 그는 아버지의 살해를 미연에 방지하지 못한 것을 자신의 죄로 느끼고 있지만, 그는 오로지 선만을 희구한다. 그는 자유 의지로 그리스도를 택했다. 그는 성자가 되려고도, 인간으로서의 본능을 억누르려고도 하지 않는다. 그는 관용과 겸양, 연민과 희생, 복종과 형제애를 가진 사람이다. 이 소설은 그의 이름으로 시작하여 그의 이름으로 끝난다. 그는 적극적인 가치들을 확인하고 신의 세계를 받아들인 유일하게 긍정적인 주인공이다. 그는 정신적인 영역에서 절망적인 악이 존재하더라도 사랑을 잃지 않는 지고한 선을 구현한다. 그의 선은 정신과 육체 그리고 지상과 우주의 조화이고 주관과 객관의 통일체로서 도덕적인 형상을 넘어선 아름다움에 해당한다. 그에게 선과 미는 통일성을 가진다. 그는 진리를 선과 미로부터 분리하지 않았고 예술적인 창작에서 미를 선과 진리로부터 구분하지 않는다. 이 세 가지는 서로 일치하는 경우에 존재할 수 있는 하나의 이데아다. 진리와 미로부터 구분되는 선은 무한한 느낌일 뿐 힘이 없는 충동일 뿐이다. 또한 미와 선에서 분리된 진리는 공허한 말일 뿐이며, 선과 진리가 없는 미는 우상에 불과하다. 그리스도 안에서 자신 안에 하느님의 영원성을 받아들여 인간 영혼의 영원성을 발견하는 이 이데아는 위대한 선이고 가장 높은 진리요 가장 완벽한 선이다. 진리는 선이고 미 또한 선이며 진리다. 그에게서 나타나는 아름다움의 본질도 조화다. 그의 행위는 많은 사건들 속에서 혼돈된 인식과 혼란된 삶에 질서를 가져오는 조화이고 인간을 구원으로 인도하는 원동력이다. 구원의 가능성은 미와 진과 선이 하나로 합쳐져 있는 그리스도에게서 체현된다. 지상에서 그리스도를 구현한다는 것은 인간이 실제적인 삶 속에서 실천적인 사랑을 행하는 것이다. 실천적인 사랑은 개인과 사회가 조화를 이루면서 발전하리라는 전망과 그와 같은 목적을 추구해가는 인간적인 삶을 포함한다.

도스토예프스키의 직간접적 대변자로 생각되는 조시마 장로는 그리스도교의 이상을 구현한다. 그는 남의 고통과 슬픔과 죄에 대해 일종의 투시력을 가진다. 그리고 그의 덕망은 절대적인 것이다. 그는 다른 수행자들과는 다르게 조금도 준엄한데가 없고 언제나 밝고 명랑한 감정의 소유자다. 그는 결코 이론을 내세우지 않는다. 겸양과 미덕으로 상대를 감화시킬 뿐이다. 이반이 무신론을 열렬하게 펼칠 때도 덕망과 성품으로 대한다. 그는 철학적 이론보다는 예지를 중시한다. 이반의 '대심문관'이 현실 그대로의 인간을 고찰하지만, 조시마 장로는 신앙의 프리즘으로 인간을 관찰한다. 그는 지상의 원리와 천상의 원리, 세속적인 원리와 성스러운 원리의 융합을 강조한다. 그에게 이 세상은 결코 눈물의 계곡이 아니라 잠재적인 낙원이다. 인간이 그것을 깨닫고 그것을 위해 노력하기만 한다면 이 세상이 바로 모든 사람들의 낙원이 될 것이라고 믿는다. 죄 없는 어린이들에 대한 학대와 같이 이 세상에 현실적으로 존재하는 악을 어떻게 설명할 수 있는가 하는 이반의 항의에 대하여 조시마 장로와 알료샤는 추상적인 이론이 아니라 실천적인 신앙으로 답한다. 그것은 무조건적인 복종과 저항을 지양하면서 사람들과의 교류 속에서 자신과 관계있는 사람들을 구원하는 힘을 가진다.

결국 도스토예프스키가 제시하는 선은 인간에 대한 사랑이다. 그것은 드미트리의 열정적인 사랑과 이반의 공상적(=이성적)인 사랑 그리고 알료샤와 조시마 장로의 그리스도적 사랑으로 나타난다. 작가가 제시하는 지고의 선인 그리스도적 사랑은 구체적인 인간인 이웃을 사랑하는 것이다. 이웃을 사랑한다는 것은 인간의 아픔을 이해하는 것이며 인생을 편안하고 자연스럽고 아픔 없이 납득하는 실제적인 삶이다. 반면 구체적인 인간을 향한 사랑과 결합되지 않고, 의무가 포함되지 않은 인류에 대한 사랑은 자신의 허영의 만족이고 자신을 높이는 것이다. 자신에게 부과한 인류애라는 특별한 도덕적인 외모는 자신에 대한 사랑은 허용할 수 있지만 타인을 향한 사랑은 허용할 수 없는 이기적인 사랑의 존재 방법이다. 알료샤는 공상적인 인류에 대한 사랑이 아니라 구체적인 이웃에 대한 실재적인 사랑의 가능성이다. 알료샤는 사람을 사랑하고 사람들도 그를 사랑하나, 그를 바보로 생각하지 않는다. 알료샤는 선의 이데아의 소유자로서 어떤 사람이 선한 사람인가를 보여준다.

2) 드미트리의 감정적 선 : 열정적 사랑

소설 구성의 주인공으로 간주되는 드미트리는 억제하지 못하는 욕망을 가진 방탕한 사람인 동시에 욕정과 방탕을 억제할 수 있는 자제력을 가진 이중적 인격자다. 그는 그런 이중인격으로 인해 죄를 범하고, 그리고 동시에 그 죄를 깨닫고 후회하기도 한다. 그는 포악하지만 정열적이고, 거리낌 없이 행동하는 사람인 동시에 관용적이고 솔직한 사람이다. 소설 구성의 핵을 이루는 그의 행동들은 이런 이중인격에서 비롯된다. 그의 이중적인 삶은 선과 악이 자연스럽게 혼재된 삶이다.

드미트리 자신도 이중적인 삶의 경험에서 하느님과 악마가 벌이는 투쟁의 장소가 마음이라고 생각하게 된다. 그는 "거기서는 악마와 신이 싸우고 있는 거야. 그리고 그 싸움터가 바로 인간의 마음이지"(Ⅰ, 154)라고 말한다. 그는 자신의 삶이 무질서했음을 깨닫고 새로운 인생을 설계한다. 그는 자신을 반성하면서 자신의 내면의 본성을 깨닫는다. 그의 마음속에서 신과 악마가 싸우는 것을 알게 되는 것이다. 그에게는 실질적으로 부활과 갱생의 가능성이 나타난다. 그의 선한 마음은 하느님을 매개로 해서 나타나고 자신에 대한 부정 속에서도 자신은 하느님의 창조물이라는 것을 깨닫는다.

비록 나는 저주받은, 비굴하고 더러운 인간이긴 하지만, 하느님이 입고 계신 그 옷자락에 입을 맞출 수 있게 해주십시오. 악마의 뒤를 따라간다 하더라도, 저는 역시 하느님의 아들입니다. 나는 하느님을 사랑하고 있고, 세상에 없는 기쁨도 누리고 있습니다. 만일 이 기쁨이 없다면 이 세상도 존재할 수 없을 거야.(Ⅰ, 153)

그래서 그는 본능이 그를 지배하는 악의 상황에서도 본능적인 사랑의 열정을 잃어버리지 않는다. 살인 사건이 일어나던 날 밤 드미트리는 아버지의 방 창문 밖에서 아버지에 대한 돌발적인 복수심에 가득 찬 증오가 불타올라 별안간 호주머니에서 놋공이를 꺼냈으나 거기에서 행동을 멈추고 도망친다. 그러다 아버지의 집 정원에서 그리고리 노인에게 잡히자 무의식적으로 놋공이로 노인을 내리쳤으나 도망가지 않고 노인의 머리에 묻은 피를 닦아준다.

이것은 바로 얼마 전, 미타가 알료샤에게 무슨 예감이라도 느낀 듯이 단언했던 증오, 돌발적인 복수심에 가득 찬 그 사나운 증오의 발작이었다. 미타는 나흘 전 그 정자에서 알료샤와 이야기할 때 "아버지를 죽이다니, 어떻게 그런 말을 할 수 있어요?"라는 동생의 물음에 "아니, 그건 나도 몰라. 나는 모를 일이야"라고 대답했었다. "어쩌면 죽이지 않을지도 모르지. 그러나 어쨌든 결정적인 순간에 아버지의 얼굴이 갑자기 증오심을 불러일으키지나 않을까 걱정이야 …." 이러한 육체적 혐오감이 지금 자제할 수 없을 정도로 끓어오른 것이다. 미타는 이미 자제력을 잃고, 별안간 호주머니에서 놋공이를 끄집어냈다. "하느님께서 그때 나를 지켜주신 거야." 미타는 후에 이렇게 술회했다. 바로 그때 병석에 누워 있던 그리고리 노인이 잠을 깼던 것이다.(Ⅱ, 48-49)

갑자기 그는 벼락이라도 맞은 것처럼 푹 쓰러지고 말았다. 미타는 다시 정원으로 뛰어내려 쓰러진 노인 위에 몸을 굽혔다. 미타의 손에는 놋공이가 쥐어져 있었다. 그는 그것을 무의식적으로 풀밭에 던져버렸다. … 하얀 손수건을 호주머니에서 꺼내 노인의 머리에 대고, 이마와 얼굴의 피를 정신없이 닦았다.(Ⅱ, 50-51)

그로 하여금 선과 악의 혼돈의 존재가 되게 하는 것은 바로 그의 욕정이다. 이 혼돈의 상태에서도 그의 내면에는 본능적인 선이 내재하고 있었다. 그것은 그의 기도와 눈물, 부활과 갱생에 대한 갈망으로 나타난다. 그는 모크로예로 그루센카를 만나러 가면서 회개의 기도를 한다.

하느님! 방탕의 길을 걸어온 이 무법자를 받아주소서. 당신의 심판을 거치지 않고 그냥 통과시켜주옵소서. … 제발 심판하지 말아주옵소서. 저는 제 스스로를 이미 책하였나이다. 당신을 사랑하오니, 오오, 하느님, 저를 심판하지 말아주옵소서! 저는 비열한 인간이지만 당신을 사랑하나이다. 저를 지옥에 보내시더라도 변함없이 사랑하겠나이다. 지옥 속에서도 영원히 당신을 사랑한다고 외치겠나이다 …. 그러나 이 세상에서의 마지막 사랑을 허락해 주옵소서.(Ⅱ, 78)

모크로예의 여관에서 술잔치를 벌이는 난장판 속에서도 그는 발코니로 나가서 그리고리를 살려달라고 기도한다.

오오, 하느님, 그 울타리 밑에서 쓰러진 사람을 제발 살아나게 해주십시오! 이 무서운 시련을 극복하게 해주시옵소서! 당신은 나 같은 죄 많은 사람들을 위해 기적을 행하시지 않았나이까! 만약에 그 노인이 살아있다면 … 오오, 그때엔 나도 그 밖의 모든 오욕을 씻어버리겠습니다. 훔친 돈도 돌려주겠습니다.(Ⅱ, 115)

그는 감옥 속에서 지내는 두 달 동안 자신의 내면에서 새로운 인간을 느낀다. 하느님의 창조물인 인간은 환경에 의해서 선이 소생하거나 소멸되는 것이 아니라 자신의 내면에 선을 가지고 있다. 그는 인간의 마음이 선과 악의 싸움터라는 것을 알기 때문에 새로 소생한 선한 자아를 잃어버릴까 두려워한다.

난 지난 두 달 동안에 내 내부에서 새로운 인간을 느끼게 되었어 …. 내 내부에서 새로운 인간이 소생한 거야! 그 인간은 지금까지 내 내부에 갇혀 있었는데, 만일 이번과 같은 청천벽력이 없었다면 밖에 나타나지 않았을지도 모르지 …. 새로 소생한 그 인간이 어디로 가버 릴까봐, 그게 두려운 거야. 나는 거기서도, 광산의 동굴에서도, 가까 이에 있는 나와 같은 죄수나 살인범 속에서 인간다운 마음을 발견하 여 그들과 친하게 될 수 있을 거야. 왜냐하면 거기서도 생활하고, 사 랑하고, 괴로워할 수 있을 테니까! 나는 그들 죄수들의 얼어붙은 마 음에 새 삶을 불어넣을 수도 있고, 몇 년이고 그들을 보살펴주어, 드 디어는 고결한 영혼을, 고통 받고 인간애를 자각한 영혼을 그 땅굴 밖으로 끌어내어 천사를 낳고 영웅을 부활시킬 수 있을 거야!(II, 330-331)

그에게서 하느님과 인간의 선의 관계는 밀접히 관련된다. 인간의 선은 하느님을 매개로 하고 하느님은 반드시 선이므로 인간은 선을 소유한다. 그리고 인간이 선을 소유한다는 것은 하느님이 인간 내부에 존재함을 의미한다. 도스토예프스키는 하느님과 무관하게 인간이 내적으로 독립할 수 있다는 가능성 을 믿지 않았다. 그는 종교가 없는 인간은 구속을 상실하고 도 덕과 무도덕의 경계를 구별하는 것을 중지한다고 생각했다.

하느님이 없이 어떻게 인간이 선행을 쌓을 수 있겠어! 바로 이게 문제거든! 난 언제나 이걸 생각하는 거야.(II, 332)

그에게서 하느님의 존재는 죄인에게 더 절실한 문제다. 죄인에게서 하느님의 존재는 구원의 문제일 뿐 아니라 실존의 문제다. 하느님의 존재와 자신의 존재는 하나로 결합되어 있다.

그곳 땅 밑에서 하느님 없이 내가 어떻게 살 수 있겠니! … 만일 하느님을 지상에서 내쫓는다면, 우린 지하에서 하느님을 만날 거야. 유형수는 하느님 없이는 살아갈 수 없어. 유형수가 아닌 사람보다도 더욱 불가능한 거야. 그래서 우리 지하의 인간들은 깊은 땅 속에서부터 환희의 소유자인 하느님께 비통한 찬미가를 부를 거야.(Ⅱ, 331)

그는 하느님을 통해서 생명 그 자체의 귀중함을 알게 된다. 그는 그루센카를 만나러 모크로예로 가는 도중 마부에게 말한다. "마부는 사람을 치어선 안 돼! 사람을 치거나 인명을 해쳐서는 절대로 안 돼. 만일 인명에 해를 끼쳤다면 스스로 자기 자신을 처벌해야 하는 거야…. 남에게 해를 끼쳤다거나 남의 생명을 빼앗았다면, 그때는 자기 자신을 처벌하고 깨끗이 사라져야 하는 거야"(Ⅱ, 77). 드미트리는 어떤 상황에서도 생명은 존재한다고 믿는다. 그는 생명은 하느님으로부터 유래하고 모든 것에 나타나 있다고 믿는다.

알렉세이, 내가 지금 얼마나 삶을 갈망하고 있는지, 그리고 이 우중충한 벽 속에서 존재와 사고를 희구하는 타오르는 욕망이 얼마나 강하게 내 마음속에 용솟음치고 있는지, 아마 너는 믿어지지 않을 거야! … 나는 어떤 고통이 닥쳐오더라도 조금도 두려워하지 않을 거야…. 모든 고통을 정복할 수 있을 것 같아. 그리고 여하한 순간이라도 '나는 존재한다!'고 나 자신에게 외치고 싶은 거야! 수천 가지 고통 속에서도 … 나는 존재한다! 고문에 시달리면서도 … 나는 존재한다!

… 나는 태양이 있다는 걸 알고 있어. 태양이 있다는 걸 안다는 그 자체가 삶의 전부야.(II, 331-332)

3) 이반의 이성적 선 : 공상적 사랑

이반은 이 소설의 사상적 주인공이다. 그와 조시마 장로의 철학적 대화는 이 소설의 사상적 중심을 이룬다. 그들은 사랑에 대해 서로 다른 사상을 가지고 충돌하고 있지만 세계의 본질에 대해서는 인식을 함께 한다. 그들은 이 세상의 모든 것들을 긍정적인 눈으로 바라보면서 그것들을 사랑한다. "나는 봄날의 끈적끈적한 새 잎을, 파아란 하늘을 사랑해. 그저 그것뿐이야! 여기엔 지식도 논리도 없어. 그저 마음속 깊은 데서 우러나오는 사랑이 있을 뿐이야"(I, 335)라고 말하듯, 이반은 봄의 잎들과 파란 하늘처럼 죄 없는 것들을 사랑한다. 하느님의 모든 창조를 사랑하는 조시마 장로의 세계관은 다음과 같은 그의 말 속에 잘 표현되고 있다.

나는 갑자기 열성을 다해 외쳤다. "우리 주위에 있는 하느님의 선물을 보십시오. 맑은 하늘, 깨끗한 공기, 부드러운 풀, 작은 새들, 자연은 아름답고 순결합니다. 그런데 우리는, 우리 인간만은 어리석게도 하느님을 모르고 인생이 낙원이라는 사실을 모르고 있습니다. 우리가 그것을 이해하려고만 한다면 당장이라도 낙원은 예쁘게 단장하고 나타나는 것이며, 우리는 껴안고 울게 될 것입니다.(I, 437)

그러나 인간의 본질에 대한 둘의 입장은 서로 상반된다. 이반은 인간의 마음은 야수라고 생각한다. 그는 인간에 대해 아주 부정적인 입장을 보인다.

모든 인간의 마음속에는 야수가 숨어 있어 …. 걸핏하면 성을 내는 야수, 희생당한 피해자의 울부짖음에 정욕적인 흥분을 느끼는 야수, 사슬에서 풀려나 멋대로 날뛰는 야수, 음탕한 생활로 해서 풍병이니 간장병이니 하는 병에 걸린 야수 … 이러한 야수들이지.(Ⅰ, 353)

인간 자신이 나쁜 거야. 원래 인간에겐 낙원이 주어졌는데, 자기들이 불행해질 것을 뻔히 알면서도 자유를 원한 나머지 천국의 불을 훔쳤기 때문에 조금도 그들을 불쌍히 여길 필요는 없는 거야.(Ⅰ, 356)

그는 인간의 이런 잔인성 때문에 하느님의 창조 세계에 대해 절망한다. 그가 하느님을 거역하는 것은 이 절망 때문이다. 그는 인간의 잔인성에 의해서 죄 없는 어린이들이 고통 받는 것을 거부하고, 죄 없이 고통 받는 어린이들의 눈물의 대가로 조화를 살 수 있다는 내세를 거부한다. 이 점이 그가 하느님을 거역하는 문제의 핵심이다.

모든 인간이 고통을 겪어야 하는 것은 그 고뇌로써 영원의 조화를 보상하기 위한 것이라 하더라도 무엇 때문에 어린애들까지 그 속에 끌어들여야 하지?(Ⅰ, 357)

그러나 이반은 신을 부인하는 것이 아니라 지상에서 구현되고 있는 하느님의 선에 대해서 회의하는 것이다. 그는 죄 없는 사람이 고통을 당하는 지상에서 하느님의 선이 나타난다는 것을 회의하는 것이다. 그는 현실적으로 죄와 고통이 만연하는 지상에서 하느님의 선이 구현될 수 있는지를 회의하면서 그 불명확성에 고민한다. 그는 하느님이 인간의 고통으로 하느님의 제국을 살 것을 요구했다 하더라도 무고한 어린이의 수난에 대해서는 그들이 무슨 죄가 있느냐고 묻는다. 그는 신이 만든 세계의 부조화를 추궁하는 것이다. 하느님이 전능하시다면 선하고 완전한 세계를 창조하셔야 하는데 현실은 그렇지 않다는 것이다. 이는 둘 중 하나를 의미한다. 하느님이 전능하지 않아서 조화와 사랑으로 움직여지는 세계를 창조할 수 없었거나, 하느님이 전능하시더라도 그는 완전한 세계와 아름다운 인간을 창조하는 것을 원하지 않았을 것이다. 그래서 그는 신을 인정하지 않는 것이 아니라 신이 창조한 세계를 인정할 수 없었다. 따라서 그는 지상에서 이루어지는 응보 이외에는 인정하지 않는다. 그는 이 지상의 현실에서 조화가 이루어지기를 원한다. 그는 유클리드 기하학과 같은 명확하고 논리적인 이성을 통해 선에 도달하고자 한다.

내겐 응보가 필요해. 그렇지 않으면 나는 자멸해버리고 말거야. 그리고 그 응보가 언젠가 무한 속의 어딘가에서 얻어질 수 있는 것이라면 나는 반대야. 어디까지나 이 지상에서, 바로 내 눈 앞에서 이루어져야만 해. 나는 그것을 믿고 있어.(Ⅰ, 356)

어디까지나 내 눈으로, 사슴이 사자 옆에 누워 있는 광경이며, 살해된 인간이 일어나서 자기를 죽인 인간과 포옹하는 광경을 보고 싶은 거야. 즉, 무엇 때문에 모든 것이 이렇게 되었는가를 모든 사람이 알게 될 때, 나도 그 자리에 있고 싶다는 거지.(Ⅰ, 357)

이반은 지상에서 선이 이루어지지 않고 지상의 고통을 통해 내세에 조화로운 응보를 받는 것이라면 차라리 이 세상에 고통도 없고 조화로운 내세도 없는 것이 낫다고 말한다.

이미 죄 없는 자가 고통을 받은 후에 지옥 같은 게 무슨 도움이 된다는 거야! 그리고 또 지옥이 있는 곳에 조화가 있을 리 없어. 나는 용서하고 싶어. 나는 포옹하고 싶은 거야. 나는 더 이상 인간이 고통당하는 걸 원치 않아. 만일 어린애들의 고뇌가 진리를 획득하는 데 필요한 고통으로서 충당되어야 한다면, 나는 미리 말해두겠어 …. 진리란 것은 그만한 가치가 없는 것이라고.(I , 358)

이반은 인간의 고난은 끝이 없다고 생각한다. 그는 죄 없는 사람들의 고난만 보기 때문에 하느님의 세계를 받아들이지 않는다. 그는 자신의 유클리드적인 이성으로 인간적인 고난의 합목적성을 이해하지 않고 미래의 세계, 즉 내세를 인정하지 않는다. 그가 미래를 부정하는 것은 존재하는 현재를 받아들이지 못하기 때문이다. 지상에서의 고난이 너무 크기 때문에 미래의 세계에서도 행복할 수 없다고 생각하고 그것을 받아들이지 못하는 것이다. 그는 이 지상에서 인간의 이성에 의해 죄와 책임을 결정하고 죄 없는 사람은 고난을 받지 않는 세상을 원한다. 그러나 그의 논리대로 현실에서는 인간의 이성에 의해 죄 없는 자의 고통이 사라지지 않는다. 그는 신에게 입장권을 돌려보내고 싶다고 말한다.

나는 조화 같은 것은 바라지 않아. 즉, 인류에 대한 사랑 때문에 바라지 않는 거야. 나는 차라리 보상 받을 수 없는 고민으로 시종하고 싶어. 비록 내 생각이 틀렸다 하더라도 보상 받을 길 없는 고뇌와 풀릴 길 없는 분노를 품은 채 남아 있겠어. 게다가 그 조화의 대가가 너무 비싸기 때문에 내 호주머니 사정으로는 그처럼 비싼 입장료를 지불할 수가 없어. 그래서 나는 나의 입장권을 급히 돌려보내는 거야. 내가 정직한 인간이라면 되도록 빨리 그 입장권을 돌려보낼 의무가 있으니까. 그래서 나는 이걸 실행하고 있는 거야. 알료샤, 나는 신을 인정하지 않는 건 아니야. 그저 조화의 입장권을 정중히 돌려보낼 뿐이지.(I , 359)

그는 동생 알료샤에게 자신은 이웃을 사랑할 수 없다고 고백한다. 그는 멀리 있는 사람은 사랑할 수 있지만 아주 가까이 있는 사람을 사랑한다는 것은 거의 불가능하다고 생각한다. 그리고 그는 이웃 사랑은 공상적인 사랑의 경우에만 가능하다고 생각한다. 이반의 이런 생각은 조시마 장로의 생각과 상충된다. 장로는 이웃 사랑이 실천적인 사랑으로 가능하다고 보는 것이다. 그는 공상적인 사랑은 성급하고 남들이 보아주기를 바라는 사랑인 반면 실천적인 사랑은 노력과 인내를 요구하지만 자신 속에서 하느님의 힘을 확인할 수 있는 사랑이라고 말한다.

실천적인 사랑이란 공상적인 사랑에 비해 매우 냉혹하고 무서운 것이니까요. 공상적인 사랑은 재빨리 만족할 수 있는 성급한 공적을 갈망하며 남들이 보아주기를 바라는 법입니다. 그래서 실제로, 시간을 오래 끌지 않고, 마치 무대 위에서처럼 되도록 빨리 그것을 성취하여 모든 사람의 주목을 받고 칭찬을 받을 수 있다면 생명을 내버려도 아깝지 않은 지경에까지 이르고 맙니다. 그렇지만 실천적 사랑은 … 오로지 노력과 인내입니다.(Ⅰ, 81)

이반은 조시마 장로가 말하는 그리스도의 실천적인 사랑은 지상에 있을 수 없는 일종의 기적이라고 생각한다. 그가 인정하는 것은 오로지 공상적인 사랑일 뿐이다. 그의 공상적인 사랑은 '모든 것은 허용된다'는 생각으로 이어진다.

지상에서 인간이 인간을 사랑하게끔 강요하는 것이라곤 아무것도 없다. 인류를 사랑해야 한다는 법칙은 전혀 존재하지 않는다. 만일 지금까지 이 지상에 사랑이 있었다고 한다면 그것은 자연의 법칙에 의한 것이 아니라 인간이 자기의 불멸을 믿고 있기 때문이다 …. 인류에게서 자기 불멸에 대한 신앙을 근절해버린다면 … 부도덕이라는 개념은 다 없어져서 모든 것이 허용된다 …. 신도 불멸도 믿지 않는 각 개인에게서는 … 악행이라고 할 수 있을 정도의 이기주의가 인간에게 허용될 뿐 아니라, 오히려 그것은 … 가장 합리적이고 가장 고상한 귀결로서 인정되지 않을 수 없다.(I , 97)

'모든 것이 허용된다'는 이반의 논리는 그의 아버지 표도르와 함께 기거했던, 아버지의 하인이자 아버지의 아들인 스메르쟈코프로 하여금 아버지를 죽이게 만드는 계기로 작용한다. '모든 것이 허용된다'는 그의 논리가 실제적인 상황에서 살인으로 나타나자 그 논리와는 전혀 다르게 행동한다. 이반은 자신의 논리가 아버지를 죽인 그 사건과 깊은 관련이 있음을 알고서는, 그 사건이 형 드미트리와 아버지 간의 문제일 뿐 자신과는 아무 관련이 없는 사건임을 확인하기 위해 행동한다. 그는 많은 사람들에게서 수많은 증거를 수집한 뒤 형이 범인이라는 확신을 가지고 안도감을 느낀다. 그러나 '마지막 날 밤 아버지 방을 엿들은 것은 살인을 기대했을 것'이라는 자책이 자신을 괴롭히자, 스메르쟈코프를 만나러 간다. 그와의 두 번째 만남에서 이반 자신 내면에서 일어나는 의문, 즉 '자신이 아버지의 살해를 기대하고 있었는가?'에 대해 스메르쟈코프는 살인을 기대하고 있었다고 분명하게 말해준다. 그 순간부터 이반은 혼란에 빠진다. 그의 의식의 심연에서는 아버지를 죽인 사건과 자신은 관련이 없다고 믿고자 하는 의식과 그 살인과 자신이 관련이 있다는 의식이 혼재한다. 스메르쟈코프와 두 번째 만나고 바로 카테리나의 집으로 간 이반은 그녀로부터 드미트리의 편지(이반이 떠나는 대로 아버지의 머리를 부수고라도 돈을 빼앗아오겠다는 내용)를 보고 자신은 범인이 아니라는 확신을 다시 갖는다. 그러나 자신도 마찬가지로 살인자가 아닐

까 하는 의문이 그를 괴롭히자 그 의문으로부터 벗어나기 위해 스메르쟈코프를 세 번째 찾는다. 이 마지막 만남에서 스메르쟈코프는 살인을 고백하면서 결국 이반 자신이 사실상의 범인이라고 말한다.

당신은 이 사건 전체에 대해서 죄가 있으니까요. 왜냐하면 당신은 범행이 있으리라는 것을 알면서도, 그리고 그 일을 저한테 맡기고서도, 이 모든 것을 알면서도 떠나버렸으니까요. 그래서 저는 오늘밤, 이 사건의 진범은 어디까지나 당신 한 사람이라는 것, 저는 직접 죽이기는 했습니다만, 결코 진범이 아니라는 것을 당신 앞에서 증명하고 싶은 겁니다. 법적인 살인자는 바로 당신이란 말입니다!(II, 382)

스메르쟈코프의 살인은 이반의 논리가 실현된 것이다. 이반은 스메르쟈코프의 고백을 듣고 충격을 받아 몸을 떨기 시작한다. 그의 거짓 없는 이 경악은 스메르쟈코프를 놀라게 한다. 이반의 행동은 자신의 논리적 이성의 한계를 나타내는 것이다. 한편으로는 공상적인 사랑만 믿었던 이반 자신의 한계를 보여주는 것이지만, 다른 한편으로는 그 자신도 실천적인 사랑의 지니고 있음을 보여주는 것이다. 그는 돌아오는 길에 자기가 밀어서 쓰러지게 했던, 술에 취한 농부가 여전히 정신을 잃고 그 자리에 쓰러져 있는 것을 발견하고, 등에 업고 파출소에 데려가 의사의 진찰을 받게 하고 치료비를 지불한다. 이런 자신의 행동에 대해 이반은 자신에게도 반성의 힘이 있다고 생각한다. 그의 행동에서 나타나는 선은 현실적이라고 믿었던 공상적인 사랑이 비현실적인 것이 되고, 오히려 비현실적인 것이라고 믿었던 실천적 사랑이 현실적인 것으로 대치되는 과정이다.

4) 알료샤와 조시마 장로의 기독교적 선 : 실천적 사랑

소설의 정신적 주인공이라고 할 수 있는 알료샤는 타고난 본성 때문에 모든 사람들의 사랑을 받는다. 그는 인간을 사랑하며 상대방이 누구든지 멸시하거나 비난하지 않는다. 그는 선의 이데아를 소유한 사람인 것 같다.

그러나 그는 인간을 사랑했다. 그리고 그는 한평생 인간을 완전히 믿으며 살아온 편이지만, 그렇다고 해서 누구한테서도 바보라거나 혼해빠진 얼굴이라는 말을 들은 적은 없었다. 그에게는 어딘가, 남을 심판하고 싶지도 않고 남을 비난하거나 핀잔하는 일도 좋아하지 않는 사람이라고 느끼게 하는 듯한 점이 있었다.(Ⅰ, 24)

그의 사랑은 항상 적극적인 성격을 띠고 있었기 때문이다. 소극적인 사랑은 그에게는 불가능했다. 일단 누구를 사랑하게 되면, 그는 지체 없이 구원의 손길을 뻗치곤 했다. 그러기 위해서는 확고부동한 목적을 세우고 그들 각자에게 무엇이 바람직하고 무엇이 필요한 가를 정확히 알아야만 했다.(Ⅰ, 270)

그는 보통의 인간이면서도 보통 이상의 인간이다. 그는 세상 속에 있으면서도 세상을 초월하는 이상을 지닌다. 그는 모든 사람들로부터 사랑을 받고 이 사랑은 정숙한 정신적인 사랑이다. 그의 이상은 인생과 연관된 이상으로서 어떤 상황에서도 높은 도덕과 사랑으로 빛난다. 그는 사람들과의 만남에서 밝은 것을 보려고 노력한다. 그는 일관되게 선 속에서 모든 것을 긍정적으로 본다. 그는 인생에서 자기의 역할에 확신을 가진다. 그는 하느님에 대한 믿음 안에서 사랑의 행위를 통해 다른 사람들을 구원으로 인도하는 선의 이데아를 나타낸다.

그는 다양한 사람들, 즉 불행한 사람들, 쓸모없는 사람들 사이에 살면서 선의 이데아를 실천한다. 그는 자신의 행위를 통해서 사랑의 진리를 깨닫는다. 그는 다른 사람의 고통을 함께 느끼고, 적극적으로 사랑을 실천하는 과정에서 행복을 느끼면서 진리를 깨달아간다. 이러한 고통과 행복 속에서 그는 세상과 조화를 이루어간다.

알료샤는 이등 대위에게 이런 행복을 줄 수 있었고, 또 불행한 남자도 그 행복을 받아들이기로 승낙했기 때문에 한없는 기쁨을 느꼈다.(Ⅰ, 305)

알료샤는 그를 끌어안고 싶었다. 그 정도로 그는 마음이 흡족했던 것이다.(Ⅰ, 306)

그는 이성의 결론을 부정하지 않는다. 여덟 살 난, 농노인 사내어린이가 돌팔매질을 하다가 잘못하여 장군이 사랑하는 개에게 상처를 입혔는데, 그 어린이를 개에게 찢기도록 한 어떤 장군을 총살형에 처해야 하지 않겠느냐는 이반의 물음에 동의를 표한다. 그의 동의는 이성에 의한 결론일지라도 생명의 사랑이라는 점에서 비롯된 것이다. 이반의 이성은 죄 없는 어린이가 개에게 찢겨 죽었다는 사실만을 인식한다. 그리고 어린이의 보상받을 수 없는 피를 문제 삼는다. 그러나 알료샤는 죄 없는 죽음에 대한 이성의 인식에 동의하지만 그의 주된 관심은 용서의 문제다. 인류를 행복하게 하고 평화와 안정을 가져다주는 것은 모든 것을 대신해서 스스로 자기의 무고한 피를 흘리신 예수 그리스도라고 생각한다. 그리고 그 분은 모든 일에 대해서 그리고 모든 인간을 용서할 수 있다고 말한다.

형님은 지금, 용서할 수 있는 권리를 가진 사람이 이 세상에 있겠느냐고 말씀하셨죠? 그렇지만 그런 분은 존재합니다. 그 분은 모든 일에 대해서 모든 인간을 용서할 수 있습니다. 왜냐하면 그 분은 죄라곤 전혀 없음에도 불구하고 사람을 대신하여 스스로 자기의 피를 흘리셨으니까요. 형님은 그런 분이 존재한다는 걸 잊고 계셨군요. 바로 그 분을 기초로 하여 그 탑은 세워져 있는 겁니다. 그리고 바로 그 분을 향하여 우리는 '주여, 당신의 말씀은 옳았나이다. 이는 당신의 길이 열렸기 때문이옵니다!'라고 외치고 있는 겁니다.(Ⅰ, 359-360)

그는 모든 인간은 용서할 수 있는 근거가 있다고 믿는다. 그 근거는 그리스도다. 그리스도는 자신의 죄 없는 피를 주었기 때문에 용서할 수 있다. 그에게서 용서 없는 천국은 불완전한 것이며, 용서가 구원이라고 말한다. 그가 보는 지상의 삶의 토대에는 그리스도가 존재한다.

그의 관심은 카테리나에게 부탁받은 돈을 이등 대위 스네기료프에게 건네주는 것을 넘어서 고통 속에 있는 그의 모든 가족들에게까지 확대된다. 드미트리에게 모욕을 당한 아버지를 놀리는 친구들과 다투고 난 후 병이 든 일류샤에게 알료샤는 친구들을 하나씩 데려와 화해시킨다. 이것은 일류샤의 고통을 덜어주는 데 큰 효과를 나타낸다. 그리고 아이들의 방문은 그 집의 불행한 두 여자, 즉 정신병에 걸린 대위의 부인과 곱사등이에 앉은뱅이인 딸에게도 기쁨을 안겨준다.

알료샤는 파괴와 구원 사이에 있는 이반과 드미트리의 주변에서 일어나는 사건들에서 판단의 근거가 된다. 그는 모든 노력의 목표를 결정하는 아름다운 존재이고 형들에 비해 더 완전한 존재다. 드미트리와 이반은 알료샤가 자신들의 양심이라고 생각한다.

'너한테 모든 비밀을 다 털어놓겠다!' 미타는 서두르며 속삭였다. '원래 나중에 털어놓으려 했던 거지만, 사실 말이지 너를 빼놓고 무슨 결정을 내릴 수 있겠니? 너는 나의 전부야. 비록 이반이 우리보다 뛰어나다고는 하지만 그래도 넌 내 천사야. 너의 판단만이 모든 걸 결정할 수 있는 거야. 어쩌면 뛰어난 건 이반이 아니라 너일지도 몰라. 알겠니, 이 건 양심에 관한 문제야. 고귀한 양심에 관한 문제지. 나 혼자서 결정할 수 없을 만큼 중대한 비밀이야.'(II, 337)

드미트리와 이반은 자신들에게 죄가 있는지를 알료샤에게 묻는다. 그들의 심판을 알료샤에게 구하고 있는 것이다. 육체적 본능 속에서 선을 구하던 드미트리는 자신을 악으로 지명하는 사람들 중에서 알료샤만은 자신의 존재에 대해 가장 진실하게 판단해줄 것이라고 믿는다. 알료샤의 판단은 진실한 것이기 때문에 최종적인 선고가 될 것이므로 드미트리는 두려워한다. 이반이 추구하는 선에는 '모든 것이 허용된다'는 무서운 생각이 포함되어 있다. 이반의 이러한 선도 알료샤를 통해서 부친 살해에 대해서 자신에게 죄가 없다는 것을 확인받고, 자신도 구원을 얻을 수 있다는 확신을 갖기를 원한다. 이는 알료샤에게 다른 사람을 용서할 권리가 있음을 말한다. 그는 형들에게 죄가 없음을 단언한다. 드미트리가 아버지를 살해했을 것이라고 단 1분도 생각해보지 않았다는 알료샤의 말에 드미트리는 행복감에 사로잡히며, 알료샤가 자신을 소생시켜주었다고 말한다. 그리고 살인범이 누구냐고 묻는 이반에게도 알료샤는 형은 자신을 책망하며 살인범이라고 자백을 했지만 그것은 잘못된 생각이며 범인이 아니라고 말한다. 믿지 않던 신과 진리가 마음을 정복해감에 따라 고뇌와 양심의 가책을 느끼고 갈등하는 이반을 위하여 알료샤는 하느님이 승리하실 것을 굳게 믿고 기도한다. 알료샤는 실제적인 인생에서 삶과 사랑을 지키기 위하여 노력한다. 그의 노력은 인간이 갈등하고 있는 마음을 평온하게 하고 다툼을 화해로 인도하는 행동이다.

도스토예프스키의 대변인으로 간주되는 조시마 장로는 하느님은 완전한 선이고 하느님에 의해 창조된 이 세계는 선의 세계라고 믿는다. 그는 모든 것을 용서하는 사랑의 힘으로 죄를 내적으로 이기는 것을 강조한다.

> 하느님께서 우리 인간이 상상도 할 수 없을만한 사랑을 가지고 계십니다. 당신이 죄를 지었다 하더라도 죄를 진 그대로의 당신을 사랑해주신다는 것을 믿으시오 …. 사랑은 모든 것을 보상하고 모든 것을 구해준다오 …. 사랑은 그지없이 귀중한 것, 그것만 있으면 이 세상 전부를 살 수도 있는 것이오. 자기 죄는 말할 것도 없고 남의 죄까지도 보속할 수 있는 것이요.(I , 71-72)

그는 다른 수행자들과는 달리 엄격하지 않고 밝고 감격에 충만한 심경을 가지고 있다. 그는 하느님이 창조한 세계와 융합하는 기쁨의 감격을 지닌 자신의 존재로서 대응한다. 그는 세상을 있는 그대로 포용하고 모든 세속적인 것을 맑고 아름다운 것으로 변하게 하는 신의 진리를 알리는 임무를 수행한다. 그는 항상 생활을 축복하고 그 속에 감추어진 의의를 발견하며 죽음까지도 하느님의 뜻이 나타나는 것으로 환영하고 미소를 띠면서 받아들인다.

> 장로는 갑자기 가슴에 심한 고통이라도 느끼는 듯 얼굴이 창백해지며 양손으로 가슴을 꽉 눌렀다 …. 그는 괴로워하면서도 여전히 웃음을 띤 채 모두를 둘러보며 가만히 의자에서 내려와 무릎을 꿇었다. 그리고 허리를 굽혀 얼굴이 땅에 닿도록 절하고, 양손을 쫙 펼치고 황홀경에 빠진 듯 대지에 입을 맞추고 기도드리면서 조용히 기쁜 마

음으로 자기의 영혼을 하느님께 바쳤다.(I , 473)

그는 자기를 찾아온 사람들의 무거운 짐을 가볍게 하기 위해 그들의 죄와 고통을 자신이 감당한다. 그는 고백하는 자에게 그가 영적인 죽음의 활동을 거역하고 슬픔을 이길 수 있는 내적인 힘을 얻도록 돕는다. 그는 불행 속에서 행복을 찾도록 알료샤를 수도원에서 나가게 한다. 그가 알료샤를 수도원에서 나가게 하는 것은 세상 속에서 고행을 극복하고 많은 일을 하라는 것으로, 알료샤가 자연에 대한 사랑뿐 아니라 의무, 고통, 책임이 따르는 세상의 모든 삶을 사랑할 수 있도록 인도하는 것이다. 이것은 선이 하느님으로부터 생긴다고 해서 하느님에게 종속된 타율적인 것이라는 의미가 아니라 이웃을 사랑하라는 조시마 장로의 실천적인 사랑의 의미다.

당분간 여긴 네가 있을 곳이 못 돼. 네가 속세에 나가서 위대한 고행을 극복할 수 있도록 내가 축복해주마…. 나는 너를 믿고 있기 때문에 너를 속세로 보내는 거다. 너는 언제나 그리스도와 함께 있다. 늘 그리스도를 믿고 따르라. 그러면 그리스도께서도 너를 지켜주실 게다…. 슬픔 속에서 행복을 찾도록 해라.(I , 108)

그는 예언자처럼 행동하며 선의 비극을 의미하는 드미트리의 운명을 예언한다. 그는 자신의 암자에서 표도르와 드미트리가 그루센카 때문에 서로 다투는 도중 갑자기 자리에서 일어나 드미트리 앞에 바짝 다가가서 그의 앞에 무릎을 꿇더니 그의 발을 향해 이마가 방바닥에 닿도록 절을 한다. 그의 수수께끼 같은 행동은 드미트리가 앞으로 겪게 될 큰 고난 앞에 머리를 숙였던 것이며, 그는 알료샤의 얼굴이 드미트리에게 도움을 줄 수 있으리라고 생각했으므로 무서운 일을 미연에 방지한 것이다. 그는 드미트리의 고난 앞에서 무릎을 꿇고 절하는 것에 그치지 않고 그에게 닥쳐올 고난을 피하도록 도우려 한 것이다.

조시마 장로는 하느님과 불멸을 믿기 때문에 모든 창조물 앞에서 죄를 느끼고, 모든 창조물을 사랑한다. 그는 모든 문제를 하느님에게 무조건 복종하는 타율적인 신앙으로 해결하려 하지 않고 신앙에 근거한 실천적인 사랑을 통해 해결하고자 한다. 그는 죄 없는 자가 고통을 받는 현실에 대한 이반의 회의에 대해서 욥의 예를 통해서 답한다. 그는 욥기를 인간적이고 심리적인 시각으로서가 아니라 위대한 신비로 해석한다.

그러나 여기에 신비가 있고, 잠깐 들렸다가 지나가는 지상의 모습과 영원한 진리가 여기에 서로 맞닿아 있다는 점에 지상의 진리 앞에서 영원의 진리가 이루어지는 것이다.(I , 426)

욥은 무고하게 고통을 당하지만 하느님을 찬송함으로써 하느님에 의해서 재생하게 되고 잃어버린 재산도 돌려받게 된다. 욥의 옛날의 괴로움은 인간 생활의 위대한 신비에 의해서 차차 고요하고 감격적인 기쁨으로 변한다. 욥기에서의 하느님은 자연의 지배자이고, 욥의 고난은 세상이 하느님을 더 잘 이해하도록 하기 위한 신비롭고 구체적인 예다.

하느님의 세계는 자연의 모든 형태에서 스스로를 다양하게 나타내고 있고, 이 자연은 인간이 받아들여야만 하는 세계다. 자연은 인간으로 하여금 자연의 모든 신비에서 미를 찾고, 기적을 찾도록 가르치는 고향의 세계다. 자연과 하느님의 세계는 인간을 하느님에게 인도하기 위해서 성서처럼 필요하다.

인간의 죄를 두려워하지 말라. 죄에 빠진 사람이라도 사랑하라. 그것은 하느님의 사랑에 가까운 것이며, 이 지상에서 최고의 사랑이기 때문이다. 그리고 하느님의 모든 창조물을, 그 전체와 모래 한 알 한 알까지 사랑하도록 하라. 나뭇잎 하나, 하느님의 빛 한 줄기라도 사랑하라. 동물을 사랑하고, 식물을 사랑하고, 모든 것을 사랑하라. 이 모든 것을 사랑한다면 그 속에서 하느님의 신비를 발견하게 될 것이다.(I , 465)

그것은 사랑을 실천에 옮기는 일입니다. 당신의 주위에 있는 사람들을 열심히 꾸준히 사랑하도록 애써보십시오. 그 사랑의 노력이 성공함에 따라 신의 존재도, 당신의 영혼의 불멸도 확신하게 하기에 이를 것이오. 만일 이웃에 대한 사랑이 완전한 자기 희생의 경지에까지 도달한다면 그때야말로 이미 확고한 신앙을 얻게 된 셈이어서, 그 어떠한 의혹도 당신의 마음속에 숨어들 수 없을 것입니다. 이것은 이미 실험을 거친 정확한 방법이니까요.(I , 78)

욥의 복종의 신비에는 하나의 중요한 조건이 있다. 그것은 조시마 장로가 이웃에게 요구하는 유일한 것으로서, 자신과 주변 사람들에 대한 진실성이다.

무엇보다 중요한 것은 거짓을 피해야 하오. 온갖 종류의 거짓을, 특히 자기 자신에 대한 거짓을 피해야 하오. 자기의 거짓을 항상 주의해서 한 시간마다, 아니 1분마다 감시하도록 하시오. 그리고 타인에 대한 것이든 자기 자신에 대한 것이든 간에 혐오하는 생각을 피해야 합니다. 당신의 내심에서 더럽다고 여겨지는 것은, 당신이 그것을 깨달았다는 것만으로도 이미 깨끗이 씻어버린 거나 다름이 없는 거요.(I , 81)

조시마 장로는 죄를 포함한 이 세상의 모든 것을 사랑하고,

사랑을 통해서 하느님의 세계와 접촉할 수 있다고 한다. 이 신비한 접촉을 통하여 그는 무고한 인간의 고통에 대해서도 수용하는 입장을 가지게 되어 이 세상을 낙원이라고 말하게 된다. 즉, 지상의 세계와 하느님의 세계는 그의 영혼 속에서 조화롭게 융합되어 있다. 그는 이 세계는 눈물의 골짜기가 아니라 잠정적인 낙원이며 이를 위해서 인간의 조화로운 완성을 추구한다. 지상의 진리 앞에 영원의 진리가 연출되어 있다는 그의 말은 하느님의 세계는 현존하고 있을 뿐 아니라 초월해 있다는 신비한 느낌을 말한 것이다. 이 지상의 많은 것이 우리로부터 숨겨져 있으나 우리에게는 그 어떤 세계보다 높은 천상의 세계와 강력하게 관계를 맺고 있는 신비롭고 귀중한 감각이 부여되어 있다. 뿐만 아니라 우리의 사상과 감정의 근원은 이 지상에 있는 것이 아니라 다른 세계에 있는 것이다. 인간은 높은 것에 뜻을 두고 그것을 구해야 한다는 것이다. 이는 인간이 자유롭게 그 자신의 의식을 통해서 진리와 선의 느낌에 도달할 가능성을 확신하는 것이다. 그는 하느님의 세계의 자유와 기쁨을 향한 유일한 길로서 복종과 기도를 언급한다.

젊은이여 기도를 잊어서는 안 된다. 너의 기도가 진심에서 우러나온 것이라면 네가 기도를 드릴 때마다 새로운 감정이 솟아오를 것이다. 바로 이 감정 속에 네가 지금까지 몰랐던 새로운 사상이, 너에게 용기를 북돋워줄 새로운 사상이 들어 있는 것이다. 그리하여 너는 기도가 교육이라는 것을 알게 될 것이다.(Ⅰ, 464-465)

그는 지옥은 더 이상 사랑할 수 없는 데서 오는 괴로움이라고 말한다. 그의 사랑은 인간의 존재를 사랑의 존재로 본다. 그래서 그는 데카르트의 '나는 생각한다. 고로 나는 존재한다'가 아니라 '나는 존재한다. 고로 나는 사랑한다'고 말한다.(Ⅰ, 471)

5. 멜빌의 『빌리 버드』에 나타난 악의 양상

1) 빌리 버드의 순결과 절대선에 내재하는 근원적인 악

하먼 멜빌(Herman Melville)의 『빌리 버드(*Billy Budd*)』는[20] 그가 죽음의 순간까지 붙들고 수없이 수정하고 보완하였다는 작품으로서, 그가 전 생애를 통해 탐구했던 선과 악의 대결의 문제를 다시 한 번 압축해서 상징적으로 보여주는 소설이다. 이 소설에서 우리는 인간 사회에서 현실적으로 존재하는 선과 악의 갈등이나 악의 양상들을 살펴볼 수 있다. 이 소설의 시대적 배경은 나폴레옹 전쟁 중인 18세기 말, 좀더 구체적으로는 스핏헤드와 노어에서 선상 대폭동이 일어났던 1797년이다. 무대는 영국 전함 '벨리포텐트' 호다. 배는 멜빌에게 흔히 타락한 세계의 은유로 나타나지만, 좀더 일반적으로 말한다 하더라도 배라는 특수한 세계는 인간 갈등의 주제들이 가장 첨예하게 드러날 수 있는 인간 사회의 축도다.

이야기의 구성은 매우 단조롭다. 두 차례에 걸친 반란으로 공포 분위기가 더욱 감도는 배경 속에서 빌리 버드는 선임위병하사관 클래가트(Claggart)에 의해 반란 음모를 꾸민다는 부당한 고발을 당한다. 함장 비어(Vere)는 클래가트의 이야기를 의심하고 빌리 버드를 불러 대면시켜 그를 구하려고 하지만, 빌리 버드는 선천적으로 타고난 말더듬이 증세를 일으켜 한마디도 못한 채, 클래가트의 이마에 일격을 가하여 그를 죽게 한다. 함장은 빌리 버드의 결백을 믿지만 상관을 죽음에 이르게 한 죄로 임시 군법회의를 즉각 소집한다. 그리고 빌리 버

---

20) 하먼 멜빌 지음·최수연 옮김, 『빌리 버드』(서울:열림원, 2002)(인용은 이 책 페이지를 본문 속에 표기함).

드를 교수형에 처한다.

빌리 버드라는 신체적으로 완벽하고 용모가 아름다운 21살의 청년이 '벨리포텐트' 호로 강제 징집되어오면서 이야기는 시작된다. 그는 완벽한 선과 아름다움과 자연적 인간의 전형으로 그려진다. 그는 청년의 젊음과 아름다움을 지녔을 뿐 아니라 그의 얼굴 표정은 그리스의 조각에서나 볼 수 있는 영웅적 기품을 지닌다. "빌리는, 그리스 조각가가 몇몇 경우 그의 영웅인 역사 헤라클레스에게 부여했던 평온하고 선량한 인간적인 표정을 자신의 얼굴에 드러냈던 것이다."(25) 그는 아름다움과 영웅적 기품뿐 아니라 다양한 특징들을 가진 젊은이다. 그의 특징들에 대한 다양한 비유와 묘사들은 두 가지 지배적인 이미지들, 즉 그리스도와 아담의 이미지다.

우선, 빌리 버드의 상징적 이미지는 시련당하는 그리스도다. '권리' 호의 선장은 "그에게서 덕목이 흘러나와"(18)라고 말함으로써 그리스도에 대한 성서의 한 구절을 상기시킨다. 빌리 버드가 모든 사람들의 사랑을 받고 있다거나 사람들 속에서 '평화를 안겨주는 자'(19)로 통하는 것은 그의 그리스도 이미지와 연결된다. 그에게 아버지가 누구냐고 물었을 때 주저 없이 "하느님께선 아시겠지요. 장교님"(26)이라고 답한다. 클래가트가 그에게 사람을 몰래 보내 두 개의 금전을 보이면서 반란을 음모할 것을 종용하는 모습은 마치 유다가 은전 서른 닢에 예수를 팔아넘기는 것처럼 보인다. 그리고 클래가트가 폭동을 음모했다고 그를 모함할 때 그의 얼굴에는 "십자가에 못 박힌 것처럼 보이는 표정"(117)이 나타난다. 또한 그는 군법재판에서 법무관들이 한결같이 그의 결백을 믿고 교수형에서 구하려고 하지만 빌라도 앞에서 자기 변호를 하지 않았던 그리스도처럼 일체 자기 방어를 하지 않는다. 또한 군목이 그의 이마에 입을 맞추는 장면이 나온다. 이것은 가룟 유다가 그리스도를 입맞춤으로 배반하는 것을 상기시킨다. 그는 밧줄이 목을 조르기 직전 비어를 축복한다.

빌리는 고물 쪽을 바라보며 서 있었다. 죽음을 한 발 남겨두고서 그의 입에서 나온 유일한, 조금도 더듬지 않고 나온 말은 다음과 같았다. "비어 함장님께 하느님의 가호가 있길!"(160)

교수형에 처해진 그의 몸이 상공으로 들어 올려질 때의 묘사가 그리스도의 승천을 강력히 암시하면서 그의 그리스도 이미지가 가장 분명하게 드러난다. 그에게는 죽음의 기미보다는 영생의 기미가 돋보인다.

그나마 그 밝았던 밤도 이제는 지나가버렸다. 하지만 전차에 올라탄 예언자가 하늘로 사라지면서 그의 외투를 엘리사에게 던져주었던 것처럼, 밤은 물러가면서 그 창백한 겉옷을 동터 오르는 낮에게 넘겨주었다. 수줍은 듯 온화한 빛이 동쪽에서 나타났고, 그곳에서 고랑이 지어 있는 하얀 안개가 투명에 가까운 양털처럼 퍼져나왔다.(158)

그리고 그가 죽은 후 동료 선원들은 그가 매달렸던 나무를 신성하게 생각한다.

수병들은 그 망루병이 매달렸던 돛대의 흔적을 몇 해 동안 간직하였다. 그들의 기억은 그 흔적을 따라 배에서 해군 공창으로, 다시 해군 공창에서 배로 옮겨졌고, 마침내 그것이 해군 공창에 처박힌 활대가 되어버렸을 때도 여전히 그 흔적을 좇고 있었다. 수병들에게는 그 부스러기가 마치 십자가의 한 쪼가리와 같았다.(176)

그러나 그는 그리스도 이상으로 복잡한 인물이다. 그를 묘사하는 신화적인 것, 원시적인 것, 동물적인 것, 자연적인 것 모두가 아담의 이미지와 연결된다. 그는 선악과를 먹기 전의, 뱀이 출현하기 전의 순수한 아담으로 그려진다. 그는 아담과 같이 선악을 판별하는 지식이 없고 세상을 통찰하지 못한다. 그의 이성은 겨우 개의 수준인 것으로 표현된다.

정신적인 재능이 지닌 예리함이 거의 또는 아예 없고, 뱀의 지혜를 보여주는 흔적도 없으며, 그렇다고 결코 비둘기 같지도 않았던 빌리는, 수상쩍은 지식의 사과를 아직 받지 않은 순수한 인간으로서 틀에 박히지 않은 공정함에 수반되는 바로 그러한 종류와 정도의 지성을 갖추고 있었다 …. 그는 자의식을 거의 또는 아예 갖고 있지 않거나 기껏해야 우리가 세인트 버나드 종의 개에게서 찾아볼 수 있을 정도로만 가지고 있는 것으로 보였다.(27)

그는 너무나 순진하고 무지하여 정직한 야만인으로 그려지기도 한다.

빌리는 여러 측면에서 일종의 고결한 야만인일 뿐이었으며, 어쩌면 본래의 아담, 곧 간교한 뱀이 교묘하게 환심을 사서 교류하기 이전의 아담과 아마 다를 바 없었을 게다.(28)

그래서 그는 죽음을 두려워하지 않고 초연한 태도를 보인다. 그는 악을 경험하지 못하며 직관적으로 악을 판단하지 못한다. 그는 함장의 잘못된 판결에 기꺼이 순종한다. 자의식이 없이 순종하는 그의 모습은 주인에게 순종하는 세인트 버나드 개에 비유된다.

빌리는 이 말의 의미를 결코 충분히 이해할 수 없었을 테지만 그럼에도 이 말을 듣고는 말한 사람을 향해 무언가 캐묻는 듯한 표정의 얼굴을 돌렸는데, 그러한 말없는 표정의 얼굴은 순한 품종의 개가 개의 지성으로는 종잡을 수 없는, 앞서 보였던 주인의 몸짓을 얼마간 알아내려는 표정을 지으면서 주인에게 얼굴을 돌리는 것과 별 다르지 않았다.(131)

그의 순결성은 절대선과 연결되어 덕성으로 나타난다. 그의 덕성은 선상의 무질서를 질서로, 폭력을 사랑으로, 분열을 화합으로 융화시킨 구심점이었다. '권리' 호의 선장은 그를 강제 징집하려는 중위에게 그가 모든 선원들의 사랑과 호감을 받으면서 평화를 안겨주는 자임을 강조한다. 힘과 미를 겸비한 하늘처럼 맑은 눈을 가진 그는 황소자리에서 가장 빛나는 알데바라는 별에 비유된다. 그는 "마치 황소자리에서 알데바란 별이 그보다 작은 별들을 거느리고 있는 것처럼 동료 뱃사람들을 몰고 다녔다."(11) 그는 '평화를 안겨주는 자'(19)며, 동료들에게는 '보석 같은 친구'(17)로, 그리고 '멋쟁이 선원'(11)이며, '가톨릭 사제'와 같은 사람이었다.

내가 저 젊은 친구를 태우기 전에는 앞 갑판은 싸움이 끊이지 않는 쥐 소굴이었소. 여기 '권리' 호의 뱃전은 정말로 암흑 시대에 있었던 것이오. 담배를 피워도 전혀 진정이 되지 않을 만큼 나는 속이 탔소. 하지만 빌리가 왔고, 그는 마치 아일랜드 사람들의 싸움에 뛰어들어 화해를 시키는 가톨릭 사제와 같았다오.(17-18)

그의 순결은 이 세상의 눈으로 볼 때 하나의 경이이기 때문에 산전수전을 다 겪은 노병은 그를 보는 순간, "이 멋쟁이 선원에게서 무언가 전함의 환경과는 대조되는, 묘하게 잘 들어맞지 않는 것을"(62) 보게 된다. 그리고 그 노병은 그를 만나면 "얼마간 함정이 없지 않은 세상에 … 내던져진 빌리 같은 성품의 사람에게 과연 어떤 일이 벌어질 수 있을지 … 마음속으로 캐묻는 듯한 표정을"(62-63) 떠올리곤 했다. 그의 순결은 너무 이질적이어서 악이 존재하는 이 세상에서는 약속이 되기도 하고 위협이 되기도 한다는 것이다. 노병은 그의 불행한 운명, 즉 절대선이 가져오는 악을 예감한 것이다.

아담이 있는 곳에 사탄의 뱀이 나타났듯이, 빌리 버드에게 클래가트의 악이 전폭적으로 다가온다. 아담이 뱀의 유혹을 물리치지 못했다는 이야기는 신비로운 악의 근원에 관한 이야기다. 아담의 순결을 지닌 빌리 버드 역시 그 악을 필연적으로 피할 수 없어 신비로운 악을 경험한다. 그는 악을 판단할 이성을 갖지 못한다. 그것은 그가 말을 더듬는 것으로 표현된다. 그 말더듬은 인간의 불완전성을 상징한다. 불완전한 인간은 신성에 도달하지 못하고 결국 인간의 상황에 적응해야 하는 필연성을 상징하는 것이다. 그의 이성의 결함, 즉 언어적 결함은 신비로운 악을 예고한다. 그는 두 번 말을 더듬는다. 한 번은 클래가트가 사람을 보내 반란 음모에 개입할 것을 종용할 때며, 다른 한 번은 함장실에서 클래가트에게 거짓 고발을 당하는 순간이다. 감정이 격해지거나 위급한 순간에는 말을 더듬는 빌리 버드는 "교활하게 간섭하는 존재, 곧 에덴동산의 시샘 많은 방해꾼이 지구라는 이 혹성에 내맡겨진 모든 인간을 좌지우지할 만한 힘을 여전히 얼마간 갖고 있다는 사실을 보여주는 두드러진 본보기"(30)라고 묘사된다. 그는 클래가트의 모함을 직접 들었을 때 함장 비어의 권고에도 불구하고 감정이 격화되어 말더듬이 증세를 일으키며 고통스러워한다.

말하라는, 그리고 변명을 해보라는 명령에 따르기를 바라마지 않았으나 그렇게 되지 않아 괴로워하는 가운데 열에 들뜬 머리와 몸 전체를 앞쪽으로 기울인 빌리는, 베스타 여신을 섬기는 여사제가 제물로 바쳐져 생매장을 당하는 순간에 그리고 질식당하지 않기 위해 처음 바둥거리는 순간에 떠올릴 듯한 표정을 얼굴에 드러냈다.(116)

순결의 빌리 버드가 악을 벗어나지 못하고 죄의 궁극적인 책임을 지게 되는 것은 바로 이 결점 때문이다. 창조자 신의 선물인 선천적인 이 결점이 그로 하여금 악에 대하여 이성적으로 대하지 못하고 동물적으로 유아적으로 야만적으로 대하게 한 것이다. 그는 위기의 상황에서 자신의 입장을 분명하게 언어화시키지 못하고 말 대신 몸짓으로 대항하게 한 것이다. 그는 격정에 사로잡혀 말을 더듬다 자기도 모르게 순간적인 폭력을 행사하는 사건을 저지르고 스스로 자멸하게 된다.

바로 다음 순간 밤에 발포된 대포에서 화염이 번쩍 비쳐나오는 것만큼이나 빠르게 빌리의 오른팔이 뻗어져 나왔고, 클래가트는 갑판으로 쓰러져버렸다. 고의적으로 그랬든 아니면 그 젊고 강건한 수병의 키가 더 크기 때문이었든, 그 타격은 선임 위병 하사관의 여러 면모 가운데 그토록 멋지고 지성이 깃들어 보이는 이마를 정통으로 맞혔고, 클래가트의 몸뚱어리는 마치 무거운 판자가 똑바로 서 있다가 쓰러지는 것처럼 길게 뻗어버렸다. 한두 차례 숨을 헐떡이다가, 그는 움직이지 않게 되었다.(117)

그가 아무리 순결하고 절대적인 선을 지닌 사람일지라도 폭행으로 살인하게 되는 것은 정당화될 수 없다. 그의 이성으로는 어찌할 수 없는 상황에서 그가 폭력으로 상관을 일격에 죽게 한 것은 현실적인 죄며 악인 것이다.

그러나 빌리 버드의 순결이 범한 악이 인간의 미래를 비관적인 것으로 규정하는 것은 결코 아니다. 그는 자신을 처형하는 함장 비어를 용서하고 오히려 축복한다. 그리고 그의 죽음은 동료 선원들에게 신비로움을 체험하게 한다. 그의 시체는 신비롭게도 배의 요동에 의해 움직일 뿐 경련도 일으키지 않고 주위를 계속 맴돌고 있었다. 그것을 목격한 선원들은 미신에 사로잡힌 듯한 인상을 받는다. 빌리는 죽지만 그의 영혼은 하늘로 올라가 신의 옥좌에 앉는다. 동료 선원들은 그의 순결한 인간미를 잘 알고 있었으므로 본능적으로 그의 결백을 믿는다. 그들은 그가 더욱 인간적인 미를 풍기면서 평화로이 죽음을 대하는 것을 본다. 그가 숨을 거두는 순간 그의 죽음은 출생과 마찬가지로 하나의 수수께끼를 이룬다. 더욱이 그가 비어를 축복하는 기원을 들은 선원들은 한결같이 마음과 눈을 모아 그를 응시하면서 "비어 함장님께 하느님의 가호가 있길!"을 복창한다(160). 이는 그의 선이 갖는 신비로운 힘에 의한 것으로 그들은 바로 이 선이 베푼 사랑을 체험한 것이다. 그의 영향으로 선원들 사이에서 존재하던 분노의 기색은 용서와 이해로 바뀌게 되었다. 그들은 그의 죽음에 대한 노래를 지어 부르면서 그를 영원히 기억한다. 함장 비어도 전투 중에 포탄을 맞고 쓰러져 "빌리 버드! 빌리 버드!"라고 중얼거리면서 죽는다. 결국, 인간 내면에 자리한 선은 사라지지 않는다. 빌리 버드와 그의 순결과 절대적인 선은 동료들의 마음속에 기억되고 영원히 사랑을 받는다.

2) 클래가트의 태생적 악

선임위병하사관 클래가트 역시 돌출한 그의 턱을 제외하면

"그리스 메달에 새겨진 인물들처럼"(53) 아름답고 빼어난 체격을 가지고 있다. 그리고 그 역시 태생이 고귀한 사람이다. 전체적인 모습이나 태도로 보아 상당한 교육을 받았을 뿐 아니라 사회적으로나 도덕적으로 수준 높은 사람이지만 과거가 수수께끼인 그런 인물이다.

그가 해상 생활을 하기 이전의 생활은 비밀에 가려져 있지만 그가 어떤 불미스런 전적 때문에 도피처를 찾아 해군에 가명으로 입대한 죄수라는 풍문이 떠돈다. 그 당시에는 애국심이나 바다에 대한 호기심에서가 아니라 육지로부터의 안전한 도피처로서 어쩔 수 없이 해군에 지망한 사람이 많다는 것이다. 그가 현재의 지위를 얻을 수 있었던 자질에도 과거에 도덕적인 결함이 있었을 것이라는 추측이 성립된다. 즉, 그는 선천적으로 상관의 비위를 맞출 수 있는 재주를 가지고 있다. 경우에 따라서는 남의 비밀을 탐지해낼 수 있는 재주도 가지고 있다. 그래서 그는 고된 일을 하던 신참의 신분에서 일약 현재의 지위에 오르게 된 것이다. 이제 그는 상관의 신임을 얻은 선임위병하사관이다. 그는 선상의 규율을 유지해야 하는 중책을 맡고 있다. 그는 배를 살펴 선원들이 태만하지 않은지 혹은 반란의 기미가 있지나 않은지 경찰처럼 감시한다. 그는 위풍이 당당해서 주위 사람들을 압도함에도 불구하고 직속 부하들로부터 정보망을 조직하고 수병들을 통제함으로써 그들의 반감을 산다.

그가 상당한 교육을 받았다는 점과 안색이 창백하다는 점은 빌리 버드와 중요하게 대조된다. 그것은 그가 머리와 지성의 인간임을 강조하는 것이다. 빌리 버드는 생명의 상징인 '가슴(heart)'과 동일시되고 있는 반면, 그의 지성은 교육, 도회지, 문명 등과 밀접하게 관련되면서 빌리 버드의 유아성, 문맹, 야만성과 강력하게 대조된다. 그러나 그는 "비록 딱히 불쾌하다고는 할 수 없지만 성품과 혈통에 무언가 결함이 있거나 비정상적인 느낌을 주는 것으로 보였다."(53) 그를 묘사하는 장면에서 "이 인물을 묘사는 해보겠지만, 딱 맞아떨어지게 그려내지는 못할 것이다"(52)라고 한 것은 그의 피 속에 흐르는 불길한 악이라는 것은 가시적인 것이 아니어서 쉽게 포착할 수 없는 성질의 것임을 말하는 것이다.

사실, 그는 그 세계에서 함장 비어를 제외하고 빌리 버드의 순결과 선을 인식할 수 있는 유일한 인물이다. 그는 "어쩌면 그 배에서 빌리 버드에게 나타나는 도덕적 현상을 제대로 평가할 지적 능력을 가진 유일한 사람이었을 게다."(78) 그는 빌리 버드의 도덕성과 인간미를 보고 괴로움을 느끼면서 동시에 적대감과 질투심을 느낀다. 빌리 버드에 대한 그의 음모는 선과 악, 순진무구함과 죄의 대립을 보여주는 영원한 드라마를 상징한다. 그는 빌리 버드를 궁지에 몰아넣으려고 음모를 꾸미다가 우연히 식당을 지나치게 된다. 기름기 있는 국물이 바닥에 흘러내린 것을 보고 그냥 지나치려고 했으나, 빌리 버드가 국을 엎질렀음을 알게 된다.

> 발걸음을 멈춘 그는 그 수병에게 당장 무언가 소리를 지르려고 했지만 스스로를 자제하였고, 흐르고 있는 수프를 가리키면서 빌리의 등짝을 장난스럽게 툭툭 치고는 이따금 그에게서 독특하게 나타나는 나지막한 음악적인 목소리로 "멋지군, 친구! 겉모습보다는 속마음인 게야!"라고 말했다. 그리고 그 말과 함께 지나가버렸다.(66-67)

심리적으로 미묘한 감정이 개입된 이 사소한 사건은 두 사람의 마음에 엄청난 영향을 미친다. 클래가르트의 말은 빌리 버드에게는 친절한 느낌을 주지만, 역설적이게도 다른 동료들은 미묘함을 느낀다. 비뚤고 예리한 지력을 가진 클래가르트는 이 사소한 사건으로 인해 빌리 버드에게 음모를 꾸밀 정당한 이유를 발견한다. 빌리 버드를 반란음모에 개입시키려는 계획이 성공하여 그를 파멸로 이끌지만 클래가르트 자신도 죽는다. 함장 비어도 장교들도 빌리 버드가 음모에 가담하지 않았다는 것을 알고 있지만, 상관을 죽인 죄를 인정하고 판결을 내려야만 한다. 그래서 클래가르트의 음모는 결정적인 순간에 빌리 버드의 원시적인 폭력에 의해 성공을 거두지 못한다.

빌리 버드의 그리스도와 아담 이미지와는 대조적으로 클래가르트는 사탄과 뱀 이미지를 지닌다. 함장 비어 앞에서 빌리 버드가 처음으로 그와 단독 면담했을 때의 그의 눈은 뱀의 눈이었다.

최면을 거는 듯한 첫 눈길은 뱀이 유혹하는 눈길이었고, 마지막 눈길은 전기가오리가 꿈틀거려 마비시키는 눈길이었다.(115)

여기에는 사탄이 아담을 파멸시키기 위하여 뱀으로 변신하는 모습이 상징적으로 나타난다. 빌리 버드가 자신의 결백을 주장하지 못하는 것도 바로 이 뱀의 눈에 최면이 걸려서 마비되었기 때문일 것이다. 또 빌리 버드가 그를 주먹으로 때려 쓰러뜨린 후 함장 비어와 함께 그의 쓰러진 몸을 일으킬 때도 그는 뱀에 비유된다.

그 마른 몸뚱어리는 그들의 손길에 따라 움직였지만, 생기가 없었다. 그것은 마치 죽은 뱀에 손을 대는 것과 같았다.(117)

그러므로 뱀의 탈을 썼던 사탄의 죽음이 확인되자 함장 비어는 본능적으로 "이건 아나니아(Ananias)(사도행전 5장 1-5

절에 나오는, 하느님께 거짓말한 죄로 죽어 넘어진 남자의 이름)에게 내린 하느님의 심판이야! 보라구!"(119)라고 소리쳤던 것이다.

선을 인식할 수는 있으나 선이 될 수 없다는 절망 때문에 악의 인간에게는 선과 순결한 인간의 존재 자체가 스스로도 감당할 수 없는 노여움과 증오를 불러일으키기에 충분했던 것이다. 아담은 사탄의 악을 볼 줄 모르지만 사탄은 아담의 순진무구함을 볼 수 있다. 그러나 사탄은 다시는 순진무구한 상태로 되돌아갈 수 없다.

> 자기 안에 있는 본질적인 사악함을 없애버릴 힘은 없지만 그것을 숨길 힘은 언제든 충분히 있고, 어떤 것이 선한 것인지는 알고 있지만 선해질 힘은 없었다.(78)

사탄의 가장 큰 괴로움은 그가 일찍 맛보았으나 지금은 잃어버린 낙원의 평화와 기쁨을 도로 찾을 수 없다는 사실에 있다. 악을 떨쳐내고 다시 하느님의 착한 천사가 되는 일이 불가능하다는 사실이야말로 사탄이 분노와 질투와 절망으로 아담을 파멸시켜버리는 원인인 것이다. 그러나 그 원인은 더 근원적으로는 사탄이 천국과 착한 천사로 되돌아가고 싶어하는 동경의 발생 원인이기도 하다.

클래가트의 우수한 지력은 자신의 악을 감추거나 합리화하는 데는 힘을 발휘하지만, 자신 안에서 악을 제거한다거나 선을 사랑하는 데에는 무기력하다. 그는 가끔 갑판에서 유쾌하게 동료 선원들과 휴식을 즐기는 빌리 버드를 슬픈 표정으로 바라보곤 한다.

그 눈길은 차분하게 생각에 잠긴 우울한 표정과 함께 그 명랑한 바다의 신 히페리온을 좇아가곤 했는데, 그럴 때 그의 두 눈은 신비스럽게도 이제 막 뜨거운 눈물을 쏟아내기 시작할 것처럼 촉촉하게 젖어 있었다. 그럴 때면 클래가트는 슬픔에 가득 찬 사람처럼 보였다. 정말 그랬다. 그리고 이따금 그의 우울한 표정은 마치 운명과 저주가 없었더라면 심지어 빌리를 사랑했을 수도 있는 것처럼 그 안에 부드러운 동경의 느낌을 품곤 했다.(97-98)

클래가트의 내적인 악은 현실화된다. 우선 그는 자신의 심복 부하를 시켜 자신이 꾸민 반란 음모에 빌리 버드를 유인한다. 그러나 빌리 버드는 그것이 반란 음모라는 것 자체를 인식하지 못한다. 이 유인에 실패한 클래가트는 빌리 버드가 반란을 일으킬 위험한 인물이라고 함장 비어에게 거짓으로 보고한다. 빌리 버드가 수병들을 규합하여 반란 음모를 꾸미는 것 같다고 함장에게 보고한 것이다.

비어 함장은 언급이 금지된 그 문제에 관한 클래가트의 말을 단호하게 가로막았지만, 이제 곧바로 뒤이어 말했다.
"지금 배 위에 적어도 한 사람 위험한 인물이 있다고 말했지. 이름을 대게."
"윌리엄 버드, 앞 돛대 망루병입니다. 각하."
"윌리엄 버드라고!" 비어 함장은 놀라움을 감추지 못하고 되뇌었다.(108)

함장 비어는 클래가트의 보고에 놀라고 진위를 가리기 위해 그리고 그 보고 내용이 다른 사람에게 알려지는 것을 막기 위해 빌리 버드를 함장실로 불러들이고 아울러 클래가트도 함께 불러들여 대질시킨다.

"자 선임 위병 하사관, 귀관이 나에게 말한 내용을 이 사람에게 맞대놓고 말해보게." 그러고는 서로 마주보고 있는 두 사람의 얼굴을 찬찬히 뜯어볼 태세로 서 있었다.

공회당에서 이제 다가올 발작의 조짐을 보이기 시작하는 환자에게 다가가고 있는 수용소의 의사처럼 신중한 발걸음으로 그리고 차분하고 냉정한 분위기를 풍기면서 클래가트는 의도적으로 빌리에게 가까이 접근하였고, 최면술을 걸듯이 그의 눈을 들여다보면서 고발 내용을 간략하게 되풀이하였다.(114-115)

아름다움이 빌리 버드에 못지않고 교육이나 직급에서 빌리 버드보다 훨씬 능가하는 클래가트가 왜 사탄의 악을 범하는 것일까? 하느님의 천사들 가운데에서 어떤 천사는 하느님을 거역하고 타락한 사탄이 되는 것일까? 하느님에게 거역한 죄와 악은 본질적으로 거역한 천사에게 있는 것인가? 아니면 하느님에게서 나온 것인가? 멜빌은 수수께끼 같은 이 신학적 문제와 관련하여 악의 본질에 관한 형이상학적인 탐구를 진행한다. 그는 모든 인간은 원죄를 가지고 있어서 누구나 타락한다는 칼빈적 교의를 거부하고, 태어날 때부터 타락한 악인이 따로 있다고 생각한다. 클래가트가 그런 내재적 악을 가진 인물이다. 그의 악은 후천적으로 배운 것이 아니라 천성으로 타고난 자연에 의한 타락이라고 밝힌다.

자, 글래가트는 바로 그러한 종류의 인간으로서, 그에게는 악을 부추기는 교육이나 부도덕한 책자 또는 방탕한 생활에서 비롯된 것이 아니라 태어날 때부터 타고난 사악한 성격의 광증, 요컨대 '자연에 따른 타락(a depravity according to nature)'이 있었다.(75)

여기서 말하는 자연에 따른 악 내지 태생적 악은, 그것을 가지고 태어나는 사람이 소수라는 점에서, 누구나 태어나면서 전적으로 타락하고 있다는 기독교의 원죄 사상과는 거리가 있다. 클래가트의 태생적 악은, 순결과 선에 대한 본능적인 증오와 질투의 형태를 띠는, 매우 즉각적이고 비정상적인, 무서운 사랑의 왜곡을 의미한다.

3) 함장 비어의 인간적인 악

함장 비어는 지성과 감성이 균형을 이루고 있고, 언제나 생각이 깊고 솔직하며 강직하다. 그는 오랫동안 해군 생활을 해오면서 그가 지휘하고 있는 선원들을 공정하고 엄격하게 다루었다. 그는 풍부한 독서를 통해 해군 생활만으로는 얻을 수 없는 인생에 대한 지식을 소유하고 있다. "세상이 생겨난 이래 가장 위대한 뱃사람"(40)으로 극찬을 받은 넬슨 제독처럼 비어 함장은 개인의 명예를 구하지 않으며 자기의 직무에 완전히 정통해 있고 항상 부하들의 복지에 마음을 두고 있으면서도 기강을 깨뜨리는 일은 용납하지 않는 엄격한 인물이다. 그가 군무에서 지금까지 진급해온 것은 지위 높은 귀족 집안과 연계가 있어서가 아니라 오로지 그의 능력과 용기 때문이었다. 그의 별명 "별 같은 비어"(46)도 명철한 판단력과 번뜩이는 지혜를 잘 시사한다. 그는 또한 쉽게 자기 감정을 드러내지 않는 침착한 성격의 소유자로, 이는 그의 겸손한 태도와 더불어 매우 고귀한 분위기를 자아내곤 한다. 그는 내성적이면서 속을 터놓지 않는 성격이지만 자제력이 있고 준법 정신이 강하며 직무에 대한 책임감이 강하다. 그는 가끔 혼자서 망망대해를 넋을 잃고 바라본다. 그는 군 행정가로서 뛰어난 자질과 대해의 메시지를 나눌 수 있는 심오한 사상과 감정이 공존한다. 빌리 버드는 지성이 전혀 없는 '마음'이며, 클래가트는 마음이 전혀 없는 '머리'(=지성)라면, 비어 함장은 마음과 지성이 이상적으로 잘 조화된 '인간'이다. 그는 강한 정신력을 가지며, 자기의 본능을 지배하려는 의지력을 지닌다.

도덕적으로 뛰어난 특질을 가진 함장 비어는 빌리 버드가 클래가트를 죽게 한 사건으로 그 자신이 도덕적 판단의 위기에 처했을 때 곧장 현실적인 직업적 본능과 판단으로 돌아간다. 아버지 같은 어조로 빌리 버드를 클래가트 앞에 불러 세워 자신을 변호하게 권하던 그는 사건의 결말에는 돌변한다. "그 장면에서 이제까지 빌리를 향해 드러냈던 그의 아버지 같은 면모는 군대의 규율을 지키는 입장에 자리를 내주었다."(118)

그는 타고난 직관과 독서로 축적된 지성과 수많은 인생의 경험을 통해 선과 악의 본질을 통찰할 능력이 있는 사람이다. 그는 빌리 버드의 본질적 선과 순결을 이미 직관적으로 알고 있을 뿐 아니라 클래가트의 악도 알고 있어서, 클래가트에 대해서 "무언가 묘하게 꺼림칙한 혐오감을 주는"(104) 느낌을 가지고 있었다. 그러나 클래가트의 허위를 밝히려고 불렀던 빌리 버드가 뜻하지 않게 살인죄를 저지르자 그 스스로도 "비극적인 어떤 것이 개입되어 있는 도덕적인 딜레마에서는 좀 미덥지 못할 수도 있는 사람"(127)임을 알게 된다. 그것이 '비극적인 것'은 행동의 결과에 따라 책임을 져야 하는 인간 사회의 도덕률 때문에 무죄한 선한 인간이라도 단죄하지 않을 수 없다는 인식에서 나온 것이다. 이런 점에서 본다면 희생자는 빌리 버드가 아니라 함장 비어다. 비어는 "군사적 의무와 도덕적 가책 ─ 동정 때문에 일깨워진 가책 ─ 이 충돌할 때"(135), 처음부터 군대의 의무를 택했고, 그의 판단은 마지막까지 추호도 흔들림 없이 일관되었다.

빌리 버드가 반란 음모를 꾸미고 있다는 보고를 클래가트에게서 들었을 때, 함장 비어는 곧 상황을 정확하게 판단한다. 그는 빌리 버드 같은 천진한 어린 수병이 도저히 그런 흉계를 꾸밀 수 없다고 단정할 정도로 이지적이다. 그가 이상과 현실을 잘 조화하여 인자하면서도 엄격한 균형 잡힌 성격의 소유자임은 그의 용모나 동작에서도 드러난다. 그는 확고한 행동을 요구하지 않을 때는 언제나 겸손하지만 단호한 자세를 가지고 신속하고도 용기 있는 행동을 할 수 있는 능력을 가지고 있었던 것이다.

서둘러 소집된 군법회의에 참석한 세 장교들에게 함장 비어는 행여 그들이 빌리 버드의 결백을 믿고 그의 인간성에 쏠려 군대의 권위와 기율을 포기하는 판단을 내릴까봐 염려하면서 논리적이고 설득력 있는 웅변으로 빌리 버드에 대한 단죄를 막다른 골목으로 몰고 간다. 함장 비어는 한결같이 "군법회의는 본 사건에서 반드시 그가 얻어맞아 죽었다는 결과에만, 때린 사람의 행위 말고는 어떤 다른 것에도 올바르게 그 책임을 돌릴 수 없는 그 결과에만 주목해야 하네"(131)라는 주장으로 일관한다. 적국의 전함과 교전 상태에 있고 최근 일어났던 일련의 선상 대폭동으로 군대 기율의 중요성이 아무리 강조되어도 지나치지 않을 이때에 부하가 상관을 때려죽게 하였으니 그 의도 여부에 관계없이 전함의 책임자로서 그 죄를 물어야 한다는 비어의 주장은 설득력이 없는 것은 아니다. 사회법은 자연법과 달라서 그 법을 제정한 사람들은 "안개에 가려진 정신적 능력들"(72)까지 밝히지 않고 있어 이면의 동기와 도덕성까지 알 수 없는 것이다. 따라서 "버드에게 의도가 있었느냐 없었느냐는 결코 문제가 되지 않았던"(139) 것이다. 그의 균형은 도덕적 선택의 순간에도 혼들림이 없었다. "따사로운 마음이 차가

워야 하는 이성을 배반하게 놔두지 않았던"(137) 것이다.

본질적 순결인 빌리 버드와 태생적 악인 클래가트가 군법이라는 사회 조직의 법에 의해 일방적으로 판단되는 것이 옳은 일인지 작가 멜빌 자신도 신중하게 분명한 견해를 유보하고 있다. "이 점에서 그는 잘못 했던 것일 수도 있고 잘 했던 것일 수도 있다."(125) 함장 비어는 이미 클래가트의 내재적 악을 통찰하고 있었다. "그래, 신비스러운 점이 있지. 하지만 그것은 성서의 구절을 빌리자면 '악의 신비', 다시 말해 심리학에 기울어진 신학자들이 논의할 문제일세. 그런데 군법회의가 그 문제를 갖고 무엇을 해야 한단 말인가?"(152). 그가 클래가트의 '악의 신비'를 알고 있었다면 그는 빌리 버드의 순결이 거기에 부딪혀 파멸할 운명이라는 것도 알았을 것이다. 그 파멸은 이 세상의 힘으로는 막을 수 없다는 것도 직관적으로 알고 있었을 것이다. 그가 "하느님의 천사에게 맞아죽은 거야! 하지만 그 천사는 목이 매달려야 해!"라고 소리친 것도 그런 직관적 인식에서 나온 것이다.

재판의 결과를 빌리 버드에게 알리는 장면에서부터 함장 비어의 면모는 서서히 나타난다. 빌리 버드에게는 온화한 아버지 같았던 함장 비어가 사건을 만나면서 엄격한 군대의 상관이자 재판관이 되었다가, 이제 판결이 끝나고 그 결과를 알려준 후, 그들의 관계는 다시 새로운 신비로운 부자 관계로 승화한다. 그들의 부자 관계는 지상의 인간적 차원에서 초월적인 천상의 관계로 고양된다. 아버지의 모습을 버렸던 함장 비어가 엄격한 재판관으로부터 다시 새로운 아버지의 모습을 취하게 되는 것이다. 그의 잠시 억눌러 있던 심장에 더 뜨겁고 더 많은 인간의 피가 통하게 된 것이다.

비어 함장은 금욕적인 또는 냉정한 겉껍데기 아래에 숨어 있는 격정을 이따금 내비쳤을 수 있다. 함장은 빌리의 아버지뻘 되는 나이였다. 군사적 의무에 철저하게 몸 바치는 군인이지만 우리의 형식화된 인간성 안에 아직 남아 있는 시원적인 속성 속으로 스스로 녹아들어간 그는 마침내 빌리를 자신의 가슴에 품었을지도 모르는데, 이 때 함장은 심지어 마치 엄한 명령에 복종하여 어린 이삭을 결연히 제물로 바치기 직전에 그를 얼싸안았을지도 모르는 아브라함과 같았을 게다.(144)

그가 빌리 버드를 군율의 제물로 바치는 것은 인간의 제도에서 절대 필요한 요구며 그 자신이 거부할 수 없는 의무이지만, 그는 이 공물 행위를 통해 비로소 빌리 버드와 정신적인 부자 관계를 맺게 된다. 정신적 아들을 제물로 바치는 그의 모습에는 조금도 비정함이나 잔인함이 없다. 두 사람은 언어를 떠난 깊은 신뢰에 의해서 영혼의 더 큰 어떤 실재에 도달한 것처럼 보인다. 그들은 이제 "위대한 자연의 더 고귀한 질서에 속한 두 사람들"(144)이 되었다. 제물이 되는 아들보다 제물을 바치는 아버지의 고통이 더 큰 것으로 보아도 이들의 관계는 군의 상하 관계를 떠난 높은 지향이 들어 있음을 알 수 있다. 그가 빌리 버드를 비밀면담하고 나올 때 그 얼굴에는 "강자의 고뇌"(145)가 나타나고, 그것은 이제까지의 그의 표정과는 너무 다른 것이라서 그를 지켜보는 장교들에게 놀라운 모습으로 비친다.

선장실을 나서며 군의관은 염려와 혼란으로 가득 차서 비어 함장이 정신 이상이 아닌지 의심한다. 그렇게 중대한 비극을 임시 군법회의로 처리하려는 선장의 판단을 그는 적당하지 않다고 생각하기 때문이다. 최소한의 관례에 따라 빌리 버드를 감금하고 그들이 함대와 합류해서 제독에게 위임해야 하며, 그

때까지 아무런 조치도 취해서는 안 된다고 그는 생각한다.

중위를 비롯한 비어의 측근 다른 장교들도 군의관과 생각을 공유한다. 함장 비어에 의해 소집된 군법회의는 전쟁법에 따른 것이 아니고 단지 관례에 따른 것이었다. 그는 이 문제를 제독에게 회부하려고 했다. 그러나 반란이 일어날 수도 있다는 절박감에 압도되어 다른 방안을 취할 수 없었던 것이다. 전시라는 급박한 상황이 그에게 작용했던 것이다. 빌리 버드의 범행의도 여부에 더 관심을 두고 있던 법무관들은 군사상의 필연성을 내세우는 비어 함장의 강력한 설득에 복종한다. 마침내 법을 준수해야 한다는 비어의 결정에 재판관들이 따르게 되어 빌리 버드를 교수형이 처할 것을 선고한다. 재판관들은 방관자일 뿐 판결은 비어의 이성에 따라 내려진다. 빌리 버드가 클래가트를 죽인 것은 상해치사나 폭행치사로서 죽일 의도가 없었던 사건이다. 빌리는 자신을 억제할 능력이 없었기 때문에 적어도 그가 클래가트를 살해하는 그 순간에는 분명히 심신상실의 상태에 빠져 있었다. 그러므로 빌리 버드의 정신 상태를 감정하여 그것을 입증함으로써 형을 선고했어야 마땅했을 것이다. 그에 대한 고려가 전혀 없는 결과만을 두고 한 판결이었던 것이다.

4. 결 론

선과 악에 대한 논의는 그것을 신성과의 연관 속에서 논의하는 경우와 인성과의 연관 속에서 논의하는 두 가지의 경우로 크게 나눌 수 있다. 전자의 대표적인 경우가 기독교적 선악관이며, 후자의 대표적인 경우가 도덕철학적 선악관이다.

기독교적 선악관은 선만을 인정하면서 악은 선의 부재로 간주한다. 그리고 인간은 누구나 원죄(=태생적 악)를 짊어지고 태어난다고 생각한다. 그 원죄가 신이 창조한 세계에 존재하는 악의 근원이라는 것이다. 밀턴의 『실락원』은 기독교적 선악관을 통찰하는 서사시다. 여기서는 전지전능한 신이 창조한 이 세계에 악의 씨가 싹트는 과정을 철저하게 다룬다. 기독교적 관점에서 악의 기원은 원죄다. 인간 세상에 죄가 가능하고 악이 존재하며 고통을 겪게 되는 것은 인간이 신의 뜻을 받들고 안 받드는 것을 자의로 결정할 수 있는 데에서 원인한다. 인간으로 하여금 자의적인 결정을 할 수 있도록 만든 것 역시 신의 뜻이다. 인간이 신을 섬기는 길로 나아갈 때 지상선을 택하는 것이고, 신을 섬기기를 거부할 때 악을 택하는 것이며, 세상의 모든 고통은 인간이 신에게 순종하지 않는 데서 생긴다는 것이다. 인간이 원죄를 범하도록 한 것은 사탄의 유혹이다. 사탄은 신의 피조물로서 악에 물든 상태가 아니었으나, 자신의 교만과 시기로 인해 선천적인 선과 아름다움의 천상적 존재에서 악으로 전환된 것이다. 따라서 악은 원래 있던 것이 아니라 창조주의 선의 과정에서 파생된 것이다. 선의 세계에서 사탄은 자신의 교만과 시기심으로 스스로 타락한다. 그가 스스로 타락할 수 있는 이유는 신이 피조물을 만들었지만 신을 섬기는 것은 피조물의 자유 의지에 맡겼기 때문이다. 피조물의 창조와 자유 의지가 악을 설명하는 열쇠다. 신이 악을 창조한 것이 아니다. 악은 선의 결핍인 것이다. 피조물의 모든 세계는 완전하게 만들어졌다. 그러나 피조물에게 부여된 자유 의지에 따라 피조물은 선과 악을 선택할 자유가 있다. 그런데 악은 선에 반대되는 것으로 존재하는 것이 아니라 피조물 자신의 자유 의지가 신의 세계에서 멀어짐으로써, 즉 선이라는 빛을 점점 잃어가는 것으로 파악해야 한다. 선의 세계인 신의 세계에서 멀어지는 거리만큼 악이 존재하는 것이다.

한편, 인성과의 연관 속에서 혹은 인간 삶의 현실 속에서 선과 악을 논의하는 도덕철학의 입장에서는 선과 악을 형이상학적인 어떤 것으로 제시하지 않는다. 우선, 여기에는 선과 악의 기준을 인간의 이성 속에서 찾으려는 설이 있다. 그것은 도덕적인 선악과 지적인 진위를 동일시한다. 사물의 진상이 곧 선이라는 것이다. 사물의 진상을 알게 되면 스스로 무엇을 해야 하는가를 분명히 알게 된다는 것이다. 선과 인간의 그것에 대한 의무를 기하학적인 진리처럼 연역할 수 있는 것으로 생각한다. 인간이 선행을 해야 하는 이유는 그것이 진리이기 때문이라는 것이다. 도덕법은 사물의 성질이며 영구불변한 것이라고 주장한다. 다음으로는, 선을 행복과 쾌락, 악을 고통과 고난 등 순수하게 경험적인 것들과 동일시하는 설이 있다. 그것은 악에 관한 어떤 신비도 허용하지 않는다. 초월적인 선악관을 가진 도덕철학은 존재(=사실)와 당위(=가치)를 엄격하게 분리시키고, 그 중 당위의 내용을 자신의 문제로 삼으면서 존재를 자신에게 적실성이 거의 없다고 선언한다. 그러나 쾌락설은 선악의 문제를 인간 본성에 관한 사실의 문제로부터 도출하고자 한다. 즉, 인정의 자연스런 모습은 쾌락(내지 행복)을 바라고 불쾌(내지 불행)를 피하고자 한다는 사실에서 도덕의 문제를 도출하고자 하는 것이다. 여기에는 자신의 가장 큰 쾌락(내지 행복)이 최대의 선이라고 생각하는 이기주의적 쾌락설과 최대다수의 최대 행복이 선이라고 주장하는 공리주의적 쾌락설이 있다. 마지막으로, 인간의 의지 내지 의욕 자체의 성질에서 선악의 기준을 찾아야 한다는 이른바 활동설이 있다. 여기서는 인간의 내면적인 욕구, 즉 이상의 실현 내지 의지의 발전적 완성을 선으로 간주한다. 선은 행복이며 행복이 곧 선이라고 할 수 있다는 것이다. 인간이 욕구를 충족시키거나 이상을 실현하는 것은 항상 행복이다. 선의 이면에는 반드시 행복의 감정이 수반되어야 한다. 그러나 의지는 쾌락의 감정을 목적으로 삼지 않으며, 쾌락이 곧 선이라고 할 수 없다. 쾌락과 행복은 비슷하기도 하지만 다르기도 하다. 행복은 만족에 의해 얻어지며, 만족은 이상적 욕구의 실현에서 생기는 것이다. 경우에 따라서는 고통 속에서도 행복을 얻을 수 있는 것이다. 진정한 행복은 엄숙한 이상의 실현을 통해 얻어지는 것이다. 그것은 곧 의지의 발전적 완성 내지 자기 자신의 발전적 완성인 것이다.

도덕철학적 선악관을 대표하는 한 사람으로서, 테일러는 인간을 '의욕의 존재'로 규정하면서, 인간은 욕구, 욕망 그리고 목표를 갖는다고 주장한다. 선과 악의 조건은 바로 의욕이라는 것이다. 생명이나 의욕이 없는 세계에는 선과 악이 존재할 수 없다는 것이다. 벤은 인간의 악을 '사악'이라고 부르고 다양한 형태의 사악들을 설명한다. 주변의 모든 사람들을 증오하고 그들의 불행을 즐기고 그들이 아프기를 바라고 악의적인 환상을 즐기는 사람이 있다면 그가 전혀 그른 일을 하지 않더라도 사악한 인간이다. 어떤 사람이 그것이 악하다는 것을 알면서 악하게 행동한다면, 그것이 바로 악의적 혹은 악마적인 사악인 것이다. 사악에는 자기 중심적인 사악과 양심적인 사악 그리고 순수한 사악이 있다. 이 가운데 순수하게 악의적으로 사악한 사람은 다른 사람의 고통을 즐긴다. 그는 다른 사람의 고통을 선으로 보거나 자기 이익으로 보지 않고 그것을 악으로 간주하고 악으로서 즐긴다.

선악의 문제를 가장 인간적인 관점에서 논의한 도덕철학자는 니체일 것이다. 그는 『선악을 넘어서』에서 기독교적 선악관을 강하게 비판한다. 그는 인간 사회의 저편에서 선악의 기준을 찾고 그 속에서의 삶을 동경하는 것은 인간의 자기기만이며 자기 부정이라고 생각한다. 현실을 부정하고 피안의 세계를 부단히 꿈꾸면서 현실적인 삶의 대가로 그 꿈을 실현하려고 노력한 기독교적 삶의 역사를 그는 강력하게 비판한다. 기독교적 세계관은 현실적 욕구나 욕망은 자제하면서 지상의 삶을 업신여기고 멸시하면 할수록 천상의 영원한 세계에 접근하는 것으로 믿었으며, 그래서 사람들의 현실적인 삶은 그 가치를 상실하게 되고, 금욕과 절제, 겸손과 복종 등이 도덕으로 자리를 잡게 되었다는 것이다. 그러나 니체는 인간의 인간다운 욕구나 욕망의 포기를 단호하게 거부한다. 그는 모든 생물들에게 동기를 부여하는 근본적인 창조력은 힘에의 의지라고 믿는다. 니체는 인간 이편에서 선악의 기준이나 도덕성의 근거를 찾고자 한다. 니체는 유럽의 전통적인 도덕인 노예 도덕으로서의 기독교 도덕은 인간을 사육하고 훈련시키는 이른바 '무리 동물의 도덕'이라고 규정하고 그것에 대한 투쟁을 선언한다. 그리고 그는 새로운 가치 정립의 원리를 제시한다. 그 원리가 바로 '힘에의 의지'다. 그것은 나약한 존재인 인간을 대지의 주인이 되게 한다. 힘에의 의지에서 의지란 욕망하는 것이다. 그는 사람들 사이에서의 '간격의 파토스'가 발전의 원동력임을 주장한다. 사람들 간의 차이와 계층 간의 차이가 존재하고 지배 계급이 피지배 계급을 멸시하고 억압할 때 비로소 간격의 파토스가 생겨나고 그 파토스의 힘을 바탕으로 향상 내지 발전이 가능하게 된다는 것이다. 그가 힘에의 의지를 가치 판단의 기준으로 제시하는 것은 노예 도덕을 지양하고 주인 도덕을 이상적 경우로 삼으려 하는 것과 같다. 그런데 주인 도덕을 도덕적 판단의 기준으로 삼는 것은 행위자의 가치감 및 권력감의 표현인 '좋음과 나쁨'을 근거로 '선과 악'을 판단함을 말하는 것이다. 그러나 주인 도덕은 철저한 개인 윤리에 해당한다. 그는 주인 도덕의 사회적 함축을 입증하고자 한다. 그가 '선악을 넘어서'를 요구하는 것은 주인 도덕의 사회윤리화를 모색하면서 승인의 도덕을 도출하면서 완성된다.

선악의 갈등을 주제로 삼으면서 선과 악의 양상을 분명하게 제시하는 두 소설, 도스토예프스키의 『카라마조프의 형제』와 멜빌의 『빌리 버드』는, 문학 자체가 인간 삶의 기록이듯이, 선과 악을 인간 삶 속에서 논의하고자 한다. 따라서 기독교적 관점과 도덕철학적 관점 모두가 이 작품들 속에서 종합적으로 제시되고 있다.

『카라마조프의 형제』에서는 현실적인 인간 삶 속에서 나타나는 선과 악의 갈등을 통해 선의 양상들을 주로 이야기하고 있다. 여기서는 기독교적인 선 관념이 중심을 이루고 있지만 순수 인간적인(=인간의 본성에 바탕을 두는) 선 관념도 함께 제시된다. 기독교적인 선 관념이 형이상학적이고 초월적인 것에 머물지 않고 그것이 인간의 삶 속에서 실천적인 의미로서 제시된다는 점이 특별히 중요하다. 여기서 제시하는 선은 인간에 대한 사랑이다. 그것은 드미트리의 열정적인 사랑과 이반의 공상적(=이성적)인 사랑 그리고 알료샤와 조시마 장로의 그리스도적 사랑으로 나타난다.

드미트리는 '카라마조프시치나'의 정열의 세계를 대표한다. 그는 인간의 자연적인 본성에서 나타나는 죄와 도덕적인 영역에서 감정적인 사랑의 원리를 보여준다. 그는 타는 듯한 기질과 열정을 가진 사람이다. 그는 현명하고 성실한 판단을 하지만 합리적인 사고와는 거리가 멀다. 그는 순진하고 자유분방하며 방탕하고 광기어린 정열을 가진 사람이다. 그러나 그는 이미 어떤 선의 요소를 안고 있다. 오히려 그의 방종과 정열은 성장의 싹이라고 할 수 있다. 그는 아버지를 죽이지 않았지만 살인범으로 선고받는다. 사실 그는 아버지의 죽음을 바라고 있었으며, 실제로 아버지를 죽일 용의까지 가지고 있었다. 그가 아버지를 죽이지 않은 것은 오히려 우연이었다. 그는 이 점을 스스로 인정하고 기꺼이 십자가를 질 결심을 한다. 물론 아버지를 죽인 죄 때문이 아니라 과거의 무분별한 생활 때문에, 그리고 아버지를 죽일 수도 있었고 또 죽이려고 했었다는 자책감 때문에 십자가를 지려는 것이다. 바로 이러한 그의 죄의식은 그의 새로운 삶으로의 갱생을 약속한다.

이반은 '카라마조프시치나'의 이성의 세계를 대표한다. 그는 이론적이고 지적인 영역에서 이성의 원리를 구현한다. 그는 매우 복잡한 인물이다. 그는 자기의 회의론에 대해서까지 회의할 정도로 지적이기도 하다. 그는 자연과학적인 입장에서 신이라든가 양심이라든가 영생이라든가 하는 신비적인 존재를 모두 부정한다. 따라서 이 세상에는 선악도 없고 남을 사랑해야 한다는 자연율도 없기 때문에, 인간에게는 모든 것이 허용된다는 극단적인 결론에 도달한다. 그는 신을 믿지 않는 것은 아니지만 신이 만든 세계를 인정할 수 없다는 복잡한 입장을 가진다. 그의 기하학적 정신은 외계에서 균형과 질서와 미를 찾으려고 기대하지만, 실제적인 외계는 혼란과 공포의 도가니 속에 있다. 만일 신이 세계를 창조했다면 왜 악이 존재하느냐? 만일 신이 사랑이고 자비라고 한다면 왜 아무 죄도 없는 순결한 어린아이를 괴롭히느냐? 결국 이반은 비록 신이 존재한다 하더라도 신의 질서는 인간에게 맞지 않는다는 결론을 내린다. 그러나 그는 자기 자신의 이원성과 모순 때문에 파멸의 비극을 걷지 않으면 안 된다. 그는 스메르쟈코프에게 모든 것은 허용된다는 사상을 불어넣고 반의도적으로 방탕한 아버지를 죽이도록 선동한다. 그리고 그는 자신의 논리에 도덕적으로 죄가 있다는 것을 느낀다.

알료샤는 드미트리의 감정적인 면과 이반의 이성적인 면이 종합된 정신적인 영역에 속해 있으면서 실천적인 사랑을 통해 이상적인 의지의 원리를 나타낸다. 사랑과 희생에 의해서 자유로 이끄는 진실한 기독교의 신앙은 알료샤에 의해 구현된다. 그는 자유 의지로 그리스도를 택했다. 그는 성자가 되려고도, 인간으로서의 본능을 억누르려고도 하지 않는다. 그는 관용과 겸양, 연민과 희생, 복종과 형제애를 가진 사람이다. 이 소설은 그의 이름으로 시작하여 그의 이름으로 끝난다. 그는 적극적인 가치들을 확인하고 신의 세계를 받아들인 유일하게 긍정적인 주인공이다. 그는 정신적인 영역에서 절망적인 악이 존재하더라도 사랑을 잃지 않는 지고한 선을 구현한다. 그가 지상에서 그리스도를 구현한다는 것은 인간이 실제적인 삶 속에서 실천적인 사랑을 행하는 것이다. 실천적인 사랑은 개인과 사회가 조화를 이루면서 발전하리라는 전망과 그와 같은 목적을 추구해가는 인간적인 삶을 포함한다. 조시마 장로는 그리스도교의 이상을 구현한다. 그러나 그는 결코 이론을 내세우지 않는다. 겸양과 미덕으로 상대를 감화시킬 뿐이다. 그는 지상의 원리와 천상의 원리, 세속적인 원리와 성스러운 원리의 융합을 강조한다. 그에게 이 세상은 결코 눈물의 계곡이 아니라 잠재적인 낙원이다. 인간이 그것을 깨닫고 그것을 위해 노력하기만 한다면 이 세상이 바로 모든 사람들의 낙원이 될 것이라고 믿는다. 죄 없는 어린이들에 대한 학대와 같이 이 세상에 현실적으로 존재하는 악을 어떻게 설명할 수 있는가 하는 이반의 항의에 대하여 조시마 장로와 알료샤는 추상적인 이론이 아니라 실천적인 신앙으로 답한다. 그것은 무조건적인 복종과 저항을 지양하면서 사람들과의 교류 속에서 자신과 관계있는 사람들을 구원하는 힘을 가진다.

결국 『카라마조프의 형제』에서 인간으로 하여금 선을 지향하게 하는 것은 이성이 아니라 의지의 정신력이며, 인간은 사실상 선에서 벗어날 수 없다. 그리스도는 선한 신의 본성이 실질적으로 인간의 육체 안에서 나타날 수 있다는 것을 인간에게 알게 하기 위해 이 지상에 온 것이다. 세상의 진리를 외면하는 그리스도가 아니라 인간의 육체 속에 나타나는 그리스도가 이 소설의 이상이다. 인간을 구원할 수 있는 신은 인간적인 면도 공유해야 한다는 것이다. 그래서 가장 훌륭한 신적인 면을 지니고 있는 동시에 가장 훌륭한 인간인 그리스도가 이 세계를 구원한다는 생각이 조시마 장로와 알료샤의 신비로운 세계와의 접촉을 통해 나타난다.

『빌리 버드』에서는 인간 삶 속에서 벌어지는 선과 악의 갈등을 다루면서 주로 악의 양상을 제시한다. 여기서도 기독교적 선악관과 순수 인간적인 선악 관념이 종합적으로 제시된다. 이 소설은 모든 인간은 원죄를 지고 태어난다는 원죄설과는 거리가 있지만, 전체적인 면에서는 밀턴의 『실락원』과 같은 맥락에서 선악의 문제를 다룬다.

그리스도와 아담의 이미지를 지닌 아름답고 순결하고 덕성을 지닌 빌리 버드는 악을 알고 물리치는 이성을 결여한다. 말더듬이로 표현된 그 결점으로 인해 그는 악을 이성적으로 대하지 못하고 동물적으로 유아적으로 야만적으로 폭행으로 대한다. 그래서 그는 결국 현실 사회가 용서하지 못할 살인죄를 범한다. 그러나 그는 마치 그리스도의 부활처럼, 죽음을 통해 다시 부활한다. 순결과 덕성의 마스크를 쓴 그는 아담이 사탄

의 유혹을 물리치지 못하고 원죄를 범하는 '악의 신비'를 상징
한다. 사탄과 뱀의 이미지를 가진 클래가트는 천성으로 타고난
자연에 의한 타락을 보여준다. 그는 순결과 선을 인식할 수 있
는 이성을 소유한 사람이지만 선과 덕성을 질투하고 모함하는
것 자체를 위해서 악을 실현한다. 세상을 교활하게 잘못 인도
하여 남을 속이는 마스크를 쓴 그는 벤이 말하는 '동기 없는
악의'를 보여준다. 이성의 머리와 정감의 마음이 조화를 이룬
함장 비어는 빌리 버드를 온화한 아버지처럼 대하였고 그가
순결하고 죄가 없음을 알고 있으면서도 전시에 상관을 죽였다
는 현실에 철저히 따르면서 일관되게 그의 살인죄를 주장하여
그를 사형에 처한다. 그리고 그는 다시 죽어가는 빌리 버드와
정신적인 부자 관계를 맺게 된다. 그는 벤이 말했던 '양심적인
사악'을 제시한다.

□ 참고 문헌

니시다 기타로 지음 · 서석연 역, 『선의 연구』(서울 : 범우사, 1990).
도스토예프스키 지음 · 김학수 역, 『카라마조프의 형제』(서울 : 금성출판사, 1990).
백승영, 『니체, 디오니소스적 긍정의 철학』(서울 : 책세상, 2005).
존 밀턴 지음 · 이창배 옮김, 『실락원 · 장사 삼손』(서울 : 동국대 출판부, 1999).
프리드리히 니체 지음 · 김훈 옮김, 『선악을 넘어서』(서울 : 청하, 1982).
하먼 멜빌 지음 · 최수연 옮김, 『빌리 버드』(서울 : 열림원, 2002).
Benn, Stanley, *Ethics* (Chicago : University of Chicago Press, 1985).
Cooper, John M., ed, *Plato : Complete Works* (Indianapolis : Hackett Publishing
    Company, 1997).
Edman, Irwin, ed., *The Philosophy of Schopenhauer* (New York : Modern Library,
    1928).
Pojman, Louis P., *The Moral Life : An Introductory Reader in Ethics and
    Literature* (New York : Oxford University Press, 2004).
Stocker, Michael, "Desiring the Bad : An Essay in Moral Psychology," *Journal*

of Philosophy 76 (1979).

Taylor, Richard, *Good and Evil* (Amherst, NY : Prometheus Books, 1984).

제3장
양심이란 무엇인가?*

1. 서 론

양심(良心)은 인간 삶의 문제를 해결하는 마지막 보루와 같
은 것이다. 그래서 우리는 해결하기 어려운 모든 문제들을 자
신의 양심에 맡겨야 한다고 말한다. 에릭 프롬(Erich Fromm)
은 양심이 실존하지 않았다면 인류는 위험스런 길을 가다가
수렁에 빠져들고 말았을 것이라고 말한 바 있다.1)

그런데 양심이란 무엇인가? 인간이 본래 가진 착한 마음인
가? 인간 행위의 옳고 그름을 판단하는 재판관 내지 잣대인
가? 양심(conscience)으로 번역되는 그리스어 Syneidesis나 라
틴어 Conscientia는 '함께 안다'는 뜻을 지닌다. 독일어의 양심

---

* 본 논문은 청주교육대 학술 연구 지원에 의해 작성되었다.

1) Erich Fromm, *Man for Himself : An Inquiry Into the Psychology of Ethics*
(New York : Henry Holt, 1947), p. 141.

이란 단어(=Gewissen)도 역시 '함께' '안다'는 의미를 지닌다. 즉, 그것은 모든 사람들이 함께 가지는 지적 분별을 뜻한다. 그러나 양심이 곧 단순한 지적 분별인 것만은 아니다. '함께 안다'는 것은 누구나 공통적으로 선과 악에 관하여 안다는 뜻으로, 공통적인 윤리 의식을 가리킨다. 일반적으로 생각하는 양심은 도덕적 옳고 그름을 판단하는 속성이며 기준이다.

그런데 양심에 관한 이론들은 다양하다. 양심이 무엇이며 인간에게 어떤 기능을 수행하는지에 대한 주장들은 늘 모호하고 복잡하게 전개된다. 그러나 양심에 관한 이론들을 적어도 세 가지 관점들로 구별할 수 있다고 생각한다. 양심을 이성(의지, 감정)과 구별되는 독립적인 속성으로 보는 관점, 양심을 이성의 한 속성, 즉 이성의 실천적 기능으로 보는 관점, 양심을 독립적으로 존재하는 특수한 기능으로 보지 않고 인간의 지성과 의지와 전 인격의 상호 작용의 결과로 보는 관점 등이다.

첫째, 양심을 이성과는 별도로 존재하는 속성으로 이해하는 대표적인 관점이 성서적 관점이다. 구약성서에는 양심이 '마음'(또는 뱃속)이라는 단어를 통해 표현된다. 여기서 양심은 죄를 지은 사람에 대한 단죄 또는 올바르게 산 사람에 대한 칭찬의 모습으로 나타난다.[2] 즉, 양심을 행위를 힐책하거나 칭찬하는 하느님의 심판의 목소리로 이해한다.[3] 신약성서에서 바울은 양심이 이성과는 별개의 것으로 모든 사람에게 부여된 속성임을 밝히고 있다. 즉, "하느님과 올바른 관계를 가질 수 있는 사람은 율법을 듣기만 하는 사람이 아니라 율법대로 실행하는 사람입니다. 이방인들에게는 율법이 없습니다. 그러나 그

---

2) 창세기 3 ; 선악과를 따먹은 아담과 이브, 4 ; 동생 아벨을 죽인 카인, 욥기 ; 의인 욥의 행위들, 시편 17 ; 다윗의 호소, 26 과 139 ; 다윗의 노래.
3) 페쉬케 지음 · 김창훈 옮김, 『그리스도교 윤리학 : 제2차 바티칸공의회 정신에 의한 가톨릭윤리신학』 제1권(서울 : 분도출판사, 1991), pp. 279-280.

들이 본성에 따라서 율법이 명하는 것을 실행한다면 비록 율법이 없을지라도 그들 자신이 율법의 구실을 합니다. 그들의 마음속에는 율법이 새겨져 있고 그것이 작용하고 있다는 것을 알 수 있습니다. 내가 전하는 복음이 말하는 대로 하느님께서 예수 그리스도를 통하여 사람들의 비밀을 심판하시는 그 날에 그들의 양심이 증인이 되고 그들의 이성이 서로 고발도 하고 변호도 할 것입니다."[4] 바울은 양심을 옳고 그름을 판단하는 '증인'의 역할과[5] 판단자의 역할을[6] 수행하는 것으로 본다. 즉, 하느님의 심판은 선악에 관한 인간의 지식이 아니라 그 실천에 있으며, 그 실천을 결정하는 것은 계시된 율법이 아니고 선악을 분별하는 양심이며, 이 양심 안에서 하느님의 뜻이 나타난다는 것이다. 양심은 모든 사람들에게 부여된 일종의 자연법으로 이해되고 있다. 중세의 양심 이해에 큰 영향을 미친 아

---

4) 로마서 2:13-16.
5) 로마서 9:1, "나는 그리스도의 사람으로서 진실을 말하고 거짓을 말하지 않습니다. 성령으로 움직이는 내 양심도 그것이 사실이라고 말해줍니다." Ⅱ고린토 1:12, "… 진실하게 살아왔다는 것을 양심을 걸고 말할 수 있으며 …."
6) Ⅰ고린토 8:7-8, "어떤 교우들은 아직까지도 우상을 섬기는 관습에 젖어 있어서 우상에게 바쳤던 제물을 먹을 때는 그것이 참말로 우상의 것이라고 생각합니다. 그리고 그들의 양심이 약하기 때문에 그 음식으로 말미암아 자기들이 더럽혀졌다고 생각합니다." Ⅰ디오테오 1:19-20, "믿음과 맑은 양심을 가지고 싸워야 합니다. 어떤 사람들은 양심을 저버렸기 때문에 그들의 믿음은 파선을 당했습니다." Ⅰ디오테오 3:9-10, "깨끗한 양심을 가지고 믿음의 심오한 진리를 간직하는 사람이어야 합니다." Ⅱ디오테오 1:3, "나는 나의 조상들과 마찬가지로 깨끗한 양심을 가지고 하느님을 섬깁니다." 디도서 1:15, "깨끗한 사람들에게는 모든 것이 다 깨끗합니다. 그러나 더러워진 자들과 믿음이 없는 자들에게는 깨끗한 것이라고는 하나도 없습니다. 그뿐 아니라 그들은 정신도 양심도 다 더러워졌습니다." 히브리서 13:18, "우리는 무슨 일에나 정직하게 살려고 하므로 양심에 거리끼는 일은 하나도 없다고 확신하는 바입니다." Ⅰ베드로 3:16, "여러분은 언제나 깨끗한 양심을 지니고 사십시오. 그러면 그리스도를 믿는 여러분의 착한 행실을 헐뜯던 자들이 바로 그 일로 부끄러움을 당하게 될 것입니다."

우구스티누스(354~430)는 양심을 하느님과 인간이 사랑의 대화를 나누는 장소며, 또한 그것은 하느님의 목소리라고 보았다. 양심은 하느님의 부름을 듣는 인간의 신적 중심이며, 거기에서 하느님과 영혼을 의식하게 된다는 것이다.

캘빈(John Calvin)과 같은 종교개혁자들은 양심을 이성과는 다른 속성으로 이해했다. 즉, "모든 사람의 가슴 속에는 십계명의 가르침을 나타낸다고 볼 수 있는 내적 법(interior law)이 새겨져 있다. 이 법의 표현에 대한 내적 감시자(inner monitor)가 바로 양심이다. 그리고 양심은 도덕적 잠, 즉 도덕적 무감각 상태로부터 우리를 깨운다."7) 모든 인간의 마음속에 양심이 있어서 정의와 불의를 분별하며, 선한 행동은 칭찬하며 악한 행동은 비난하고 고통을 느끼게 하며 심판하여 그것을 피하도록 한다는 것이다. 그는 어원적 설명을 통해 양심을 일반적 지식에 '하느님의 정의에 대한 인식'이 더해진 것이라고 정의한다. 즉, "사람이 어떤 사물에 대하여 마음속으로 이해하는 것을 '안다(scire)'고 하며, 여기에서 '과학 또는 지식(scientia)' 이라는 단어가 생겼다. 그리고 궁극적으로 심판자의 법정에서 자신의 죄를 감추지 못하도록 하며 또한 고발을 피하지 못하도록 하는 하느님의 정의에 대한 인식이 더해진 것이 '양심(conscientia)'이다. … 인간을 하느님의 신성한 법정에 세우는 양심은 인간을 감시하기 위해서 어떤 비밀도 어둠 속에 묻혀 있지 못하도록 관찰하고 검토하기 위하여 주어졌다."8) 결국

---

7) John Calvin, *Institutes of The Christian Religion*, ed. by John T. McNeil, trans. by Ford Lewis Battles (Philadelphia, Pennsylvania : The Westminster Press, 1960), II, viii, p. 1.

8) John Calvin, "On Christian Liberty," in *Calvin : On God and Political Duty*, ed. by John T. McNeil (Indianapolis : Bobbs-Merrill Educational Publishing, 1981), p. 42.

148 문학 속의 도덕철학

캘빈은 양심을 이성의 한 기능이 아니라 독립적으로 존재하는 속성으로서 옳고 그름을 판단하는 기능으로 보고 있다. 그리고 그는 양심의 기능을 하느님의 공의를 인식하고 인간의 행동을 감시하고 선을 행하도록 인도하는 역할로 간주하고 있다.

둘째, 양심을 이성의 한 기능으로 보는 대표적인 관점은 칸트의 관점이다. 그는 도덕적 행위를 가능하게 하는 '선의지'를 제시하고, 그 선의지의 근원으로서의 '실천이성'의 존재를 주장한다. 그에 따르면, 인간은 양면적 본질을 가진 존재로서 이중적 성격 구조를 지닌다. 인간은 이성적 존재인 동시에 감성적 존재이기도 하다는 것이다. 감성적 존재의 주체는 의지다. 의지는 언제나 감정적 욕구를 추구하고자 하기 때문에 도덕적 행위와는 거리가 멀다. 그러나 이성적 존재로서 인간은 다른 동물과는 달리 욕구에 따르는 경향에서 벗어날 수 있는 자유를 지닌다. 이 자유는 바로 의지의 자유다. 인간의 의지가 감성적인 욕구로부터 벗어날 수 있는 자유를 지녔다는 것은 도덕률이 있음을 말해준다. 욕구로부터의 자유는 곧 도덕률에 따르는 것을 뜻하기 때문이다. 칸트에 의하면, 이성 자체는 자연계와 속성을 달리하며 자연의 법칙과는 아주 다른 그 자신의 법칙인 '자유의 법칙'을 가지고 있는데, 이것은 의지와 관련하여 볼 때 실천 법칙 또는 도덕률이라고 한다. 이 법칙은 의지에 대하여 명령 형식으로 나타나며, 혹은 의무의 관념으로서 나타난다. 이 의무의 관념은 사람으로 하여금 감성적인 욕구로 흐르는 것을 방지하며, 일종의 강제성 곧 당위로서 나타난다. 즉, 이성은 그의 법칙, 곧 도덕률을 통해 의지에 대하여 명령을 내리고 또한 의지는 이성의 명령을 의무로서 받아들인다. 스스로 입법하며 의지를 규정하는 이성을 '실천이성', 이성이 내리는 자율적 무조건적 단언적 명령을 받아들이는 의지를 '선의지'라고 부른다.

칸트에게 양심은 실천이성과 선의지와 관련된 어떤 것이다. 감성의 주체인 의지가 실천이성의 법칙을 받아들일 때 비로소 무조건 선한 선의지가 되고 결국 모든 선이 이 선의지에서 나온다고 보는 것이다. 그는 양심을 판단을 내릴 의무를 제시하는 실천이성으로 정의한다. 그는 양심을 따라야 한다는 것은 의무를 인정할 의무를 가져야 한다고 말하는 것과 같다고 하면서, 그것은 양심은 "법칙이 적용될 모든 사례들에서 인간에게 죄가 있고 없음을 선고해야 할 의무를 제시하는 실천이성"9)이기 때문이라고 주장한다. 여기서 우리는 그가 말하는 양심은 일종의 '판단력'임을 알 수 있다. 그 판단력은 행위가 일정한 법칙 아래에 있는 행위로서 행하여졌는지 어떤지를 유효하게 판단한다. 그러한 판단은 행위와 법적 효과를 연결 짓는 것, 즉 유죄 혹은 무죄의 판결을 내리는 것이다. 그래서 그는 양심을 법정이나 재판관에 비유한다. 그에게서 양심은 "자신의 생각들이 그 앞에서 고소되기도 하고 변호되기도 하는, 인간의 내면적 법정(ein innerer Gerichtshof)의 의식"10)으로 정의되기도 하고, 모든 인간은 양심을 가지고 있으며, "내적인 재판관(ein innerer Richter)"을 통해 자신이 감시를 받기도 하고 위협을 받기도 하며 나아가 자신이 존경을 받고 있다는 점도 알아차린다.11)

칸트에게 그러한 양심은 습득되는 어떤 것이 아니고, 도덕적 존재로서의 모든 사람들이 자기 내부에 선천적으로 가지고 있는 그런 것이다.12) 그래서 양심의 힘은 자의적으로 만들어

9) Immanuel Kant, *Metaphysik der Sitten* (Hamburg : Felix Meiner, 1954), s. 242-243.
10) 위의 책, s. 289.
11) 위의 책, s. 290.

내는 것이 아니라 인간의 내면에서 스스로 성장하는 것이다. 그것은 그림자처럼 항상 인간을 따라다닌다. 인간은 양심의 두려운 목소리를 항상 듣는 것이며 그 목소리를 피할 수 없는 것이다. 그래서 양심적이지 않음이란 양심의 결여가 아니라 양심의 판단에 주의를 기울이지 않는 성향을 말한다.13) 실제로 어떠한 양심도 가지고 있지 않은 사람을 의무를 따른다거나 의무를 저버린다고 평가하는 것은 불가능할 것이다. 그리고 칸트에 의하면, 이른바 "착오를 일으키는 양심(ein irrendes Gewissen)"도 있을 수 없는 것이다.14) 즉, 어떤 것이 의무인지 아닌지 여부에 관한 객관적인 판단에서는 사람들은 종종 착오를 일으킬 수 있지만, 그러나 내가 어떤 것을 그 판단을 위해 나의 실천이성(=심판하는 이성)과 비교했는지 어떤지에 관한 주관적인 판단에서는 오류를 범할 수 없다는 것이다. 이 경우에는 거짓 혹은 참이라는 판단은 있을 수 없는 것이며, 일단 누군가가 양심에 따라 행위했음을 스스로 의식한 때는 그에게 책임인 것과 책임이 아닌 것에 관하여 더 이상 물을 수 없는 것이다.

셋째, 프로이트와 융 같은 심리학자들은 양심을 종합적인 판단력으로 본다. 그러나 그들의 관점은 궁극적으로 양심을 이성의 실천적 기능으로 파악하는 관점과 큰 차이가 없다고 본다. 아무튼 20세기에 접어들자 양심에 대한 시각이 심각하게 변화되었다. 실증적인 과학 정신이 급속히 발달하면서 인간성 속에 절대 윤리의 근거가 될 만한 선천적 보편적 양심이 있다는 종래의 윤리학적 입장에서의 양심 이해가 비판받기 시작했

---

12) 위의 책, s. 242.
13) 위의 책, s. 243.
14) 위와 같은 곳.

다. 특히 정신분석학은 이성이나 양심의 선천성과 절대성을 부인하기 시작했다.

프로이트에 의하면, 양심은 선사시대에 혼했다는 부친 살해와 근친상간에 대한 후회와 자책에 기인하는 것이다. 그리고 그것은 선천적인 심리가 아니라 공포와 미신에 입각한 관습에서 생긴 것이다. 양심은 본래 타인에게 향하던 잔인한 공격욕의 충동이 하나의 반동 심리의 메커니즘을 거쳐 자기 자신에게 방향을 돌린 것이다. 그것은 원래 반동 심리이기 때문에 충동적이고 비합리적인 것이다. 인간은 충동에 의해 지배되는 존재로 선천적으로 선한 본성은 없으며, 사회가 인간의 충동을 억제하고 교화시킬 경우에 문화적으로 세련된 존재로 될 수 있다는 것이 프로이트의 인간관이다. 그에 의하면, 양심이라는 것도 인간에게 선천적으로 주어지는 것이 아니라 사회규범이 개인에 일방적으로 투사된 결과인 것이다.

그는 인간의 모습을 현실(=이드)과 이상(=초자아) 사이에서 갈등하는 자아로 그린다. 이드가 인간 본능의 욕구라면 그것에 반하는 것이 인격에서 기능해야 한다. 이드와 자아만이 존재한다면 인간은 동물과 다를 바가 없을 것이기 때문이다. 이드(=욕구)에 반하는 것이 초자아이다. 그것은 자아-이상(self-ideal)과 양심으로 나누어진다. 자아-이상이란 아이가 부모가 자기에게 바라는 방향으로 스스로를 동일시 해나가면서 부모의 기준에 어울리는 가치관을 세우는 것을 말한다. 양심은 부모의 권위나 명령에 대한 복종에서 나오는 것이다. 그것은 부모의 명령에 복종함으로써 불복종하였을 때 있을 수 있는 처벌을 피하려고 하는 마음에서 생겨나는 것이다.

그는 양심을 다음과 같이 직접 정의한다. 즉 "나는 내 안에서 나에게 기쁨을 가져다 줄 것이 틀림없는 무언가를 하려는 충동을 느낍니다. 그러나 나는 내 양심이 그것을 허락하지 않는다는 이유를 들어 그것을 하지 못하고 맙니다. 혹은 쾌락에 대한 기대가 너무도 큰 나머지 무언가를 하고자 하는 나의 마음을 움직이는데, 그에 대해서 양심의 소리가 이의를 제기하고 그 행동을 하고 난 후 나의 양심은 고통스러우리만치 괴로운 비난으로 나를 탓하고 그 행동에 대한 후회를 느끼게 합니다. 내가 내 자신 속에서 구별하기 시작하고 있는 그 특이한 장치는 양심이라고 간단하게 말할 수 있을 것입니다."15) 그리고 그는 양심이 인간에게 완전하게 주어진 것이 아님을 분명히 말한다. 즉, "양심에 관하여 본다면 하느님은 여기에서 불균등하고 부주의한 작업을 하신 것에 불과합니다. 왜냐하면 사람들 가운데 대다수가 그 양심 중 아주 조금만 소유했거나 언급할 만한 가치가 거의 없을 정도의 아주 적은 양의 양심만을 소유했기 때문입니다. 이것은 '양심이란 하느님이 주신 것이다.'라는 주장에 포함되어 있는 심리적 진실의 조각들을 간과할 수 있다는 뜻은 결코 아닙니다. 그러나 그 말은 해석을 필요로 합니다. 양심이란 것이 '우리 안에 있는' 어떤 것이라고 한다면, 그것이 처음부터 그랬다는 뜻은 아닙니다."16)

그런데, 칸트의 양심 이해나 프로이트의 양심 이해는 모두 인간과 양심을 별도로 상정하고, 양심이라는 특수한 기능이 선천적 혹은 후천적으로 인간에게 구비되는 것으로 보려 했다. 이것은 결국 양심이 오히려 인간의 본질을 규정하는 잘못된 논리 구조를 가진다고 본다. 또 인간 자신의 내부에 선천적인 양심이 독자적으로 구비되어 있다면 인간은 내심에서 선악 판

---

15) 프로이트 지음 · 임홍빈 / 홍혜경 옮김, 『새로운 정신분석 강의』(프로이트전집 3)(서울 : 열린책들, 1997), pp. 87-88.
16) 위의 책, p. 90.

단에 방황하고 번민하는 일이 없을 것이다. 그리고 인간이 내린 선악 판단이 상대적일 수 없고 같은 한 인간에서도 판단의 수정은 있을 수 없을 것이다. 그러나 현실이 이와 다름은 분명하다고 할 것이다. 기존의 양심 이론들이 가진 근본적인 오류는 양심이라는 독자적인 기능이 인간성 안에 별도로 주어져 있다는 전제 위에서, 양심을 전적으로 그 자체만의 필연성에서 유래하는 것으로 설명하려는 데 있었다. 그러나 양심이라는 마음의 능력을 독자적으로 대상적으로 존재하는 것으로 이해하는 것은 심각한 잘못이다. 양심은 인간의 존재 구조의 핵심으로 간주되어야 하며, 인간 본성의 특수한 구조 속에서 파악되는 어떤 것이어야 한다. 삶의 주체인 인간 자체를 떠나서는 양심이란 것이 따로 있을 수 없다. 따라서 양심 이해의 새로운 방향은 인간의 존재 자체에 근거를 두는 방향이라야 한다. 인간을 이론들로 미리 규정하기에 앞서서 그 존재 자체를 현상학적으로 밝히고, 양심도 어떤 결정적인 존재 양식임이 밝혀져야 할 것이다.

특히, 현대의 과학적 세계관에서는 선천적으로 주어진 절대적 행위 법칙의 존재는 인정할 수 없다. 이미 형성되어 인간에게 강요되는 도덕 원리는 인정될 수 없는 것이다. 사람들이 스스로 자신의 삶의 방식을 선택하고 결단하는 가운데에서 도덕 원리가 탐구되어야 한다. 따라서 양심을 이해하는 방향도 전적으로 달라져야 한다. 주체적인 인간 삶의 방식과 관련하여 양심을 이해해야 할 것이다. '인간이란 무엇이냐?'를 따지는 존재적인 물음에 그치지 않고 '어떻게 살고 있느냐?'를 따지는 존재론적인 물음과 함께 양심 문제가 논의되어야 할 것이다.

2. 하이데거의『존재와 시간』속에서의 실존론적 양심 해석

1) 현존재 자신이 자신을 불러 세우는 침묵의 부름으로서의 양심의 부름

하이데거(Martin Heidegger)는 『존재와 시간(*Sein und Zeit*)』[17]을 통해 양심을 실존론적으로 해석한다. 그에게 인간 현존재(Dasein)가 실존한다는 것은 현존재가 자신이 존재할 수 있는 가능성을 문제 삼으면서 존재함을 말한다. 현존재의 존재 가능성은 자기 자신이 아닌 다른 것에서부터 선택할 가능성과 현존재가 자기의 존재 가능성을 자기 자신에게서부터 선택할 가능성 두 가지로 나뉜다. 비본래적인 실존과 본래적인 실존이 그것이다.[18] 그런데 대체적으로 비본래적으로 실존하고 있는 인간은, 비본래적 실존의 변양으로서 본래적인 실존이 가능해진다.(358) 그리고 그러한 변양은 양심의 부름을 통해 가능하다는 것이다.

인간 현존재가 비본래적으로 실존한다는 것은 일상성의 세계에 빠져 있음을 말하는 것이다. 일상적으로 서로 함께 있음은 현존재의 본래성을 해체시키고 현존재로 하여금 눈에 띄지 않는 '타인의 지배'를 받게 만든다.

---

17) 마르틴 하이데거 지음 · 이기상 옮김, 『존재와 시간』(서울 : 까치, 1998)(이 책의 인용이나 참고의 경우에는 인용문의 마지막에 쪽수를 표기하기로 한다).
18) 하이데거의 본래성, 비본래성의 구분은 도덕적 가치 평가의 의미를 포함하지 않는다. 비본래성은 일상성의 세계에 빠져 있음을 의미하는 것이지, 결코 도덕적 일탈과 타락을 의미하는 것은 아니다. 그는 현존재의 비본래성이 '모자라는(weniger)' 존재나 '낮은 차원의(niedriger)' 존재를 의미하는 것이 아니라는 점을 분명히 하고 있다. (Martin Heidegger, *Sein und Zeit* (Max Niemeyer Verlag Tuebingen, 1986), s. 43.)

현존재는 일상적인 서로 함께 있음으로서 타인의 통치 안에 서 있다. 현존재 자신이 존재하고 있는 것이 아니라 타인들이 그에게서 존재를 빼앗아버렸다. 타인들이 임의로 현 존재의 일상적인 존재 가능성들을 좌우한다. 이때 이러한 타인들은 특정한 타인이 아니다. 오히려 그 반대로, 어느 타인이든 다 그 타인을 대표할 수 있다. 결정적인 것은 오직 더불어 있음으로써의 현존재가 뜻하지 않게 떠넘겨 받은 눈에 띄지 않는 타인들의 지배일 뿐이다. 사람들 자신이 타인들에 속하고 있으며 그들의 권력을 공고히 한다. 사람들이 타인들에 속한 고유한 본질적인 귀속성을 은폐하기 위해서 그렇게 이름하고 있는 '남들'이 곧 일상적인 서로 함께 있음에 우선 대개 '거기에 있는' 그들인 것이다. 그 '누구'는 이 사람도 저 사람도 아니고, 사람들 자신도 아니며, 몇몇 사람들도 아니고, 모든 사람의 총체도 아니다. 그 '누구'는 중성자(=불특정 다수)로서 '그들'(=세인)이다. … 눈에 안 띔과 확정할 수 없음 속에서 '그들'은 그들의 본래적인 독재를 펼친다. 우리는 남들이 즐기는 것처럼 즐기며 좋아한다. 우리는 남들이 보고 판단하는 것처럼 읽고 보며 문학과 예술에 대해서 판단한다. … '그들'이 일상성의 존재 양식을 지정해주고 있다.(176-177)

일상성에 매몰된 자기는 타인일 뿐 누구도 자기 자신일 수 없다. '아무도 아닌 사람', 즉 '그들'에게 이미 자기를 내맡겨버린 상태가 인간 현존재의 비본래적 상태인 것이다. 여기서 제기되는 중요한 문제는 실존의 본래성을 회복하는 일, 즉 자기 자신을 되찾는 일이다. "일상적 현존재의 자기는 우리가 본래적인 자기, 다시 말해서 고유하게 장악한 자기와 구별하고 있는 '그들-자기'다. '그들-자기'로서 그때마다의 현존재는 '그들' 속에 '흩어져' 있어서 이제 비로소 자기 자신을 발견해야 한다."(180) 하이데거는 자기 자신의 발견을 '본래적 존재 가능'이라는 말로 표현하면서, 그것의 실존적 가능 조건을 제시한다. 그것은 자기 자신으로 실존하겠다는 결단과 본래적 실존

가능의 선택이다. 그리고 그 결단과 선택을 가능하게 하는 것이 바로 양심이자 양심의 부름이다. "양심이 본래적인 존재 가능의 증거를 제시하고 있다"(315)는 것이다. 현존재가 일상적으로 취하고 있는 비본래적 실존의 태도를 벗어나 본래적으로 실존할 수 있다는 사실이 "일상적으로 이루어지는 현존재의 자기 해석에서 양심의 음성으로 알려져 있는"(358) 것을 통해 입증된다는 것이다.

'그들-자기'로서의 인간 현존재는 공공성(Oeffentlichkeit)과 잡담(Gerede)(=뒤따라 말함과 퍼뜨려 말함)에 빠져 자신의 본래성을 상실한다. '그들'의 말에 귀를 기울이고 고유한 자기의 말에는 귀를 기울이지 않는다. 즉, '그들'(=세인)의 목소리에만 귀를 기울임으로써 결과적으로 자기 자신의 내밀한 음성은 전혀 듣지 못하거나, 듣는다 해도 건성으로 들을 뿐이다.(362) 인간 현존재의 본래성 회복을 위해서는 먼저 '그들'의 말, 즉 잡담에 귀 기울임이 단절되어야 한다. 그래야 자신의 말에 귀를 기울일 수가 있을 것이다. 그런데 그러한 잡담에의 단절은 어떤 들음에의 가능성이 있을 때 가능할 것이다. 일상적인 현존재가 '그들'의 말에 귀 기울이지 못하게 하는 어떤 다른 '들음'의 가능성이 필요한 것이다. 그 가능성은 어떤 '부름'을 통해서 가능할 것이다. 하이데거에게 그 부름은 바로 양심의 부름이다. 양심을 '양심의 부름'이라고 말하는 까닭도 여기에 있다. 양심은 바로 현존재가 '그들'의 목소리에 귀 기울임으로부터 벗어나도록 촉구하는 음성이자 부름인 것이다. 즉, 현존재를 그의 본래성으로 부르면서 이해시켜주는 것이 양심인 것이다 (362). 여기서 양심 현상과 관련하여 중요한 실존 범주는 '말'이다. 양심이 자기를 드러나게 하는 방식, 즉 침묵은 일종의 말이기 때문이다.

양심에 대한 더 상세한 분석은 그것을 부름으로 드러낼 것이다. 이 부름은 일종의 말이다. 양심의 부름은 현존재를 그의 가장 고유한 자기 존재 가능으로 촉구하는 성격을 가지는데, 이 촉구는 가장 고유한 책임을 환기시키는 방식으로 이루어진다.(360)

양심의 부름은 현존재에게 일상성과의 결별과 그 안에 놓여 있는 '그들'의 지배로부터의 해방을 촉구하는 내밀하고도 조용하지만 단호한 음성이다. 그러나 그 부름을 통해 우리가 구체적으로 듣는 내용은 엄밀한 의미에서 아무것도 없다. 그것은 침묵으로 말할 뿐이기 때문이다.

양심은 부름 받은 자에게 무엇을 말해주는가? 엄밀하게 말해서 아무것도 없다. 양심의 부름은 아무것도 발설하지 않고, 세상살이에 대한 어떤 정보도 주지 않고, 아무것도 이야기해주지 않는다. … 양심의 부름은 어떤 발성도 지니지 않는다. 양심의 부름은 어떤 말도 수반하지 않는다. 그럼에도 불구하고 그것은 불투명하거나 불분명하지 않다. 양심은 오직 그리고 언제나 침묵의 형태로 말할 뿐이다."(365)

현존재의 근원적인 말로서의 부름에 어떤 대꾸가 상응하는 것은 아니다. 이를테면 양심이 말하고 있는 그것을 흥정하며 이야기한다는 의미에서 말이다. 부름을 이해하며 들음이 대꾸를 거부하는 것은 그것이 자신을 짓누르는 어떤 '어두운 힘'에 의해서 기습을 당하고 있기 때문이 아니라, 오히려 그것이 부름의 내용을 은폐하지 않고 그대로 자기 것으로 만들기 때문이다. … 부름은 일종의 침묵인 것이다. 양심의 말은 결코 발성되지 않는다. 양심을 오직 침묵하면서 부를 뿐이다. 다시 말해서 부름은 섬뜩함의 소리 없음에서 나와, 불러 세워진 현존재를 고요 속에 있어야 할 자로서 그 자신의 고요 속으로 되부른다. 그러므로 양심을 가지기를 원함은 이러한 침묵하는 말을 오직 침묵하고 있음에서만 적합하게 이해할 뿐이다. 침묵하고 있음은 '그

들'의 값싼 이해의 잡담으로부터 낱말을 **빼**앗아버린다.(394-395)

　양심이 조용한 침묵의 목소리이지만 '그들'의 온갖 헛소리들을 무너져 내리게 할 정도로 분명하고 큰소리를 낸다. 양심이 말하고자 하는 바는 너무나 뚜렷하다. 양심의 부름이 개시하는 것은 명료한 것이다.(366) '그들'의 목소리들이 여지없이 무너져내릴 때 비로소 우리 자신의 존재 가능성에 주목할 수 있고 실제로 그것을 선택할 수 있게 된다. 침묵하는 양심의 소리를 듣게 된 현존재는 자기 안으로 침잠하게 된다. 양심은 끊임없이 들려오는 '그들'의 목소리를 단절시킬 뿐 아니라 현존재 자신을 침묵하도록 만들기도 한다. 그리고 이러한 침묵은 양심이라는 내면의 소리를 더욱 또렷하게 만든다. 모든 들음, 모든 귀 기울임은 침묵을 전제하기 때문이다.

　양심이 아무리 침묵의 부름일지라도 그것이 '말'과 관계된다면 '말해지는 것'이 있을 것이다. 양심의 부름에서 '말해지는 것', 곧 '불러내지는 것'은 일상성에 매몰된 '그들-자기'로서의 '현존재 자신'이다. '그들-자기'가 '자신의 고유한 본래적 자기'에로 불러내지는 것이다. 부름을 들은 '그들-자기'는 스스로 무너져내리면서 '그들'을 무의미 속으로 밀어버린다. 그리고 자신은 본래성을 회복하게 되는 것이다. 그래서 "양심의 부름은 '그들-자기'를 '자기 자신'에게로 불러내는 것이다. 이러한 불러냄으로써 부름은 자기를 그의 자기 존재 가능으로 불러 세우고(Aufruf) 그로써 현존재를 그의 가능성으로 나오도록 앞으로 부르는(V●r-Rufen) 것이다."(366)

　그런데 양심의 부름은 도대체 누가 부르는 것인가? 양심의 부름을 통해 우리에게 본래성을 촉구하는 자는 누구인가? 양심의 부름에서 불리는 자가 '그들-자기'로서의 현존재라면, 현존재를 부르는 자는 도대체 누구인가? 하이데거는 그도 역시 '현존재 자신'이라고 답한다. "현존재는 양심 안에서 자기 자신을 부른다. … 현존재는 부르는 자인 동시에 불리는 자다."(367) 그런데 "양심의 부름은 물론 우리 자신에 의해 계획되지도 준비되지도 의도적으로 수행되지도 않는다. 기대에 반해서, 심지어 의지에 반해서 '그것'이 부른다."(367) 그렇다면 우리 자신이 양심의 부름으로 우리를 부른다고 말할 수 있는가? "양심의 부름은 의심의 여지없이 나와 세계 안에 함께 있는 어떤 타인에게서 오는 것이 아니다. 부름은 나에게서 와서 나 위로 덮쳐온다."(367-368) 그렇다고 해서 나에게 덮쳐오는 힘의 소유자를 상정하거나 그 힘 자체를 인격(신)으로 간주하거나 반대로 양심을 생물학적으로 설명하는 것은 옳지 않다. 불리는 현존재가 '그들-자기', 즉 비본래적인 방식으로 실존하고 있는 자기라면, 이 '그들-자기'에게 비본래적 일상의 파괴를 요구하는 자는 또 다른 모습의 현존재, 또 다른 자기다. 나의 비본래성을 나에게 드러내고 그것으로부터의 탈피를 요구하는 또 다른 나, 본래적 자기는 낯선 자기다. 본래적 자기로서의 나는 일상적으로 내게 친숙한 나와는 달리 평온하고 자명한 세계 안에 안주하고 있지 않기 때문이다. 본래적 자기로서의 내가 처해 있는 세계는 모든 군더더기가 삭제된 적나라한 사실로 이루어진 세계다. 현존재가 처해 있는 사실의 사실성 내지 현실의 현실성은 내 앞에 있는 한 그루의 나무가 처해 있는 사실의 사실성과는 분명히 다르다. 하이데거는 현존재의 사실성을 '현사실성(Faktizitaet)'이라 부른다. "현사실성은 사물 존재자가 지니고 있는 견고한 사실(faktum brutum)의 사실성이 아니라, 처음에는 거부되다가 결국은 실존 안에 수용되는 현존재의 존재 성격이다."(188) 그런데 "현사실성의 사실은 결코 눈에 보이지 않는다."(188) 현사실적인 본래적 자기로서의 현존재가 눈에 보이지 않는 것처럼 그것의 부름도 역시 잘 들리지 않는다. 그러나 잘 보이지 않고 잘 들리지 않는다고 해서 양심과 양심의 부름이 부정되는 것은 결코 아니다. 그래서 "부르는 자가 누구인가 하는 것은 '세계적으로'는 무엇으로도 규정될 수 없으며, … 부르는 자는 일상적 '그들' 자신에게는 낯선 목소리와 같이 친숙하지 않다."(369) 그러나 분명 부르는 자는 현사실적 존재로서의 현존재 자신이다.

> 부름 받은 자는 자신의 가장 고유한 존재 가능(자기를-앞질러…)으로 불러 세워진 바로 그 현존재다. 그리고 현존재는 불러냄에 의해서 '그들' 속에 빠져 있음(배려되고 있는 세계 곁에-이미-있음)에서부터 불러 세워진다.(371)

양심의 부름은 하이데거가 이른바 '자아의 지속(constancy of the Self)'에 직면하게 한다.[19] 한 인간 존재의 '자기 자신의 자아'는 존재 가능성 — '… 이 될 수 있음(ability to be)' — 에서 그 실존적 기원들을 발견한다. 한 인간에게 그 존재 가능성은 고유하게 그 자신의 것이다. 그것이 그로 하여금 본래적 삶을 살 수 있게 한다. 양심의 부름은 항상 우리의 삶에서 있을 수 있고 있을 것이지만, 아직 있지 않은 것을 이해하는 '도중에' 있는지를 밝힌다. 그것은 우리의 존재 가능성에 우리를 폭로하고 개방시킨다. 그것은 '자아의 지속'을 위한 일종의 도전이다. 그 도전에의 응전은 한 인간 현존재가 그 부름에 응답하고 그 부름을 이해하는 것이다. 그것은 인간 자신의 '…에서의

---

19) Michael J. Hyde, *The Call of Conscience* (University of South Carolina Press, 2001), p. 42.

부름(evocation)'이자 '…으로의 부름(provocation)'인 것이다.

2) 불안과 (염려의 부름으로서의) 양심의 부름

양심의 부름에 의해 불리면서 또한 부르는 존재인 인간 현
존재는 세계 속에 내던져져 있으면서 자신을 자신의 존재 가
능으로 던지면서 실존한다. 일상적인 현존재는 '내던져져 있
음'으로부터 '그들-자기'의 공공적 편안함 속으로 도피하지만,
자신의 '내던져져 있음' 속에서 자신의 존재 가능 때문에 불안
해한다.

> "부르는 자는 내던져져 있음(이미-…안에-있음) 속에서 자신의
> 존재 가능 때문에 불안에 떨고 있는 현존재다."(371)

불안은 자기 자신이 내던져져 있다는 사실에서 연유한다.
불안 속에서 우리는 일상적 삶의 방식이 본래성을 상실하고
있음을 깨닫게 된다. 불안의 경험은 우리의 삶에서 안정성의
상실을 신호로 보낸다. 그것은 삶의 불확실성에 기초한다. 불
안의 본질은 모든 것이 확실하게 규정되어 있지 않음이다.

> 불안이 그것 앞에서 불안해하는 것은 세계 내부적인 존재자가 아
> 니다. 따라서 그것은 세계 내부적인 존재자와 아무런 유사성을 가질
> 수 없다. … 불안의 '그것 앞에서'는 전적으로 규정되어 있지 않다. …
> 세계 내부에 손안에 있거나 눈앞에 있는 어떤 것도 불안이 그 앞에
> 서 불안해하는 것으로서 기능하지 않는다. … 그러기에 불안은 또한
> 거기에서부터 위협이 가까이 다가오는 특정한 '여기'나 '저기'를 '보
> 지' 못한다. 위협하고 있는 것이 아무 데에도 없다는 것이 불안의 '그
> 것 앞에서'를 특징짓고 있다. 불안은 그것 앞에서 자기가 불안해하는

그것이 무엇인지를 '알지 못한다.'(254)

 따라서 불안이 '그것 앞에서' 불안해하는 것은 '아무것도 아니고 아무 데에도 없다.' 결국 그것은 세계-내-존재 그 자체다.

 불안의 '그것 앞에서'에서 '그것은 아무것도 아니고 아무 데에도 없다'는 것이 드러나게 된다. 세계 내부적으로는 '아무것도 아니고 아무 데에도 없다'는 이 적대성은 현상적으로, 불안의 '그것 앞에서'가 세계 그 자체임을 말한다.(255)

 불안 속에서 우리는 미래의 '아직 오지 않음'과 그래서 그 자체에 '항상 앞서는' 실존의 불확실성과 직면한다. 혹은 불안은 현존재 속에 그것의 가장 고유한 존재 가능성을 드러나게 한다. 그래서 불안은 양심의 부름과 더욱 밀접하게 연관된다. 양심의 부름은 우리가 계획하지도 준비하지도 자발적으로 수행하지도 않았던 현상이다. 그것은 일상성을 구성하고 지도하는 전통적인 삶의 방식과는 다른 어떤 것으로부터 나온다. 그것은 우리가 만들어낸 것이 아니다. 그것은 주어지는 것이다. 그것은 삶 자체를 드러내는 인간 실존의 단순한 '그것이다.' 그래서 양심의 부름은 불안이 관심을 불러일으키는 바로 그 사건으로 우리를 실어다준다. 불안 속에서 양심의 부름은 보증된다.

 불안은 현존재를 그가 그 때문에 불안해하는 그것으로, 즉 본래적인 세계-내-존재-가능으로 되던져준다. 불안은 현존재를, 이해하면서 본질적으로 자신을 가능성들로 기획 투사하는 그의 가장 고유한 세계-내-존재로 개별화시킨다. 그러므로 불안해함의 '그 때문에'와 더불어 불안은 현존재를 가능 존재로서, 그것도 그가 오로지 그 자신에서부터 개별화된 현존재로서 개별화 속에 존재할 수 있는 가능 존재로서 열어 밝힌다. … 불안은 현존재 안에서 가장 고유한 존재 가능으로 향한 존재를 드러내준다. 다시 말해서 자기 자신을 선택하고 장악하는 자유에 대해서 자유로운 존재를 드러내준다. 불안은 현존재를, 그가 언제나 이미 그것인 가능성으로서의 그의 존재의 본래성 '… 에 대해서' 자유로운 존재 앞으로 데려온다. 그러나 이 존재는 동시에 현존재가 세계-내-존재로서 거기에 내맡겨져 있는 바로 그 존재다.(256)

불안 속에서 현존재는 '자기-자신'에게로 되던져진다. 그리고 지금까지 친숙했던 '그들'의 세계는 무의미한 것으로 전락된다. 현존재는 불안 속에서 '섬뜩함'을 경험한다. 섬뜩함은 현존재를 세계의 '무(無)' 앞에 세운다. 그래서 현존재는 자신이 무의미한 세계 속에 내던져져 있다는 사실과 자신의 고유한 존재 가능 때문에 불안해하는 것이다. 그러나 현존재는 불안 속에서 '그들-자기'로부터 '자기-자신'에게로 '되돌아가라는 부름의 소리'를 듣는다. 그것이 양심의 부름이다.

그런데 양심의 부름은 본질적으로 염려(Sorge)의 부름이다. 하이데거는 '현존재의 존재는 염려'라고 말한다. 그는 인간은 그의 존재함의 근원을 염려에 바탕을 둔다고 주장한다. 인간이 세계 속에 있는 동안 염려라는 존재의 근원에 의해 지배된다는 것이다. 그는 현존재를 존재론적으로 염려로서 해석하기 위하여 다음과 같은 우화를 소개한다.

'염려(쿠라. Cura)'가 강을 건너갈 때 점토를 발견했다. 생각에 잠겨 그녀는 한 덩어리를 떼어내어 빚기 시작했다. 빚어낸 것을 바라보며 곰곰이 생각하고 있는데, 유피테르(주피터)가 다가왔다. '염려'는 빚어낸 점토 덩어리에 혼을 불어넣어 달라고 간청했다. 유피테르는 쾌히 승낙했다. '염려'가 자신이 빚은 형상에 자기 이름을 붙이려고 하자, 유피테르가 이를 금하며 자기의 이름을 주어야 한다고 요구하고 나섰다. 이름을 가지고 '염려'와 유피테르가 다투고 있을 때 텔루스(대지)도 나서서, 그 형상에는 자기의 몸 일부가 제공되었으니 자신의 이름이 붙여지기를 요구했다. 다투던 이들은 사투르누스(시간)를 판관으로 모셨다. 사투르누스는 다음과 같이 얼핏 보기에 정당한 결정을 내려주었다. '그대 유피테르, 그대는 혼을 주었으니 그가 죽을 때 혼을 받고, 그대 텔루스는 육체를 선물했으니 육체를 받아가라. 하지만 '염려'는 이 존재를 처음 만들었으니, 이것이 살아 있는 동안, '염려'는 그것을 그대의 것으로 삼을지니라. 그러나 이름 때문에 싸움이 생겨난 바로, 그것이 후무스(흙)로 만들어졌으니 '호모(인간)'라고 부를지니라.'(269)

인간을 '호모'라고 부르는 것은 그의 존재 때문이 아니라 그것이 무엇으로 만들어졌는가를 고려해서다. 인간의 근원적인 존재는 시간성에 의해서 결정된다. 하이데거는 인간을 흙으로 만들어졌고 염려를 안은 채 시간을 살아가는 존재로 본다. 그에게 현존재의 존재는 염려다. 그 염려는 시간성에서 나온다. 현존재는 세계-내-존재로서 끊임없는 자신의 세계-내-존재-가능을 염려하며 산다. 그리고 그 세계-내-존재-가능을 염려하는 원인은 바로 현존재의 시간성 때문이다. 현존재는 언제인가 반드시 죽는다. 이보다 더 확실한 진리는 없다. 현존재는 자신이 죽는다는 사실을 의식하고 미리 그 죽음 앞으로 달려가 봄으로써, 그리고 자신의 존재 가능을 시간 속에서 염려하며 살아감으로써 진정한 의미의 '자기-자신'을 살 수 있게 된다.

현존재의 존재는 염려다. … 현존재는 끊임없이 — 그가 존재하고 있는 한 — 염려로서 그의 '존재하고 있다는 사실'로 존재한다. … 현존재는 실존하면서 자신의 존재 가능의 근거로 존재하고 있는 것이다. … 자기 자신으로서 자기 자신의 근거를 놓아야 하는 이 자기 자신은 결코 그 근거에 대해서 권한이 없지만 그럼에도 실존하면서 근거가 됨을 떠맡지 않으면 안 된다. 자신의 내던져진 근거가 되는 것이 곧 염려에게 문제가 되고 있는 존재 가능인 것이다.(379-380)

세계-내-존재로서 현존재는 '자기-자신'과 염려의 관계를 맺는다. '자기-자신'과의 관계란 자신의 세계-내-존재-가능을 향한 존재로서의 자기를-앞질러-있음을 말한다. 대개의 현존재들은 자신이 살아가는 이유, 즉 '그 때문에'가 장악되지 않은 채로 있으며, '자기-자신'의 존재 가능의 기획 투사가 '그들-자신'의 처분에 맡겨진다. 그러므로 자기를-앞질러-있음에서의 자기는 그때마다 '그들-자신'의 의미에서의 '자기'를 말한다. 염려는 현존재의 모든 '관계'와 '처지'에 '앞서' 있다. 현존재는 자신의 미래의 존재 가능을 향해 앞질러 달려가 보는 결단성을 통해 고유하고 탁월한 존재 가능을 열어간다. 결단성은 '그들-자신'의 삶의 논리와 문법으로부터 '자기-자신'의 삶의 논리와 문법을 지키며 살라는 현존재 내면의 다짐이다. 결단을 내린 현존재는 '자기-자신'이 선택한 존재 가능의 '그 때문에'에서부터 '자기-자신'을 자기의 세계로 자유롭게 내준다. 염려로서의 인간 현존재의 삶은 죽음을 향해 있음이다. 죽음은 매 순간 현재의 삶에서 볼 때 아직 오지 않은 현재다. 그런데 현존재의 존재함에서 특이한 점은 바로 그 오지 않은 현재를 미리 앞당겨 살 수 있다는 점이다. 다른 사람들이 죽는 것을 경험하면서 '자기-자신'의 존재 가능성으로 자신을 던져 지금까지와는 다른 삶의 방식을 선택할 수 있다는 것이다.

(양심의) 부름은 염려의 부름이다. … 현존재에게 ─ 염려로서 ─ 그의 존재가 문제되고 있는 한 그의 존재가 현사실적으로 빠져 있는

'그들'로 있는 그 자신을 섬뜩함에서부터 그의 존재 가능으로 부른다. 불러냄은 앞에 불러 세우는 되부름이다.(383)

양심은 현존재의 독특한 존재함의 방식 때문에 나타나는 현상이다. 현존재는 자신의 세계-속에-던져져 있음을 떠맡으면서 그 떠맡음을 끊임없이 염려하며 살아가는 존재다. 그러므로 자신의 세계-내-존재-가능의 기획 투사도 허공에 떠다니는 자기의 존재 가능에서가 아니라 던져져 있음에 의해서 그가 존재하고 있는 그 존재함의 현사실로부터 가능한 것이다. 현존재는 자신의 세계-내-존재-가능을 염려하면서 삶을 살아간다. 그의 삶은 그 자체가 염려를 요구한다. 양심의 부름은 염려의 부름에 다름 아니다. 인간 현존재가 본래적인 존재 가능을 염려하며 살수록 민감해지는 것은 양심이다. 그리고 양심을 산다는 것, 즉 양심의 부름에 응답하는 삶을 산다는 것은 바로 인간 현존재를 사는 것이며, '자기-자신'을 사는 것이며, 숨어 있는 자기를 사는 것이다.

3) 양심의 부름을 듣고 이해하기 : '탓이 있음'과 '양심을 갖기를 원함'

양심의 부름은 현존재가 '그들-자기'로부터 본래적 '자기-자신'에게로 회복할 것을 요구하는 목소리다. 그런데 그 목소리가 무엇을 열어 밝히는가? 불러 세워진 현존재는 양심의 부름에서 무엇을 들었는가? 그것은 '탓이 있음'과 '양심을 갖기를 원함'이다.

양심의 부름은 현존재에게 자기 상실에서 자기 회복의 '탓이 있음'(=책임이 있음)을 이해시켜준다.(383) 그것은 자기의 고유한 본래적인 자기로 존재해야 할 책임을 일깨워주는 소리인 것이다. 그런데 하이데거가 말하는 '탓이 있음(schuldig sein)'은 죄나 빚을 지게 된 결과나 대가가 아니다. "탓이 있음은 빚을 짐에서부터 귀결된 것이 아니라 오히려 그 역이다. 빚을 짐은 근원적인 탓이 있음에 '근거해서' 비로소 가능해진다."(379) 그에게 '탓이 있음'은 인간 실존의 존재론적 구조다. 그것은 인간 실존의 무한성의 본질적인 부분이다. 즉, 그것은 아무리 '완전' 하더라도 반드시 부정으로 스며든 삶들을 살아야 한다는 것을 가리킨다. 비존재(non-Being)의 공허, 부재의 현전, 무성(無性. Nichtigkeit)은 인간 실존의 바로 그 핵심에 침투한다.[20] 인간 현존재는 자기의 존재를 스스로 선택하지 않았다. 현존재의 실존의 핵심은 바로 '던져져 있음'에 있다. 현존재의 '던져져 있음'의 현사실성은 그의 존재에 대한 근원적 탓이 있음 내지 책임을 면제시키기는커녕 오히려 한 걸음 더 나아가 '본래적으로' 존재할 것까지 요청한다. 양심의 부름은 이 요청에 다름 아니다.

현존재는 양심의 부름을 이해함으로써 비로소 자기 자신의 가장 고유한 존재 가능 또는 탓이 있음으로 열어 밝혀지게 된다. 양심의 이러한 열어 밝혀져 있음은 현존재가 '자기 자신'을 자신의 가장 고유한 존재 가능성들로 자신을 던질 수 있게 하고 자기 자신, 즉 본래성을 선택할 수 있게 해준다.

불러냄을 올바로 듣는다는 것은 곧 자신의 가장 고유한 존재 가능에서 자신을 이해한다는 것, 다시 말해서 가장 고유한 본래적인 탓이 있게 될 수 있음으로 자신을 기획 투사한다는 것과 같을 것이다. 이해하며 자신을 이러한 가능성으로 불러내도록 놔둠은 그 자체 안에

---

20) 위의 책, p, 54.

'부름에 대해서 현존재가 자유롭게 됨', 즉 '불러내질 수 있음에 대한 준비 태세'를 포함하고 있다. 현존재는 부름을 이해하며 자신의 가장 고유한 실존 가능성에 귀를 기울이고 있는 것이다. 그는 자기 자신을 선택한 것이다.(384)

양심의 부름을 이해하는 것은 자기 자신을 선택하는 것이다. 우리가 그 탓이 있음을 인정하는 방식이 곧 그것이다. 그러나 양심이 현존재의 존재의 실존 범주인 한 우리들에 의해 선택될 수 없다. 우리가 선택하는 것은 무엇인가? 그것은 단지 '양심을 갖기를 원함', '양심이 깨어 있기를 원함'이다.

불러냄에서 '그들' 자신이 자기 자신의 가장 고유한 탓이 있음으로 불러내진다. 부름을 이해함은 선택함이다. 물론 양심을 선택하는 것이 아니다. 양심은 그 자체로 선택될 수 없다. 선택되는 것은 가장 고유한 탓이 있음에 대해서 자유로움인 양심을 가짐이다. 부름을 이해한다는 것은 곧 양심을 갖기를 원함을 말한다.(384)

그런데 양심을 갖기를 원한다는 것은 '떳떳한 양심'을 갖기를 원함을 의미하고 있는 것이 아니며, 부름을 의지적(=인위적)으로 육성함을 의미하는 것도 아니고, 오로지 불러내질 준비 태세가 되어 있음을 의미한다.(384-385) 그것은 '양심의 부름에 응답할 준비'가 되어 있거나 '양심을-향한-의지(Gewissen-haben-wollen)'가 있음을 말한다. 그것은 곧 자신의 가장 고유한 존재 가능을 자신의 '탓'으로 돌릴 마음의 준비가 되어 있음을 말하는 것이다. 이 경우에 비로소 우리는 우리 자신의 가장 고유한 '탓이 있음'으로 열려 있게 되고 우리 자신의 현사실적인 탓들까지도 발견할 수 있게 된다.

양심을 갖기를 원함은 현사실적인 탓이 있음이 가능하기 위한 가장 근원적인 실존적 전제다. 현존재는 부름을 이해하면서 가장 고유한 자기 자신이 자신의 선택된 존재 가능에서부터 자신 안에서 행위하도록 한다. 현존재는 오직 그렇게 해서만 책임질 수 있게 된다.(385)

양심을 갖기를 원한다는 것이 자기 자신을 가장 고유한 존재 가능에서 '이해'하는 것이라면, 그것은 불안이라는 '처해 있음'과 침묵하고 있음이라는 '말'과 함께 현존재의 '열어 밝혀져 있음'을 구성하는 근원적인 실존 범주일 것이다.

양심을 갖기를 원함은 자기 자신을 가장 고유한 존재 가능에서 이해함으로써 현존재의 열어 밝혀져 있음의 한 방식이다. 이 열어 밝혀져 있음은 이해 외에도 처해 있음과 말에 의해 구성되고 있다. 실존적 이해란, 자기 자신을 세계-내-존재-가능의 그때마다의 각기 가장 고유한 현사실적 가능성으로 기획 투사함을 말한다. 그런데 존재-가능은 오직 그러한 가능성에서 실존함 속에서만 이해되고 있다.(394)

그런데 양심을 갖기를 원하게 하는 것은 무엇인가? 현존재가 '그들'의 말을 뒤따라 말하거나 퍼뜨려 말하는 대신에 양심의 침묵의 부름에 응답하고, 현존재가 '그들'의 편안함에 빠져 자기 자신으로부터 도망가는 대신에 불안 속에서 자신의 섬뜩함에 대면할 준비를 갖추며, 현존재가 자기 자신의 가장 고유한 탓이 있음으로 자기 자신을 기투하게 하는 것은 무엇인가? 그것은 '결단성(Entschlossenheit)'이다.

양심을 갖기를 원함에 놓여 있는 현존재의 열어 밝혀져 있음은 불안의 처해 있음에 의해서, 가장 고유한 탓이 있음으로 자기 자신을 기획 투사함인 이해에 의해서 그리고 침묵하고 있음으로서의 말에 의해서 구성되고 있다. 이러한 현존재 자신 안에서 그의 양심에 의해서 증거되고 있는, 탁월한 본래적인 열어 밝혀져 있음, 즉 침묵하고 있으면서 불안의 태세 속에 가장 고유한 탓이 있음으로 자기 자신을 기획 투사함을 우리는 결단성이라고 이름한다.(395)

이러한 결단성은 '그들-자기'가 아니라 '자기-자신'과 관계하기 때문에, 즉 '그들' 속에 빠져 있는 현존재가 양심에 의해서 자기 자신의 가장 고유한 존재 가능으로 불러내지는 방식이기 때문에, 현존재의 본래적 열어 밝혀져 있음을 의미하는 것이다. 결국 양심의 부름을 이해한다는 것은 양심을 갖기를 원한다는 것인데, 그 속에서 자기의 고유한 존재의 선택을 실존적으로 선택해야 함이 놓여 있는데, 실존론적인 구조에 따르면 그것이 바로 결단성이다.

결단을 내린 현존재는 자기 자신이 선택한 존재 가능의 '그 때문에'에서부터 자기 자신을 자기의 세계로 자유롭게 내준다. 자기 자신으로의 결단성이 현존재를, 비로소 함께 존재하는 타인들을 그들의 가장 고유한 존재 가능에서 '존재하도록' 하며, 이 가장 고유한 존재 가능을 앞서 뛰어들며 자유롭게 하는 심려 속에서 함께 열어 밝힐 수 있는 가능성으로 데려온다. 결단한 현존재는 타인의 '양심'이 될 수 있다. 결단성의 본래적인 자기 존재에서부터 비로소 처음으로 본래적인 '서로 함께'가 발원되는 것이지, '그들' 속에서의 애매하고 질투심 섞인 약속들과 수다스러운 친교 그리고 사람들이 도모하려고 드는 일에서부터 생기는 것이 아니다. 결단성은 그 존재론적인 본질상 각기 그때마다의 한 현사실적인 현존재의 결단성이다. 이러한 존재자의 본질은 곧 그의 실존이다. 결단성은 오직 이해하며 자기 자신을 기획 투사하는 결의로서만 '실존한다.'(397)

3. 카프카의 『심판』에서의 절대적 양심

프란츠 카프카(Franz Kafka)의 소설은 산업 사회 속에서 인간이 인간답게 살아가는 문제와 잃어버린 자아를 되찾는 문제를 주로 다루고 있다. 그의 작품에는 그 자신의 자아의 투쟁이 담겨 있다. 20세기와 같은 고도의 물질 문명의 시대에는 인간에게 남겨진 것이 인간의 이념이나 인간성이 아니고 오로지 동물적인 생존이다. 따라서 인간이 순수 자아를 끝까지 지키며 인간성을 회복하고 인간답게 살기 위해서는 어떠한 투쟁도 불사해야 한다고 카프카는 생각한 것 같다. 그리고 그의 소설들은 그러한 투쟁의 기록인 것 같다. 그리고 그는 모든 인간의 가슴 속의 불멸의 존재를 믿어야 한다고 생각한다. 그 불멸의 존재를 믿는 것이 인간 개인의 신앙이며 나아가서는 참다운 인간 존재를 의미한다는 것이다. 도덕이 타락하고 개인들이 사물화되어버린 그 시대에서 인간이 인간으로 살기 위해서는 불멸의 존재를 항상 가슴 속에 지니고 살아야 한다는 것이다. 이 불멸의 존재는 진리이자 절대적 양심을 말하고 있는 것 같다. 이 절대적 양심의 문제를 그의 소설 『심판(*Das Urteil*)』21)을 통해 살펴보고자 한다.

주인공 K(Josef K)는 서른 살이 되는 날 아침, 잠이 채 깨지도 않은 상태로 갑자기 체포된다. 그는 은행의 대리라는 확고한 사회적 지위를 가진 사람이다. 그런데 그가 자신을 아무리 돌이켜보아도 체포당할 만한 이유를 전혀 찾을 수 없다는 데 문제가 있다. "법치국가에 살고 있으며 어디를 가든지 평화스

---

21) 학원세계문학전집㉔ 카프카 지음·박종서 옮김, 『성, 심판, 변신』(서울 : 학원출판공사, 1991)의 241-371쪽에 수록된 『심판』을 인용하며, 그 쪽수(같은 쪽의 좌측면은 a, 우측면은 b)를 본문 속에 표기하기로 한다.

럽고 모든 법률이 당당하게 있는데 감히 어떤 자식이 함부로 내 집에 들어오는 것일까?"(243a)라고 생각하는 그는 "언제나 모든 일을 가벼운 기분으로 생각하며 아무리 최악의 경우라도 정말 그것이 나타나기 시작한 다음부터야 그러리라고 믿고 어떠한 위기가 닥쳐와도 앞날 일을 미리부터 궁상스럽게 근심하는 그런 성미는 아니었다."(243a-243b) 이는 주인공 K가 인간의 외적 상황만을 생각하고 절대적 양심을 상실하고 있음을 보여준다. 자신이 체포당할 이유를 알지 못하고 체포가 착오에 의해 일어났다고 하면서 영장을 요구하는 K에게 그의 감시인은 "우리 관청은 … 주민들 가운데서 어떤 범죄를 탐지하는 것이 아니라 … 죄에 이끌려서 우리 감시인들을 보내지 않을 수 없는 거야. 그것이 법률이야"(244b)라고 말한다. "그런 법률은 모르겠소"(244b)라고 말하는 K에게 "저 자식은 법률을 모른다고 하면서 그만 자기는 죄가 없다고 야단이야"(245a)라고 말한다. 여기서 두 가지 사실이 드러난다. 하나는 죄를 찾아나서는 것이 아니라 죄가 스스로 끌어당겨서 체포하게 된다는 것이다. 그리고 또 하나는 죄는 법률에 대한 죄라는 것이다. 법률을 모른다면 죄가 어디에 있는지를 알 수 없다는 것이다. K처럼 법률을 모르기 때문에 죄가 없다고 주장할 수밖에 없는 것이다. 법률을 모르면서 죄가 없다고 주장하고 있는 K는 법률에 대한 무지의 죄를 범하고 있는 것이다.

그런데 이 소설 속에서는 법률에 대한 설명이나 규정은 어디에서도 찾을 수 없다. 상식적으로 생각하면, 법(Recht)은 사회 질서의 유지를 위해서 합의에 의해 제정한 것이다. 그것은 법령과 도덕(률)을 함께 포함한다. 그러나 이 소설 속에서 말하는 법률(Gesetz)은 외적으로 강제되는 법령도 도덕률도 아니다. 그것은 인간의 내부에 자리 잡은 절대적 양심이자 불멸의 존재인 것이다. 그것은 현대의 산업 사회 속에서 인간이 인간답게 살아야 한다는 책임을 인간 자신에게 다시 되돌리는 것이다. 그것은 바로 하이데거가 말하는 인간 현존재의 본래성 회복의 탓을 지게 하는 양심의 부름과 같은 것이다. 소외된, 전형적인 현대인으로서의 주인공 K가 범한 죄는 양심을 갖지 못한 죄다. 그를 심판하는 거대한 재판 조직 속에 숨겨진, 그가 알지 못하는 법률은 구체적인 삶과 사고 속에 존재한다. 재판 조직 역시 삶 속에 존재하는 것이다. 재판 조직이 바로 인생 자체며 인생 그 자체가 법정이다. 이 생각은 양심의 부름이 부르는 것이나 그것에 의해 불리는 것이나 실존하는 인간 자신의 삶이라는 하이데거의 생각과 그 맥을 함께 한다고 본다. 여기서 말하는 법률이 곧 양심이며, 인생 그 자체가 법정이기 때문에 주인공은 체포를 당했음에도 불구하고 어떠한 구속도 당하지 않은 채 일상적인 삶을 지속한다. 그는 자신의 근무지인 은행에 매일 출근하면서 변호사를 만나는 등 자유로운 삶을 산다. 그가 성당에서 만난 신부는 "자네한테 요구할 것이 뭐 있겠나. 오는 자를 막지 않고 가는 자를 따르지 않으리라. 재판소는 자네한테서 아무것도 요구치 않네"(368a)라고 말한다. 이 말은 재판은 어디까지나 피고 자신의 내적 양심의 문제라는 것을 암시해준다. 거대하고 불가사의하게 보이는 재판 조직은 자신의 삶이 진실하고 본래적인 삶인가 아닌가를 판단하는 우리의 삶 자체임을 알 수 있다. 그리고 주인공 K가 죄를 짓고 심판을 받는 것은 오로지 삶의 비본래성 때문이다. 그것은 절대적 양심의 존재를 알지 못한 죄인 것이다.

　주인공 K의 죄는 하이데거가 말하는 '그들-자기'(=세인)의 삶에서 '자기-자신'의 삶을 찾아야 하는 '탓이 있음'을 외면하는 데 있다. 그리고 그것은 결국 양심의 부름을 듣지 못하고 이해하지 못하는 데에서 기인한다. 인간이 인간 본래적인 모습을 찾는 일은 인간이기 때문에 생기는 문제다. 그런데도 K는 인간이기 때문에 오히려 죄가 없다고 항변한다. 일상적인 '그들'의 삶에 '빠져버린' 그는 인간으로서 어떤 모습으로 살아야 하는가의 문제를 문제로 인식하지 못한다. 그는 "적어도 그동안 자네 죄가 드러났다고 누구나 생각하니까"라고 말하는 성당의 신부에게 "하지만 저는 아무 죄도 없습니다. 그것은 잘못입니다. 사람이 죄가 있다는 것은 대체 어떻게 된 거지요. 저희들은 모두 누구나 사람이 아닙니까?"(361b)라고 항변한다.

공공성과 피상성의 삶을 살아가는 전형적인 현대인 K는 모든 일들을 대수롭지 않게 여기고 어떤 최악의 일이라 할지라도 그 일이 닥쳐온 뒤에야 걱정하며 앞날에 대해서는 조금도 걱정하지 않는 사람으로 살고 있다. 그에게는 불안과, 염려의 부름으로서의 양심의 부름이 결코 들리지 않는다. 그는 모든 문제를 그 본질에서 파악하지 않고 오로지 공공적으로 피상적으로 파악한다. 그는 자기가 체포된 사실을 본질적으로 파악하지 못한다. 그래서 다음과 같이 피상적으로 파악하고 설명한다.

저는 습격을 당한 셈이지요. 만일 잠이 깨자마자 … 자리에서 일어나 저를 방해하러 들어오는 사람 같은 것은 돌보지도 말고 당신한테로 가서 … 결국 좀더 현명한 태도를 취했더라면 그 이상 무슨 일이 일어나지도 않고 일어날 일이라도 모두 막을 수 있었을 겁니다. … 제 밑에서 심부름하는 아이가 있고 또 외부 전화와 사무실 전화가 눈앞에 있는 책상 위에 놓여 있으며 손님들이나 행원들이 끊임없이 드나들고 있으니까요. 게다가 무엇보다 은행에서는 사무 관계로 언제나 머리가 긴장되어 있기 때문에 그런 일이 일어나면 참 시원하게 해치울 수 있습니다. 그러나 일은 다 끝났으니까 저도 이 이상 그런 문제에 대해서는 조금도 말하고 싶지 않습니다.(252b-253a)

그는 자신의 체포가 일방적인 습격이라고 단정하면서, 몽롱한 상태에서 자신이 당한 일이지 은행과 같이 모든 것이 조직화되어 있고 언제나 사무 관계로 긴장해야 하는 곳에서라면 도저히 일어날 수 없는 일이라고 설명한 것이다. 이는 일상적 삶에 빠져버린 그가 자신의 문제를 자신에게서 이해하려 하지 않음을 단적으로 보여준다. 그리고 그는 간단한 심문이 있으니 법정에 나오라는 전갈을 전화로 받고 참석하여 자신의 무죄를 주장하면서 법정의 존재 의의를 부정한다.

그것은 무고한 사람들을 체포하고 그네들에 대해서 무의미하며 저의 경우와 마찬가지로 대개 아무 소용도 없는 재판 수속을 하고 있습니다. 모든 일이 이처럼 아무 의미도 없으니 관리들이 극도로 부패하는 것을 어떻게 면할 수 있겠습니까?(267b)

그리고 그는 자신이 받고 있는 심판이 그 자신의 양심에 의해 이루어지는 것임을 인식하지 못하고, 상거래 등에서 오는 이익 갈등에 의한 통상적인 심판이라고 생각한다. 그래서 그는 자기의 죄에 대해서 근심할 필요도 없고, 소송은 하나의 사업과 같은 것이며, 변호도 필요 없는 것으로 생각한다.

그렇다고 해서 지금 너무 지나치게 근심할 필요는 없었다. 그래도 은행에서는 비교적 단 시일 안에 높은 지위에 올라서 누구한테나 그럴 만하다는 인정을 받아왔기 때문에 그 능력을 조금이라도 소송 문제에 돌린다면 틀림없이 좋은 결과를 가져오리라는 것은 그도 잘 알고 있었다. 하여튼 그러기 위해서는 혹시나 무슨 죄나 짓지 않았나 하는 그런 생각을 우선 집어치울 필요가 있었다. 사실 아무 죄도 없었다. 말하자면 소송은 한 가지 커다란 사업과 같은 것이다. 은행을 위해서 그가 가끔 훌륭한 성과를 올린 그러한 사업, … 변호사의 변

호 같은 것은 가능한 대로 빨리, 오늘 저녁에라도 거절하지 않을 수 없었다.(313b-314a)

그가 성당에서 만난 신부는 법정의 판결이 인간 내적인 양심의 판결임을 알려주려 한다. 즉, "그것이 그렇게 갑자기 내리는 줄 아냐. 수속 절차가 서서히 진행되어야 판결이 내리는 거야."(361b) 재판은 피고 자신의 내적 양심의 판결이며, 그 재판이 내려지는 법정은 인간 자신이기 때문에, 그의 일상적인 말이나 행동이 심판의 자료가 되며, 이 자료들이 모여서 그동안 그의 인간성이 양심에 의한 삶을 얼마나 살았는지를 심판한다는 것이다. 그러나 그는 도리어 그 신부에게 "기분이 불쾌하신가요? 당신은 아직 이 재판소의 정체를 모르시는 것 같습니다"(362a)라고 말한다.

양심을 의식하지 못하는 주인공은 '그들'의 삶에 빠져 현실적 삶에 대한 자신의 책임을 조금도 받아들이지 않는다. 그 자신은 전혀 죄가 없으며, 부패하고 의식적으로 속임수를 쓰면서 불투명한 재판 절차를 가진 재판소 자체에 죄가 있다고 생각한다. 즉, '그들'의 세계에 죄가 있지 인간에게는 죄가 있을 수 없다고 그는 믿고 있다. 인간 현존재의 본래성 회복이나 실존적 삶에 대한 책임을 회피하는 그의 모습은 그가 처형을 당하는 마지막 순간에서도 잘 드러나고 있다.

K는 자기 머리 위에서 칼이 오고갈 때 그것을 빼앗아들고 자기 가슴을 찔러버리는 것이 자기 의무라는 것을 잘 알고 있었다. 그러나 K는 그러지 않고 자유스럽게 목을 돌리며 주위의 동정을 살펴봤다. 자신의 결백을 알릴 기회를 얻지 못하면 그네들의 행동을 막을 수 없지만 마지막 실책에 대한 책임은 필요한 자기 기력을 송두리째 빼앗은 자들이 마땅히 져야 할 것이다."(370a)

그는 자신의 삶에 대한 책임을 져야 한다는 의무를 알고 있지만 그 책임을 결국 다른 사람들에게 전가시킨다. 그는 본래적 양심적 존재로서의 자신을 인식하지 못하고 일상적이고 공공적인 존재로서의 '그들-자기'에 매몰되어 있다. 그래서 그는 자신의 죄가 양심의 부름을 듣고 이해하지 못하는 데 있음을 인식하지 못한다. 그리고 양심 자체가 심판하는 인간 내적 법정임을 인식하지 못한다. 그 양심의 존재를 인식하지 못하는 주인공 K는 자신의 사형 집행이 이루어지는 순간까지도 "한 번도 얼굴을 보이지 않은 재판관은 어디 있느냐? 결국 내가 보지 못한 상급 재판소는 어디 있느냐?"(371a-b)라고 외친다. 그는 결국 자신은 죄가 없다고 끝까지 주장하는 그 점에서 죄가 있어 "개처럼(Wie ein Hund)" 처형되고 만다. 그는 양심을 잃은 인간, 짐승과 다를 바 없는 인간이었던 것이다.

4. 마크 트웨인의 『허클베리 핀의 모험』에서의 양심의 갈등

마크 트웨인(Mark Twain)은 그의 작품 속에서 인간의 건강한 마음(=자연적 양심)과 상반되는 인간의 마음 내지 도덕 의식(=사회적 양심)의 문제를 자주 다룬다. 그의 작품에 등장하는 양심은 '선악을 판단하고 명령하는 능력'이라는 의미를 갖지 않는다. 그것은 사회의 강요에 의해서 주어지는 규범과 인습이며, 인간의 순수한 자아(=본래적 자아)를 속박하는 것이다. 『허클베리 핀의 모험(*The Adventures of Huckleberry Finn*)』22)에서도 사회적 규범과 인습, 즉 사회적 양심과 인간

22) 학원세계문학전집㉔ 트웨인 / 포크너 외 지음 · 허문순 외 옮김, 『허클베리 핀의 모험 · 곰 외』(서울 : 학원출판공사, 1991)의 11-197쪽에 수록된 『허클베리

의 자연적 양심 사이의 갈등의 문제를 다루고 있다. 여기에서 말하는 사회적 양심이란 하이데거가 말하는 '그들-자기'의 삶의 규범 내지 관습을 말하고 자연적 양심이란 인간 실존의 본래성의 회복을 촉구하는 양심의 부름에 다름 아니라고 생각한다.

주인공 허크(Huck Fin)는 이른바 '아메리카의 아담(American Adam)'[23]으로 해석된다. '아메리카의 아담'이란 끝없이 자유를 추구하며 문명에 물들기를 싫어하는, 타락하기 전의 인물을 말한다. '아메리카의 아담'으로서 허크는 양심을 지닌 인물이며 '길들여지지 않은' 인물이다. 그는 문명에 물들지 않은 원초적인 모습을 지닌 인물, 즉 타락하기 전의, 올바르게 살 수 있는, 문명에 오염되지 않은 소년이다. 그는 자유를 원하고 자연 속에서 생활하고자 한다. 그는 마지못해 더글러스(Widow Douglas)와 와트슨(Miss Watson)의 문명화 교육을 받지만 문명 사회가 그에게 요구하는 관습과 규범에 공감하지 못한다. 그는 문명 사회가 자신에게 요구하는 것들이 자신의 내부의 양심의 소리와 일치하지 않음을 느낀다. 그래서 기존 사회의 규범과 제도를 받아들이는 것이 그에게는 고통이 된다. 그는 자신의 심정을 "와트슨 아주머니는 계속 나를 쪼아댔으며, 나는 따분하고 쓸쓸했다. … 거의 죽고 싶을 만큼 쓸쓸했다"(13a)라고 술회한다. 그는 문명 대신 자신의 내부의 자연적 양심으로 살겠다고 다짐한다.

핀의 모험』을 인용하며, 그 쪽수(같은 쪽의 좌측면은 a, 우측면은 b)를 본문 속에 표기하기로 한다. 그리고 사투리로 번역된 인용문은 표준어로 바꾸어 쓰기로 한다.

23) 근본적으로 새로운 인격, 새로운 모험의 영웅, 역사로부터 행방되고 가족과 종족의 일상적 유산으로부터 자유로운, 그리고 홀로 서 있는 자립적이고 자기추진적인 개인, R. W. B. Lewis, The American Adam (Chicago : University of Chicago Press, 1955), p. 5.

그리고 지옥(bad place)에 관한 온갖 이야기를 들려주길래 나는 그곳에 가고 싶다고 말했다. 그랬더니 와트슨 아주머니는 화를 발칵 냈다. 사실 나는 뭐 악의가 있어서 한 말은 아니었다. 내가 바란 것은 그저 어디로 가고 싶다는 것뿐이었다. 내가 바란 것은 단지 변화뿐이었으며, 꼭 어디로 가고 싶은 것은 아니었다. 아주머니는, 나처럼 그런 말을 하는 것은 좋지 않은 일이며, 자기는 온 세상을 다 준다 해도 그런 말은 입 밖에 내지 않을 것이고, 오로지 천당(good place)에 갈 수만 있도록 살아간다고 말했다. 하지만 나로서는 와트슨 아주머니가 가려고 하는 곳엔 가봐야 별로 이로울 것도 없을 것같이 생각되었으므로 그런데 가려고 구태여 애쓰지는 않겠다고 마음먹었다.(12b)

그는 『성경』 읽기와 기도 등의 종교적인 훈육을 통해 착한 짓과 나쁜 짓에 대한 사회적 양심을 터득하게 된다. 그러나 그는 그 사회적 양심을 따분하고 석연치 못한 것으로 판단하고 전적으로 자신의 직관적인 본연의 자연적 양심의 판단에 의존하기로 결심한다.

와트슨 아주머니는 날마다 기도를 드리면 갖고 싶은 것은 뭐든지 얻을 수 있을 거라고 말했다. 그런데 그게 그렇지 않았다. 나는 시험해보았다. 한 번은 낚싯줄을 얻었는데 낚싯바늘이 없었다. 낚싯바늘이 없으면 아무 소용도 없다. 세 번인가 네 번 낚싯바늘을 주십사고 기도를 해보았지만 왠지 효과가 없었다. … 기도 같은 건 아무 소용도 없는 거야. 과부 아주머니에게 가서 이 말을 했더니, 사람이 기도를 드려서 얻을 수 있는 것은 '정신적인 선물'이라는 것이었다. 이 말은 나에게는 너무 어려웠지만, 과부 아주머니가 그 뜻을 이야기해주었다. 나는 다른 사람을 도와주어야 하고, 다른 사람을 위해서 할 수 있는 일이라면 무엇이나 해야 하며 늘 다른 사람을 보살펴주어야 하고, 결코 나 자신을 생각해서는 안 된다는 것이었다. … 나는 숲으로

가서 오랫동안 속으로 이것을 이모저모로 생각해보았지만, 결국 그 다른 사람 이외에는 아무도 이득이 없을 것 같아서, 끝내는 더 이상 이것 때문에 속을 썩이지 말고 되는 대로 내버려두기로 하였다.(17b-18a)

그는 결국 도피의 충동을 느낀다. 그로 하여금 문명의 굴레에서 벗어나게 하는 것은 그 당시 미국 남부 문명의 타락자인 그의 아빠의 잔혹한 학대였다. 그의 아빠는 폐인에 가까운 술주정뱅이로서 세상에 하나뿐인 어린 아들 허크에 대한 책임감이나 애정은 전혀 없고, 아무런 이유도 없이 한동안 사라졌다가 다시 나타나서 아들에게 폭력을 일삼는 무자비한 사람이다. 그의 잔혹한 학대는 문명화 교육 이상으로 그에게 가혹한 것이었다. 그는 한동안 행방을 감추었다가 아들이 많은 돈을 가지게 되었다는 소문을 듣고 돈을 빼앗기 위해 다시 나타난다. 그는 아들의 소유권을 주장하며 아버지의 권리를 행사하려 하지만 더글러스와 판사의 반대로 실패하자, 아들을 납치하여 강가 오두막에 감금하고 도망가지 못하게 감시한다. 허크는 새로운 환경에 처음에는 불안해 하지만 곧 구속과 불편의 문명 생활보다 아빠의 방만하고 느슨한 도덕관에 도리어 해방감을 느낀다. 어느 날 아빠는 술에 취해 아들을 악마로 착각해 살해하려 한다. 구사일생으로 위기를 모면한 허크는 아빠가 마을로 간 사이 자신이 누군가에 의해 살해당한 것으로 위장하고 도망친다.

도망친 허크는 섬(Jackson)에서 역시 도망 나온 노예 짐(Jim)을 만나 뗏목을 타고 미시시피 강을 따라 여행하게 되고, 여러 사건들을 경험하면서 본연의 양심을 찾아 성숙한 소년으로 성장한다. 이 뗏목 여행은 미시시피 강변의 문명 사회에 혐오감과 회의를 느껴 강으로 돌아오고 또다시 다른 문명 사회와 접촉하는 형식으로 이루어진다. 육지와 강 사이를 반복하여 왕복하는 일련의 고통스런 경험을 통해서 허크는 무지와 순진의 상태에서 정신적 성숙으로 입문하게 된다.24) 이 정신적 성숙의 과정은 사회적 양심의 극복과 자연적 양심의 회복의 과정인 동시에 양심의 부름을 듣고 이해하는, '그들-자기'에서 '자기-자신'의 회복의 과정이다.

카이로(Cairo)로 가는 도중 짙은 안개로 더 이상 항해를 할 수 없어 뗏목을 나무에 묶으려고 카누를 타고 지형을 탐색하던 허크는 급류로 인해 뗏목이 떠내려가서 뗏목에 남았던 짐과 헤어진다. 한참 동안 헤매다가 하류에 흘러온 뗏목을 발견하고 돌아온다. 이때 짐은 허크를 다시 만나자 눈물을 흘리면서 기뻐한다. 그러나 짐의 이런 태도와는 대조적으로 허크는 장난기가 발동하여 간밤에 일어난 모든 일은 모두 꿈이었다고 시치미를 떼며 장난을 친다. 그러나 짐은 곧 꿈이 아니고 허크가 거짓말한 것을 알고 다음과 같이 말한다.

> 이것이 무엇을 나타내느냐고? 내가 지금부터 말해줄 테니 들어보아라. 내가 정신없이 설치면서 너를 부르다가 그만 녹초가 되어가지고 잠이 들었을 때, 나는 네가 없어진 것이 얼마나 슬프든지 가슴이 터질 것만 같았고, 나하고 뗏목이야 어찌되든 상관없지 싶더라. 눈을 뜨고 네가 살아서 성한 몸으로 돌아온 것을 알았을 때는 눈물이 나더라 말이야. 나는 엎드려서 네 발에 입을 맞출 수도 있었다. 그만큼 고마운 일이었어. 그런데 너는 어째서 거짓말을 꾸미고 이 나이 많은 짐을 속일 수 있을까 하는 것만 생각하고 있었지. 저기 있는 저것은 쓰레기 아닌가? 친구의 머리에 흙칠을 해서 창피하게 만드는 인간은 쓰레기인 거야.(64b-65a)

---

24) 이우건, 『19세기 미국 소설의 이해』(서울 : 형설출판사, 1989), p. 333.

이는 짐의 허크에 대한 사랑의 표현이며 따뜻한 마음의 표현이다. 짐의 따뜻한 마음은 늦은 밤 허크가 보초를 설 시간임에도 그를 깨우지 않고 대신 밤새도록 보초를 서는 모습에서도 드러난다. 이는 돈에 눈이 멀어 자식을 납치하여 오두막에 감금하고 잔혹한 폭행을 가했던 아빠의 모습과 대조를 이룬다. 허크는 자신에 대한 걱정으로 밤새 고통을 겪은 짐의 마음에 상처를 입힌 자신의 잘못을 깨닫고 진심에서 우러나오는, 짐의 발에 키스할 수도 있다는 마음으로 사과를 하게 된다. 이제 허크는 짐도 자신과 같이 감정을 지닌 인간이며, 더욱이 진실한 우정을 가진 인간임을 느낀 것이다. 그리고 그는 짐이 만날 수 없는 가족에 대한 그리움을 표현하는 것을 몰래 지켜보면서, 가족을 사랑하고 그리워하는 감정은 피부색과는 관계없음을 느낀다.

이 사건을 계기로 마음속에 자리한 인종 차별 의식이 무너지는 것 같지만, 뿌리 깊이 박힌 가치관이 완전히 뒤바뀐 것은 아니었다. 자유의 땅, 카이로에 가까이 오자 허크에게 내부의 갈등이 다시 고개를 들기 시작한다. 짐은 매우 기뻐 날뛰며 자신이 자유롭게 되면 돈을 벌어서 아내와 아이들을 사오겠다는 희망을 말하자, 다시 한 번 도망친 노예를 두둔한다는 죄의식을 느끼며 내부에는 다시 갈등이 생긴다.

나는 아무리 해도 이것을 내 양심에서 떨어버릴 수 없었다. 이것이 몹시 나를 괴롭히기 시작하여 마음을 가라앉힐 수가 없었고, 한자리에 가만히 앉아 있을 수도 없었다. 내가 하고 있는 짓이 무엇인지 여태까지는 한 번도 똑똑히 생각해본 적이 없었다. 그러나 이제는 뚜렷해져서 머리에서 떠나지 않고 점점 더 나를 못살게 굴었다. 짐을 정당한 주인한테서 빼낸 것은 내가 아니니, 내 탓이 아니라고 자신을 타일러보려고 했지만 헛일이었으며, 그때마다 양심이 고개를 처들고 '그러나 너는 그 놈이 자유를 찾아 달아난 것을 알고 있었다. 카누를 강가로 저어가서 누군가에게 알릴 수도 있었다' 하고 말하는 것이었다. 그것은 정말이었으며 피할 도리가 없었다. 내 마음을 아프게 하는 것은 이것이었다. 양심은 나에게 '가엾은 와트슨 아주머니가 너에게 무엇을 했기에, 아주머니의 검둥이가 달아나고 있는 것을 눈앞에 보면서도 너는 한마디도 일러주지 않느냐? 그 가엾은 아주머니가 너에게 무엇을 했기에, 네가 그 사람을 그렇게 비열하게 다룰 수 있느냐? …'라고 말하는 것이었다.(66a)

그는 문명 사회를 거부하였지만, 그래도 그곳에서 물든 사회적 양심으로부터 완전히 자유로운 것은 아니었다. 그래서 막상 노예 짐의 자유가 눈앞에 다가오자, 그는 그 상황을 짐의 '개인의 자유 획득'이라는 차원에서보다는 '노예 제도로부터의 탈출'의 차원에서 바라보게 된다. 그러자 그는 짐의 탈출을 막거나 고발하지 않음으로써 자신이 사회 규범과 제도를 파괴하고 있으며, 자신에게 글과 예의범절을 가르쳐주었던, 짐에 대한 소유권을 지닌 와트슨 아주머니를 배신하고 있다는 생각이 들면서, 사회적 양심의 가책을 받기 시작한 것이다.

사회적 양심의 소리에 괴로워하던 허크가 짐을 고발할 것인가 말 것인가에 대해 갈등을 느끼고 있을 때, 짐은 자기가 자유를 찾으면 열심히 일해 돈을 벌고 그의 아내와 아이들을 되찾고 만약 소유주가 그들을 팔지 않는다면 노예폐지론자들을 시켜 훔쳐오게 할 것이라는 말을 한다. 이 말을 듣고 허크는 짐을 고발하지 않고 도와준 것을 후회하며, 사회적 양심의 소리에 따라 모든 것을 말하리라는 결심을 한다. 그러자 그를 괴롭혔던 양심의 소리는 사라지고 마음은 평온해진다.

짐을 밀고하겠다고 결심한 허크가 카이로인지 아닌지를 알아보겠다고 말하자, 그가 자신을 밀고하러 가는 줄 모르는 짐은 자신의 저고리를 카누 바닥에 깔아주며 은혜를 결코 잊지 않을 것이며 허크가 자신에게 약속을 지킨 유일한 백인 친구라고 말한다. 허크는 이 말을 듣자 다시 마음이 혼들린다.

'얼마 안 있으면 나는 하도 좋아서 소리를 지를 거야. 그리고 말할 거야. 이게 모두 허크의 덕분이라고. 나는 이제 자유로운 인간이야. 허크가 없었다면 나는 절대로 자유롭게 안 될 거야. 허크가 해준 거야. 짐은 절대로 너를 안 잊을 거야. 허크, 너는 짐이 아는 가장 좋은 동무야. 그리고 이 늙은 짐의 단 하나밖에 없는 친구인 거야.'(67a)

갈등의 순간에 허크는 도망친 노예를 잡는 백인을 만나게 되는데, 그때 허크는 짐을 차마 고발하지는 못하고 천연두에 걸린 아버지가 뗏목에 타고 있다는 즉흥적인 거짓말을 함으로써 짐을 구한다. 결국 허크는 짐이 그에게 가지고 있는 애정과 신뢰감을 저버리지 못하고 짐을 구한다. 즉, 허크의 본심은 사회에서 형성된 그의 도덕심보다 더 강했던 것이다. 그는 자신의 내적 소리를 따르는 데 용감했던 것이다. 그러나 양심의 갈등은 계속된다.

나는 잠시 생각한 뒤에 나 자신에게 말했다. '가만 있자. 내가 올바른 일을 해서 짐을 남의 손에 넘겨주었다면, 지금보다 더 기분이 좋을까? 그렇지는 않아, 나는 기분이 더 나쁠 것이다. 지금과 똑같은 느낌이 들 것이다.'(68b)

여기서 허크는 짐이 마음속 깊이 감사의 정으로 다음과 같이 말하는 것을 들음으로써 양심의 갈등으로 인한 고뇌가 다소 가라앉는다.

'나는 말을 다 듣고 물 속에 들어가 있다가, 그 사람들이 올라오면 물가로 헤엄쳐갈 생각이었어. 가버리면 뗏목으로 다시 헤엄쳐오려고 생각했지. 그런데 너는 어찌해서 그렇게 두 사람을 감쪽같이 속일 수 있었니? 허크, 그렇게 멋들어진 속임수는 없을 거야. 그래서 이 늙은 짐이 살게 되었지. 이 늙은 짐은 나를 살려준 너를 영영 잊지 않을 거야.'(68b-69a)

그러나 여전히 허크의 의식은 바뀌지 않았고, 그들 간의 관계 역시 주종 관계를 유지하고 있었다. 그 속에서 허크와 짐은 우정이 매우 깊어져 끊을 수 없는 사이가 된 것이다. 짐은 허크의 '세상에서 유일한 검둥이 친구'며, 허크는 짐에게 '세상에서 유일한 친구'가 된 것이다. 그동안 그들을 실은 뗏목은 해안에 이르고, 킹(King)과 듀크(Duke)라는 사기꾼이 등장한다. 그리고 사기꾼들로 인해 허크의 마지막 번뇌가 가장 크게 다가온다. 그들이 짐을 40달러에 팔아버리자, 허크는 자신의 지금까지의 행위에 대해서 고민하기 시작한다. 그는 짐을 다시 와트슨 아주머니에게 보내는 편지를 쓰는 것이 낫겠다는 생각을 하기도 한다. 그러나 다음 순간 와트슨에게 짐을 보내면 짐은 배은망덕한 노예가 될 뿐 아니라 자신도 노예의 도주를 도와준 가장 비열한 짓을 했다는 것이 밝혀지게 된다는 것을 깨닫는다. 허크는 사회에서 심어준 양심이 형성시켜놓은 그의 도덕의식 때문에 심한 갈등의 구렁텅이에 빠지게 된다.

도망친 노예를 고발하지 않고 오히려 도와주었다는 것이 와트슨이나 피터스버그 주민들에게 비열한 짓을 한 것이나 다름없다고 생각하는 허크의 모습에서 그가 아직도 기존의 가치관에 묶여 있으며, 그가 그것 때문에 괴로워하고 있다는 사실도 알게 된다. 종교적인 측면에서도 괴로움을 당하던 허크는 결국 선택을 한다.

아슬아슬한 순간이었다. 나는 종이를 집어올렸다. 둘 중 어느 하나를 영원히 결정해야만 하는데, 그것이 무엇인지를 알고 있었으므로 나는 덜덜 떨었다. 나는 숨을 죽이고 잠시 생각한 끝에 나 스스로에게 타일렀다.

'좋아, 그렇다면 나는 지옥으로 가기로 하자.'

그리고 나는 종이를 찢었다.(147b-148a)

그는 와트슨에게 쓴 편지를 찢어버리고 자신을 세상에서 가장 비열하고 나쁜 사람이라고 판단을 내린다. 그리고 다시는 마음을 바꾸지 않을 것이며 짐을 끝까지 도움으로써 신과 인간이 주는 죄를 달게 받겠다는 것이다. 당시의 사회적 규범으로는 도망친 노예를 보고도 주인에게 잡아다주지 않으면 하나님에게 죄를 짓는 것이어서 지옥에 떨어진다고 여겨졌기 때문이다. 허크가 내린 지옥에 떨어지는 죄를 계속 범하겠다는 결단은 사회적 양심에 대한 인간 본연의 자연적 양심의 승리로 여겨진다.

안개 때문에 카이로를 지나쳐 남쪽으로 내려간 것을 알고 강을 거슬러 오르다가, 갑자기 나타난 기선이 뗏목에 부딪혀서 허크는 짐과 헤어지게 되고, 그레인즈포드(Grangerford)가에 머무르게 된다. 그는 여기서 그레인즈포드가의 감상주의, 위선적 종교관, 신귀족주의 등과 그레인즈포드가와, 이웃의 셰퍼드슨(Shepherdson)가 사이의 불화와 무모한 살육을 목격한다. 그레인즈포드 대령은 온화하고 친절하게 보이며 언제나 깨끗한 옷을 격식에 맞추어 입는 남부의 귀족이다. 그러나 예의바르고 고상하며 정중함을 가장한 그의 신사성(gentility) 이면에는 오만과 권위주의가 있다. 그레인즈포드가의 아이들 역시 어른이 앉을 때까지 서 있어야 하며 부모에게 허례적인 인사와 외식적인 행동을 하곤 한다. 또한 그레인즈포드가의 응접실이나 방에서도 문화의 전수가 아니라 가짜를 꾸며서 진짜처럼 보이려는 허식적인 속물 근성이 보인다. 양가의 가족들은 만용과 자존심 때문에 파멸한다. 양가는 이유도 모르는 숙원으로 인하여 서로 상대방을 무조건 죽여야 한다고 믿는다. 전통, 예의, 가문을 존중하는 이들 귀족들은 비겁해서는 안 된다는 명목으로 폭력을 일삼고 살인까지 마다하지 않음으로 해서 그들의 포악성과 잔인성 그리고 공허한 자존심을 만족시키고 있는 것이다. 또한 이들은 허식적이며 위선적인 청교도들이다. 가족들은 교회에서 '형제애'라는 내용의 설교를 들으면서도 옆에 총을 세워놓고 서로 경계하며, 다 듣고 나서는 좋은 설교였다고 목사를 칭찬한다. 따라서 종교적으로 '형제애'를 내세우면서도 비겁해서는 안 된다는 미명 아래 "그들을 죽여. 그들을 죽여"라고 외치면서 양쪽 가족들 모두가 서로를 죽이고 마는 것이다. 즉, 양가는 폭력을 지지하는 비인간적인 잔인성으로 인하여 죽임을 당하고 마는 것이다. 그러나 양가의 남녀 하니 (Harney) 셰퍼드슨과 소피어(Sophia) 그레인즈포드는 서로 사랑하게 되어 둘만이 도주하였기 때문에 살아남게 된다. 그리고 이 사랑의 도피가 원인이 되어 결국 양가는 파멸로 치닫는다.

두 집안의 잔인스러운 싸움을 목격하게 된 허크는 환멸감을 느낀다. 그는 소피어 양의 심부름으로 교회에 들렀을 때, 아무도 없는 교회 안을 둘러본다.

그래서 나는 조용히 집을 빠져나와 소리 없이 길을 건너 교회에 도착했다. 그곳엔 돼지가 한두 마리 있을 뿐 아무도 없었다. 문이 잠겨 있지 않았는데 돼지는 여름이 되면 바닥이 찬 판자 마루를 좋아하기 때문이다. 그래서 생각해보니, 대체로 인간은 가지 않으면 안될 때만 교회에 간다는 점이 돼지하고 다른 점인 듯했다.(80a)

여기서 허크는 무심결에 기독교를 비판하고 있다. 이는 비단 기독교에 대한 비판만이 아니라 당시 미국의 남부 사회가 가진 허구성, 잔혹성, 귀족주의 등 인간 실존의 비본래성과 비인간성을 비판하고 있다고 본다. 여기에서의 경험은 사회적 양심에 대한 그 자신의 자연적 양심의 승리를 위한 또 다른 하나의 경험이었던 것이다.

미시시피 강으로 다시 나온 허크는 다시 짐을 만나고 가장 이상적인 세계며 감히 숨도 못 쉴 정도로 아름답고 경건한 자연의 품에 안긴다. 거기서 자유와 평안을 얻었다가 잃고 또 자유를 얻는 과정에서 시련은 계속된다. 그와 짐이 킹과 듀크라는 사기꾼들을 만나면서 그 시련은 더욱 심화된다. 킹과 듀크는 스스로를 왕과 공작이라고 부르는 사기꾼들이다. 두 사기꾼들은 약장사, 전도사, 배우, 회개자 등 여러 가지 역을 연출하면서 강변 마을 주민들을 속여서 돈을 번다. 그들은 아컨소 (Arkansaw) 마을에서 희한한 연극을 연출해내어 인간으로서는 차마 못할 짓을 하였고, 특히 윌크스(Wilks) 집안의 착한 매리 재인(Mary Jane)의 유산을 모조리 가로채려 하였으며, 또한 짐을 팔아버리기까지 한다. 이렇게까지 타락한 두 사기꾼을 왕과 공작이라는 이름으로 작품 속에 등장시킨 이유는 유럽 봉건 제도가 만든 계급 제도, 특히 최상류 계급인 왕과 공작에 대한 비판이 밑바닥에 깔려 있다. 왕이라는 것이 무엇인지 모르는 짐과 허크의 대화를 통하여 다음과 같이 철저히 풍자하고 있다.

'허크, 너는 저 두 왕이 하는 짓을 어떻게 생각하니? 깜짝 놀랐지?'
'아니' 하고 나는 말했다. '깜짝 놀라긴 ….'
'어떻게 놀라지 않을 수가 있니?'

'어떻게라니? 놀랄 게 뭐 있어, 출신이 그런 걸 뭐, 왕이란 다 그런 거 아냐?'

'보아라, 허크. 우리 왕들은 정말 악당들이다. 정말 그래. **뼛속까지 밴 악당들이더구나.**'

'그래, 내 말도 바로 그거야. 내가 판단하기엔 왕이란 작자는 대체로 모두 악당들이지.'(106b-107a)

더욱이 허크는 탐욕과 권력으로 무분별하게 사람을 죽이고 악한 짓을 자행했던 역사에 실재하였던 왕에 비하면 사기꾼인 킹과 듀크가 오히려 더 나은 사람들이라고 말한다. "여기 있는 되지 못한 영감쟁이는 내가 역사에서 본 것들 가운데서는 제일 깨끗한 놈이란 말이야."(107a) 결국 그는 "나는 다만, 왕은 왕이니까 그렇게 접어두고 들어가야 된다는 거지, 말하자면 이렇게 두루 미루어보건대 왕이란 놈들은 아주 악질들이야. 워낙 자라길 그렇게 자랐으니까"(107b)라고 결론을 내린다.

여기서 허크는 그럴 듯한 가면으로 다른 사람들을 속이는 악당들의 기만과 그런 악당들에게 값싼 동정심을 갖다가 결국에는 속아 넘어가는 마을 사람들의 어리석음을 목격한다. 마침내 그들의 사기 행각을 알아차린 마을 사람들이 그들을 붙잡아 린치하는 모습을 본 허크는 오히려 그들을 동정한다. 그리고 그는 사회적 양심을 극복하고자 하는 그의 순수한 자연적 양심의 모습을 보여준다.

그것을 보자 나는 기분이 언짢아지며 비참한 악당들이 가엾고 불쌍하게 여겨졌다. 이젠 그들을 미워할 마음이 조금도 나지 않았다. 이것은 보기만 해도 소름끼치는 일이었다. 인간은 자기 아닌 다른 인간에 대해서는 그야말로 잔혹한 일을 저지른다. … 나는 기운이 없어지고 어쩐지 천박하고 비굴한 생각이 들며 아무 짓도 하지 않았는

데도 나쁜 짓을 한 것만 같은 기분이 들었다. 그러나 언제나 늘 이런 식이다. 옳은 일을 하든 그른 일을 하든 모두 마찬가지로, 인간의 양심이란 사려도 분별도 없이 무조건 인간을 몰아대기만 한다. 인간의 양심만큼도 사리 판단을 못하는 들개가 있다면, 나는 그 놈에게 독을 먹여줄 테다. 양심은 인간의 신체 속에서, 다른 모든 부분을 합친 것보다도 더 큰 면적을 차지하고 있으면서도 절대 아무런 쓸모가 없는 물건이다.(157b-158a)

아컨소에서 허크는 술주정뱅이 보그즈(Boggs) 영감이 셔번(Sherburn) 대령에게 살해당하는 광경을 본다. 셔번 대령은 마을을 지도하는 '신사'다. 그는 다른 남부 귀족들과 마찬가지로 교만하고 체면을 중시하며 또한 비겁해서는 안 된다는 자존심을 가지고 있다. "저 영감은 취하면 언제나 저래, 아컨소에서는 제일 성질이 좋은 바보 영감이야, 취해서든 보통 때든 남에게 해를 끼친 적은 한 번도 없어"(99b)라고 사람들이 말할 정도로 보그즈 영감은 죄 없는 노인이다. 셔번 대령은 그 영감의 딸이 보는 앞에서, 약속한 시간을 지키지 않고 계속 마을의 질서를 문란하게 하였다는 이유로 그 영감을 냉정하고 잔인하게 죽인다. 아컨소에서 유일하게 지각을 지닌 인물인 셔번 대령이 보그즈를 쥐나 벌레를 죽이듯이 아무렇지도 않게 죽인 후에 일말의 후회의 빛도 나타냄이 없다. 그는 이토록 교만하고 잔인하기에 '비인간적인 괴물(inhuman monster)'인 것이다. 반면, 마을 사람들은 죽은 보그즈에 대한 애도나 연민을 느끼지 못하고 죽음을 눈요깃거리로 삼아 서로 잘 보이는 곳에서 구경하려고 다투기까지 한다. 마을 사람들의 비인간적인 모습은 키가 큰 사나이가 그 살해 장면을 재현하자 맞장구를 치며 술을 권하는 장면에서 절정에 달한다. 보그즈 영감의 죽음을 구경하던 마을 사람들은 누군가 죄 없는 노인을 죽인 셔번 대령을 처형하자고 하자 그들은 폭도가 되어 그를 린치하기 위해 그의 집으로 몰려간다. 이미 군중의 속성을 알고 있는 셔번 대령은 놀랄 만큼 논리적으로 군중들의 비겁한 속성을 꼬집는 연설을 행한다. 마을 사람들은 그의 위압적인 기세에 겁을 먹고 도망친다. 그러나 그들은 농장에서 도망가다가 잡혀온 짐에게 지독한 폭행을 가하고 교수형에 처해서 다른 흑인 노예들에게 본보기로 삼자고 말한다. 그들은 강자에게 약하고 약자에게 강한 군중들의 비겁한 생리를 잘 보여준다. 이 모습을 본 허크는 군중들의 비겁함에 실망하고 그 자리를 떠나버린다.

허크가 겪는 다음의 큰 사건은, 짐을 구출하기 위하여 톰 (Tom)과 함께 벌이는 모험에서 발생한다. 허크가 짐을 구하겠다는 자신의 의도를 톰에게 밝히자, 톰은 자신도 그 일을 돕겠다고 나선다. 허크는 톰의 행동을 이해할 수 없다. 교육도 받고 교회에도 잘 나가기 때문에 '착한 소년'이라 불리는 톰이 위법 행위며 가장 악한 짓이라고 사람들이 여기고 있는 노예 탈주를 돕겠다고 나섰기 때문이다. 허크는 그가 자기와 같이 노예 탈주를 돕는 나쁜 죄를 짓지 않도록 말리지만, 톰은 아랑곳하지 않고 짐의 구출에 같이 나서겠다고 한다. 톰이 짐을 탈출시키는 데 사용하려고 하는 방법은 모두 책에 있는 유명한 탈옥수들의 낭만적인 탈출 방법이었지만 이 방법들은 매우 기괴하고 또한 시간과 노력을 많이 요구하는 것이기도 하였다. 그래서 허크는 더욱 손쉽게 짐을 구출할 수 있는 방법을 제시하였지만, 톰은 그것은 책 속에 적힌 것이라고 말하면서, 허크가 무지해서 그의 방법을 알지 못하는 것이라고 오히려 허크를 깔보는 것이다. 여기서도 톰의 교만함을 볼 수 있다. 또한 톰은 유럽 귀족들이 사용했던 탈출 방법이 짐을 구출하는 데 적당한지 여부는 생각하지 않고 다만 그것이 책에 적혀 있기 때문에 가장 훌륭하며 무조건 따라야 한다고 생각한다. 따라서 허크가 진정으로 짐을 구출하기 위하여 온갖 노력을 다하는 반면, 톰은 그 자신의 낭만적 모험심만 만족시키려 한다는 것을 알 수 있다. 톰은 책에 적힌 대로 뱀, 쥐, 거미들을 짐의 방에 넣어 그를 괴롭혔으며, 눈물로 꽃을 피우라고 하고 혈서를 쓰게 하기도 한다. 그뿐 아니라 톰은 글자도 모르는 짐을 위하여 슬픈 문구도 지었으며, 그 문구를 읽을 때는 거의 울 정도로 스스로 감상에 빠지기도 한다. 또한 톰은 짐이 그 문구를 바위에 새겨야 한다고 주장하기조차 하는데 그 문구를 새기자면 시간이 오래 걸려 도저히 짐의 탈출이 불가능하리라는 것을 알면서도, 톰은 그러한 허황된 주장을 계속하는 것이다. 그러나 더 중요한 점은 톰의 비인간적인 잔인성이다. 그는 와트슨의 유언에 의하여 짐이 해방된 사실을 알고 있었다. 그럼에도 불구하고 짐과 허크에게 그 사실을 감추고 순전히 자신의 모험심을 만족시키기 위한 이기적인 동기에서 짐을 포함한 많은 사람에게 고통을 주었기 때문이다. 짐이 초조하고 불안한 중에 혈서를 쓰고, 벌레에게 고통을 당하고, 샐리(Aunt Sally)가 안절부절 못하고, 마을 사람들이 초긴장 상태에서 불안에 떨수록 톰은 이 모험을 즐기고 있었다. 톰의 잔인성은 짐과 대조시킬 때 더욱 뚜렷해진다. 짐은 자신을 구출하겠다는 톰을 믿고 그가 시키는 대로 그의 지시를 끝까지 따랐을 뿐 아니라 톰이 부상을 당했을 때 도망하지 않고 모처럼 얻게 된 자유의 기회를 포기하고 톰을 간호한다.

'너무 심하게 굴어선 안 돼. 이 녀석은 나쁜 검둥이가 아니니까. … 이 녀석만큼 충실하고 뛰어난 간호사는 여태껏 본 적이 없어. 나를 도와주느라고 자신의 위험을 무릅써야 했고, 게다가 또 무척 지친 것

같더군. 나는 녀석이 최근 심하게 혹사당했다는 걸 잘 알 수 있었다
네. 난 이 검둥이가 그만 좋아져버렸어. 여러분, 분명히 말하지만, 이
검둥이는 천 달러의 값어치가 있소. 그리고 친절한 대우를 받을 만한
가치도 있소. 내가 필요로 하는 모든 것을 갖추어주었소. … 이 녀석은
나쁜 검둥이가 아니오. 여러분, 이것이 내 생각이오.(192a-192b)

이는 짐의 인간에 대한 순진한 믿음을 보여주는 반면, 그 믿
음을 배반한 것은 톰으로 대변되는 백인들이었다. 톰을 간호하
는 짐의 모습을 본 허크는 '짐의 마음이 희다(=결백하다)(he
was white inside)'는 것을 알고 있었다고 생각한다. 그가 짐의
내면이 희다고 말하는 것은 백인우월주의 이념으로 나타나는
사회적 양심과 관련하여 역설적이다. 검은 색의 사회적 양심을
가진 백인들과 흰색의 내면(=자연적 양심)을 가진 흑인 짐을
대조적으로 생각하는 것은 허크 자신이 이제 사회적 양심에
대한 자연적 양심의 승리를 얻게 된 성숙한 인간으로 성장하
였음을 보여준다. 그의 끝없는 자유의 추구와 자연적 양심의
회복은 이 소설의 마지막 장면에서 더욱 두드러지게 표현된다.

그러나 나는 톰과 짐보다 먼저 인디언 보호 구역으로 달아나지 않
으면 안 될 사정이 일어났다. 샐리 아주머니가 나를 양자로 삼아 나
를 문명인으로 만들려 하고 있는데, 그것이 나에게는 딱 질색이기 때
문이다. 전에 한 번 이미 경험한 일이 있지 않은가!(197b)

허크가 인디언 마을로 떠나고자 결심한 것은 또다시 자유를
찾아나서는 탐색의 출발인 동시에 문명과 사회적 양심으로부
터의 도피의 출발이다. 문명화로 길들여지는 것으로부터, 남부
사회의 비인간성과 비본래성으로부터, 그는 도피하고 싶은 것
이다. 이는 결국 인간의 멈출 수 없는 자기 발견과 자기 실현

의 과정이라고 할 수 있으며, 양심의 부름에 대한 지속적인 응답 과정이라고 할 수 있을 것이다.

5. 결 론

인간이 소외를 극복하고 자신의 본래성을 회복하는 삶을 살아가는 데에서 가장 중요한 기능을 수행하는 것이 양심이라고 할 수 있다. 그러나 전통적으로 양심은 인간의 실제 삶과는 동떨어져서 형성되고, 인간에게 주어지는 것이며, 갖거나 갖지 못하는 어떤 것으로 이해되어 왔다. 그래서 양심이 인간의 본질을 규정하는 식으로 이해되었다. 그러나 양심은 인간의 존재 구조의 핵심으로 간주되어야 한다. 인간의 현실적인 삶을 떠나서 따로 양심을 생각할 수 없다. 양심은 인간의 삶의 방식으로 규정되어야 한다. 양심을 그런 방식으로 이해하는 대표적인 해석이 하이데거의 실존론적 양심 해석이다.

그는 양심을 인간 현존재 자신이 '그들-자기'로서의 일상적 자기를 '자기-자신'의 본래적 자기로 불러 세우는 부름으로 해석한다. 인간은 대개 일상성의 세계에 빠져 본래성을 상실하고 '그들'의 지배를 받게 된다. '그들'의 말에 귀 기울이고 고유한 자기의 내밀한 음성은 듣지 못하거나 건성으로 듣는다. 그러한 '그들'의 목소리에 귀 기울임으로부터 벗어나게 촉구하는 부름의 음성이 양심이라는 것이다. 그것은 인간 현존재를 그의 본래성으로 부르면서 이해시켜준다. 그런데 이 양심의 부름은 침묵의 부름이다. 그 부름의 목소리는 '그들'의 목소리를 단절시키고 자신의 내면의 목소리를 더욱 뚜렷하게 만든다. 그 부름에 의해 불러내지는 자도 부르는 자도 인간 현존재 자신이다.

즉, 양심의 부름에 의해 불러내지는 것은 일상성에 매몰된 '그들-자기'로서의 현존재 자신이다. '그들-자기'가 자신의 고유한 자기로 불러내지는 것이다. 부름을 들은 '그들-자기'는 스스로 무너져 내리면서 '그들'을 무의미 속으로 던지게 된다. 그리고 자신은 본래성을 회복한다. 그리고 부름을 부르는 자 역시 인간 현존재 자신이다. 불리는 현존재가 '그들-자기'라면 부르는 현존재는 본래적 자기다. 현존재에 의한 양심의 부름과 불림은 '자아의 지속'을 위한 일종의 도전과 응전이다. 현존재는 세계 속에 내던져져 있으면서 자신을 자신의 존재 가능으로 던지면서 실존한다. 일상적인 현존재는 내던져져 있음으로부터 '그들-자기'의 편안함 속으로 도피하기도 하지만 자신의 존재 가능 때문에 항상 불안해한다. 현존재로 하여금 불안하게 하는 것은 '아무것도 아니고 아무 데에도 없다.' 불안 속에서 미래의 '아직 오지 않음'의 불확실성에 직면하는 현존재는 자신의 가장 고유한 존재 가능성을 발견한다. 그래서 불안과 양심의 부름은 연관된다. 불안 속에서 양심의 부름이 보증되는 것이다. 그리고 양심의 부름은 본질적으로 염려의 부름이다. 현존재는 자신의 세계-내-존재 가능을 염려하면서 실존한다. 그가 본래적인 존재 가능을 염려하며 살수록 양심의 부름에 더욱 민감해진다. 결국 양심에 응답하면서 산다는 것은 현존재를 사는 것이며 숨어 있는 '자기-자신'을 사는 것이다. 양심의 부름을 듣고 이해한다는 것은 현존재 자신이 자기 상실과 회복의 책임이 있음을 이해하는 것이며, 양심의 부름에 응답하기를 준비하고 있거나 양심을-향한-의지를 가지고 있음을 말한다.

양심에 대한 실존론적 이해는 문학을 통해 더 잘 이루어질 수 있다. 문학은 인간 삶의 기록이기 때문이다. 카프카의 『심판』에서는 양심의 부름을 듣고 이해하지 못하는 주인공 K의 삶의 모습이 잘 표현되고 있다. 체포되고 소송에 휘말리는 사건에 직면하면서도 자기 자신과 자신의 삶을 진지하게 성찰하지 않는다. 그는 그저 주변 세계에 던져져 있을 뿐 진정한 의미에서의 세계-내-존재의 삶을 살지 못한다. 그리고 그는 진정으로 불안을 느끼지도 않으며 세계-내-존재 가능을 전혀 염려하지 않는다. 그저 일상적인 삶을 기계처럼 살고 있을 뿐이다. 그래서 그는 법률을 모른다고 한다. 법률을 모른다면 죄가 어디에 있는지 알 수 없을 것이며, 죄가 없다고 주장할 수밖에 없을 것이다. 여기서 말하는 법률은 외적으로 강제되는 법령도 도덕률도 아니며, 인간의 내부에 자리 잡은 절대적 양심이자 불멸의 존재다. 그것은 현대의 산업 사회 속에서 인간이 인간답게 살아야 한다는 책임을 인간 자신에게 다시 되돌리는 것이며, 바로 하이데거가 말하는 인간 현존재의 본래성 회복의 탓을 지는 양심의 부름과 같은 것이다. 주인공 K가 범한 죄는 양심을 갖지 못한 죄다. 그를 심판하는 거대한 재판 조직 속에 숨겨진, 그가 알지 못하는 법률은 구체적인 삶과 사고 속에 존재한다. 재판 조직 역시 삶 속에 존재하는 것이다. 재판 조직이 바로 인생 자체며 인생 그 자체가 법정이다. 이 생각은 양심의 부름이 부르는 것이나 그것에 의해 불리는 것이나 실존하는 인간 자신의 삶이라는 하이데거의 생각과 그 맥을 함께한다고 본다.

마크 트웨인의 『허클베리 핀의 모험』은 사회적 양심과 인간의 자연적 양심 사이의 갈등의 문제를 다룬다. 여기에서 말하는 사회적 양심이란 하이데거가 말하는 '그들-자기'의 삶의 규범 내지 관습을 말하고, 자연적 양심이란 인간 실존의 본래성의 회복을 촉구하는 양심의 부름을 말한다. 주인공 허크는 도망 나온 노예 짐을 만나 뗏목을 타고 미시시피 강을 따라 여행하게 되고, 여러 사건들을 경험하면서 본연의 양심을 찾아 성숙한 소년으로 성장한다. 이 뗏목 여행은 미시시피 강변의 문명 사회가 가진 사회적 양심과 인간의 자연적 양심의 갈등의 여행이며, 자연적 양심의 승리의 여행이다. 그것은 곧 양심의 부름을 듣고 이해하는, 그리고 '그들-자기'에서 '자기-자신'으로의 회복의 여행이다. 인종 차별 의식과 관련하여 주인공이 겪는 마음의 갈등은 대표적인 갈등이다. 그는 문명 사회를 거부하였지만, 그래도 그곳에서 물든 사회적 양심으로부터 완전히 자유로운 것은 아니었다. 그래서 노예 짐의 자유가 다가오자, 그는 그 상황을 짐의 '개인의 자유 획득'이라는 차원에서보다는 '노예 제도로부터의 탈출'의 차원에서 바라보게 된다. 그러자 그는 짐의 탈출을 막거나 고발하지 않음으로써 자신이 사회 규범과 제도를 파괴하고 있으며, 자신에게 글과 예의범절을 가르쳐주었던, 노예 짐의 주인을 자신이 배신하고 있다는 생각이 들면서, 사회적 양심의 가책을 받기 시작한 것이다. 사회적 양심의 소리에 괴로워하는 주인공은 노예를 고발할 것인가 말 것인가에 대해 심한 갈등을 느낀다. 여전히 주인공의 인종 차별 의식은 바뀌지 않고, 그들 간의 관계도 역시 주종 관계를 유지하고 있다. 그 속에서 주인공과 노예는 우정이 매우 깊어져 끊을 수 없는 사이가 된 것이다. 결국, 사회적 양심인 인종 차별 의식에 대한 자연적 양심이 승리한다. 소설이 끝나면서 주인공이 인디언 마을로 떠나고자 결심한 것은 다시 자유를 찾아나서는 탐색의 출발인 동시에 문명과 사회적 양심으로부터의 도피의 출발이다. 이는 인간의 멈출 수 없는 자기 실현의 과정이라고 할 수 있으며, 양심의 부름이라는 도전에 대한 지속적인 응답이라는 응전의 과정이라고 할 수 있을 것이다.

□ 참고 문헌

이우건, 『19세기 미국소설의 이해』(서울 : 형설출판사, 1989).

페쉬케 지음 · 김창훈 옮김, 『그리스도교 윤리학 : 제2차 바티칸 공의회 정신에 의한 가톨릭 윤리신학』 제1권(서울 : 분도출판사, 1991).

프로이트 지음 · 임홍빈 / 홍혜경 옮김, 『새로운 정신분석 강의』(프로이트 전집 3)(서울 : 열린책들, 1997).

하이데거, 마르틴 지음 · 이기상 옮김, 『존재와 시간』(서울 : 까치, 1998).

학원세계문학전집⑳ 카프카 지음 · 박종서 옮김, 『성, 심판, 변신』(서울 : 학원출판공사, 1991).

학원세계문학전집㉙ 트웨인 / 포크너 외 지음 · 허문순 외 옮김, 『허클베리 핀의 모험 · 곰 외』(서울 : 학원출판공사, 1991).

Calvin, John, *Institutes of The Christian Religion*, ed. by John T. McNeil, trans. by Ford Lewis Battles (Philadelphia, Pennsylvania : The Westminster Press, 1960).

Calvin,, John, "On Christian Liberty," in *Calvin : On God and Political Duty*, ed. by John T. McNeil (Indianapolis : Bobbs-Merrill Educational Publishing, 1981).

Fromm, Erich, *Man for Himself : An Inquiry Into the Psychology of Ethics* (New York : Henry Holt, 1947).

Heidegger, Martin, *Sein und Zeit* (Max Niemeyer Verlag Tuebingen, 1986).

Hyde, Michael J., *The Call of Conscience* (University of South Carolina Press, 2001).

Kant, Immanuel, *Metaphysik der Sitten* (Hamburg : Felix Meiner, 1954).

Lewis, R. W. B., *The American Adam* (Chicago : University of Chicago Press, 1955).

제4장
도덕은 상대적인 것인가?

1. 서 론

도덕상대주의(moral relativism)는 도덕철학에서 가장 중요하게 논의되는 주제들 가운데 하나다. 이 입장은 '관습이 왕(Custom is King)'이라고 했던 헤로도토스에서 출발하여 17세기 이래 다양한 관습들을 목격했던 근대 인류학자들에서 절정을 이루게 되었던 문화상대주의(cultural relativism)에 의해서 큰 힘을 얻게 되었다. 그리고 기독교 근본주의의 영향이 증대되면서, "1920년대에 다윈의 진화론에 관한 논쟁 못지않은 대중적 논쟁을 불러일으켰다."1) 오늘날 이 주제는 공동체주의와 보편주의 사이의 문제로 등장하고 있다. 현대 다원주의 내지 다문화 사회에서는 도덕상대주의가 큰 힘을 가지게 되었다. 서

---

1) John W. Cook, *Morality and Cultural Differences* (New York, Oxford : Oxford University Press, 1999), p. 3.

로 다른 가치관과 관행들을 가지고 있는 다양한 사회들과 문화들을 만나면서 도덕적 다양성을 경험하였기 때문이다.

도덕상대주의를 철학적으로 대변하는 하먼(Gilbert Harman)은, 아인슈타인의 상대성 이론에 따르면 물질의 질량이 시간적 공간적 구조에 상대적인 것처럼, 도덕도 도덕적 구조에 상대적인 것이라고 주장한다.2) 그리고 다양한 문화들에 대한 연구를 통해 도덕상대주의가 논쟁의 대상이 되도록 관심을 촉발시켰던 인류학자들도 도덕은 문화에 따라 상대적인 것이기 때문에 다른 문화에 속하는 사람들을 도덕적으로 판단하는 것은 옳지 않다고 주장하였다. 도덕상대주의가 논쟁의 대상으로 부각하고 강한 힘을 가지는 것은 반대 입장인 도덕절대주의(moral absolutism)가 본질적인 결함을 가지고 있기 때문일 것이다. 도덕절대주의자들은 모든 곳에서 모든 사람들에게 적용할 도덕 원리들이 있으며, 사람들은 그런 보편적 원리들을 인식하거나 발견할 수 있고, 그런 원리들에 따라서 자기 자신의 행위를 결정하거나 다른 사람들의 행위를 판단한다고 주장한다. 그런데 도덕상대주의자들은 모든 곳에서 모든 사람들에게 적용될 보편적인 도덕 원리들이 있고 그것들을 인식할 수 있다는 주장이 잘못이라고 생각한다. 이 잘못된 주장은 '자민족중심주의(ethnocentrism)'로 이어지기 십상이다. 그것은 "자기가 속한 집단을 항상 옳은 것으로, 남의 집단은 항상 그른 것으로 보는 경향"이다.3) 이런 도덕적 우월주의를 극복하고자 하는 것이 도덕상대주의의 입장인 것이다. 그래서 자민족중심주의를 극복하고 다른 민족과 문화에 대한 관용을 조장하고자 하는 것

---

2) Gilbert Harman & Judith Jarvis Thomson, *Moral Relativism and Moral Objectivity* (Cambridge, Massachusetts : Blackwell Publishers Inc., 1996), p. 3.
3) Alfred Kroeber, *Anthropology* (New York : Harcourt Brace, 1948), p. 266.

이다.

그러나 문화들에 따라서 다른 도덕 원리들이 발견된다는 단순한 사실 주장만으로는 의무의 문제인 도덕의 보편성을 부정할 수는 없을 것이다. 도덕상대주의는 도덕 원리를 특정한 문화의 구성원들에게만 적용되는 것이라고 생각한다. 이런 관점은 도덕 원리를 심지어 운전 규정과 같은 수준으로 이해하는 것이다. 규정에 따라 좌측으로도 우측으로도 운전할 수 있는 것이다. 이 규정은 전적으로 임의적인 것이다. 도덕상대주의는 도덕 원리의 임의성을 주장하는 것이다. '이웃을 속여서 나쁘다'는 말의 의미는 그 속인 사람이 '우리' 문화의 규정을 어겼기 때문에 나쁘다는 것이다. 여기서 말하는 도덕은 그때와 그 장소의 관례(mores)를 의미하는 것이다. 그러나 도덕절대주의가 주장하는 것은 동일한 도덕적 기준들이 모든 문화들에서 받아들여지고 있다는 사실의 문제가 아니고, 도덕은 '이웃을 속여서는 안 된다'는 것과 같이 모든 문화의 사람들에게 적용되어야 할 진실한 도덕적 기준들, 즉 의무의 문제라는 것이다. 도덕상대주의가 주장하는 것은 문화들 속에서 서로 다른 도덕들이 발견되어 왔다는 사실의 문제다. 도덕절대주의와 도덕상대주의의 논쟁은 '도덕' 관념을 사실의 문제로 받아들이는가? 의무의 문제로 받아들이는가 하는 관점의 차이이기 때문에 근본적인 해결은 불가능하다고 생각한다. 많은 문화들 속에서 다양한 도덕 원리들이 발견되었다는 사실을 가지고 도덕적 의무의 절대성 내지 보편성을 부정할 수도 없고, 그 의무의 문제를 가지고 사실의 문제를 거부할 수도 없을 것이다. 근본적인 것은 '도덕이란 무엇인가?'의 문제다.

본 논문에서는 '도덕이란 무엇인가?'의 문제를 다루기보다는, 도덕상대주의가 주장하는 관점들을 자세히 살펴보면서, 그것의 문제점을 밝혀보고, 그것이 인간 삶의 현실적 상황에서 어떤 모습으로 적용되고 있는지를 문학 작품(입센의『민중의 적』)을 통해 살펴보면서, 도덕의 절대성과 상대성의 문제를 해결할 수 있는 도덕의 객관성의 문제를 결론으로 제시하고자 한다.

2. 도덕상대주의는 무엇을 주장하는가?

도덕상대주의는 지적인 확신만큼 도덕의 문제다. 상대주의가 진실이기(true) 때문만이 아니라 그것이 옳기(right) 때문에 그것을 주장한다는 것이다. 그래서 인류학자 허스코비츠(Melville Herskovits)에게, 상대주의 입장을 채택하는 것은 다른 문화들과 그 구성원들이 정당하게 요구하는 존중을 표현하는 유일한 방법이다. 문화적 상대주의의 핵심은 차이들에 대한 존중 — 상호 존중을 가져오는 사회적 계율이다. 하나가 아니고 다양한 삶의 방식들을 강조하는 것은 각 문화에서의 가치관을 긍정하는 것이다. 따라서 상대주의의 진실을 발견하는 것은 지적인 문제만이 아니라 도덕의 문제며, 그래서 많은 사람들이 그것을 믿고 있는 것이다.[4] 그런데 도덕이 상대적인 것이라는 말의 의미는 두 가지 차원에서 논의될 수 있을 것이다. 하나는 도덕의 상대성 기준을 어디에 두는가의 차원이며, 다른 하나는 도덕의 의미를 사실, 의무, 개념과 방법, 어디에 기준을 두고 말하는가의 차원이다.

먼저, 도덕의 상대성 기준은 두 가지를 생각할 수 있다. 도덕

---

4) Neil Levy, *Moral Relativism : a short introduction* (Oxford : Oneworld, 2002), pp. 13-14 참고.

은 개인들의 느낌이나 의견에 따라 상대적일 수 있다. 그리고 도덕은 문화에 따라 상대적일 수 있다. 전자의 입장은 주관적 의견들이 도덕적 진리의 기준이기 때문에 종종 '주관주의 (subjectivism)'로 불린다. 도덕은 주관적인 의견의 문제이라는 것이다. 후자의 입장은 문화가 도덕적 진리의 기준이기 때문에 종종 '문화적 상대주의(cultural relativism)'로 불린다. 주관주의는 도덕의 개인적 상대성을 주장한다. 도덕적 신념들은 '정어리 새끼들은 맛있다'는 것과 같은 신념에 비교될 수 있다는 것이다. 정어리 새끼가 맛있다는 것이 너에게 진실이고 나에게 거짓일 수 있는 것과 마찬가지로, 하나의 행위는 너에게는 도덕적으로 옳지만 나에게는 도덕적으로 그를 수 있다는 것이다. 도덕을 맛이나 미적인 판단처럼 사람에 따라 상대적인 것으로 생각하는 것이다. 도덕은 사회가 아니라 개인의 의견에 달려 있다는 것이다. 이는 개인주의적인 도덕상대주의다. 이 입장을 따른다면, 선과 악이나 옳음과 그름은 인간 상호간의 평가적 의미를 가질 수 없다. 그것은 단지 개인의 기호의 문제에 지나지 못할 것이다. 도덕적 주관주의는 도덕을 무용한 개념으로 만들어버릴 수 있고, 도덕과 주관은 상호 모순적이다.

도덕적 상대주의에서 상대성의 유일한 기준은 문화이자 사회다. 이는 문화적 상대주의 내지 '인습주의(conventionalism)'로 불린다. 이는 도덕의 사회적 본질을 인정한다. 보편적인 도덕 원리들은 있을 수 없지만, 모든 타당한 도덕 원리들은 문화적 수용에 의해 정당화된다는 관점인 것이다. 도덕적 신념들은 '모든 사람들은 우측으로 운전해야 한다'는 것과 같은 신념에 비교될 수 있다. 그것들은 어떤 사회나 문화에 관련해서만 진실이거나 허위일 수 있다는 것이다. 모든 사람은 우측으로 운전해야 한다는 것이 영국에서는 진실이지만 프랑스에서는 허위이듯이, 한 행위는 영국에서는 그를 수 있고 프랑스에서는 옳을 수 있을 것이다. 그것은 자민족중심주의를 벗어난 진보된 관점이며, 다른 문화들에 대한 관용의 태도를 포함한다. "새로운 의견이 상식적인 생각으로 받아들여진다면 그것은 곧 좋은 생활을 위해서 믿을 수 있는 또 하나의 보루가 될 것이다. 그렇게 되면 우리는 더 현실적이고 사회적인 신념에 도달할 것이며 또 인류가 생활의 소재로부터 스스로 창조한, 누구에게나 타당한 공존의 생활 양식을 희망의 근거와 관용의 새로운 토대로 받아들이게 될 것이다."[5] 또한 허스코비츠는 도덕상대주의가 관용의 정신을 표현한다고 다음과 같이 정리하여 주장한다. ① 만약 도덕이 문화에 상대적이라면, 그러면 자기 자신의 문화를 제외하고 어떤 다른 문화의 도덕성을 비판하기 위한 독립적인 근거가 없을 것이다. ② 만약 어떤 다른 문화를 비판할 독립적인 방법이 없다면, 우리는 다른 문화들의 도덕들에 관용적이어야 할 것이다. ③ 도덕은 문화에 상대적이다. 그러므로 ④ 우리는 다른 문화들의 도덕들에 관용적이어야 한다.[6] 문화 상대성의 인정이 관용의 정신으로 이어진다는 점을 중요한 근거로 문화상대주의를 주장한다. 그 주장들을 요약하면 다음과 같다. ① 행위들의 도덕적 옳음과 그름은 사회에 따라 다르다. 그래서 모든 사회들이 지키는 보편적 도덕 기준은 없다. ② 한 개인의 행동이 옳은 것인가 그른 것인가는 그가 속한 사회에 따라 다르다. ③ 그러므로 모든 곳에서 모든 사람들에게 적용되는 절대적이거나 객관적인 도덕 기준은 없다.[7] 첫 번째

---

5) 루스 베네딕트지음 · 김열규 옮김, 『문화의 패턴』(서울 : 도서출판 까치, 1993), p. 300.
6) Louis P. Pojman, ed., *The Moral Life : An Introductory Reader in Ethics and Literature* (Oxford : Oxford University Press, 2004), p. 175.
7) Ibid., p. 168.

주장들은 다양성 논제(diversity thesis)로, 두 번째 주장은 의존성 논제(dependency thesis)로 나누어 논의될 수 있다.8) 다양성 논제는 도덕들은 사회나 문화에 따라 다르다는 사실을 인정하는 단순한 기술이다. 고대 그리스의 스파르타인과 뉴기니아의 도부(D●bu)족들은 남의 물건을 훔치는 것이 도덕적으로 옳은 것이라고 믿었지만, 오늘날 우리는 그르다고 믿는다거나, 로마의 아버지들은 자식의 생사를 손에 쥐고 있었지만, 오늘날 우리는 자녀들을 학대하는 부모들을 도덕적으로 비난한다거나, 협동과 친절을 악덕으로 간주하는 종족이 있었지만, 오늘날 우리는 그것을 미덕으로 간주한다는 식의 묘사인 것이다. 의존성 논제는 개인의 도덕성은 사회의 맥락에 의존하여 결정된다는 주장이다. 개인의 도덕은 의식적으로 배우고 알게 되는 것이 아니라 문화나 사회를 통해 무의식적으로 결정된다는 주장이다. 섬너(William G. Sumner)는 다음과 같이 말한다. 즉, "우리가 걷고 듣고 숨 쉬는 것을 배우듯이 도덕을 무의식적으로 배우며, 우리는 왜 도덕들이 그런 것인지 어떤 이유도 알지 못한다. 그것들의 정당화는 우리가 삶의 의식에 깨어 있을 때 우리가 그것들을 이미 전통, 관습, 습관의 고리 속에 우리를 묶어놓는다는 사실을 발견한다."9) 사회를 벗어나서 문화를 떠나서 도덕을 판단한다는 것은 바라보는 눈을 제거하는 것에 비유된다. 우리의 눈은 순결한 것은 없다. 도덕은 인습적인 것이며, 사실상 사회적 문화적 수용에 의존한다는 것이다. 다양한 사회들이 서로 다른 도덕 체계들을 지킬 뿐 아니라 바로 그 동일한 사회가 장소나 시간에 따라 그것의 도덕적 관점

8) John Ladd, ed., *Ethical Relativism* (Belmont, Calif. : Wadsworth Publishing Co.., Inc., 1973), p. 2.
9) W. G. Sumner, *Folkways* (Ginn & Co., 1906), p. 76 in Louis P. Pojman, ed., op. cit., p. 169.

들을 변화시킬 수 있다는 것이다. 세 번째 주장은 앞의 두 주장들에서 나온 결론이다. 절대적이고 객관적인 도덕 기준은 없다는 것이다. 도덕이 문화에 의존하고 다양한 문화들에 따라 다양한 도덕 원리들이 있다면, 모든 문화들의 모든 사람들에게 적용될 진실한 보편적인 도덕 원리는 있을 수 없다는 것이다.

그러나 도덕상대주의에서 상대성의 기준보다 더 근본적인 것이 도덕의 의미다. 도덕의 의미 차원에서 논의되는 도덕상대주의는 세 가지로 구분될 수 있다. 그것은 '기술적 상대주의(descriptive relativism)', '규범적 상대주의(normative relativism)', '분석적 상대주의(meta-ethical relativism)' 등이다.

기술적 상대주의는 도덕의 의미를 사실의 문제로 논의한다. 그리고 서로 다른 문화나 사회는 서로 다른 도덕 원리들을 가지고 있다는 역사적 사실들을 기술한다. 그 사실들을 바탕으로 도덕은 보편적인 것이 아님을 주장하는 것이다. "기술적 상대주의에 의하면 모든 문화권에 공통되는 도덕 규범은 없다. 각 사회는 무엇이 옳고 또 무엇이 그른가에 대한 자체의 견해를 가지고 있으며, 이러한 견해는 여러 사회의 도덕률 간의 차이점 때문에 사회마다 각기 다르다. 그러므로 모든 인류를 하나의 도덕 공동체 속에 묶을 수 있는 공동 규범이 있다고 생각하는 것은 잘못된 일이다. 폴 테일러(Paul W. Taylor)는 기술적 상대주의의 이론적 근거로서 세 가지 사실을 지적한다. 이러한 사실은 ① 문화적 다양성에 대한 사실, ② 도덕적 신념이나 도덕률의 기원에 대한 사실, ③ 자기민족중심주의에 대한 사실 등이다.[10] 서로 다른 시대들에서나 같은 시대의 다른 사회들에서나 문화적 다양성은 이미 사실로 받아들여지고 있다. 그리

---

10) 폴 테일러 지음·김영진 옮김, 『윤리학의 기본 원리』(서울 : 서광사, 1985), p. 29.

고 도덕적 가치나 신념도 사회적 문화적 환경을 통해 습득되는 것이다. 정의와 인격에 대한 확신도 문화권에서 내면으로 투사된 견해일 뿐이며, 양심마저도 사회가 도덕 규범을 지지하기 위하여 사용한 윤리적 제재의 내면화를 통해 형성된 것이다. 한 개인의 도덕적 가치의 기원을 설명해주는 것은 어린 시절의 훈련을 통해 사회적 규범을 내면화하는 이와 같은 무의식적인 과정이다. 만약 한 걸음 더 나아가 사회적 가치의 기원을 묻는다면, 우리는 그 해답을 사회의 생활 방식에 안정을 가져다준 전통과 관습의 장기적이고도 꾸준한 발전에서 찾아볼 수 있고, 또한 그 불투명한 기원이 제례적 마술, 금기, 부족 의식 그리고 종교적 예배에 있음을 알게 된다. 개인의 양심도 사회의 도덕도 기원은 합리적이고 잘 조절된 사고와는 완전히 관계가 없거나 거의 관계가 없다. 개인이든 사회이든 원래 논리적 추론이나 지식을 얻기 위한 객관적 방법을 사용해서 도덕적 신념을 갖게 되는 것은 아니다. 그리고 기술적 상대주의는 대부분의 사람들이 자기 민족 중심적이라는 점을 사실로 지적한다. 그들은 모든 인간에게 적용될 진실한 도덕은 오직 하나뿐이라고 생각할 뿐 아니라 그 진실한 도덕이 바로 자신들의 도덕이라고 생각한다는 것이다. 그들은 자기들의 가치가 잘못되었거나 자기들의 것보다 다른 사회의 도덕이 더 타당하고 더 계몽되어 있고 또 더 진보된 것일 수 있다는 가능성조차도 받아들이려고 하지 않는다. 따라서 자기민족중심주의는 불관용과 독단주의에 이르게 된다.11)

규범적 상대주의는 글자 그대로 도덕을 규범 내지 의무로 간주한다. 옳고 그름은 사회를 초월하여 적용되는 것이라고 주장하는 도덕보편주의와는 대조적으로, 규범적 상대주의는 사

---

11) 위의 책, pp. 29-32 참고.

회에 따라서 옳고 그름의 기준이 다르다고 주장한다. 한 사회에서 옳은 것이 다른 사회에서 그르다는 것은 결국 사실의 문제라기보다는 규범의 문제다. 이것은 한 사회에서 옳다고 믿어지는 것이 다른 사회에서는 그른 것이라고 믿어지고 있다는 사실을 묘사하는 수준의 주장이 아니다. 한 사회에서 실제적으로 옳은 것이 다른 사회에서는 실제적으로 그를 수도 있음을 나타내는 강한 주장이다. 도덕은 그것을 수용하고 있는 사회에서만 타당성을 가지며, 다른 사회에서는 타당성을 갖지 못한다는 것이다. 따라서 다른 사회에 속한 사람의 행동을 자기가 속한 사회의 도덕 규범을 적용시켜 판단할 수 없다는 것이다. 규범적 상대주의는 도덕 판단에 관하여 외견상 모순으로 보이는 두 진술들이 모두 참일 수 있다고 주장한다.12) 즉, ① 결혼하지 않은 여자가 낯선 사람 앞에서 얼굴을 가리지 않는 것은 그르다. ② 결혼하지 않은 여자가 낯선 사람 앞에서 얼굴을 가리지 않는 것은 그르지 않다. 이 두 가지 도덕 판단들은 모순의 관계에 있기 때문에 하나가 참이면 다른 것은 거짓이어야 할 것 같다. 그러나 규범적 상대주의는 두 도덕 판단들이 미완성인 것이기 때문에 둘 다 참일 수 있다고 주장한다. 두 판단들은 다음과 같아야 서로 모순이 되지 않는다. 즉, ③ 사회 S의 구성원인 결혼하지 않은 여자가 낯선 사람 앞에서 얼굴을 가리지 않는 것은 그르다. ④ 사회 S의 구성원이 아닌 결혼하지 않은 여자가 낯선 사람 앞에서 얼굴을 가리지 않는 것은 그르지 않다. 한 판단이 다른 판단을 부정하지 않는다. 규범상대주의는 단순히 행위 X를 하는 것이 옳은 것이라는 형식의 모든 도덕 판단을 행위자가 사회 S의 구성원일 때 행위 X를 하는 것은 옳은 것이라는 식으로 번역한다. 도덕(규범)은 선과 악과 옳음

---

12) 이 점에 관한 아래의 자세한 논의는 위의 책, pp. 36-37 참고.

과 그름을 판단하는 기준이기 때문에, 그 기준을 지키는 사람은 선하고 옳은 사람이며, 지키지 않는 사람은 악하고 그른 사람인 것이다. 그러나 도덕상대주의가 사회에 따라 도덕(규범)이 다르다고 하는 말은 단순히 서로 다른 사회가 서로 다른 규범을 받아들이고 있다는 사실만 주장하려는 것이 아니며, 기술적 상대주의의 입장을 넘어서서 규범적인 주장을 하고 있는 것이다. 그것은 도덕 규범에 보편타당성이 있다는 것을 부정하면서, 도덕은 그것을 받아들이는 사회의 구성원에게만 올바르게 적용된다고 주장한다. 따라서 한 사회의 도덕 규범을 가지고 다른 사회의 구성원들의 행위나 성격을 판단한다는 것은 부당하다고 생각한다.

분석적 상대주의는 개념과 방법의 두 측면에서 논의될 것이다.13) 개념적 상대주의는 문화에 따라 도덕적 개념들이 서로 다르기 때문에 한 사회의 도덕 판단이 다른 사회의 구성원들에게는 의미가 없거나 이해될 수 없다는 견해다. 예를 들면, 개인의 자유를 기본적인 인권으로 보는 관념은 인권 개념을 결여하거나 개인의 자유에 대해 다른 관념을 가진 사회에서는 이해될 수 없을 것이다. 개념적 상대주의자는 도덕적 개념의 의미는 주어진 문화의 윤리 체계 전체의 맥락 속에서만 이해될 수 있다고 주장한다. 그 결론은 문화 사이에는 도덕 판단을 비교할 수 없다는 것이다. 한 사회의 도덕 판단이 다른 사회의 도덕 판단보다 더 옳다고 결정할 범문화적인 기준도 있을 수 없다는 것이다. 예를 들어, 문화 X에 속하는 사람이 일부다처제는 그르다고 판단하고, 문화 Y에 속하는 사람은 일부다처제는 그르지 않다고 판단을 내렸다고 가정하자. 문화 X와 문화 Y에 속하는 두 사람은 서로 모순인 주장을 하는 것처럼 보인

13) 이 점에 관한 아래의 자세한 논의는 위의 책, pp. 42-45 참고.

다. 그러나 개념적 상대주의에 따르면 그들 사이에는 전혀 모순이 없다. '일부다처제'라는 말이나 '그르다'는 말의 의미들이 각각 다르다. 어떤 문화에서는 일부다처제가 공동선에 해를 끼치고, 어떤 문화에서는 일부다처제가 신에 의하여 허용될지도 모른다. 어떤 문화에서는 공공선에 해를 끼치는 것이 '그른' 것이며, 다른 문화에서는 '신에 의해 금지된' "그르다"가 "공동선에 해를 끼치는" 것인 반면에 문화 Y에서는 "신에 의하여 금지된" 것이 '그른' 것이다. 이 경우 두 판단들은 모두가 참일 수 있으며, 양자 사이에 전혀 모순이 있을 수 없는 것이다. 개념적 상대주의에 따르면 '옳다'와 '그르다', 그리고 '좋다'와 '나쁘다'라는 단어들의 의미는 문화마다 다를 뿐 아니라 그 단어들이 지시하는 대상 역시 문화마다 매우 다양하다. 예를 들면, '좋은 사람'이란 말이 한 문화에서는 온순하고 관대한 사람을 가리키고 다른 문화에서는 복수하는 데 재빠르고 적에게 무자비한 사람을 가리킨다. 이와 비슷하게 '그 행위는 옳다'는 판단이 한 문화에서는 주어진 행위가 가족의 명예를 높이는 데 필요하다고 믿어지는 모든 경우에 적용될 것이고, 다른 문화에서는 주어진 행위와 관련되는 모든 사람을 공평하고 차별 없이 대우하는 모든 경우에 적용될 것이다. 개념적 상대주의는 옳은 행동에 대한 참된 견해나 좋은 사람에 대한 올바른 개념에 관해 이야기하는 것은 전혀 의미 없다고 주장한다. 도덕보편주의는 서로 다른 문화들 사이에 도덕 개념들을 비교할 수 있다는 것을 가정한다. 그러나 개념적 상대주의는 모든 도덕 개념의 의미나 그 적용은 각 특정 문화에 따라 상대화될 수밖에 없기 때문에 그 가정은 틀린 것이라고 주장한다. 방법적 상대주의는 문화에 따라 사람들은 서로 다른 추론 방법을 가지고 도덕 판단을 정당화한다고 주장한다. 그 방법상의 차이 때문에 동일한 도덕 판단이 문화나 사회에 따라 정당화되기도 하고 되지 않기도 한다. 도덕적 지식은 서로 다른 검증 절차에 의존하기 때문에 문화적으로 상대적이다. 도덕적 지식을 얻기 위한 단일하고 범문화적인 방법이 있지 않다면 도덕 규범의 보편타당성을 결코 주장할 수 없을 것이다. 방법적 상대주의는 그 방법이 없다고 주장하는 것이다. 도덕적 지식을 가져오는 방법의 타당성은 논리적으로 결정될 수 없다는 것이다. 두 가지 방법들 중 어느 것이 타당한가를 결정하기 위해서는 제3의 중립적인 방법이 사용되어야 하고, 그 제3의 방법 또한 정당화되어야 하는데, 그것을 위해서 또 다른 방법이 전제되어야 한다. 한 방법을 정당화시키기 위한 방법을 이런 식으로 무한정하게 찾을 수 없다. 결국 도덕적 지식은 임의의 결정에 의해 정해진 방법에 의존할 수밖에 없다. 그래서 방법적 상대주의의 입장에서는 순수한 도덕적 지식은 불가능한 것이다.

3. 도덕상대주의는 어떤 문제를 갖는가?

문화적 상대주의는 관용의 정신을 강조한다. 그러나 관용은 하나의 미덕이지만, 문화적 상대주의를 주장할 근거는 되기 힘들 것이다. 도덕이 문화에 상대적이라면 관용도 상대적일 것이다. 어떤 문화가 관용의 원리를 갖고 있지 않다면, 그 문화에서 관용은 의무적일 수 없다. 관용의 원리를 강조하는 허스코비츠는 그것을 상대주의의 한 예외로 다루면서 그것을 절대적인 도덕 원리로 간주하는 것 같다. 문화적 상대주의의 입장에서는 비관용과 관용은 객관적으로 도덕적으로 더 나은 것일 수 있는 것이다. 문화적 상대주의는 비관용적인 사람들을 비판할 근거를 제공할 수 없다. 문화적 상대주의자는 다른 문화에 속한 사람들이 관용적이지 않다고 비난할 수 없다. 문화적 내지 인습적 상대주의가 받아들여진다면, 인종주의, 가난한 자에 대한 압제, 노예제 등이 그 반대들만큼 도덕적일 수 있다. 그 내용이 무엇이든 어떤 실제적인 도덕은 모든 다른 것처럼 타당할 것이며, 실제 지켜지지 않는 이상적인 도덕들보다 더 타당할 것이다. 도덕상대주의를 수용한다면 문화 사이의 도덕적 비판이 종식될 것이라고 주장하는 것은 바람직한 것이 아니다. 극단의 예를 든다면, 문화적으로 수용되기만 한다면 히틀러의 대량 학살이 마더 테레사의 자비만큼 도덕적으로 정당해질 수 있는 것이다. 문화적 내지 인습적 상대주의가 받아들여진다면, 인종주의, 가난한 자에 대한 압제, 노예제 등이 그 반대들만큼 도덕적일 수 있다. 그 내용이 무엇이든 어떤 실제적인 도덕은 모든 다른 것처럼 타당할 것이며, 실제 지켜지지 않는 이상적인 도덕들보다 더 타당할 것이다.

문화적 상대주의는 다양성과 의존성의 측면에서 설명되었다. 이 두 가지 측면들에서 문제점을 검토해보자.14) 먼저, 문화의 다양성에서 문제를 발견할 수 있다. 그것은 섬너와 베네딕트 같은 인류학자들이 주장하는 것만큼 많은 다양성이 있지 않다는 점이다. 그리고 다양한 문화들이 도덕(규범)의 유사성을 지니고 있음이 사실에 더욱 가깝다는 점이다. 문화들 사이의 공동의 특징들이 확인된다는 것이다. 설사 문화적 다양성이 인정되고, 사회들은 본질적으로 서로 다른 도덕 규범들을 가지고 있음이 인정된다고 하더라도, 그 자체로 도덕상대주의를 입증하지 못한다. 문화적 사회적 다양성은 특정 이론의 근거가

---

14) 이 점에 관한 아래의 내용은 Louis P. Pojman, ed., op. cit., pp. 178-181 참고.

되는 것은 아니기 때문이다. 예를 들어, 객관주의는 문화적 다양성을 인정하면서도 일종의 보편주의를 옹호한다. 일부 문화들은 올바른 도덕 원리를 결여하고 있다고 주장할 수 있기 때문이다. 반면, 보편적 원리들의 인정이 바로 문화적 상대주의를 반증하지 않는다. 하나 혹은 그 이상의 보편적 원리들을 발견한다고 하더라도, 그것들이 어떤 객관적인 입장을 가졌다는 것은 아닐 것이다. 따라서 문화적 다양성이 곧바로 도덕상대주의를 의미하는 것은 아니며, 그것의 부정이 도덕상대주의를 반증하는 것도 아니다. 의존성의 측면에도 문제는 발견된다. 약한 의존성 논제는 도덕 원리들의 적용이 특정 문화적 상황에 의존한다고 주장하며, 강한 의존성 논제는 도덕 원리들 자체들이 그 상황에 의존한다고 주장한다. 수단의 한 종족은 기형아들이 강의 신, 하마의 소유라는 신념 때문에 기형 자녀들을 강으로 던진다. 우리는 그 종족은 잘못된 믿음을 가진다고 생각하지만, 그 요점은 재산 존중과 인간 생명 존중의 동일한 원리들이 이런 반대되는 관행들에서 작동한다는 점이다. 그 종족은 실질적인 도덕 원리에서가 아니라 단지 신념에서 우리와 다른 것이다. 이것은 도덕과 무관한 믿음들(예를 들어, 기형 자녀들이 하마의 소유다)이 공동의 도덕 원리들에 적용될 때 서로 다른 문화들에서 서로 다른 행동들을 발생시키는가에 대한 예시다. 오늘날 우리의 문화에서 태아의 지위에 관한, 도덕과 무관한 신념에서의 차이는 반대되는 도덕적 규정들을 발생시킨다. 즉, 임신중절에 대한 찬성과 반대의 주요 차이점은, 우리가 인간을 살해해도 되는가가 아니고 유아들이 진실로 인간인가다. 이것은 문제의 사실에 관한 논쟁이며, 결백한 인간들을 살해해도 된다는 원리가 아니다. 그래서 도덕 원리들이 약하게 의존적이라는 사실은 도덕상대주의가 타당하다는 점을 입증하지 못한다. 도덕과 무관한 신념들에의 약한 의존성에도 불구하고 모든 문화들에 적용되는, 심지어 대부분의 문화들에서 인정되는 일반적 도덕 규범들이 여전히 있을 수 있다. 도덕상대주의가 필요로 하는 것은 강한 의존성이다. 모든 도덕 원리들은 본질적으로 문화에 의존하여 생겨나는 것들이라는 점이다. 문화적 상대주의는 명백하고 공정한 판단 기준이 있지 않다고 주장한다. 어떤 문화가 옳고 어떤 문화가 그른지 누구도 말할 수 없다는 것이다. 문화에 따른 도덕적 신념들의 다양성은 사실에 가깝지만 그 신념들의 진실성 여부는 결정할 수 없다는 것이다. 그래서 하나의 문화와 사회는 도덕과 관련하여 혼동되거나 그를 수 없는 것이다. 어린이들을 학대하는 사회가 어린이들을 보호하는 사회보다 덜 도덕적이라고 말할 수도 없다는 것이다. 문화적 상대주의는 사람들의 도덕적 신념들이 무엇인지를 묘사하면서, 어느 신념이 도덕적으로 타당한 것인지를 결정하지 않는다. 그것은 불완전한 도덕상대주의일 수밖에 없을 것이다. 도덕의 문화 의존성을 강하게 주장하면서도 그 근거를 제시하지 못하는, 일종의 유일한 변명은 번역의 문제다. 언어들은 종종 너무 근본적으로 서로 다르기 때문에, 개념들을 하나에서 다른 것으로 정확하게 번역할 수 없다는 것이다. 이 점은 언어들 사이에서도, 심지어 개인적 언어들도 있을 수 있기 때문에 하나의 언어 속에서도 사실일 수 있다. 그러나 우리는 다른 언어를 배우고, 언어의 틀을 넘어서 번역하고 있다는 점도 사실이다.

도덕의 전반적인 기준이 없고, 그것은 사회나 문화에 따라서 결정된다는 문화적 상대주의의 문제점을 다음과 같이 요약하여 정리할 수 있다.15) ① 한 사회에서 옳은 관행이 다른 사회

---

15) Christina Sommers & Fred Sommers, *Vice & Virtue in Everyday Life* :

에서는 그른 이유를 제시하지 못한다. ② 한 사회에서도 다양한 문화를 지닌 집단들이 존재한다. 한 집단에서 옳은 것이 다른 집단에서는 그르다고 주장하는 경우, 그 집단을 명백하게 선택할 수 없다. 왜냐하면, 사람들은 민족, 국가, 도시, 클럽, 학교, 교회, 사교 단체 등 수많은 집단의 구성원들이기 때문이다. ③ 한 사회나 한 집단에서 얼마나 많은 구성원들이 그르다고 생각하는 것이 그른 것인가? 일반적인 대답은 '다수'일 것이다. 그러나 다수는 잘못 생각할 수 없는가? 소수의 관점이 가끔 확산되어 이후에 다수 관점이 되기도 한다. 대부분의 사람들이 믿는 것이 사실이어야 할 이유는 없는 것이다. ④ 만약 한 사회나 집단의 다수가 인정하는 것이 '사실상' 그 사회에서 옳다면, 도덕적 개선과 개혁은 있기 힘들 것이다. 문화적 표준이나 시세에 반하기 때문에 항상 도덕적으로 그르다고 평가받는 것이 개선과 개혁이다. 예를 들어, 18세기 노예 제도를 반대했던 개혁 정신은 오히려 당시에는 도덕적으로 그른 것으로 평가되었다.

좀더 본질적으로, 도덕의 의미와 관련하여 기술적 상대주의를 평가해보자.16) 그것은 도덕 규범을 도덕의 표준이나 규칙으로 이해하면서, 궁극적인 도덕 원리를 인정하지 않는다. 도덕 규범은 규칙과 원리의 두 차원들이 있지만, 기술적 상대주의는 이 점을 간과한다. 예를 들면, '다른 사람이 곤경에 처해 있을 때 도와주어야 한다'거나 '자기의 이익을 위해 거짓말하지 말라' 같은 규정은 어떤 사람의 행동을 도덕적으로 판단하는 표준이다. 구체적인 표준이나 규칙에 비해서 궁극적 도덕

Introductory Readings in Ethics (Fort Worth : Harcourt Brace College Publishers, 1985), pp. 172-173 참고.
16) 자세한 아래 내용은 폴 테일러 지음 · 김영진 옮김, 앞의 책, pp. 33-34 참고.

원리는 모든 개인과 행동을 판단하는 기준으로서 어떤 표준이나 규칙이 사용되려면 반드시 성립되어야 할 조건에 관한 보편적 명제나 진술이다. 궁극적인 도덕 원리의 예는 효의 원리다. 이 도덕 원리에 따라서 하나의 도덕적 표준이나 규칙이 적용될 수 있는 것이다. 궁극적인 도덕 원리는 서로 다른 사회의 구체적인 표준이나 규칙의 다양성과 완전히 일치할 수 있다. 효의 원리를 인정하고 따르지만. 서로 다른 문화들에서 발견되는 삶의 태도나 신념과 그 물리적 지리적 환경을 생각한다면 유용성을 따르는 표준과 규칙은 다를 수 있을 것이기 때문이다. 예를 들어, 에스키모들은 노쇠한 부모를 벌판에 유기한 반면, 로마인들은 부모가 노쇠해지면 더욱더 정성을 다해 부모를 모셨다는 것은 역사적 사실이다. 열악한 환경에서 살아온 에스키모들에게는 어버이 살해가 안락사의 차원으로 이해되었고, 그들과 로마인들이 효의 원리를 인정하지만, 상이한 적용을 요구했음을 알 수 있다. 사회에 따라 한 행동은 옳고 다른 행동은 그르게 되는 이유는 동일한 원리, 즉 효의 원리에 의거하고 있다. 문화적 다양성은 궁극적 도덕 원리가 상대적이거나 문화제한적이라는 점을 입증하지 못한다. 그것은 다만 도덕적 표준과 규칙이 상대적이거나 문화제한적이라는 것을 보여줄 따름이다. 기술적 상대주의는 사실(문화적 다양성과 도덕적 표준과 규칙들의 다양성)과 도덕(궁극적인 도덕 원리)의 문제를 혼동한다. 문화의 다양성과 도덕적 신념의 다양성은 도덕상대주의의 출발점은 될 수 있지만, 문화적 상대주의를 도덕상대주의로 이어지게 할 수 없다. 문화적 상대주의를 수용하면서도 도덕상대주의를 부정할 수 있다.

도덕상대주의의 실제 모습은 문화나 사회에 따라 상이한 도덕적 신념을 가지고 있다는 데에 머물지 않고 옳고 그름은 사회에 따라 다르다는 규범적 입장을 취하는 것이다. 이는 바로 규범적 상대주의다. 규범적 상대주의에 따른다면, 사회마다 문화마다 상이한 도덕 신념들을 가지고 있으며, 어느 것이 옳고 그른지 판단할 수 있는 객관적인 기준이 있지 않기 때문에 다른 사회나 문화의 도덕 신념에 대해서는 침묵해야 한다. 그러나 누구나 침묵해야 함이 그 사회 구성원들 모두에게 의무라는 점에서 도덕상대주의가 도덕절대주의의 이념을 받아들이고 있음을 말해준다. 이는 바로 규범적 도덕상대주의의 자기모순인 것이다.17) 도덕상대주의의 중심적인 주장은, 도덕은 다양한 문화들의 도덕적 태도들과 관행들의 모음일 뿐이라는 점이다. 섬너가 표현했듯이, 비도덕적인 것은 그 시대와 그곳의 관행들에 반하는 것 외 다른 것을 의미하지 않는다. 베네딕트가 말했듯이, 도덕은 사회적으로 시인되는 습관들을 표현하는 편리한 용어다. 그가 속한 문화의 비위에 거슬리는 사람은 누구나 그른 사람이자 비도덕적인 사람이다.

　분석적 상대주의의 핵심적인 주장은 서로 다른 문화들이나 사회들 사이에 서로 모순인 도덕 판단들이 동일하게 옳다는 것이다. 동일하게 옳다는 개념이 문제인 것이다. 어떤 행위가 옳은 것인지 그른 것인지 판단하는 경우에 두 가지의 기준이 적용될 수 있다. 하나는 그 행위를 한 사람이 속한 사회의 도덕적 신념이 기준일 수 있고, 다른 하나는 그 평가를 내리는 사람이 속한 사회의 도덕적 신념이 기준일 수 있는 것이다. 동일한 행위를 두 사람들은 자신들이 속하는 사회의 도덕적 신념에 따라 옳은 사람으로 판단하기도 하고 그른 사람으로 판단하기도 한다. 마찬가지로, 동일한 행위에 대해서 평가하는

---

17) Bernard Williams, *Morality : An Introduction to Ethics* (new York : Harper Torch, 1972), p. 21.

사람들 자신들이 속한 사회의 도덕적 신념에 따라 판단하는 경우 동일한 행위가 옳은 행위로 판단되기도 하고 그른 행위로 판단되기도 한다. 두 경우 모두 서로 모순이 되는 판단이 내려지는 것이다. 이 경우 분석적 상대주의는 '옳다'거나 '그르다'는 개념을 남용함으로써, 동일한 행위가 옳기도 하고 그르기도 하다는 식의 모순에 빠질 것이다. 결국 분석적 상대주의는 서로 다른 도덕적 신념을 비판할 수 없다는 입장을 가짐으로써 상대주의의 기본 골격을 유지할 수는 있지만, 다른 사회의 도덕적 신념이 우리 사회의 그것과 동일하게 옳다고 볼 수 없다는 입장을 가짐으로써 규범적 상대주의가 가진 자기모순과 자의성을 벗어날 수 없는 것이다. 이 점은 도덕상대주의의 근본적인 문제다.18) 문화적 상대성은 적절한 삶의 선택을 위한 이성적 근거를 박탈할 것이다. 관용과 동등한 타당성도, 어떤 도덕 개념들도 개인의 습관들에 대해서 행사될 논리적 경험적 권위를 부여받을 수 없다. 따라서 도덕상대주의가 널리 수용된다면, 사람들은 도덕이 자의적인 사회적 인습들에 지나지 않을 것이라고 믿게 될 것이며, 진정으로 어떤 일을 해야 할 의무감을 느끼지 않을 것이다. 따라서 도덕상대주의의 결말은 도덕을 마일러(Norman Mailer)가 말하는 '절대적으로 상대적인 것(absolute relativity)'으로 바꾸어버릴 것이다.

도덕상대주의의 문제점을 종합적으로 정리한다면 다음과 같다.19) 건전한 도덕상대주의는 맥락에의 민감성이 증대하면서 자연적으로 등장하는 것이다. 진리와 도덕은 분명 관계적 개념들이다. 그래서 그것들이 상대성을 지닌다는 것도 마찬가

---

18) 이 문제에 관한 아래의 내용은 John W. Cook, op. cit., p. 41 참고.
19) 아래의 내용은 Nathan L. Tierney, *Imagination and Ethical Ideals : prospects for a unified philosophical and psychological understanding* (Albany : State University of New York, 1994), 7-9 참고.

지로 명백하다. 예를 들어, 진리는 사실과 담론에 상대적인 것이며, 도덕은 행위자의 능력과 그가 처한 환경들에 상대적인 것이다. 그러나 불건전한 도덕상대주의는 옳음을 그름으로부터, 과학을 미신으로부터, 합리적 판단을 변덕스런 믿음으로부터 구별할 수 없다. 그것은 한 사회나 한 개인이 옳은 행위라고 믿는다면 그것을 행하는 것은 진실로 옳은 일이라고 주장한다. 이런 도덕상대주의가 지닌 문제들은 상당히 쉽게 다음과 같이 확인될 수 있다. 즉, ① 그것은 관용만큼 불관용을 정당화시킨다. 왜냐하면 불관용의 사회들이 평가될 수 없기 때문이다. ② 따라서 개혁가들은 유행하는 규범들에 반하기 때문에 항상 잘못된다. ③ 권력구조가 사회 규범들을 결정하고 그래서 법칙과 시민 불복종의 정당성을 제거시키기 때문에 그것은 도덕성을 하나의 권력의 도구로 만든다. 즉, 그것은 우리에게 권력이 어떻게 사용되어야 하는가를 판단할 어떤 틀도 제공하지 않는다. ④ 그것은 개인과 사회에 관한 단순한 관념들에 의존하며, 어떤 개인도 오직 하나의 집단의 가치들을 전수받지 않으며, 하나의 개인 속에도 많은 다양하게 원천을 가진 목소리들이 있다는 사실을 무시한다. ⑤ 그것은 자주 조야한 다수결주의('다수는 항상 옳다')를 함의한다. 그런데 그것은 분명히 소수자들에 대한 사회적 정의에 관한 우리의 제도들을 공격한다. ⑥ 따라서 우리는 다른 사람들의 행위를 평가하기를 자제해야 할 뿐 아니라, 우리는 우리 자신의 행위가 순응하거나 일탈하는 것이라고 인정하는 외에 달리 그것을 평가할 수 없을 것이다. 즉, 양심이 쇠퇴할 것이다.

4. 도덕상대주의는 어떤 모습으로 삶에 적용되는가?
─ 입센의 『민중의 적』을 중심으로

　노르웨이의 극작가 입센(Henrik Ibsen)이 지은 『민중의 적』
은[20] 100여 년 전의 작품이지만 관객들로 하여금 지금의 사회
를 보는 듯한 착각에 빠지게 한다. 그것은 '항상 다수가 옳은
것은 아니다'라는 명제를 다루는 정의로운 연극이다. 여기서
말하는 '민중의 적'은 국민들을 억압하는 독재 정권이 아니고
'민중을 위한 민중의 적'이자 '진실을 지키는 적'이며 '다수의
횡포에 저항하는 민주 투사'다. 노르웨이의 가난하고 작은 항
구 도시는 온천 개발로 세계적인 휴양지로 탈바꿈되면서 주민
들은 부유해진다. 그런데 온천 개발의 아이디어를 냈던 온천
의료주임이자 의사인 토마스 스토크만 박사는 그 일로 인해
영웅이 될 순간, 온천이 오염된 사실을 알게 되고 박테리아가
사람들에게 전염병을 옮기는 것을 막기 위해서 그 사실을 진
보 신문을 통해 공개하고 계발 계획을 수정하게 만들려고 한
다. 온천 개발에 막대한 투자를 한 지역 주민들은 경제적 파장
을 고려하여 그의 말을 듣지 않는다. 그 주민들을 대표하는 시
장이자 온천개발위원회 위원장인 피터 스토크만은 토마스의
친형이어서 두 주장들의 대립이 더욱 극대화된다. 시장은 그의
지위를 이용하여 올바른 시민이자 과학자인 동생으로 하여금
오염의 실상을 공개하지 말도록 억압한다. 토마스 박사의 주장
은 진보 신문 간부들의 지지를 받는다. 그러나 사실을 왜곡시
키고 은폐하려는 시장과 언론은 자신의 이익만을 위해 믿음을
저버린다. 토마스 박사의 양심적인 주장은 다수에게 피해를 입

---

20) 여기서는 헨릭 입센 지음 · 김석만 옮김, 『민중의 적』(서울 : 범우사, 1999)
을 참고할 것이며, 인용하는 경우 본문 속에 페이지만 표시할 것이다.

히는 것으로 간주된다. 신문을 통한 진실의 공개가 어렵게 된 주인공 토마스 박사는 군중 집회를 통해 새로운 방도를 찾으려 하다가 오히려 민중의 적으로 낙인찍혀버린다. 도대체 '옳고 그름'의 기준은 무엇인가? '선악의 기준은 진리인가? 아니면 이해 관계인가?' 민중은 조작된 여론에 따라 수시로 모습을 바꾸며 눈앞의 이익에만 연연해한다. 토마스 박사는 그런 다수의 민중에 의해 무서운 고립과 공포를 느낀다. 모든 가족들이 실직당하고 그의 가족을 도와준 선장마저도 고립과 공포를 느끼고 자식들마저 학교에서 쫓겨난다. 집은 폐허가 되어버리고 마을 사람들은 밤새 욕을 퍼붓는다. 그러나 토마스 박사는 다시 확고한 신념을 주장한다. 그리고 해외로 도피하지 않고, 자신과 가족이 할 수 있는 힘을 다해 그 상황을 극복하려 한다. 힘든 사람들을 위해 진정한 민중의 곁으로 다가가서 그들과 함께 하려고 한다. 그의 딸 페트라를 통해 확고한 신념을 가지면 언젠가는 진실이 승리하고 만다는 점을 암시한다.

제1막이 시작되고 얼마 지나지 않아 갈등은 시작된다. 토마스 스토크만의 형이자 시장인 피터 스토크만은 「민중매일신보」 편집인 홉스타드와 대화를 나눈다. 문제는 진실인가, 다수의 박수(=찬성) 내지 다수 주민들의 마음(=이익)인가라고 할 수 있다. 이것은 바로 도덕의 상대성 문제다. 동생인 토마스 스토크만 박사는 진실을 주장하는 도덕객관주의자며, 형인 시장은 도덕상대주의자로서 진실보다는 다수의 이익을 내세운다.

시　장：웅, 민중매일신보? 거기에 없어선 안 될 필자가 되었더구만.
홉스타드：박사님은 아주 특별한 필자입니다. 진실을 밝혀야 할 일이 생길 때마다 저희 신문을 빛내주십니다.
시　장：진실? 진실이라! 음, 그래요?
⋯⋯

시 장 : 내 동생이 당신네 신문을 이용하는 걸 비난하는 건 아니요.
"배우들은 박수를 제일 많이 쳐대는 관객을 바라보게" 돼 있는 거
요. 내가 반대하는 건, 사실은, 언론이 아네요.
⋯⋯

시 장 : 당신네 신문과 내 동생이 주장하는 진실이 무엇이든지 간에
언론에선 요즈음 주민들의 마음을 알아야 합니다 ⋯.(22)

이어서 시장은 히스틴 온천이 작은 도시의 이해 관계에 얼
마나 중요한 것인지를 강조하여 말한다. 도덕은 문화나 사회에
따라서 상대적인 것일 뿐 아니라 다수의 이해 관계에 상대적
임을 강조하고 있는 것이다. 따로 진실이란 있을 수 없는 것임
도 함께 강조하고 있는 것이다.

시 장 : 보통 온천이 아네요. 이 마을의 영혼을 바꿔버린 그 기가 막
힌 온천, 히스틴 온천은 우리 마을의 지도를 바꿔버렸어요.
⋯⋯

시 장 : 모든 게 확 달라졌어요. 땅값도 뛰고, 하루가 다르게 거래가
늘고 사업은 번창하고 ⋯.

홉스타드 : 실업도 사라질 거라면서요?

시 장 : 그렇지. 부자만 세금을 내던 시대는 지나갔습니다.

홉스타드 : 벌써 예약을 받고 있다면서요?

시 장 : 매일 들어오고 있지. 아주 고무적이야. 말두 못해.(23)

그러나 의사이자 시장의 친동생인 토마스 스토크만 박사는
직접 진실을 주장한다. 온천 개발의 문제점을 지적하고 그 개
발 계획을 수정하는 것이 다수의 이익에는 어긋나지만, 그것이
바로 진실 내지 객관적 도덕이라는 것이다.

스토크만 : 우리의 미래를 보장한다고 그렇게 떠들어대던 온천이, 기

적 같은 선물이라던 온천 요양원 전체가 전염병 소굴이야.

......

스토크만 : 저 풍차골 계곡이 썩은 거 알고 있지? 냄새가 얼마나 지
　　독해? 그 위에 있는 가죽 공장에서 버린 쓰레기 때문이야. 바로
　　그 독이 든 썩은 물이 "축복과 기적의 물" 속으로 스며들고 있는
　　거야!

......

스토크만 : 작년 방문객들 중에 환자가 너무 많이 생겼어. 장티푸스
　　에 위장병에다 많았어, 그래서 의심을 하기 시작했지.

......

스토크만 : 이거야. 물 속에 전염병 유기 물질이 들어 있대요.(35-36)

　제2막에서는 형인 시장과 동생인 박사가 직접 자신들의 주
장을 내세우며 갈등한다. 진실 내지 객관적 도덕이 사람들의
이해 관계를 해친다고 시장은 주장한다. 그러나 박사는 오히려
민중과 사회에 진실을 속이면서 그 이익만을 추구하는 행위가
불법적이며 비도덕적인 행위라고 주장한다.

시　장 : … 온천 수질이 오염됐다고 소문이 나봐라. 누가 찾아오겠냐?
　　넌 실제로 우리 마을을 파괴할 힘을 갖고 있다. 이거야.

스토크만 : 전 아무것도 파괴하고 싶지 않습니다.

시　장 : 히스틴 온천은 우리 마을의 생명줄이다. 우리가 가진 유일한
　　미래야. 이제 엉뚱한 짓 그만하고 생각을 돌려.(55)

......

스토크만 : … 공공 대중과 사회를 상대로 저지르는 농간은 아주 끔
　　찍한 범죄 행위입니다!(56)

......

시　장 : 넌 남 생각하지 않고 사는 '애'야. 넌 머리가 자동으로 돌아가
　　지? 어떤 생각이 떠오르면 앞뒤 재보지도 않고 몽유병 환자처럼

언론에다 글을 써댄단 말이다.

스토크만 : 주민들과 새로운 사고를 함께 나누는 게 민주 시민의 의무라고 생각하지 않으십니까?(57)

......

'주민들과 새로운 사고를 함께 나누는 게'라는 표현은 오히려 도덕상대주의의 입장에 가깝지만, 여기서 말하는 '생각을 함께 나눔'은 보편적 내지 객관적인 사고를 가지는 것이 진실이라는 의미다. 이어서 시장은 설득보다는 권위를 내세우며 명령을 내린다. 이 점은 도덕상대주의가 주장하는 관용의 정신에 오히려 어긋나는 것이다. 관용의 정신이 아니라 힘을 앞세우고 진실을 파괴하는 것이 도덕상대주의가 될 수 있음을 보여주는 것이다.

시 장 : … 넌 권위에 대해서 불만이 너무 많아. 누가 너한테 명령을 내리면 억압한다구 하지 않나, 상관한테 대들기루 작정을 하면 눈에 뵈는 게 없지. 좋아. 더 이상 널 설득하진 않겠다. 그 대신 명령을 내리겠다.(58)

......

시 장 : 나두 민심을 가라앉히기 위해서 성명서를 발표하겠다.(59)

......

카트린 : 생각해봐요. 형님은 힘을 가지고 있어요.

스토크만 : 안다구. 나한텐 진실이 있어.

제3막에서는 진보 신문의 편집인이 결국 박사의 입장을 버리고 시장의 입장을 선택하는 모습이 보인다. 그는 진실을 버리고 이해 관계를 택하는 것이다. 도덕상대주의의 입장은 진실을 환상이라고 생각한다. 오로지 이해 관계만을 중시한다. 과

학적 진실을 오히려 미치광이 몽상으로, 파괴로 오도하는 것이
도덕상대주의의 문제점일 수 있다.

시 장 : 실제 상황이요. 시설을 바꾸는 데 그 방법밖에 없어요. 더 중
　　요한 건 시간이요. 시설을 다 바꾸는 데 2년 이상이 걸린다는 사실
　　은 무얼 의미합니까? 수중에 들어오는 수입은 없고, 세월은 흐르
　　고 세금은 올라간다? 상상할 수 있겠소, 주민들의 고통을? (감정
　　이 오른다. 원고를 쥔 손에 힘을 주며) 전염병균이 우글거리는 시
　　궁창 속에 살고 있다는 몽상, 이 따위 환상 때문에 그렇게 된 거야.
홉스타드 : 그건 과학적 사실에 근거한 겁니다.
시 장 : (원고로 탁자를 내리치며) 우리에게 앙심을 품고 과학의 이름
　　으로 (원고를 계속 내리치며) 주민의 생활을 파괴하려는 거야. 미
　　치광이의 몽상이지, 과학이나 건설과는 관계없어. 파괴야, 완전한
　　파괴! 주민들에게 이 사실도 정확히 알리시오!
아스락슨 : (홉스타드에게) 세금 문제를 다룰 자신 있어?
홉스타드 : (긴장하며) 솔직히 세금 문제는 생각도 못했어요. 전 …
　　(시장에게) 주민들에게 피해를 주는 건 싫습니다. 세금을 더 내게
　　되리라고는 전혀 생각을 못 해봤습니다.
시 장 : 당신들 세금 인상 반대하는 사람들 아냐? 당신네 자유, 민주,
　　진보 언론의 독자가 세금 많이 내는 걸 바라진 않겠지? 그 점은
　　당신네들이 나보다 더 잘 알거요. 박사가 제기한 문제에 나도 현
　　실적 대안을 찾아냈소. 이것두, 다른 전문가가 작성한 보고선데
　　"감독을 잘하기만 하면 수질 문제는 걱정할 게 없다"는 결론이요.
　　(보고서를 꺼낸다.) 물론 빠른 시일 안에 시설을 약간 변경해야 한
　　다는데 그 정도 비용은 시의 추경예산으로도 충당할 수 있어요.
홉스타드 : 볼 수 있을까요?
시 장 : (다른 보고서를 준다.) 잘 검토해보시오.(76-77)

제4막은 이 연극의 절정을 이룬다. 신문을 통해 진실과 객관

적인 도덕 원리를 확인시키는 일이 불가능해진 것을 알게 된 주인공 토마스 박사는 군중집회를 통해 진실을 밝히고자 했으나 도리어 '민중의 적'으로 낙인이 찍혀버린다.

시 장 : … 스토크만 박사는, … 우리 히스틴 온천, 온천 요양원 전체를 파괴하려고 하고 있습니다.
스토크만 : 형님!
아스락슨 : (손에 들고 있던 작은 종을 울리며) 경고합니다. 회의를 방해하지 말아주십시오.(92)

시장은 계속 일방적으로 박사를 매도하는 발언만 일삼고, 관중들은 거기에 호응하고, 사회자는 계속 박사의 발언을 막으면서 군중집회를 오도한다. 도덕상대주의가 잘못되면 오히려 도덕절대주의에 빠지면서 관용은커녕 억압과 권위만 행사한다는 점을 보여주는 장면들이다.

시 장 : … 우리 마을에 온천이 있었습니까? 그저 차나 다니는 길밖에 뭐가 있었습니까? … 지금은 최고의 휴양지로서 국제적으로도 이름이 나려는 순간에 와 있습니다. 난 5년 안에 여기에 모인 여러분들을 세계 최고의 부자 시민으로 만들 자신이 있습니다. 학교가 들어서고 최고의 시설이 들어설 것이며 고속도로가 건설되고, 주택 단지가 조성되며, 일류 패션 가게들이 저 태평로를 가득 채울 것입니다. 우리 마을의 이름이 더럽혀지지 않고 무고한 공격을 받지 않는다면, 세계에서 가장 부유하고 풍요로운 휴양지가 될 것을 믿어 의심치 않습니다. 여러분에게 묻겠습니다. 어떤 사람이 주장하는 대로, "온천의 작은 문제를 확대하고 과장하여 우리의 앞길을 가로막는 '민주적 권리'를 주장해도 되겠습니까?
('아니오, 아닙니다'라는 반응이 들린다.)
우리는 외부의 세계가 우리를 어떻게 바라보느냐에 따라서 죽을 수도 있고 살 수도 있습니다. 죽느냐 사느냐를 가르는 선은 분명하게 그어져야 하고, 누군가 그 선을 넘을 때는 우리 민중은 그 자의 목덜미를 움켜쥐고는 "안 돼!"라고 단호하게 선언해야 할 것입니다.(94)

　　말을 마침과 동시에 함성이 터진다. 아스락슨이 종을 쳐댄다.
　　스토크만이 보고서를 들고 단상으로 오르려 한다.

시　장 : 의장! 난 스토크만 박사의 보고서 낭독을 막아달라고 정식으로 요구하겠습니다.

　　… 아스락슨이 열광하는 군중을 진정시키느라고 종을 울린다.
　　스토크만이 보고서를 들고 단상으로 뛰어오른다.

아스락슨 : 조용히 하십시오. 여러분, 투표를 하는 게 좋다고 생각합니다.
스토크만 : 아니, 나한테는 발언할 기회도 안 주는 거요?
아스락슨 : 바로 그 문제를 놓고 투표하자는 거 아닙니까?(94-95)

　　이 대목은 도덕상대주의의 적나라한 문제들을 보여주고 있다. 오로지 도덕(원리)은 염두에 두지 않고 이해 관계에만 연연한다. 진정한 이익을 위한 유용성의 원리에 따라야 함에도 불구하고, 특정한 사람들의 눈앞의 이익만을 생각하는 것이다. 그리고 옳고 그름의 문제는 안중에 없이 오로지 투표하는 형식을 통해 다수의 의견, 그것도 정서적인 군중의 의견을 통해 문제를 해결하려고 시도한다. 합리성은 무시되고 마는 것이다. 이익만을 추구하고 도덕은 꼬리를 감추어버린 사회의 모습을 보여준다. 도덕 원리를 따라야 하는 사람들 스스로 도덕의 문제를 자신들의 손으로 결정하게 된다. 옳고 그름의 중요한 문제는 도외시하고 오로지 이익이 크고 작은 문제만을 생각하는 것이 도덕상대주의의 결점인 것이다.

토마스 박사는 발언의 기회를 갖지 못하고 어쩔 줄 모르면서 딸의 얼굴을 바라보자, 딸은 투표 발제에 동의하라고 조언했다. 박사는 겨우 투표 발제를 동의하는 발언을 하게 된다. 그는 시장은 지금까지 '어떤 사실'에 대해서는 말하지 않았다고 하면서 원고를 집어들고 사실을 밝히고자 한다. 그러자 주민들은 반대의 반응을 보인다. '집어치우라'는 고함소리가 들린다. 박사는 원고를 내리고 좌절을 느끼면서 뒤로 물러선다. 그는 투표할 필요도 없다고 말하고 온천에 대해서는 한마디 말도 하지 않겠다고 하면서, 그보다 더 중요한 문제로 '민주주의자'를 자처하는 진보 신문의 편집인을 급진주의자로 부르면서 '축하한다'는 말로 비난하기 시작한다.

> 스토크만 : 민중이라는 마법의 단어로 날 취하게 하지 마십시오. 인간의 겉모습을 지녔다고 해서 저절로 민중이 되지는 않더란 말입니다. 민중의 명예는 반드시 성취해서 얻어야 하는 것입니다! 사람의 모습을 갖추고, 집을 지어 그 안에서 살고, 서로의 체면을 세워준다고 해서, 또 주변 사람에게 동조한다고 해서 저절로 인간이 되는 것도 아닙니다. 인간이라는 이름도 역시 쟁취해야 하는 것입니다. 난 이제 온천에 대한 결론을 내리겠습니다.
> 시　장 : 넌 그런 권리가 없다!
> 스토크만 : … 난 한때 다수의 민중이 내 편이라고 생각했습니다. 나에게 다수가 있다. 그 느낌은 괜찮았습니다. 이 마을을 사랑했기에 보수도 없고, 다정하게 격려해주는 말 한마디 없어도 수개월 동안 온천 개발 가능성을 찾아내었던 것입니다. 시장님이 원하는 것처럼 우리 마을이 번성해지는 것을 원해서라기보다, 아픈 사람을 고쳐줄 수 있고, 다른 나라에서 온 사람들을 만나고, 뭔가 새로운 것을 배워 폭넓고 새로운 문명을 맛보고 싶어서였습니다. 다시 말해서, 더욱 인간답고, 더욱 민주다워지기 위해서였습니다.

어느 주민 : 혁명가는 물러가라! (한동안 반응)

스토크만 : 난 혁명가는 아닙니다! 아니, 정정하겠습니다. 그래요. 난 혁명가입니다! 다수가 항상 옳다고 믿는 허위 의식에 반대하는 혁명가입니다!

......

스토크만 : 예수가 십자가에 못 박힐 때 그 옆에 있던 다수는 옳았습니까? (침묵) 지구가 태양의 주위를 돈다는 말을 듣지 않고, 갈릴레이 갈릴레오를 짐승처럼 무릎을 꿇게 만들었던 다수가 과연 옳았습니까? … 옳다는 증명을 받기 전까지, 다수는 결코 옳지 않습니다!

홉스타드 : 다수가 원하면 소수는 다수의 의견을 따라야 합니다.

스토크만 : … 진리는 항상 같습니다. '소수의 권리'는 '다수'에게 공격을 받더라도 신성한 것입니다.

시 장 : 사회자! 저자의 입을 막으시오!

스토크만 : 모두 알아두셔야 합니다. 온천물은 오염되었습니다.

어느 주민 : (단상으로 뛰어올라가 스토크만 얼굴에 주먹으로 위협하며) 오염이란 말 한마디만 더하면 가만 안 둔다!

군중들이 고함을 지른다. 일부는 단상으로 돌진한다.

......

......

스토크만 : 썩어빠진 도덕의 토대 위에 사회를 건설하면 사회 전체가 썩어버립니다. 자유와 진실을 말살시켜가며 번영해야 한다면 난 이렇게 외치겠습니다. "망하라, 민중이여! 사라져라, 민중이여!"

그는 단상을 떠난다.

......

아스락슨 : (시장과 구수 회의를 하고) 다음과 같이 결의문을 채택하겠습니다. 이 마을과 나라를 지키기 위해 모인 애국 시민 일동은 히스틴 온천개발위원회의 의료주임 스토크만 박사를 "민중의 적

이요, 사회의 반역자"라고 선언합니다.

동의의 고함소리가 들린다.(97-102)

위의 대목들은 도덕상대주의의 문제점들을 제시하면서 도덕객관주의의 의도를 잘 보여준다. 인간이 된다는 것은 도덕원리를 가져야 하고 그 원리의 실천을 위해 노력해야 한다는 것이다. 모습만 인간이라고 해서 인간이 되는 것이 아니며, 인간이면 누구나 가져야 할 삶의 자세가 있다는 것이다. 그것이 보편적이고 절대적은 것은 아닐지라도, 적어도 객관적으로 인정되어야 한다는 것이다. 그것이 바로 도덕(원리)이라는 것이다. '민중의 명예'도 '인간의 이름'도 도덕을 지키는 데 있다. 그런데 그것을 부정하는 것이 도덕상대주의다. 도덕객관주의는 도덕은 이익이 되고 안 되는 문제, 좋고 나쁜(good or bad) 것의 문제가 아니라 옳고 그름(right or wrong)의 문제라고 주장한다. 거짓을 버리고 진실을, 그름을 피하고 옳음을 추구하는 것이 도덕의 진정한 모습이라는 것이다. 그 옳음과 진실은 물론 절대적으로 주장되는 것이 아니고 과학적 객관적 증명을 통해 검증되어야 한다. 그 증명은 '다수'로 결정되어서는 안 된다. 그러나 도덕이 상실된 사회에서는 다수인 민중의 의견이 도덕을 대신한다. 결국 도덕객관주의가 주장하는 진실과 옳음, 도덕(원리)은 '민중의 적'으로 선언되고 만다.

제5막 마지막 막에서는 그 후 박사와 그 가족들이 겪는 어려움들을 보여주고 그것을 극복하려는 박사의 의지를 드러낸다. 박사 가정의 거실에는 유리창이 깨어져 있고, 방안은 어수선하고, 수시로 돌멩이들이 날아들어 온다. 이제 꼬마들마저 돌을 던지고 사라진다. 교사인 딸도 학교에서 퇴출되고, 박사의 직업인 의사의 일도 불가능해진다. 집집마다 진정서가 나돌고 서명을 받아서 박사에게서 진료를 받지 않기로 여론이 조성된다. 자녀들도 학교 친구들에게서 어려움들을 겪는다. 미국으로 이주할 생각도 잠시 했지만 박사의 가족은 어려움을 극복하고자 다짐한다. 인간 사회에서는 어떤 난간에서도 도덕(원리)은 살아 있어야 한다는 점을 보여주는 것이다. 도덕상대주의는 도덕이 상실된 사회, 인간적이지 못한 사회로 이어질 가능성이 많다는 것이다.

> 스토크만 : … 우린 진리를 위해서 싸우는 거다. 그래서 외로운 거야. 외로움은 우리를 강하게 키워줄 거야. 우린 세상에서 가장 강한 사람들이다 ….

> 밖에서 화난 군중 소리가 들린다. 돌멩이 하나가 또 들어온다.

> 스토크만 : 그리고 강한 사람은 그 외로움을 배워야만 하는 거란다!

> 군중의 소리가 더욱 커진다. 그는 무대 위쪽에 있는 창가로 걸어간다. 바람이 일어 그를 향하여 커튼이 날리기 시작한다. 군중들의 구호, '민중의 적' 소리가 점점 다가온다. 이에 맞서듯이 스토크만이 창가로 다가갈 때 서서히 막이 내린다.

5. 결 론

도덕상대주의가 문제점을 가진다면 도덕절대주의(moral absolutism)를 주장해야 하는가? 도덕절대주의는 '결코 어겨서는 안 되는 도덕(원리)들이 있다'고 믿는 입장이다. '사람은 무슨 약속이든 그것을 어겨서는 안 된다'는 식의 도덕 원리를 주장한다. 그러나 그것도 많은 문제점들을 지닐 수 있다. 여기서는 그 문제점을 다룰 수 없으며, 결론에 대신하여 도덕상대주의와 도덕절대주의, 극단적인 두 입장들이 지닌 문제점들을 극복할 수 있는 대안인 도덕객관주의(moral objectivism)를 살펴보고자 한다.

우선, 도덕객관주의는 도덕 원리를 주장하지만 그것이 도덕절대주의가 주장하는 것과 동일한 성격의 도덕 원리가 아니다. 그것은 어길 수 없는 절대적인 도덕 원리들을 주장하지 않는다. "도덕 문제에 '옳은' 답이 있다고 가정하는 것은 절대적인 도덕들에 대한 믿음을 가진 것으로 비난을 받거나 신뢰를 받는 것이다. 그러나 시간적 공간적 관계들과 그것들에 관한 판단들의 객관성을 믿기 위해서 절대적 공간이나 절대적 시간의 실존을 믿을 필요가 없듯이, 도덕적 객관성을 믿기 위해서 절대적인 도덕들을 믿을 필요가 없다."21) "객관주의가 주장하는 도덕 원리는 로스(William Ross)가 '자명한(prima facie)' 원리라고 불렀던 것이며, 그것은 일반적으로 지켜지지만, 도덕적 갈등의 상황에서는 다른 도덕 원리들에 의해 무시될 수 있는 원리들(=타당한 행위 규칙들)이다. 예를 들어, 정의의 원리가 일반적으로 자비의 원리보다 중요하지만, 적은 양의 정의를 희생시킴으로써 거대한 선이 행해질 수 있고 그래서 객관주의자는 자비의 원리에 따라 행동하는 경향이 있다."22) 절대적인 것은 아니지만 이런 객관적인 도덕 원리가 있다는 점이 입증된다면, 도덕절대주의가 진실임을 입증하는 것은 아닐지라도, 적

---

21) Renford Bambrough, *Moral Skepticism and Moral Knowledge* (London : Routledge & Kegan Paul, 1979), p. 33 in Louis P. Pojman, ed., op. cit., p. 182.
22) William Ross, *The Right and the Good* (Oxford University Press, 1930), p. 18f in Ibid., p. 183.

어도 도덕상대주의가 잘못된 입장임을 입증할 수 있을 것이다. 그런 객관적인 도덕 원리가 있다고 주장하는 입장이 도덕객관주의인 것이다. 그런 객관적 도덕 원리의 예를 한 가지 제시한다면 다음과 같은 것이다. 즉, "재미로 사람을 괴롭히는 것은 도덕적으로 그른 행동이다." 합리적인 사람들은 누구나 이 도덕 원리를 따라야 할 것이다. 어떤 사람이 이 도덕 원리를 거부한다는 사실이, 그것이 진실이라는 점에 영향을 미칠 수 없다. 오히려 그것을 어기는 그 사람의 행위가 그릇된 것임을 밝혀주는 것이다.

도덕객관주의에서 주장하는 도덕 원리는 무조건적인 원리가 아니다. 예를 들면, '죽이는 것은 그르다'는 원리는 객관주의가 주장하는 원리가 아니다. 그것은 무조건적인 주장이며, 거짓 주장일 수 있기 때문이다. 파리 한 마리를 죽이는 것은 잘못이 아닐 수 있기 때문에, 이 경우 죽이는 것이 그르다는 원리는 거짓일 것이다. 그래서 우리는 '사람을 죽이는 것은 그르다'는 원리로 바꿀 것이다. 그러나 도덕객관주의는 이 원리도 객관적인 사실(=진실)로 주장하지 않는다. 왜냐하면, 자기방어를 위해 사람을 죽이는 것이 그르지 않을 수 있기 때문이다. 그래서 도덕객관주의가 주장하는 도덕 원리는 '도덕적으로 정당한 근거 없이 사람을 죽이는 것은 그르다', '죄 없는 사람들을 죽이려고 하는 누군가를 죽이는 것은 만약 그것이 그들을 살리는 유일한 방법이라면 그릇된 것이 아니다', '경제적인 이익을 위해서 죄 없는 사람을 죽이는 것은 그르다', '쾌락을 위해서 사람을 죽이는 것은 그르다' 등의 형식을 띤다. 따라서 도덕객관주의는 '도둑질이 비도덕적인가?', '일부다처제가 비도덕적인가?' 등과 같은 형식의 질문에 답할 수 없다고 주장한다. 그것이 답할 수 있는 질문은 '어떤 조건 아래에서 도둑질

(내지 일부다처제)이 비도덕적인가?'라는 형식의 질문이라고 주장한다. 예를 들면, "남자와 여자의 수가 똑같은 사회 속에서 일부다처제가 비도덕적인가?", "여자보다 남자가 훨씬 더 적은 그러한 사회 속에서 일부다처제가 비도덕적인가?", "거의 모든 사람이 일부다처제가 비도덕적이라고 믿는 사회 속에서 일부다처제가 비도덕적인가?" 등과 같은 질문들이다. 정리하여 제시한다면, 객관적인 도덕 원리들은 다음과 같은 것일 수 있다.23) 즉, ① 죄 없는 사람을 죽이지 말라. ② 불필요한 고통이나 괴로움을 불러일으키지 말라. ③ 속이거나 훔치지 말라. ④ 약속과 계약을 지키라. ⑤ 다른 사람의 자유를 빼앗지 말라. ⑥ 공정하게 행동하라. 균등한 사람은 동등하게, 균등하지 않는 사람은 동등하지 않게 대하라. ⑦ 진실을 말하라. ⑧ 적어도 자신의 희생이 적을 때는 다른 사람을 도와라. ⑨ 보답하라(도움을 준 데 감사를 표시하라). ⑩ 정당한 법을 준수하라. 이런 도덕 원리들은 결코 자의적인 것이 아니다. 그것들이 인간다움을 보장하는 핵심적인 도덕들인 것이다. 그것들은 도덕적 갈등의 해결에 중심적인 역할을 한다. 그러나 객관적인 도덕 원리를 반영하는 핵심적인 도덕적 규칙들은 건강한 식사를 위해서 필수적인 비타민들과 유비될 수 있다. 영양식을 도모하면서 적절한 양의 비타민들을 필요로 하는 것이지, 특정한 요리 방법과 특정 음식이나 상차리기를 염두에 둘 필요가 없다. 미식가나 채식주의자는 서로 다른 음식들을 먹지만, 모든 사람들은 엄격한 음식 관리도 하지도 않고 특정한 요리 방법을 사용하지 않으면서 기본적인 영양소들을 먹을 것이다. 마지막으로, 도덕객관주의의 주장을 정리하여 제시하면 다음과 같다.24) 즉,

---

23) Louis P. Pojman, op. cit., p. 184 참고.
24) Ibid., p. 185.

① 인간 본성은 비교적 유사하고, 인간은 공동의 욕구와 이해 관계들을 갖는다. ② 도덕 원리들은 인간 욕구들과 이해 관계들에 의해 형성된 것이며, 이성적인 존재들(그리고 타자들)의 가장 중요한 이해 관계들과 욕구들을 증진시키기 위하여 이성에 의해 구성된 것이다. ③ 일부 도덕적 원리들은 인간 이해 관계들을 증진시킬 것이며, 다른 것보다 더 잘 인간 욕구를 충족시킬 것이다. ④ 본질적 욕구들을 충족시키고 적절한 방식으로 인간의 가장 중요한 이해 관계들을 증진시키는 그런 원리들은 객관적으로 타당한 도덕 원리들이라고 말할 수 있다. ⑤ 그러므로 공동의 인간 본성이 있기 때문에 모든 인간들에게 적용될 수 있는 객관적으로 타당한 도덕적 원리들이 있다.

□ 참고 문헌

루스 베네딕트 지음 · 김열규 옮김, 『문화의 패턴』(서울 : 도서출판 까치, 1993).
폴 테일러 지음 · 김영진 옮김, 『윤리학의 기본 원리』(서울 : 서광사, 1985).
헨릭 입센 지음 · 김석만 옮김, 『민중의 적』(서울 : 범우사, 1999).
Bambrough, Renford, *Moral Skepticism and Moral Knowledge* (London : Routledge & Kegan Paul, 1979).
Cook, John W., *Morality and Cultural Differences* (New York, Oxford : Oxford University Press, 1999).
Harman, Gilbert & Thomson, Judith Jarvis, *Moral Relativism and Moral Objectivity* (Cambridge, Massachusetts : Blackwell Publishers Inc., 1996).
Kroeber, Alfred, *Anthropology* (New York : Harcourt Brace, 1948).
Ladd, John, ed., *Ethical Relativism* (Belmont, Calif. : Wadsworth Publishing Co.., Inc., 1973).
Levy, Neil, *Moral Relativism : a short introduction* (Oxford : Oneworld, 2002).
Pojman, Louis P., ed., *The Moral Life : An Introductory Reader in Ethics and Literature* (Oxford : Oxford University Press, 2004).
Ross, William, *The Right and the Good* (Oxford University Press, 1930).

Sommers, Christina & Sommers, Fred, *Vice & Virtue in Everyday Life :
Introductory Readings in Ethics* (Fort Worth : Harcourt Brace College
Publishers, 1985).

Sumner, W. G., *Folkways* (Ginn & Co., 1906).

Tierney, Nathan L., *Imagination and Ethical Ideals : prospects for a unified
philosophical and psychological understanding* (Albany : State University
of New York, 1994).

Williams, Bernard, *Morality : An Introduction to Ethics* (new York : Harper
Torch, 1972).

제5장
도덕은 형이상학적인가?

1. 서 론

사회 구조가 도덕 체계를 일방적으로 결정하는 것은 아니지만, 사회 구조에 크게 의존하는 것이 도덕 체계다. 전근대적 사회 구조는 '덕 윤리'와 연결되었지만, 근대적 사회 구조는 새로운 '규범 윤리'와 연결되었다. 근대의 산업 사회가 등장하면서 인간 삶의 모든 측면들을 포괄하는 덕 윤리는 설 땅을 잃게 되고, 최소 도덕을 강조하는 규범 윤리 내지 의무 윤리가 새로운 도덕 체계로 등장하게 되었던 것이다. 전근대 사회와 근대 사회의 구조적 특징들을 가장 잘 설명하는 개념은 퇴니스(F. Tönnis)의 '공동사회(Gemeinschaft)'와 '이익사회(Gesellschaft)'일 것이다. 공동사회는 가족과 민족 등 혈연 관계에 의해 구성되는 자연 발생적이고 생물학적인 공동체며, 그것은 개인의 차원을 넘어 세대로 전승되면서 공동의 역사와 전통과 집단 의식을 가진다. 그래서 그 구성원들은 강한 유대 의식과 책임감을 가진다. 그들은 그 사회의 최대 도덕을 쉽게 수용한다. 그러나 근대 사회는 교통과 통신이 발달하고 사회적 변화와 이동이 급속히 진행되면서, 사회 구성원들은 혈연과 지연과 무관한 새로운 이익사회를 구성하게 되었다. 이익사회는 이해 관계를 실현하기 위해서 새로운 사회 질서와 규범 체계를 모색하게 된다. 그 규범 체계는 서로 용인하고 공유할 수 있는 최소 도덕일 것이다.

근대 사상을 대변하는 임마누엘 칸트(Immanuel Kant)는 '코페르니쿠스적 혁명'이라고 불릴[1] 정도로 획기적인 도덕 체계의 전환을 모색했다. 그는 전통적인 덕 윤리학을 대체하는 새로운 윤리학으로 '도덕형이상학(Metaphysik der Sitten)'을 제시했다. 그의 도덕형이상학은 덕에 대한 대안으로 도덕 법칙을 제시하기도 하였지만, 더욱 중요한 점은 당시 근대 사회를 지배하던 공리주의를 포함하는 목적론(teleology)적 도덕 체계가 강조하는 '도덕의 목적'보다는 '도덕적 의무'를, 결과보다는 동기를 강조하였다. 그래서 그의 도덕형이상학은 의무론(deontology)으로 통하기도 한다. 덕 윤리학은 인간 품성 계발과 참된 삶을 강조한다. 어떤 종류의 품성 내지 덕들을 어떤 방식으로 계발해야 할 것인가가 주된 관심사다. 덕 윤리학에서 말하는 도덕적 행위는 덕을 지닌 사람이 행하는 행위다. 이는 곧 행위자 중심의 도덕철학인 것이다. 반면, 도덕형이상학 내지 의무론에서는 인간 행위의 옳고 그름을 밝히는 데 관심을 갖는다. 어떤 행위를 왜 행해야 하는지를 밝히는 데 중점을 두

---

1) John R. Silber, "The Copernican Revolution in Ethics : The Good Re-examined", Ruthe Chadwick and Clive Cazeaux, ed., *Immanuel Kant : critical assessments* vol. III (London and New York : Routledge, 1992).

는 것이다. 여기서 도덕적인 행위는 그 의무나 규칙을 따르는 행위인 것이다. 이는 곧 행위 중심의 도덕철학인 셈이다. 그리고 목적론적 도덕 체계에서는 선한 것을 먼저 의지의 대상으로 규정하고, 그 규정을 통해 도덕 규칙과 의무의 개념을 도출한다. '좋음(good)'을 먼저 규정하고 그것을 추구하는 것이 '옳음(right)'이라고 생각하는 것이다. 목적론은 모든 이성적인 존재자들이 보편적으로 욕망하는 대상이 존재한다고 하면서 그것을 행복이라고 규정한다. 실질적인 행복의 추구를 도덕의 목적으로 삼는 것이다. 그리고 그 목적을 달성하는 것이 옳다는 것이다. 반면, 의무론 내지 법칙론은 보편적인 도덕 법칙을 먼저 규정해야 한다고 주장한다. 그리고 그 도덕 법칙에 어울리는 대상을 추구해야 한다는 것이다. 그 규정된 옳음을 실천하는 것이 좋음이라고 생각한다. 의무론은 보편적인 도덕 법칙이 결정되기 전에는 어떤 대상이 그 자체로 옳거나 선한 것인지를 규정할 수 없다고 주장한다.

칸트의 도덕형이상학은 이성 속에 선험적으로 주어진 실천 원리의 근원을 탐구한다. 현상들 이면의 초경험적 원리들을 탐구하는 것이 형이상학인 것처럼, 도덕 현상 이면의 보편적이고 필연적인 도덕 원리를 탐구하여 그것을 도덕 법칙으로 삼고자 하는 것이 도덕형이상학이다. 그것에 따르면, 행복이라는 것이 모든 인간들이 욕망하는 보편적 대상이며 따라서 그것으로부터 도출된 실천 원리가 보편적일 수 있다고 하더라도, 그것이 욕망한다는 사실에 의존하는 한 경험적이고 감성적인 쾌락에 의존하기 때문에 무조건적이고 선험적인 실천적 필연성을 갖지 못하기 때문에 도덕 법칙일 수 없다는 것이다. 행복을 도덕의 궁극적인 목적으로 삼는 것은 순수한 도덕성보다는 그 결과를 추구하는 것이기 때문에, 도덕성의 존립을 위험에 처하게 할 수 있다는 것이다. 의지의 대상으로서 행복 내지 목적은 그것을 달성하고자 하는 인간의 의지와 무관하거나 우연히 관련되거나 의지를 강제하여 의지의 자유를 파괴할 수 있는 것이다. 결국 선과 의지 사이에 어떤 의무 관계도 성립하지 않을 것이며, 선한 것으로부터 실천적 도덕 법칙이 도출될 수 없을 것이다. 도덕 법칙은 외적이고 경험적인 근거로 성립할 수 없다는 것이다. 어떤 대상을 욕망한다는 경험에는 자연 법칙만 있을 뿐 도덕 법칙이 있을 수 없다는 주장이다. 칸트는 도덕의 순수성을 확보하여 그 토대를 굳건히 하고자 도덕형이상학을 주장하고 있다. 그에게 순수한 것은 선험적인 것이며, 경험적인 것이 포함되지 않기 때문에 필연적이고 보편적인 것이 될 수 있다는 것이다. "그의 도덕형이상학은 인간은 이성의 실천적 사용에서 감각적 경향의 구속으로부터 벗어나 의지의 사용에 관한 자주적인 입법을 할 수 있고 그리고 스스로 입법한 도덕 법칙을 가지고 세계와 도덕적 관계를 맺을 수 있는 존재라는 점과, 세계와의 도덕적 관계 맺음을 통해, 즉 '도덕 세계'를 건설함으로써 인간이 '예지적 인간(homo noumenon)'이 될 수 있다는 점을 가르친다."2)

칸트의 『도덕형이상학』과 『순수한 이성의 한계 안에서의 종교』에서는 목적론이나3) 덕 윤리로4) 해석될 수도 있는 내용들이 있지만, 본 논문에서는 그의 『도덕형이상학을 위한 기초 놓기(*Grundlegung zur Metaphysik der Sitten*)』를5) 중심으로 그

---

2) 이엽, 「윤리학의 새로운 명칭으로서 도덕형이상학과 칸트 윤리학의 근본 동기」, 한국칸트학회 편, 『칸트와 윤리학』(서울 : 민음사, 1996), p. 36.
3) Keith Ward, "Kant's Teleological Ethics", Ruthe Chadwick and Clive Cazeaux, ed., op. cit.
4) Robert B. Louden, "Kant's Virtue Ethics", Ibid.
5) 임마누엘 칸트 지음·이원봉 옮김, 『도덕형이상학을 위한 기초 놓기』(서울 : 책세상, 2002)를 참고. 인용의 경우에는 본문 속에 (GMS, 쪽수)를 표기함.

의 도덕형이상학 내지 의무론적 윤리학(deontological ethics)의 내용을 정리하고, 그것이 인간의 실제적 삶에 어떻게 적용될 수 있는가를 문학 작품들(엠브로스 비어스(Ambrose Bierce)의 『하늘을 나는 기수(A Horseman in the Sky)』와 수잔 글라스펠(Susan Glaspell)의 『사소한 것들(*Trifles*)』)을 통해 검토하고자 한다.

2. 도덕의 근거 : 선의지와 의무

칸트의 도덕형이상학에서 가장 핵심적인 개념은 선의지다. 어떤 행위가 옳은 것인지 그리고 도덕적 의무가 무엇인지는 선의지 개념을 통해 밝혀질 수 있기 때문이다. 칸트는 선에 대한 독창적인 관점을 가지고 있었다. 우리가 선하다고 생각하는 것의 대부분은 그 자체로 본래적으로 선한 것이 아니며, 무조건 선한 것은 선의지뿐이라고 그는 생각한다. 그리고 선의지를 가지는 것이 도덕적 인간이 될 필요조건이자 충분조건이라는 것이다. "세상 안에서 뿐 아니라 세상 밖에서조차도 제한·없이 선하다고 여길 수 있는 것은 오직 선한 의지뿐이라고 생각할 수밖에 없다"(GMS, 27)고 말한다. 예를 들어, 행복도 여러 상황들에 따라서 다를 수 있기 때문에 무조건 선한 것이 아니다. 행복을 누릴 자격이 없어도 행복할 수 있고, 불행할 이유도 없이도 불행할 수 있는 것이 인간 현실이다. 그러나 선의지는 무조건적이며 절대적으로 선하다. 그것은 그 자체로 선하며 다른 어떤 것과의 관련 때문에 선한 것이 아니다. "선한 의지는 그것이 실현하거나 성취한 것 때문에 또는 그것이 제시된 어떤 목적들을 제대로 달성할 수 있다는 것 때문에 선한 것이 아니고, 오직 '하려고 한다'는 것 때문에 다시 말해 그 자체로 선하다. … 그래서 아무리 노력해도 아무것도 달성되지 않고 선한 의지만이 남는다고 하더라도 선한 의지는 보석처럼 자신의 완전한 가치를 자기 안에 가지고 있기 때문에 그 자체로도 빛날 것이다. 유익함이나 무익함은 선한 의지의 가치에 어떤 것도 더하거나 뺄 수 없다. 유익함은 마치 보석의 장식대 같은 것일 따름이다."(GMS, 28-29) 따라서 "선한 의지는 유일한 선이고 완전한 선일 필요는 없지만, 그래도 그것은 최고의 선이고 나머지 모든 선의 조건이며, 행복에 대한 열망 자체의 조건이어야 한다."(GMS, 32) "선한 의지는 인간의 내면에 간직된 선한 도덕적 본성이며 소질이다. 그것은 다른 무엇에 의해서도 설명되지 않으며 오직 그 자신에 의해서만 설명될 수 있기 때문에 더 이상의 정당화가 필요 없는 '자기 설명적' 개념이다."6) 칸트에 따르면, 선의지는 타고난 건전한 이성 안에 이미 들어 있기 때문에 배울 필요는 없고 일깨우기만 하면 되는 것이다. 인간의 의지는 완전하게 선하지는 않는다. 그것은 감각적 욕망이나 경향성의 영향을 받을 수 있다. 그것은 선의지의 장애물이 될 수 있다. 따라서 그런 장애물이 없다면 선의지가 필연적으로 드러날 선한 행위들은 의무로서 나타난다. 따라서 의무라는 개념 속에는 욕망이나 경향성을 극복한다는 의미가 함축되어 있으며, 그러한 의무에 의해서 규정된 의지가 선의지다.

칸트에 의하면, 도덕적 행위는 동기에 의해서 결정된다. 그는 세 가지 종류의 동기들을 구분한다. 즉, 사람은 의무 때문에 행위하거나(=그것이 옳은 일이기 때문에 옳은 일을 하거나), 직접적인 경향으로부터 행위 하거나(=그것을 즐기기 때문에

---

6) S. Nieman, *The Unity of Reason : Rereading Kant* (New York : Oxford University Press, 1994), pp. 126-127.

행위하거나), 간접적인 경향으로부터 행위한다(=다른 목적에로의 수단으로서 행위한다). 우선 그는 경향성에 의한 행위는 결코 도덕적일 수 없다고 주장한다. 주변의 불행한 사람을 보면 항상 고통스러워하는 천성적으로 친절하고 자비로운 사람이기에 그들을 돕고 그들을 만족스럽게 해줌으로써 스스로 만족하는 경우는 결코 도덕적으로 선한 행위를 한 것으로 평가될 수 없다는 것이다. 기질이나 경향성에 따라 자연스럽게 선의를 베푼 것은 도덕과는 무관하다는 것이다. 그리고 의무에 맞는 행위도 도덕적 행위로 간주하지 않는다. 그는 네 가지 예들을 제시한다. "가게 주인이 새로 온 손님을 속이지 않는 것, 그리고 거래가 많은 경우에 똑똑한 상인이 손님을 속이는 짓을 하지 않고, 모든 사람에게 확실한 정가를 적용해 어린아이라도 다른 사람들처럼 물건을 살 수 있게 하는 것, 이러한 것은 말할 것도 없이 '의무에 맞는' 일이다."(GMS, 33) 상인이 사람들을 정직하게 대한 것은 사실이지만, '정직'의 의무 때문도 아니고 직접적인 경향성 때문도 아니고 단지 자기 이익을 추구하는 행위인 것이다. 이는 '간접적' 경향성의 예에 해당한다. "자기의 삶을 유지하는 것은 의무며, 또한 모든 사람들은 이것에 직접적인 경향성을 가진다. 그러나 그렇기 때문에 사람들이 대부분 가지고 있는 생명 유지에 대한 때로는 불안해하기까지 하는 신중함은 아무런 내적 가치가 없으며 그 신중함에 관한 준칙은 아무런 도덕적 내용이 없다. 그들은 비록 '의무에 맞게' 살지만 '의무이기 때문에' 사는 것은 아니다. 반대로 극심한 불운과 슬픔으로 살고 싶은 마음이 완전히 사라졌다면, 영혼이 강해서 자기의 운명에 겁먹고 굴복하기보다는 오히려 분노하는 어떤 불행한 사람이 죽고 싶지만 그럼에도 자기의 삶을, 사랑해서도 아니고 경향성이나 두려움 때문도 아니라 '의무이기 때문에' 살아간다면 그의 준칙은 도덕적 내용을 가진다."(GMS, 34) "다른 사람에게 자선을 베푸는 것은 의무인데, 더욱이 동정심을 잘 느끼는 사람들도 많다. 그들은 허영심이나 자신의 이익이라는 다른 동기 없이도 주위에 기쁨이 퍼져나가는 것을 내심 즐거워하며, 자기가 한 일로 다른 사람이 만족하는 것에 흥겨워할 수 있는 사람이다. 하지만 그런 행위의 경우 아무리 의무에 어울리고 사랑스럽다 하더라도 참된 도덕적 가치는 전혀 없으며 오히려 다른 경향성, 예를 들어 명예에 대한 경향성 같은 것과 짝을 이룬다."(GMS, 34) "자기 자신의 행복을 확보하는 일은 (최소한 간접적으로는) 의무다. … 의무에 주목하지 않더라도 모든 인간은 이미 자기 안에 행복에 대한 아주 강하고 깊은 경향성을 가지고 있다. … 다리 통풍 환자가 [고통이 따르더라도 그냥] 자기 입맛에 맞는 것을 즐기고 할 수 있는 만큼 버텨보겠다고 마음먹을 수도 있다. 왜냐하면 그는 나름대로 어림해보고서, 적어도 이 경우에는 건강하면 얻는다는 행복에 대한 확실치 않은 기대 때문에 눈앞에 주어진 즐거움을 마다하지는 않았기 때문이다. 그러나 이 경우, 그 사람이 누구에게나 있는 행복해지고 싶어하는 경향성에 따라 결심하지 않더라도, 적어도 행복해지는 데 건강이 꼭 필요한 것은 아니라고 생각하더라도, 다른 모든 경우에서처럼 하나의 법칙, 즉 자기의 행복을 증진해야 하는 것은 경향성 때문이 아니라 '의무이기 때문'이라는 법칙은 여전하게 남는다. 그리고 그때(경향성이 아니라 의무이기 때문에 자기의 행복을 증진할 때)에야 비로소 그 행위는 원래의(엄격한 의미에서의) 도덕적인 가치를 가진다."(GMS, 36-37) 의무이기 '때문에' 행하는 행위는 다음과 같이 설명될 수 있다. 즉, "그 행위를 통해서 달성하려는 의도에서가 아니라 그 행위를 결심할 때 준수하는 준칙에서 자신의 도덕적 가치를 갖기 때문에, 그 행위는 행위의 대상이 실현되는지에 좌우되는 것이 아니라, 그 행위를 할 때 욕구 능력의 모든 대상을 무시하고 준수하는 '하려고 한다'는 원칙에 좌우되는 것이다."(GMS, 37)

칸트는 의무 때문에 행위를 한다는 것은 도덕 법칙에 대한 존경심 때문에 행위를 한다는 것과 같다고 주장한다. "의무란 법칙에 대한 존경심 때문에 어떤 행위를 할 수밖에 없는 것이다."(GMS, 38) "존경심은 하나의 감정이기는 하지만 외부의 영향에 의해 받아들여진 것이 아니라 이성 자신이 일으킨 것이기 때문에 경향성이나 공포심과 같은 감정들과는 확연히 구분된다. 그것은 단지 내 감각에 미치는 다른 영향들을 거치지 않고도 나의 의지가 어떤 법칙 아래 종속되어 있다고 의식하는 것을 의미한다. 법칙을 통해 의지를 직접적으로 결정하는 것과 그것을 의식하는 것이 존경심이다. 따라서 그것은 주체에게 법칙이 일으킨 작용으로 생각되며 법칙의 원인으로 생각되지 않는다."(GMS, 191) 의무란 법칙에 대한 존경심 때문에 어떤 행위를 할 수밖에 없다는 것이다. 나의 행위가 일으킨 작용인 대상에 대해서 경향성을 가질 수 있지만 결코 존경심을 가질 수 없다. 법칙 자체만이 존경의 대상일 수 있고 또한 명령일 수 있는 것이다. 의무로부터의 행위는 경향성을 배제해야 하고 모든 대상도 함께 배제해야 한다. 따라서 객관적으로는 법칙 그리고 주관적으로는 법칙에 대한 순수한 존경심 외에 근거가 될 수 있는 것은 아무것도 없다. '나의 경향성을 포기하고서라도 법칙에 복종하라'는 준칙만 남는다.[7]

---

7) 박재주, 『서양의 도덕교육 사상』(서울 : 청계, 2003). pp. 194-195.

3. 정언명령의 원리

  인간이 만약 동물처럼 자연적 존재로서 자연 법칙에 따라서 산다면 도덕이 필요하지 않을 것이다. 그저 본능대로 기계처럼 살아갈 뿐 도덕 법칙을 의식할 필요가 없을 것이다. 그러나 인간은 이성적 존재로서 도덕 법칙에 따라서 산다. 그것에 대한 존경심 때문에, 의무 때문에, 도덕 법칙을 따르는 것이 선의지를 가진 인간의 삶이다. 도덕 법칙이 경향성이나 목적과는 별도로 의지를 구속하도록 작용한다면 그것은 반드시 특별한 종류의 법칙이어야 한다는 것이 칸트의 생각이다. 그것은 보편적이고 필연적이어야 한다. 그것은 예외를 결코 허용하지 않는, 결과가 어떠하든 반드시 따라야만 하는, 무조건적이고 절대적인 것이다. 그것은 아무 조건도 없이 "이러이러하게 … 을 행위하라"는 형식의 '정언명령(categorical imperative)'이다. 반면, "이것을 하려면 저것을 하라"거나 "… 을 원한다면 … 을 행하라"는 식의 조건적 규칙들은 '가언명령(hypothetical imperative)'이다. 칸트는 정언명령은 인간이 이성적 존재이기 때문에 가능하며, 가언명령은 욕구를 가진 존재이기 때문에 가능하다고 생각한다. 그리고 그는 "오직 정언적 명령만이 실천 법칙이라 할 수 있으며, 나머지는 모두 의지의 원칙이기는 하지만 법칙으로 불릴 수 없다"(GMS, 70)고 생각한다. 자신의 의도를 이루기 위해 무엇을 한다는 것은 그 의도를 포기한다면 언제나 어길 수 있는 우연적인 것인 반면, 무조건적으로 무엇을 하라는 것은 의지가 그것을 어기도록 그냥 내버려두지 않는 필연적인 것이기 때문이다. 그리고 가언명령은 그것의 내용이 무엇인지 미리 알지 못하며 조건이 주어져야만 알게 되는 반면, 정언명령은 법칙과 그것을 따르라는 준칙의 필연성만 담고 있기 때문에 그것의 내용을 곧 알 수 있다. 도덕 법칙은 모든 이성적 존재자에게 적용되는 보편성을 지녀야 하며, 정언명령은 도덕적 의무를 이행하고자 하는 사람에 대한 강제로서의 필연성을 지녀야 하기 때문에, 모든 경험적 요소들과 실질적 내용들을 배제한 순수한 형식적인 법칙이자 원리여야 한다고 칸트는 생각한다.

칸트는 정언명법으로서의 도덕 법칙의 원리를 보편화 가능성의 원리, 인격성의 원리, 자율성의 원리 등 세 가지 측면에서 논의한다.

첫째, '그 준칙을 통해서 네가 그것을 동시에 보편적인 법칙으로 삼으려고 할 수 있는 그런 준칙에 따라서만 행위하라'(GMS, 71)는 것이 보편화 가능성의 원리다. "이 원리는 어떤 행위를 도덕적인 것으로 허용할 수 있는가를 결정하는 과정을 잘 요약하고 있다. 당신이 특정한 행위를 하려고 할 때, 만약 그 행위를 한다면 어떤 규칙에 따라서 행위해야 할 것인지를 물어야 한다. 그것이 그 행위의 준칙(maxim)이다. 그 다음 그 규칙이 언제나 모든 사람들이 따르도록 요청할 만한 것인지를 물어야 한다. 그것이 그 규칙에 관계되는 의미에서 그것을 '보편적 법칙'이 되게 한다. 만일 그렇다면 그 규칙은 우리가 따라야 되고 그 행위는 허용될 만한 것이 된다. 그러나 만일 당신이 그 규칙을 모든 사람이 따르도록 요청하지 않는다면 그 규칙을 따르지 않을 것이고, 따라서 그 행위는 도덕적으로 용납될 수 없다."8) 예를 들어, 절망에 빠질 정도로 나쁜 일들이 계속되어 삶에 염증을 느끼는 사람이 자살하는 것은 자신에 대한 의무를 어기는 것인가? 이 경우 준칙은 '나는 나를 사랑하기 때문에 더 살 경우에 삶이 안락하기보다는 더욱 나빠질 것 같

---

8) 제임스 레이첼즈(James Rachels) 지음 · 김기순 옮김, 『도덕철학(*Elements of Moral Philosophy*)』(서울 : 서광사, 1898), pp. 180-181.

으면 목숨을 끊어라'일 것이다. '자기 사랑의 원리'가 보편적인 도덕 법칙이 될 수 있는가가 문제다. 자기 사랑이라는 감정은 삶을 촉진하는 것인데, 바로 그 감정 때문에 삶 자체를 파괴하는 것은 자기-모순적이다. 따라서 자살은 자신에 대한 의무를 어기는 준칙이며 보편적 도덕 법칙일 수 없다. 또 다른 한 사람은 어려운 처지에 있어 돈을 빌려야만 하는데, 갚을 수 없다는 것을 잘 알면서 정한 시일에 돈을 갚겠다고 약속하고 돈을 빌리고자 한다. 그의 준칙은 '나는 돈이 궁하다고 여겨지면 돈을 빌릴 것이고 그 돈을 갚을 수 없다는 것을 안다고 해도 갚을 것을 약속할 것이다'일 것이다. 자기 이익의 원리가 보편적 도덕 법칙이 될 수 있는가의 문제다. 모든 사람이 자기가 어려운 처지에 있다고 여겨질 때 지킬 생각도 없으면서 약속할 수 있다는 것이 보편적 법칙이 된다면 약속이라는 것도 약속을 통해 이루려고 했던 목적 자체도 불가능할 것이다. 결국 누구나 약속을 믿지 않을 것이며 약속의 표현을 헛된 구실이라고 비웃을 것이다. 칸트에 의하면, "사람들은 의무를 위반할 때마다 자신의 행위 준칙이 보편적 도덕 법칙이 되기를 바라지 않는다고 한다. 오히려 준칙에 반대되는 것이 보편적 도덕 법칙이기를 바란다는 것이다. 의무를 위반하는 경우 경향성을 위해 그 법칙에 예외를 만들고자 한다는 것이다. 그래서 이성적으로 생각하면 자신의 의지가 모순에 빠진다. 어떤 한 원리가 객관적으로는 보편적 도덕 법칙으로서 필연적이면서도, 주관적으로는 보편적으로 적용되기보다는 예외를 허용해야 한다는 모순이다. 이것이 바로 '의지에서의 모순'이다. 그러나 한 번은 행위를 이성을 따르는 의지의 관점에서 관찰하였고, 다음에는 바로 그 행위를 경향성에 영향을 받은 의지의 관점에서 관찰한 것이기 때문에 실은 아무런 모순이 없다. 그러나 이성의 지침에 대한 경향성의 저항은 분명히 있다. 이 저항 때문에 원리의 보편성이 단순한 일반적 타당성으로 바뀌고 그래서 실천적인 이성 원리(=법칙)와 준칙이 도중에서 만나게 된다. 공정하게 판단하면 보편적 법칙에서 자신만 예외로 두는 것을 정당화시킬 수 없지만, 한편 그것은 정언명법의 타당성을 사실상 인정한다는 것과, 그것을 지극히 존경하면서 피할 수 없는 일부 예외를 스스로 인정한다는 것이다."(GMS, 76-77) 칸트가 보편화 가능성을 지닌 대표적인 도덕 법칙으로 '거짓말하지 말라'를 제시한다. 그는 고의적인 거짓말을 거짓말로 간주하면서 모든 거짓말은 모두 그르다고 단정하는 것이다. '거짓말을 해야 한다'는 것이 보편화 가능성을 가지지 못한다는 것이 그 이유다. 그것은 스스로를 파기시킨다는 것이다. 사람들이 거짓말을 해야 한다면, 자신이 다른 사람들의 말을 믿을 수 없고, 다른 사람들이 자신을 믿게 만들 수도 없다. 거짓말이 성립하려면 다른 사람들이 진실을 말하고 있다고 믿어야만 한다. 따라서 거짓말을 허용하는 보편적 법칙이 있지 않다는 사실이 거짓말을 성립시키는 것이다. 그가 제시하는 '미심쩍은 살인자'의 사례를 살펴보자. 여기서 칸트는 친구의 생명을 구하기 위한 거짓말도 해서는 안 된다고 주장한다. '거짓말 하지 말라'는 것은 어떤 경우에도 지켜져야 하는 보편적인 도덕 법칙이라는 것이다. 그러나 칸트가 어떤 경우에도 거짓말 하지 말라는 규칙을 택하기보다는 사람의 생명을 구하기 위한 거짓말은 할 수도 있음을 인정한 것으로 해석하는 경우도 있다. 예를 들면, "조건적 규칙들이 무조건적 규칙과 마찬가지로 보편적일 수 있으며, '거짓말 하지 마라'는 조건절 없이 언급된 규칙도 보편적이지만, '생명을 구하는 경우를 제외하곤 거짓말을 하지 마라'는 것도 마찬가지로 보편적 규칙이다. … 조건절을 부가하여 어떤 법칙을 수정한다고 해서 그 법칙이 가지는 보편성이 상실되는 것이 아니다"⁹⁾라는 주장이 그것이다. 그러나 이 주장은 칸트의 도덕형이상학 자체를 파괴시켜버릴 수 있을 것이다. 그의 도덕형이상학은 형식과 의무를 토대로 삼는 이론이지 질료(=내용)나 목적을 허용하는 이론이 아니기 때문이다. '친구의 생명을 구한다'는 식의 예외를 인정하거나 특별한 조건을 부여하는 도덕 법칙을 받아들인다면 그것은 곧 가언명령일 것이며, 목적론이 되고 말 것이다. 정언명령과 의무론을 고수하는 칸트가 그것을 받아들였을 리가 없다고 보아야 한다. 그는 직접 다음과 같이 말한다. 즉, "동기에서 기인하는 주관적 목적과, 모든 이성적인 존재에 적용되는 동인에 달려 있는 객관적 목적은 구별된다. 실천적인 원칙들은 모든 주관적인 목적들을 무시할 때 형식적이다. 그러나 주관적 목적들, 따라서 어떤 동기들을 근거로 삼을 때는 내용적이다. 이성적인 존재가 자기 행위의 작용이라고 마음대로 설정한 목적(내용적 목적)은 모두 상대적일 뿐이다. 왜냐하면 이러한 목적들은 주체에 특별히 갖추어진 욕구 능력과 관련해서만 가치를 갖기 때문이고, 따라서 이 가치는 보편적인 원칙, 모든 이성적인 존재뿐 아니라 모든 '하려고 한다'(의욕)에 대해 적용되는 필연적인 원칙, 즉 실천적 법칙을 제공할 수 없기 때문이다. 그러므로 이 상대적인 목적들은 모두 다만 가언명령의 근거일 뿐이다."(GMS, 81-82)

둘째, '네 인격 안의 인간성뿐 아니라 모든 사람의 인격 안의 인간성까지 결코 단지 수단으로만 사용하지 말고, 언제나 [수단과] 동시에 목적으로도 사용하도록 그렇게 행위하라'(GMS, 84)는 것이 인격성의 원리다. 도덕 법칙은 이성적 존재인 인간

---

9) 존 호스퍼스 지음 · 최용철 옮김, 『도덕행위론』(서울 : 지성의 샘, 1994), pp. 299-300.

에게 구속력을 가진다. 모든 이성적 존재는 자신을 목적으로 대하지 수단으로 대하지 않는다. 따라서 이성적 존재로서의 모든 인간들에게 보편적으로 규정된 정언명령은 모든 사람을 목적으로 대하라는 규정일 수밖에 없는 것이다. 인간을 목적으로 삼아야 한다는 정언명령은 의지의 객관적인 원칙을 이루고, 따라서 보편적인 도덕 법칙이 될 수 있는 것이다. 칸트는 "인격은 어떤 목적의 수단이 될 수 없는 가장 높고 가장 궁극적인 목적이다"(GMS, 83)는 점을 강조한다. 즉, 인간을 조작하거나 이용해서는 안 되며, 목적이 아무리 선하더라도 인간을 그 목적을 이루는 수단으로 간주해서는 안 된다는 것이다. 그런데 목적 자체는 주관적인 것이 아니라 객관적이기 때문에, 보편적인 도덕 법칙인 정언명령은 인격을 목적 자체로 대하라고 규정할 수밖에 없는 것이다. 그리고 "다른 사람을 목적으로 대하라는 것은 다른 사람이 동의하지 않는 준칙에 따라 결코 행위하지 않는다는 사실을 수반한다. 만약 내가 다른 사람이 동의할 수 없는 준칙에 따라 행위한다면 나는 그를 단순히 수단으로 이용함으로써 그의 행위를 부인하는 것이다. 그런 준칙은 속임수며 강제가 될 것이다. 속임수와 강제는 다른 사람을 행위자로서가 아니라 도구로서 대하는 것이다. 다른 사람의 행위가 부정되는 경우 그는 희생이 되는 것이다."10) 칸트가 들고 있는 예들을 다시 살펴보자. 우선 자살을 기도하는 사람의 경우, 자살 행위가 목적 그 자체인 인격성과 양립할 수 있는가가 문제다. 힘든 상태를 벗어나기 위해 자살한다면 그는 하나의 인격을 단순히 죽을 때까지 고통스럽지 않게 지내기 위한 수단으로서 이용하는 것이다. 인간은 수단으로 이용될 수 없고

---

10) Philip Stratton-Lake, "Formulating Categorical Imperative", *Kant-Studien* vol. 84, No. 3(1994), p. 332.

목적 자체로 간주되어야 한다. 따라서 자신을 죽여서는 안 된다. 인격은 상대적인 목적에 부차적인 것이 되면 모순에 빠진다. 불행이 예상되기 때문에 자살하는 경우 목적은 견딜 수 있는 상태며 수단은 자신을 파멸시키는 것이다. 그러므로 자살자 자신은 상대적이고 조건적인 목적을 달성하기 위한 수단으로서 이용되는 것이다. 이 경우, 자신의 생명으로부터 가치를 가지는 상대적인 목적을 위해 자신의 생명을 파멸시키는 모순에 빠진다. 그리고 다른 사람에게 거짓 약속을 하려고 마음먹은 사람의 경우에도, 다른 사람이 목적 자체임을 무시하고 단순한 수단으로 이용하고 있다. 거짓 약속을 하는 사람은 자신의 목적을 달성하기 위하여 모든 사람이 사용할 수 없는 방법을 사용한다. 그의 방법이 통하는 것은 다른 사람들이 그 방법을 사용하지 않기 때문이다. 대부분의 사람들은 진실을 말하기 때문에 거짓말이 목적을 이룰 수 있는 것이다. 이 경우, 그의 수단이 되고만 사람은 그의 거짓말을 듣고 속은 사람이 아니라 진실을 말하는 모든 사람들이다. 진실을 말하는 모든 사람들이 그로 하여금 거짓말을 하도록 허용하기 때문이다. 거짓말을 듣게 된 사람은 다른 모든 사람들의 이성적 본성을 단순한 수단으로 대한다. 즉, 다른 사람들의 선의지를 도구로 이용하는 것이다.

셋째, '모든 이성적 존재는 언제나 그의 준칙을 통하여 보편적인 목적의 나라에서 한 사람의 법칙을 세우는 사람인 것처럼 행위하라'는 것이 자율성의 원리다. 실천 법칙인 도덕 법칙의 근거는 객관적으로는 준칙이 법칙이 될 수 있게 만드는 보편성이라는 형식 속에 있지만, 주관적으로는 목적 속에 있다. 모든 목적의 주체들은 이성적인 존재며 목적 그 자체다. "모든 이성적 존재의 의지는 보편적으로 법칙을 세우는 의지이지 않으면 안 된다."(GMS, 87) "모든 이성적 존재의 의지는 단순히 의지가 법칙에 복종하고 있는 것이 아니라 의지가 스스로 법칙을 세우는 것이다. 단지 법칙에 따르는 것이 아니라 법칙을 세우는 존재로서의 도덕적 개인에 속하는 무제한적이고 절대적인 가치를 자율성이라고 한다."[11] 의지가 자신의 법칙을 세운다는 것은 곧 의지가 욕망의 대상을 매개로 해서 또는 주관의 특수한 감정을 전제로 하여 결정되지 않는 것이기 때문에, 자율의 원리에 따라 욕망의 주관적 근거인 동기는 정언명령에서 배제되어야 한다. 동기에 의해서 규제되는 것은 타율적이며, 자신이 세우지 않는 법칙에 종속되는 것이며, 궁극적으로는 자연 법칙에 종속되는 것이다. "자기 의지의 모든 준칙을 통해 자신을 보편적인 법칙을 세우는 사람으로 생각하고, 그런 관점에서 자기 자신과 자신의 행위를 평가해야 하는 이성적인 존재라는 개념은 매우 풍성한 개념, 즉 '목적의 나라'라는 개념으로 나아간다."(GMS, 90) 여기서 말하는 '나라'는 "다양한 이성적 존재들이 공동의 법칙을 통해 체계적으로 결합하고 있는 것을 말한다."(GMS, 90) 여기는 모든 이성적인 존재들이 언제나 동시에 목적 자체로 간주되는 곳이다. 한 이성적 존재가 목적의 나라 안에서 보편적으로 법칙을 세울 뿐 아니라 그 법칙 자체에 복종하기도 한다면 그는 그 구성원이 되는 것이다. 그리고 스스로 세운 보편적 도덕 법칙에 따라 행위하는 것이 자율성의 원리인 것이다. 자율성은 자기 입법과 의무를 연계시키는 개념이다. "이성은 '보편적으로 법칙을 세우는' 의지의 모든 준칙을 다른 모든 의지에 적용하고, 또한 자기 자신이 하는 모든 행위에도 적용한다. 그것은 다른 어떤 실천적인 동인이나

---

11) H. J. Paton, *The Categorical Imperative : A Study in Kant's Moral Philosophy* (New York : Harper & Row, 1967), p. 180.

미래의 이익을 위해서가 아니라 자신이 다른 이성적인 존재에게 법칙을 세우는 동시에 자신에게도 세운 그 법칙 외에는 따르지 않는 이성적 존재의 존엄성이라는 이념 때문이다. 목적의 나라에서 모든 것은 가격을 가지든지 존엄성을 가진다. 가격을 가지는 것은 같은 가격의 어떤 다른 것으로 바꿀 수 있다. 그러나 모든 가격을 넘어서 있어 같은 가격을 전혀 허용하지 않는 것은 존엄성을 가진다. 인간에게 보편적인 경향성과 필요에 관련된 것은 시장 가격을 가진다. 그러나 어떤 것이 목적 그 자체가 될 수 있게 하는 유일한 조건이 되는 그것은 단순히 상대적인 가치, 즉 가격을 가지는 것이 아니라 내적인 가치, 즉 존엄성을 가진다. 그런데 이성적 존재가 목적 자체가 될 수 있게 하는 유일한 조건은 도덕성이다. 왜냐하면 목적의 나라에서 법칙을 세우는 구성원이 되는 것은 도덕성에 의해서만 가능하기 때문이다. 따라서 도덕성과 도덕적일 수 있는 한에서 인간성이 유일하게 존엄성을 가지는 것이다."(GMS, 93)

4. 도덕형이상학의 문제점들

첫째, 칸트의 도덕형이상학은 도덕적 엄격주의라는 문제점을 지닌다. 그것은 필연성을 도덕 법칙에 적용시킬 수 있는 것인가의 문제다.[12] 우선, 칸트가 요구하는 필연성은 행위의 필연성이다. "정언명령의 행위를 그 자체로서 다른 목적에 상관없이 객관적으로 필연적이라고 생각하는 명령일 것이다."(GMS, 60) 그런데 칸트 자신이 필연적이라고 주장하는, '거짓말하지 말

---

12) 이 문제는 이정일, 「칸트와 헤겔에 있어서 인륜적 자유」(서강대 대학원 박사 논문, 2001), 제1장 2. '도덕적 엄격주의 비판'을 참고.

라'는 도덕 법칙이 필연적일 수 없다. 그는 상황에 따라서 거짓말을 할 수 있다는 것이 원천적으로 배제되기 때문에 어떤 상황에서도 거짓말하지 말라는 형식의 정언명령을 주장하는 것이다. 그러나 사람이 죽어야 한다는 것은 예외를 인정할 수 없는 필연적인 현상이지만, 거짓말하지 말라는 도덕 법칙에서는 예외를 전혀 인정하지 않는 엄격한 필연성을 요구할 수 없는 것이다. 경우에 따라서 거짓말을 하기 때문이다. 칸트는 '거짓말하지 말라'는 도덕 법칙에 대한 필연적인 의무를 주장하고 있지만, 그가 말하는 의무는 일반적인 의무 개념과는 다른 의미를 지닌다. 의무는 다른 사람이 나에게 강제하는 것을 말한다. 내 자신이 자신에게 강제하는 것은 의무가 아니다. 그런데 그는 의무를 외적 강제가 아니라 자기 강제로 이해하면서 도덕적 엄격주의를 고수하고자 한다. 그가 도덕 법칙의 보편화 요구를 자연 법칙의 필연성 요구에 비유하여 말하기도 한다. 그 엄격성을 강조하기 위함이다. 자연 법칙은 어떤 예외도 인정되지 않기 때문에 엄격성을 지닌다. 그러나 도덕 법칙은 자연 법칙이 아니다. 그가 말하는 자연은 감성적인 현상계를 말하는 것이 아니고 이성적인 예지계를 말한다. 도덕 법칙이 자의적인 것이 되지 않으려면 자연 법칙과 같은 필연성을 지녀야 한다는 주장에 다름 아니다. 그는 필연성을 말할 때 외적 물적 강제를 말하는 것이 아니고 다만 의무의 필연성을 말한다. 그것은 행위가 외적인 강제에 의해서가 아니라 자발적으로 법칙에 따라서 이루어져야 한다는 것이다. 의무는 선의지에 기초하고 그것이 당위의 명령이니까 해야만 하는 것이다. 의무는 동기도 의지도 목적도 아니다. 오로지 해야 하기 때문에 해야만 하는 것이다. 사람들이 진실을 말해야 하는 당위(Sollen)와 진실 이외의 다른 것을 말할 수 없도록 강제되는 필연성(Müssen)은 다르다. 필연성은 진실을 말하도록 강제되기 때문에 거짓의 가능성이 처음부터 배제되어 있다. 그러나 당위는 거짓을 말할 수도 있지만 진실을 말하도록 요구되는 것을 말한다. 진실을 말해야 하는 당위에서는 다른 가능성, 즉 거짓말을 할 수 있을 가능성이 배제되지 않는다. 거짓말을 할 수도 있고, 또 하고 있지만 당연히 진실을 말해야 한다는 것이다. 따라서 거짓말하지 말라는 식의 도덕 법칙은 필연성이라는 엄격성 대신에 정당화 요구로서의 당위성으로 이해되어야 한다. '인간을 목적으로 대하라'는 칸트의 정언명령도 필연성으로 이해된다면 목적으로 대하는 것에 위배되는 행위들은 처음부터 불가능하거나 배제되어 있어야 하며, 당위로 이해된다면 비록 인간을 수단으로 대할 가능성이 있을지라도 의지의 올바른 사용을 통해 인간을 목적으로 대하자는 보편성을 요구하는 것이다. 따라서 정언명령을 자연 법칙과 같은 필연성으로 이해하는 엄격주의는 타당성이 충분하지 못하다. 칸트는 분명히 도덕적 명령은 신이나 다른 존재자가 아니라 인간에게만 적용된다고 말한다. 신은 선 자체이기 때문에 당위가 적용될 수 없다. 당위는 경향성의 영향을 받지만 의무에 따라 행위하도록 요구되는 이성적 존재인 인간에게 적용된다. 동물은 본능에 따르기 때문에 당위를 요구할 수 없다. 인간이 당위의 요구 아래 있다고 해서 필연성의 지배를 받고 있다고 추론할 수 없다.

둘째, 칸트의 도덕형이상학은 심정주의의 문제점을 지닐 수 있다.13) 그것은 행위의 결과를 고려하는 공리주의나 행위의 책임을 묻는 책임 윤리와 구별된다. 그의 도덕형이상학은 선의지 자체에 무제한적인 가치를 부여하고, 다른 어떤 것을 위해

---

13) 이 문제는 문성학, 「칸트 윤리학의 네 가지 문제점」, 한국칸트학회 논문집, 『칸트연구』제13집(2004), III. '동기주의(심정주의)의 문제점'을 참고.

서가 아니라 자신의 의지를 통해서 무조건 행해지는 것이며, 무엇에 도구적으로 기여하기 때문에 선한 것이 아니고 그 자체로 절대적인 가치를 지니기 때문에 선의지는 그 자체로 추구된다고 주장한다는 점에서 심정 윤리(Gesinnungsethik)에 해당한다. 그러나 「짐짓 인간애를 핑계 삼아 거짓말하는 권리에 대하여」라는 그의 논문에서 주장하는 것은 다르다. 그 논문의 내용을 요약하면 다음과 같다. 즉, "살인의 가능성을 가진 추적자가 누군가를 쫓는다. 그 쫓기는 사람은 친구의 집에 몸을 숨긴다. 얼마 후 추적자가 친구의 집에 와서 그 사람의 소재를 묻는다. 친구는 거짓말을 해도 되는가? 거짓말을 한다면 책임을 져야 한다. 그러나 진실을 말한다면 예기하지 못한 살인이 일어나더라도 비난을 면할 것이다. 진실을 말했지만, 그 사람이 이미 집을 빠져나가버려 살인이 일어나지 않을 수도 있고, 거짓말로 집에 없다고 하였는데, 집 밖에서 그 사람을 찾아내어 죽였다면 그 죽음의 원인을 제공한 책임을 져야 한다. 진실을 말하고 그 추적자가 집을 뒤지는 사이 이웃 사람들이 그 추적자를 붙잡아 살인을 방지할 수도 있다. 그러므로 아무리 의도가 선하더라도 거짓말을 하는 사람은 그 결과에 대해 책임을 져야 한다." 여기서 칸트가 하고자 하는 말은, '거짓말이 이로운 결과를 가져온다는 이유에서 거짓말을 허용하려는 것은 행위의 결과를 예측할 수 없다는 일반적인 관점에서 보면 받아들이기 힘들다'는 것이다. 물론 모든 행위의 결과는 정확하게 예측할 수 없다. 그러나 가까운 장래의 결과는 어느 정도 확실하게 예측할 수도 있다. 이 사례의 경우에 진실을 말하면 친구는 살해될 것이 거의 확실하다. 심정 윤리를 주장하는 칸트의 입장은, 친구의 죽음을 의도하여 진실을 말한 것이 아니기 때문에 그 친구의 죽음에 책임을 물어서는 안 된다는 것이다. 물론 친구의 죽음을 의도한 것은 분명 아니지만, 그 죽음을 미리 예상할 수는 있었을 것이다. 행위 결과에 대한 예측 가능성이 높을수록 의도와 결과는 점점 더 분리되기 힘들어지는 것이다. 따라서 칸트가 말하는 대로 친구의 죽음을 예상할 수 있음에도 불구하고 진실을 말한 사람은 철저하게 자신의 심정적 동기 속에 갇혀버린 사람이다. 뿐만 아니라 칸트 스스로 심정주의를 부정하는 주장을 하고 있다. 그는 거짓말을 해서는 안 되는 이유로 거짓말이 보편화되면 사회가 유지될 수 없다는 점을 주장한다. 이는 결국 행위의 결과를 고려하는 것이다. 그리고 칸트는 도덕 법칙만이 의지를 규정하는 근거여야 한다고 주장한다. 행복에 대한 열망이 동기가 되어 이루어진 행위가 결과적으로 도덕 법칙에 일치하는 행위일지라도 진정한 도덕적 행위는 아니라고 주장한다. 그러나 그는 최고선도 의지의 규정 근거임을 인정한다. 그 최고선의 본질적 구성 요소가 행복이다. 인간은 결과적으로 행복을 추구해야 한다는 것이다. 이 경우, 결과와 동기의 엄격한 구분을 유지하고자 하는 심정주의는 무리한 주장일 수 있고, 칸트 스스로 그 점을 인정한 것이라고 생각한다.

셋째, 칸트의 도덕형이상학이 가지는 치명적인 문제점은 보편적인 도덕 법칙들이 등가성을 가지고 있기 때문에 그 법칙들이 상충하는 경우 그 해결책을 구할 수 없다는 점이다. 이 점은 도덕 법칙들이 절대적이고 보편적이고 필연적이라고 주장하는 것 자체가 논리적으로 타당하지 않음을 밝혀준다. 예를 들어, 제2차 세계대전 중 덴마크 어부들은 정규적으로 유태인 피난민들을 자신들의 배에 태워 영국으로 밀입국시켰는데, 그 과정에서 그 배가 나치의 순시선에 제지를 당하곤 했다. 나치 선장은 큰소리로 덴마크 선장에게 어디로 항해하고 있으며, 승

선한 사람들은 누구냐는 질문을 하였다. 선원들은 그 질문에 거짓말로 대답하고 통과를 허용 받곤 했다. 그 선원들에게는 거짓말을 하거나 그들 자신과 피난민들이 붙잡혀 총살당하거나 선택이 있을 따름이었다. 피난민들이 거짓말을 이용하여 피난하려는 행위는 부도덕한 행위라는 것도 칸트의 입장이며, 진실을 말하여 무고한 피난민들을 죽이는 것도 부도덕한 행위라는 것도 칸트의 입장이다. 그의 도덕형이상학에서는 이 두 가지 도덕 법칙들이 상충하는 상황은 생길 수도 없고 생겨서도 안 된다. 그러나 이런 상황은 실제로 일어났고, 언제나 일어날 수 있다. 칸트는 '거짓말하지 말라'와 '무고한 사람을 죽이지 말라'는 두 가지 절대적인 도덕 법칙들의 모순 속에서 헤어나기 힘들다. 선의지라는 주관을 근거로 성립한 정언명령으로서 보편적이고 절대적인 도덕 법칙들은 그 서열을 인정할 수 없기 때문에 문제의 해결은 불가능하다. 도덕 법칙들 사이의 서열을 인정한다는 것은 도덕의 근거가 주관이라는 점을 부정하는 것이다. 이는 자신의 도덕형이상학 자체를 부정하는 것이다.

5. 도덕의 근거로서의 선의지와 의무
─「하늘을 나는 기수」

엠브로스 비어스(Ambrose Bierce)가 지은 「하늘을 나는 기수(A Horseman in the Sky)」[14]는 남북전쟁에 관한 작은 하나

---

14) Ambrose Biece, "A Horseman in the sky", Louis P. Pojman, ed., *The Moral Life : An introductory reader in ethics and literature* (New York : Oxford University Press, 2004), pp. 340-346 참고. 인용은 본문 속에 쪽수만 표기함.

의 이야기다. 이 작은 이야기를 통해 우리는 인간의 현실적인 삶 속에서 도덕형이상학 내지 의무론이 적용되는 장면을 살펴볼 수 있다. 특히 이 이야기는 도덕의 근거가 선의지와 의무에 있음을 잘 보여준다.

주인공 카터 드루즈는 버지니아에서 태어나서 그의 부모, 가정, 남부 그리고 출생지 버지니아 주를 사랑한다. 1861년에 미국이 남북전쟁의 소용돌이에 휩싸이자, 카터 드루즈는 북부의 연합군에 참여하기로 결정한다. 어느 날 아침 식사를 하면서 그 사실을 아버지에게 전한다. 아버지는 충격을 받아 말을 하지 못하고 외아들을 바라보기만 한다. 한참 후에 아들에게 말한다.

"글쎄, 가거라. 무슨 일이 일어나든지 네가 너의 의무라고 생각하는 것을 행하라. 너는 버지니아 주에 배반자가 되지만, 버지니아 주는 너 없이도 잘 지낼 것이다. 우리 둘 다 전쟁이 끝날 때까지 살아남는다면, 우리는 그 사태에 관해서 더 이야기를 하자꾸나. 내과 의사가 너에게 알려주었듯이, 너의 어머니는 아주 위독한 상태에 있다. 최선을 다해도 너의 어머니는 몇 주일 이상 우리와 함께 있을 수 없을 것이다. 그러나 그 시간은 소중하다. 어머니의 마음을 어지럽히지 않는 것이 더 나을 것이다."(340)

'무슨 일이든 네가 의무라고 생각하는 것을 수행하라'는 것은 의무론적 윤리를 대변하는 말이다. 이는 다른 목적이나 결과를 고려하지 말고 다만 선의지에 따라서 '의무를 수행하라'는 일종의 정언명령인 것이다. 어떤 결과와 상황을 고려하지 말고 단지 자신이 의지하는 것을 의무로서 행해야 한다는 것은 선의지와 의무를 도덕의 근거로 제시하는 것이며, 보편성과 필연성을 요구하는 것이다. 어머니의 질병과 고통도, 자신의 고향인 버지니아 주를 배신한다는 수치감도, 특히 부모와 가정과 고향을 사랑한다는 정감도, 선의지를 통해 선택된 의무 앞에서는 조금도 고려의 대상이나 고민거리가 되지 못한다. 연합군의 푸른 군복을 입는 것이 그의 의무이고, 그 의무를 위해 사랑하는 모든 것을 떠난다.

군인이 되고 난 한참 후에 카터 드루즈는 경계를 서면서도, 길옆의 덤불 속에 배와 팔을 땅에 깔고 자고 있었다. 지휘관이 본다면 사살을 명령할 수도 있을 것이다. 그는 길을 경계하라는 의무를 수행하고 있었다. 그곳은 아버지가 계신 집에서 조금 떨어진 곳이었다. 그 길은 중요한 경계의 대상이었다. 그 길은 숲에서, 아래는 계곡에서 시작하여 거대한 바위의 측면으로 오르고 있었다. 이 높은 바위의 꼭대기에 서 있는 사람은 누구나 현기증을 느끼며 계곡을 내려다볼 수 있을 것이다. 그리고 그 절벽의 가장자리에서 돌멩이 하나를 떨어뜨린다면 아래 계곡의 숲으로 사라지기 전에 600미터를 떨어질 것이다. 거대한 절벽이 계곡을 둘러싸고 있었다. 그 계곡의 숲에 5개 연합군 부대의 수천 명 카터 동료 군인들이 잠복해 있었다. 그들은 36시간 동안 행진해왔다. 이제 그들은 쉬고 있었다. 그러나 밤중에 그들은 그 길을 따라 바위 절벽을 오를 것이다. 그들의 계획은 그 절벽의 다른 편에 진영을 치고 있는 남부군을 급습하는 것이었다. 그러나 만약 그들의 적이 숲 속에 잠복하고 있는 연합군을 알게 된다면 그 군인들은 도망갈 곳 없는 함정에 빠질 것이다. 따라서 그 중요한 길을 경계하여, 회색 군복의 어떤 적군도 연합군이 잠복하고 있는 그 계곡을 탐색하지 못하게 하는 것이 카터 드루즈의 의무였다.

그러나 카터 드루즈는 잠이 들어버렸던 것이다. 갑자기 저승사자가 나타나 그의 어깨를 두드리는 것처럼, 그 젊은이는 그의 눈을 떴다. 그가 그의 머리를 들었을 때, 그는 계곡을 내려다보고 있는 거대한 바위 절벽 위에 서 있는 말 등에 앉아 있는 한 남자를 보았다. 그 기수와 그의 말은 너무 평온하여 돌로 만들어진 것 같았다. 그 남자의 회색 군복은 그 사람 뒤에 펼쳐진 푸른 하늘과 흰 구름에 잘 어울렸다. 그는 오른손에는 총을 잡고 왼손에는 말고삐를 잡고 있었다. 카터는 그 남자의 얼굴을 볼 수 없었다. 그 기수가 그 계곡 아래로 내려다보고 있었기 때문이었다. 그러나 그 남자와 그의 말은 영웅적이고 거의 거인의 크기였고, 하늘을 등에 지고 꼼짝도 하지 않고 거기에 서 있었다. 카터는 그 적군이 덤불 속에 숨어 있는 자신을 볼 수 없다는 것을 알지만 아주 두려웠다. 갑자기 그 말이 움직였다. 그 절벽의 가장자리로부터 그의 머리를 끌어당겼다. 카터는 잠이 완전히 깨었다. 그는 그의 총을 들어 덤불을 가로질러 총신을 밀었다. 그리고 그는 그 기수의 심장을 겨냥했다. 방아쇠를 한 번 당겼다면 카터는 그의 의무를 행했을 것이다. 그 순간, 그 기수는 머리를 돌려 카터 쪽으로 바라보았다. 그는 카터의 얼굴을 바라보고, 그의 눈 속을 들어다보고, 그의 용감하고 관대한 가슴을 깊이 들여다보는 것 같았다. 카터의 얼굴은 아주 핏기를 잃었다. 그의 전신이 떨리기 시작했다. 카터는 방아쇠를 당기지 않았다. 대신에 그의 총을 떨어뜨리고 땅에 엎드려버렸다. 그는 용감하고 강했지만 목격했던 것 때문에 충격을 받고 거의 실신한 상태였다. 자신과 자신의 동료들을 죽일 적을 살해하는 것이 그렇게 두려웠을까? 카터는 이 남자는 경고 없이 살해되어야 한다는 것을 알았다. 카터 드루즈의 마음속에 그 남부군이 아군들을 보지 못했을 거라는 하나의 희망이 생겨났다. 그 다음 카터는 먼 아래 계곡을 내려다보았다. 그는 푸른 군복을 입은 한 줄의 군인들과 그들의 말들이 그 숲의 보호로부터 떠나고 있는 것을 보았다. 바보스런 연합군 장교가 군인들이 숲 근처의 작은 시내에 그들의 말들을 데려가서 물을 먹이도록 허용했었다. 거기서 그들은 전모를 드러내고 있었다.

카터 드루즈는 하늘을 배경으로 거기에 서 있는 그 사람과 말을 뒤로 돌아보았다. 다시 그는 겨냥했다. 그러나 이때 그의 표적은 말이었다. 그의 기억에서는 마치 그 말들이 신의 명령인 것처럼, 헤어질 때 아버지의 말씀들이 울렸다. 즉, "무슨 일이 일어나든 네가 너의 의무라고 생각하는 것을 행위하라." 그는 이제 침착해졌다. 그의 이빨은 굳게 그러나 엄하지 않게 닫혔다. 그의 신경은 자고 있는 아기의 신경처럼 평온해졌다. 그의 신체의 어떤 근육에도 조금의 전율이 일어나지 않았다. 총을 겨누는 행위에서 일시 중단될 때까지 그의 호흡도 정상적이고 느렸다. 의무는 승리했다. 영혼은 육체에게 말했다. 즉, "평화, 평온 무사하라." 그는 발사했다.(344)

그 순간 연합군 장교가 숲의 가장자리 부근 그의 잠복한 곳으로부터 우연히 올려다보았다. 그의 시선은 그 계곡을 넘겨다보고 있는 그 절벽의 꼭대기에로 올랐다. 그 위로 멀리 떨어진 거대한 바위의 꼭대기를 바라보자 그 군인은 현기증을 느꼈다. 그 다음 그 장교는 그의 가슴을 공포로 가득 채우는 무언가를 보았다. 말을 탄 한 남자가 공중으로 그 계곡을 내려오고 있었다. 그 기수는 안장에 똑바로 앉았고, 그의 머리칼은 뒤로 나부끼고 바람 속에 물결쳤다. 그의 왼손은 말고삐를 잡고 있었고, 그의 오른손은 말갈기 속에 숨겨져 있었다. 그 말은 지구를 가로질러 질주하는 것처럼 보였다. 그의 몸은 당당하고 고상했다. 놀란 연합군 장교가 하늘을 나는 이 기수를 쳐다보자, 그는 하늘에서 내려온 천사를 보고 있는 것으로 거의 믿었다. 세상의 종말을 선언하기 위해서 내려온 천사를 보고 있는 것 같았다. 그 장교의 다리는 약해졌고 그는 넘어졌다. 거의 동시에 그는 나무들 속에서 충돌하는 소리를 들었다. 그 소리는 메아리 없이 사라졌다. 그리고 모든 것이 침묵이었다.(344-345)

그의 총을 발사하고 난 직후, 카터 드루즈는 한 연합군 하사관과 만났다. 그 하사관이 무릎으로 그 곁으로 기어올 때까지 그의 머리를 돌리지 않았다.

"총을 쐈니?" 그 하사관이 속삭였다.

"예."

"어디로?"

"말입니다. 저 바위 위에 있었습니다. 지금은 거기에 있지 않습니다. 절벽으로 건너갔습니다." 카터의 얼굴은 핏기가 없었다. 그러나 그는 다른 정감의 표시는 보이지 않았다. 그 하사관은 이해하지 않았다.

"여기를 보거라. 드루즈." 잠시 침묵 후에 그는 말했다. "왜 너는 비밀로 하니? 나는 너에게 보고를 명한다. 그 말 위에 누군가가 있었니?"

"예."

"누가?"

"나의 아버지가."(345-346)

아버지의 모습이 의무론의 모습이다. 정언명령을 아들에게 말했던 아버지는 죽어가면서도 조금도 몸을 흩뜨리지 않고 당당하고 고상했다. 마치 도덕이 실추된 전쟁을 일으킨 사회에 대해 세상의 종말을 선언하기 위해 하늘에서 내려온 천사와 같은 모습이었다. '반짝이는 밤하늘의 별들과 마음속의 도덕률을 생각하면 외경심으로 가득 찬다'는 칸트의 고백을 떠올리게 하는 모습이다. 의무는 결국 승리한다. 카터가 의무를 수행하는 데에는 어떤 정감도, 어떤 행위 결과에 대한 예상도 영향을 미치지 못한다. 이 이야기에서는 그런 정황들에 대한 설명은 거의 등장하지 않는다. 그는 단지 영혼 내지 선의지의 선택에 따라 의무감에서 의무를 수행했을 따름이다. 아버지의 생명을 잃게 하면서도 조금도 흔들리지 않았다. 더욱이 아버지나 아버지의 생명에 관한 이야기는 한 토막도 등장하지 않는다.

4. 이성적인 것(=남성적인 것)과 정감적인 것(여성적인 것) ─「사소한 것들」

수잔 글라스펠(Susan Glaspell)의 「사소한 것들(Trifles)」[15] 은 1916년에 쓰인 희곡이다. 직접 의무론의 입장을 대변하거나 그것을 비판하는 것은 아니지만, 간접적으로 이성중심주의 내지 의무론에 대비되는 정감중심주의 내지 목적론을 다루고 있다고 본다. 이는 궁극적으로 의무론에 대한 비판적 입장에 다름 아닐 것이다. 이 희곡에서 비판의 대상이 되고 있는 남성적인 것이 의무론적인 것에 가까우며, 여성적인 것은 사소한 것들이지만 목적론에 가까운 것으로 볼 수 있을 것이다.

이 연극의 내용은 비교적 단순하다. 살인 사건의 단서를 발견해가는 과정이 전체 내용인 것이다. 그 과정에서 전문가 남성들의 역할은 거의 없고, 여성들이 살인 동기의 증거들을 추적하고 있다. 범죄는 이미 일어났고, 무대에 등장하지 않는 죽은 남편 라이트 씨와 그 범행 용의자인 라이트 부인의 성격 심리를 통해 범행의 동기를 추적해나간다.

15) 유진 오닐 / 수잔 글라스펠 지음·송옥 옮김, 『고래기름 / 사소한 것들』(서울 : 동인, 2004)을 참고. 인용의 경우 본문 속에 쪽수만 표기함.

막이 오르면, 무대 장치는 무질서하고 침울한 분위기의 부엌이다. 이곳에서 살아온 사람들의 이미지들을 담고 있다. 텅 빈 무대에 권위를 지닌 남성들, 젊은 검사 헨더슨과 보안관 피터즈 씨 그리고 중년의 농부 헤일 씨 등이 먼저 출현하고, 그 뒤를 따라 헤일 부인과 피터즈 부인 등 여성들이 등장한다. 전문가 남성들은 이 집의 주인인 존 라이트가 그의 아내에 의해 살해된 현장 조사를 나온 것이다. 그들은 살해의 단서를 찾기 위해 2층 침실과 헛간으로 드나든다. 그들은 주인 라이트 씨가 살해되어 발견된 그 집을 범죄 현장으로서 접근한다. 그러나 여성들은 그 집을 하나의 가정(home)으로 접근한다. 그들은 많은 시간을 부엌에서 보내면서 조사가 끝나기를 기다린다. 그리고 그 부엌의 주인인 미니 포스터(=라이트 부인의 처녀 시절 이름)의 부재로 인한 허전함을 느낀다. 남성들과 여성들이 그 집에 나타난 아주 다른 이유들을 가지고 있다. 전문가 남성들은 자신들의 의무 완수를 위해서, 여성들은 남편 살해 용의자로 투옥된 라이트 부인에게 전달할 옷가지를 챙기기 위해서 그 집에 나타난 것이다. 이 극에서 의무의 완수는 형식적이고 내용이 거의 없는 것이며 소극적인 것이다. 반면, 비전문가인 여성들의 효과 설정은 사소한 내용들을 가지고 있으며, 적극적인 것이다. 남성들은 사건 해결이라는 의무 수행에 관심을 집중하지만, 여성들은 사소한 것들이지만 인간 삶의 구체적인 모습들에 관심을 가진다. 남성들에게는 남편 살해 동기가 이미 결정되어 있고 그 단서를 추적하는 것이 중요하지만, 여성들에게는 그 동기가 바뀔 가능성이 지닌다. 남성들의 얇은 지식에서 머물지만, 여성들의 얇은 삶의 방식 내지 실제적인 행동 방식으로 이어지기 때문이다. 여성들은 라이트 부인이 남편을 살해하는 그 장면을 '탐색'하기보다는 그 부인의 결혼 생활 전반을 '회상'해본다. 남성들은 여성들이 그 조사에 공헌할 것을 기대하지 않기 때문에 살인 사건을 해결할 여성의 기민한 인상들에 관심을 보이지 못한다.

이 극은 여성들의 관심인 '사소한 것들'과 남성들이 관심을 집중하는 '중요한 것들' 사이의 대조로 구성된다. 예를 들어, 살인 사건의 단서를 발견하면서 투옥된 여인을 위해 옷가지를 챙기는 여성들의 일을, 진작 사무적인 일에만 신경을 쓰면서 중요한 단서를 발견하지도 못하는 남성들은 사소한 것으로 취급해버린다. 증거를 '탐색'하는 남성들은 부엌과 과일 통조림을 사소한 것들로 무시하면서, 여성들은 그런 것들에 연연한다고 단정한다.

군검사 : (주변을 둘러보면서) 2층에 먼저 올라가 보아야겠습니다. … 그 다음 헛간과 그 주변을 둘러봅시다. (보안관에게) 여긴 특별히 주목할 게 없는 건 확실하지요? 어떤 동기가 될 만한 건 없지요?
보안관 : 여긴 부엌 도구들뿐인데요.(97)
군검사 : 꾀나 지저분하군요.
피터즈 부인 : 아, 과일 통조림 때문이에요. 과일이 몽땅 얼었네요. (검사에게) 날씨가 추워지니까 라이트 부인이 과일 통조림 때문에 걱정했어요. 난롯불이 꺼지면 통조림 병이 깨질 거라고 했거든요.
보안관 : 여자들은 못 말려! 살인이 났는데 통조림 과일 걱정이나 하고 있으니!
   …
헤일 : 여자들이란 사소한 것들에 연연해하지요.(97-99)

그러나 그 사소한 것들에서 남성들이 중요한 것으로 간주하는 범죄의 동기가 밝혀지고 있다. 살해당한 남편 존 라이트와 살해용의자인 부인 미니 라이트는 거의 등장하지 않고, 따라서 사건의 동기는 상징적인 방식을 통해 간접적으로 밝혀진다. 이 '사소한 것들'이라는 극은 '그녀 동료들의 배심(a Jury of Her Peers)'이라는 제목의 단편소설로 쓰인 것이었다. 사소한 것들과 여성들이 배심의 주역임을 표현하는 것이다. 여기서는 사소한 것들, 여성적인 것들이 다른 어떤 것보다 실제로 더 중요한 것이다. 사건의 진상을 밝히는 것은, 여성들이 제시하는 정서적 단서들이지 남성들이 발견하기 위해 돌아다니기만 하는, 이른바 명백한 증거가 아니다.

결국 두 여성들이 제시하는 사소한 단서들은, 남편 라이트 씨의 죽음이 스스로 자초한 것임을 밝혀낸다. 그들은 살해당한 라이트 씨를 다음과 같이 평가한다.

피터즈 부인 : … 좋은 분이라고들 하더군요.
헤일 부인 : 네 … 좋은 분이었어요. 술도 마시지 않았고, 약속도 잘 지켰고, 빚도 잘 갚았던 것으로 압니다. 그렇지만 냉정한 사람이었어요, 피터즈 부인. 그 사람하고 시간을 보낸다는 것은 힘들어요. (부르르 떤다.) 으스스한 찬바람이 뼛속까지 스미는 것 같지요.(123-125)

라이트 씨는 사회 생활에서는 겉으로 보기에는 문제가 없는 사람인 것 같지만 가정 생활에서는 속으로 냉정하기 짝이 없는 사람이다. 그것이 자기 아내의 생기 넘치고 너그러운 청춘을 죽이는 파괴적 성격의 소유자며, 그 성격이 아내로 하여금 자신을 죽이도록, 그리고 전혀 남편의 죽음에 별 관심을 보이지 않는 자세를 가지도록 만들었다는 것이다. 죽은 남편이 아내를 살인자로 만든 범인이라고 볼 수 있다는 것이다. 남편 살인용의자로 투옥된 미니 포스터는 특별한 반응이 없이 오히려 자연스런 평소의 느낌을 가진다. 감옥에서 가져다 달라는 것이 엉뚱한 물건들이다.

> 피터즈 부인 앞치마를 가져다 달랬어요. 이상한 주문이지요. 감옥에서 옷을 더럽힐 일이 뭐가 있을라구. 알 수 없는 일이에요. 아마 평소처럼 자연스런 느낌을 갖고 싶은가봐요. … 그리고 문 뒤에 항상 걸려 있는 작은 숄도 갖다 달랬어요.(109)

두 여성들이 발견하는 두 가지 의미 있는 단서들은 새장과 조각 이불이다. 새장은 함정에 빠짐과 제한됨을 상징한다. 그 둘 다 미니 포스터의 상황에 어울린다. 이후에 여성들은 미니의 바느질거리 상자에서 죽은 새를 발견한다. 미니 포스터의 남편이 그 새를 교살했다고 생각된다. 그는 공동 전화선을 설치하자는 이웃의 제안을 거부한 것은 이웃과의 관계 단절을 원한다는 것이다. 이웃과의 교제를 단절당하고 고독한 삶을 사는 아내 미니 포스터는 새장 속의 새 한 마리가 유일한 벗이었다. 과거 성가대에서 노래 부르기를 즐기던 그녀는 자신이 기르던 카나리아처럼 노래를 통해 삶을 찬양하였다. 남편이 그 새의 목을 분질러 죽였고, 그것은 바로 아내를 죽이는 것과 같았고, 결국 살인의 동기를 부여했다. 두 부인들은 냉혹하고 야박한 남편과 아이도 없이 살았던 미니 포스터의 압박감과 외로움을 깨닫는다. 거칠게 부서진 새장문과 목이 뒤틀려 죽은 새는 미니 포스터의 운명을 상징한다. 새의 죽음이 남성들에게는 별일로 보이지 않지만 여성들에게는 의미 있는 단서인 것이다.

> 헤일 부인 : 미니 포스터는 새를 좋아했어요. 죽은 새를 저 예쁜 상자에 묻어주려 했던 거예요.

...

혜일 부인 : … 라이트는 새를 좋아할 리가 없어요. … 노래하는 새를 말이지요. 그 아내는 노래하기를 좋아했는데. 남편이 그 노래도 죽인 거예요.

피터즈 부인 : (불안하게 움직이면서) 새를 누가 죽였는지 모르지요.

혜일 부인 : 난 존 라이트를 알아요.

피터즈 부인 : 그 날 밤 끔찍한 사건이 이 집 안에서는 일어난 겁니다, 혜일 부인. 자고 있는 남자 목에 밧줄을 매어 졸라 죽인 일입니다.

혜일 부인 : 남편의 목을, 그래, 졸라 죽였지요.(131-133)

두 여성들은 살인 현장에서 미니 포스터가 조각 이불을 꿰매고 있었던 것으로 추정한다. 이 사실은 미니 포스터의 사고 과정을 은유한다. 이야기 내내 여성들은 그녀가 그 조각 이불을 누비려고 한 건지 아니면 그것을 그냥 이어서 꿰매려고 한 건지 결정하려고 한다. 누빔으로써 그녀는 그녀의 삶의 조각들을 모으고 그것들을 누빔처럼 '멋지고 평평하게' 만들려고 하면서 그것들을 받아들인다. 그것을 꿰매려고 함으로써(두 기술들 중 더 쉬운 것) 미니 포스터는 그 삶을 부정한다. 그녀는 라이트와 결혼할 때 압도당했던 개인성을 유지한다. 그녀의 남편을 살해함은 그녀의 자유를 위한 능동적 시도를 드러낸다. 두 부인들은 그 범죄의 동기를 지지하는 단서들을 발견한다. 그러나 그들은 그 단서들을 숨기려고까지 한다. 그래서 미니 포스터의 재판의 결과를 바꾸려고 한다. 혜일 부인은 미니 포스터의 잘못되고 신경이 과민했던 바느질을 떼어내고 누빔을 '멋지고 평평하게' 다시 깁을 때의 행위를 취한다. 또한 혜일 부인은 새를 잡아서 그녀의 코트 주머니에 그것을 숨기려고 한다. 이 모두 여성들이 남성 압제로부터 스스로를 자유롭게 할 힘을 가지고 있음을 예시한다.

> 헤일 부인 : … 조각 이불을 누비려고 한 건지 아니면 그냥 이어서 꿰
> 매려고 한 건지 모르겠네요.(115)
>
> …
>
> 헤일 부인 : (또 다른 누빈 바느질 부분을 살펴보면서) 피터즈 부인,
> 이걸 좀 보세요. 여기가 라이트 부인이 꿰매던 자리네요. 바느질
> 솜씨 좀 보세요! 다른 데는 전부 고르게 잘 되었는데, 그런데 여기
> 를 보세요. 여기서부터는 형편없어요. 이럴 수가! 무엇을 어떻게
> 해야 할지 모른 것처럼 정신이 없었나봐요. (이 말을 하고 난 후
> 두 여인은 서로 쳐다보고 문쪽을 돌아보기 시작한다. 곧 헤일 부
> 인은 이은 매듭을 잡아당기어 바느질한 것을 뜯어낸다.)(117)

등장인물들의 이름들도 상징적인 것들이다. 두 주인공들, 존
라이트와 미니 포스터(Minnie F●ster)는 상징적 이름들이다.
라이트 씨의 이름은 'Mr. Right'를 찾는 모든 여성으로 해석될
수 있다. 아이러니는 라이트 씨는 실제적으로 그의 아내가 그
를 살인하도록 부추기는, 사납고 엄하고 잔인한 압제자라는 점
이다. 라이트 부인의 미혼 시 이름이 미니다. 미니라는 이름은
그녀가 남자보다 덜 중요하거나 '작음(mini)'을 암시한다. 그리
고 두 여성들, 헤일 부인과 피터즈 부인은 이름조차 거론되지
못한다. 그들은 남편들의 반영과 소유로 보일 것이다. 보안관
의 아내인 피터즈 부인을 법과 결혼한 것으로 표현할 정도다.
중요하고 의무로 주어지는 도덕 법칙 중심의 삶을 비판하고
사소하게 여겨지지만, 실제로는 더 중요한 정감과 행복과 배려
중심의 삶을 중요하게 여기는 것이 이 극의 결론인 것 같다.

7. 결론

 칸트의 도덕형이상학이 엄격주의 등의 여러 가지 문제점들을 가지고 있음에도 불구하고, 인간의 권리와 정의의 측면에서 생각한다면 중요한 의미를 지닐 수 있다. 인간은 다른 사람들에 의해 침범되어서는 안 될 권리들을 가진다. 이 권리를 지키는 것은 의무론적 입장에서 가능한 것이지, 목적론이나 행복론의 입장에서는 가능하지 않을 수도 있다. 물론 행복추구권도 인간의 기본권 중 하나다. 그러나 단순한 행복 추구와 그것을 권리로 받아들이는 것은 본질적으로 다르다. 권리로서의 행복추구는 사람들이 다른 사람의 그것을 절대적으로 보장할 의무를 동시에 수반하는 것이다. 인간의 가장 기본적인 권리는 생명권이다. 많은 사람들의 행복을 위한다는 목적으로 한 인간의 생명을 빼앗는 것은 도덕적으로 도저히 용납될 수 없는 것이다. '생명을 지켜야 한다'거나 '사람을 죽여서는 안 된다'는 것은 절대적으로 따라야 할 정언명령일 수 있다. 이 도덕 법칙이 절대적으로 지켜지지 않고, 경우에 따라서 지켜지는 상황을 생각해보면, 의무론의 입장이 가진 의미를 알 수 있을 것이다. 또한 자신의 재산을 남들에게 나누어준다면 그들이 누릴 행복은 많이 증대할 것이다. 그렇다고 무조건 재산을 분배해야만 하는가? 인간은 누구나 자신이 번 재산을 지킬 수 있는 기본적인 권리를 지닌다. 사람들은 그 사람의 기본권을 지켜줄 의무를 가진다. '사람을 죽여서는 안 된다'거나 '남의 재산을 지켜주어야 한다'는 의무를 지키지 않는 사회는 상상하기 힘들 것이다. 인간 존엄성의 입장에서 기본권을 인정한다면, 칸트의 의무론이 가지는 의미와 그 중요성을 인정할 수 있을 것이다.
 정의는 권리와 어느 정도 중복되는 내용을 가진 개념이지만 그 토대는 상이한 것이다. 정의롭다거나 정당하다는 것은 공정하다는 것이다. 응분에 따라 공정하게 대우를 받는다는 것은 미래 중심적인 것이 아니고 과거 중심적인 것이다. 응분의 대가라는 것은 과거의 이력에 대한 대가를 말하는 것이다. 목적론과 결과주의는 미래 중심적이다. 그러나 과거 중심적인 것이 칸트의 법칙론일 것이다. 그리고 정의는 개인적이다. 어떤 사람이 어떤 응분의 대가를 받아야 하지만, 다른 사람도 동일한 대가를 받아야 하는 것은 아니다. 응분의 대가를 받을 자격은 개인에게 주어지는 것이다. 같은 반의 학생들이 성적 A를 받을 수도 있고, C를 받거나 F를 받을 수 있다. 그러나 그 평균 점수를 모두에게 부여한다면 개인성을 무시하는 것이며, 집단주의의 조치다. 그 집단주의는 부당한 것이며 불의다. 정의는 모든 사람들을 공정하게 대우하기를 요구한다. 그것은 무조건 동일하게 대우하라는 말은 결코 아니다. 모든 사람들이 평등하게 응분의 대가를 받는다는 의미다. 응분의 자격을 무시하고 일방적으로 인종을 차별하는 것은 불의의 대표적인 경우다. 노력, 업적, 능력 그리고 필요 등의 기준에 따라 응분의 대가를 받게 하는 것이 공정성이며 정의다. 공리성이 도덕의 근거로 채택되는 경우, 자기나 사회 전체의 행복을 추구하기 위해서 다른 사람을 수단으로 이용하는 것도 도덕적으로 정당화될 수 있을 것이다. 공리성의 원리 속에는 인간을 수단으로 대하지 말라는 내용이 전혀 포함되지 않는다. 그러나 칸트의 법칙론은 사람들 간에 나타날 수 있는 차이의 기준을 제시하면서 그 기준을 보편적으로 평등하게 적용하고자 한다. 그 기준은 모든 사람들이 보편적으로 받아들일 수 있는 것으로, 사람들에 대한 차별 대우를 정당화시킬 것이다. 도덕 법칙은 그것이 적용되는 행위를 하는 사람들 누구나가 불공정하지 않다고 여기지 않고

보편적으로 수용할 때만이 정의로운 것이다. 사물을 공정하게
분배하는 방식은 모든 사람들이 자율적이고 목적 자체로서 그
것을 공정한 것으로 받아들일 때 정의인 것이다.

□ 참고 문헌

문성학, 「칸트 윤리학의 네 가지 문제점」, 한국칸트학회논문집, 『칸트연구』 제13집
    (2004).
제임스 레이첼즈 지음 · 김기순 옮김, 『도덕철학(Elements of Moral Philosophy)』
    (서울 : 서광사, 1898).
존 호스퍼스 지음 · 최용철 옮김, 『도덕행위론』(서울 : 지성의 샘, 1994).
박재주, 『서양의 도덕교육 사상』(서울 : 청계, 2003).
유진 오닐 / 수잔 글라스펠 지음 · 송옥 옮김, 『고래기름 / 사소한 것들』(서울 : 동인,
    2004).
이엽, 「윤리학의 새로운 명칭으로서 도덕형이상학과 칸트 윤리학의 근본 동기」, 한
    국칸트학회 편, 『칸트와 윤리학』(서울 : 민음사, 1996).
이정일, 「칸트와 헤겔에 있어서 인륜적 자유」(서강대 대학원 박사 논문, 2001).
칸트 지음 · 이원봉 옮김, 『도덕형이상학을 위한 기초 놓기』(서울 : 책세상, 2002).
Biece, Ambrose, "A Horseman in the sky", Louis P. Pojman, ed., The Moral Life :
    An introductory reader in ethics and literature (New York : Oxford
    University Press, 2004).
Louden, Robert B., "Kant's Virtue Ethics", Ruthe Chadwick and Clive Cazeaux,
    ed., Immanuel Kant : critical assessments vol. Ⅲ (London and New York :
    Routledge, 1992).
Nieman, S., The Unity of Reason : Rereading Kant (New York : Oxford University
    Press, 1994).
Paton, H. J., The Categorical Imperative : A Study in Kant's Moral Philosophy
    (New York : Harper & Row, 1967).
Silber, John R., "The Copernican Revolution in Ethics : The Good Re-examined",
    Ruthe Chadwick and Clive Cazeaux, ed., Immanuel Kant : critical
    assessments vol. Ⅲ (London and New York : Routledge, 1992).
Stratton-Lake, Philip, "Formulating Categorical Imperative", Kant-Studien vol.

84, No. 3(1994).

Ward, Keith, "Kant's Teleological Ethics", Ruthe Chadwick and Clive Cazeaux, ed., *Immanuel Kant : critical assessments* vol. III (London and New York : Routledge, 1992).

제6장
선의 기준은 유용성인가?

1. 서 론

도덕철학의 논쟁에서 가장 자주 비판의 대상이 되는 것이 공리주의(utilitarianism)일 것이다. 그것은 공리주의가 이론적인 약점들을 많이 지니고 있기 때문이기도 하지만, 현실적으로 그것이 가장 타당한 도덕 이론인 것처럼 통용되고 있기 때문일 것이다. 공리주의를 포기한다는 것은 그것과 함께 현대인들이 지닌 규범적 가치관들을 포기하는 것과 같은 느낌을 주게 될 것이다. 그것이 현실적인 힘을 가지게 된 것은 이론적 약점이 없기 때문이 아니라 현대 사회의 규범적 가치관과 공동의 전제를 가지고 실천적 강점을 지니고 있기 때문이다. 치명적인 약점을 가진 이론이 아무리 비판을 해도 현실적 위력을 상실하지 않기 때문에 새로운 약점을 들추어내기가 반복되고 있다고 보아야 한다.

공리주의가 현대 사회에서 널리 수용되는 것은 그것이 현대 사회의 규범적 패러다임과 공동의 전제를 가지고 있기 때문이다.[1] 첫째, 현대 사회에서는 종교나 초자연적인 것이 도덕의 근원이 될 수 없다고 생각하는 것이 일반적인 현상이다. 자연주의(naturalism)가 현대 사회의 규범적 패러다임인 것이다. 그것은 도덕을 자연적 사실의 문제로 간주한다. 공리주의 또한 도덕의 문제를 육체적 쾌락이라는 자연적 사실의 문제로 환원시키고자 한다. 그리고 경제제일주의가 지배하는 현대 사회에서 이해 관계가 모든 판단의 기준으로 작용한다. 일종의 목적론(teleology)으로서 공리주의도 좋음(goodness)에 의해서 옳음(rightness)을 규정한다. 최대 다수의 최대 행복이 도덕의 기준이 된다는 것이다. 둘째, 현대 사회는 이성적 존재로서의 모든 인간들에게 인격의 존엄성이 인정되는 평등의 사회다. 벤담(Jeremy Bentham)은 인간뿐 아니라 쾌락과 고통을 감지할 수 있는 능력을 가진 존재자들 전부에게도 도덕적 지위를 부여할 정도로 평등주의의 정점을 보여준다. 그는 또한 행복의 양을 계산하는 과정에서 '누구나 한 사람으로 고려되어야 하고, 어느 누구도 한 사람 이상으로 고려되어서는 안 된다'는 원칙을 천명할 정도로 도덕적 주체의 질적 평등도 주장한다. 물론 밀(John Stuart Mill)은 '불만족한 소크라테스의 쾌락이 만족한 돼지의 쾌락보다 더 양질의 쾌락'이라고 주장하여 인간과 돼지 간에, 나아가 인간들 간의 질적 차이를 정당화시키려 하지만, 공리주의가 평등을 지향하고 있다는 점에 큰 영향을 미치지 못한다. 그러나 공리주의에서 말하는 평등이 개인의 존엄성에서 근거를 찾는 현대 사

---

1) 이 점에 관한 아래의 내용은 정원규, 「공리주의에 대한 패러다임적 독해 — 공리주의의 사회계약론적 수렴을 제안하며」, 한국철학회, 『철학』(2004), pp. 275-283을 참고.

회의 평등과는 다르다. 그것은 효용 계산의 실현 계수로서만 작용한다는 점에서, 주체로서의 개인을 언제나 무시할 수 있는 존재로 간주하는 평등이다. 최대 다수의 행복을 위해 개인의 행복이 손상될 수도 있는 평등인 것이다. 셋째, 현대 사회는 소통의 자유가 만연하면서 더욱 복잡하고 다양한 문화와 가치관을 가진 사회가 되고 있다. 공공 영역에서의 다양성은 집단들 간의 구조적 갈등과 충돌을 불가피하게 만들 수 있다. 따라서 현대 사회는 문화적 다양성을 인정하면서도 그런 갈등을 제어할 수 있는 원리로서 비상대주의적 다원주의를 필요로 하는 사회다. 공리주의도 다원성과 비상대성의 갈등을 해결하고자 한다. 쾌락의 질의 다양성을 인정하는 한 최대 다수의 최대 행복을 계산하기가 거의 불가능해질 수 있기 때문에, 질적 쾌락과 관련하여 물리적 쾌락이라는 단일한 기준을 제시하면서 양적 쾌락의 계산에는 많은 기준들을 제시하고 있는 것이 벤담의 입장이었다. 그는 쾌락에서 주관성을 제거함으로써 다원성과 비상대성의 충돌을 미연에 방지한, 즉 객관주의적 공리주의를 염두에 두고 있었던 것이다. 물론 벤담의 공리주의가 상대성의 문제를 충분히 해결한 것은 아니다. 쾌락의 계산 과정에서 그가 제시하는 강력성과 지속성의 기준을 적용한다면 더욱 강력하지만 더욱 짧은 쾌락을 서로 비교하는 문제가 남는다. 판단의 주체에 따라 어느 것을 선택하든 모두 가능하고, 그렇다면 공리주의가 다원성과 비상대성의 요구를 동시에 충족시키지 못하는 것이다. 아무튼 공리주의는 현대 사회의 규범적 패러다임과 공동의 전제들을 가짐으로써 현실적으로 수용되고 있지만 이론적으로는 많은 비판을 받고 있는 도덕 이론이다.

도덕철학 내지 윤리학의 기본 개념은 '좋음[善]'과 '옳음[義]'이다. 의무론(deontology)은 '옳음'을 '좋음'과 무관하게 규정하면서 '옳음'을 도덕의 기준으로 생각한다. 반면 목적론은 '좋음'을 도덕의 기준으로 생각하면서 '옳음'과 무관하게 그것을 규정하고 '옳음'은 '좋음'을 극대화시키는 것으로 생각한다. 목적론의 일종으로서 공리주의는 '좋음'의 기준을 무엇으로 정하는가와 그 기준을 '옳음'에 어떤 방식으로 적용할 것인가에 답해야 한다. 즉, 선(善)의 기준과 그것을 의(義)의 규정에 적용하는 방식을 말해야 하는 것이다. 그 답은 다양하게 주어질 수 있고, 따라서 공리주의의 입장들도 다양할 것이다. 그러나 본 논문에서는 첫 번째 문제에 대한 공리주의의 근본적인 입장인 쾌락주의와 결과주의를 살펴볼 것이며, 두 번째 문제와 관련하여 행위공리주의(act-utilitarianism)와 규칙공리주의(rule-utilitarianism)를 살펴볼 것이다. 그와 더불어 공리주의가 현실적인 인간 삶에 어떻게 적용되는지 알아보기 위해 문학 작품들(르귄(Ursula Le Guin)의 『바람의 열두 방향(The Wind's Twelve Quarters)』에 나오는 단편 「오멜라스를 떠나는 사람들(The Ones Who Walk Away from Omelas)」과 헉슬리(Aldous Huxley)의 『멋진 신세계(Brave New World)』그리고 찰스 디킨즈(Charles Dickens)의 『어려운 시절(Hard Times)』)을 검토하고자 한다.

2. 공리주의가 주장하는 선의 기준은 무엇인가?

1) 쾌락주의(hedonism)

공리주의에 의하면 옳은 행위는 선을 얻기 위한 수단일 뿐이다. 행위자 자신의 선을 추구하자는 것이 이기주의이지만, 공리주의는 모든 사람의 선, '일반적 선(general good)'을 추구하자는 것이다. 그것은 벤담에 의해 '최대 다수의 최대 행복 (the greatest happiness for the greatest number)'으로 공식화되었다. 모든 사람의 선을 고려해야 함에도 불구하고 최대 다수로 표현한 것은 최대 다수의 선만을 고려한다는 오해를 불러일으킬 수 있다. 공리주의는 행위를 통해 가능한 한 많은 선을 산출해야 한다고 주장한다.

공리주의가 주장하는 선의 기준은 두 가지 측면에서 논의될 수 있다. 하나는 행복과 쾌락이며, 다른 하나는 동기보다는 결과다. 고대 쾌락주의(=Epicurianism)의 근대적 형태인 공리주의는 선을 행복이나 쾌락으로 규정하는 행복설 내지 쾌락설의 일종인 것이다. 그것은 '최대 행복과 최대 다수'를 선의 기준으로 제시한다. 그리고 그 기준을 만족시키는 행위가 옳은 행위라는 것이다. 그래서 벤담은 '최대 다수의 최대 행복이 옳고 그름의 척도'라고 주장한 것이다.2) 그리고 인간의 행복은 쾌락에서 근원한다고 주장한다. 공리주의에 의하면, 고통스러운 행복은 있을 수 없으며 즐거운 불행도 생각할 수 없다. 쾌락은 행복의 내용이 되기 때문이다. 공리주의의 표면적 주장은 행복이지만 내용의 측면에서는 쾌락을 과제로 삼는다. 인간으로 하여금 행위하도록 의무를 부여하는 근본 동기가 쾌락이며, 그 행위의 옳고 그름도 그것을 기준으로 판단된다는 것이다. 공리주의가 중시하는 제재(sanction)의 문제가 이 문제다. 제재는 의무를 부여하는 힘, 즉 동기의 원천이다.

그런데 중요한 점은 그 쾌락이나 행복의 양을 측정하는 문제다. 벤담은 쾌락은 본래 질적으로 동일한 것이며, 따라서 질

---

2) Jeremy Bentham(1879), "An Introduction to the Principles of Morals and Legislation", John Bowring, ed., *The Works of Jeremy Bentham* vol. I (Book Surge Publishing, 2001), p. 227.

적으로 다른 쾌락을 느끼는 것도 근본적으로 양적 차이로 환원될 수 있음을 전제로 하면서,3) 쾌락의 양적 측정이 가능하다고 믿었던 것이다. 그는 인간의 쾌락 능력이 유사함을 전제하고 모든 사람들은 한 사람으로 간주하기를 제안한다. 그리고 강도, 지속도, 확실성, 근접도 그리고 다산성과 순수성 등을 통하여 쾌락의 양적 측정이 가능하다고 믿었다. 밀 또한 공리(utility)가 쾌락을 의미함을 강조하면서, "목적으로서 바람직한 유일한 것은 쾌락"이라고 주장한다.4) 그러나 밀은 쾌락의 질적 차이를 무시하는 것은 인간의 일반적인 가치감에 어긋나는 것이라고 하면서 질적인 쾌락주의를 주장한다. 그래서 그는 "만족한 돼지보다는 불만족한 인간이 되는 편이 낫다. 바보로서 만족하기보다는 소크라테스로서 불만족함이 낫다"고 말함으로써,5) 동물과 인간 사이에 차이가 있듯이 인간들 사이에도 쾌락의 질적 차이가 있을 수 있으며, 인간이 추구하는 행복은 단순히 양적으로 많은 쾌락이 아니라 질적으로 높은 쾌락임을 강조한다. 질적으로 높은 쾌락은 두 가지의 쾌락들을 알고 있는 사람의 선호에 의해서 측정된다는 것이 밀의 입장이다. 일방의 쾌락만을 알고 있는 돼지와는 달리 인간 소크라테스는 양방의 쾌락을 알고 있으며, 그 쾌락들 간의 질적 우열을 판단할 수 있다는 것이다. 그런 인간이 선택한 쾌락이 질적으로 더욱 높은 쾌락이라는 것이다. 쾌락의 질적 측면을 강조하는 밀의 주장은 인간을 자신의 쾌락만을 추구하는 이기적인 동물로 간주한다는 비판에 대한 충분하지는 못하지만 하나의 대답은 될 수 있을 것이다. 인간이 추구하는 질적으로 높은 쾌락들 중

---

3) William S. Sahakian, *Ethics : An Introduction to the theories and problems* (Barnes & Nobles college outline series, 1974), p. 29.
4) John S. Mill, *Utilitarianism* (The Liberal Art Press, 1957), p. 10.
5) Ibid., p. 14.

에는 남의 행복을 즐기는 이타적인 쾌락도 포함될 수 있기 때문이다.

공리주의가 선의 기준으로 행복과 쾌락을 제시하는 것이 현실적으로는 수용되고 있을지라도 이론적으로는 문제가 지적될 수 있다. 첫째, 행복의 내용을 쾌락으로 간주한다는 문제다. 물론 쾌락과 행복이 유사하며, 인간은 쾌락과 행복을 추구하고 고통과 불행을 피하고자 한다는 점은 인정할 수 있다. 그러나 쾌락과 행복이 동일한 것으로 간주하는 데에는 문제가 있다. 행복은 쾌락에 비교하면 장기적인 상태다. 행복은 '지속적인 영혼의 상태'의 일종이며 인생을 통해 다양하게 변할 수 있지만 순간적으로 변하는 것은 아니다. 그러나 쾌락은 인생에 등장하는 에피소드며 날씨에 비유되는 순간적 상태다. 한 잔의 물이 우리에게 주는 쾌락이 늘 달라지듯이, 쾌락은 사람과 시간과 장소에 따라 다르게 느껴진다. 행복과 쾌락의 관계는 전체와 부분의 관계와 같다. 순간적인 쾌락을 정확하게 계산한다는 것은 근본적으로 불가능한 일이며, 그것이 가능할지라도 일일이 그것을 계산하여 행위 지침으로 삼기는 거의 불가능할 것이다. 그리고 쾌락은 크게 정신적인 것과 육체적인 것으로 나눌 수 있고, 전자를 행복, 후자를 쾌락이라고 부르는 것이 상식이다. 그리고 많은 사람들은 행복을 쾌락보다 고상한 것으로 간주한다. 쾌락의 질적 차이를 인정한 밀은 질적 우열을 평가하는 또 다른 하나의 선의 기준을 도입함으로써 쾌락을 선의 기준으로 삼는 공리주의의 문제점을 스스로 밝힌 것이다. 그리고 쾌락의 질적 차이와 양적 차이를 비교할 수 있는 제3의 기준이 제시되지 않는 한 최대 행복은 계산할 수 없을 것이다.

둘째, 행복과 쾌락의 정확한 계산은 불가능하다는 점이다. 행위의 결과는 너무 복합적이고 다원적이라서 계산이 거의 불가능하기 때문이다. 다른 사람들의 행복이나 쾌락을 확신할 수 없으며, 자기 자신의 그것도 명확하게 계산할 수 없는 것이다. 우리의 의식 상태를 양적으로 계산할 수 없을 뿐 아니라 더욱이 미래의 행복과 쾌락은 계산이 거의 불가능하다. 물론 공리주의는 그 계산의 어려움은 전능하지 못한 인간성의 결함이며 따라서 능력에 따라 최선을 다해야 한다고 주장한다.

셋째, 쾌락과 덕(virtue)의 관계 문제다. 공리주의는 덕을 그 자체로 선으로 인정하지 않고 그것이 쾌락에 기여하기 때문에 선이라고 인정한다. 덕 자체가 목적으로 인정되지 못하고 수단으로 인정된다는 것이다. 덕과 행복은 항상 결합되어 있기 때문에 관념 연합에 의해 행복 추구와 덕 추구가 하나로 간주되는 것이다. 화폐는 원래 교환의 수단에 불과하지만, 재화에 대한 욕망이 화폐에 대한 욕망으로 전이되어 그것들이 동일시되어버리듯이, 덕 또한 수단이 목적으로 전화되어, 행복의 수단으로 욕구되지 않고 행복의 일부로서 목적 자체로 욕구되고 있다는 것이다. 그러나 덕을 자기 목적적인 것으로 간주하는 도덕철학자들도 있다. 자신의 쾌락과 행복을 희생하면서 다른 사람을 위해 헌신하는 경우에 그 자체가 목적이라는 것이다. 그러나 밀은 더 많은 행복을 추구하는 것이 중요할 뿐 누가 희생하는가는 무의미하다고 주장한다. 그러나 이 점은 밀이 쾌락주의를 벗어나고 있음을 보여준다. 자신의 행복과 쾌락을 버리는 경우는 최대 행복의 원리에 어긋나는 것이다. 여기서 분명한 것은 공리주의의 선의 기준이 단순한 쾌락의 원리가 아니라 최대 다수의 원리라는 점이다. 마지막으로, 최대 행복과 최대 다수는 쉽게 결합될 수 없다는 문제다. 최대 행복의 추구는 쾌락주의며, 그것은 이기주의적인 경향을 지닌다. 반면, 최대 다수의 행복 추구는 이타주의적 경향을 지닌다. 따라서 최대 다수의 최대 행복은 서로 다른 방향을 지닌 원리다. 더 많은 행복을 더 많은 사람들에게 나누어준다는 것은 상식에는 통할 수 있지만 근본적인 문제를 지닌다. 공리주의는 두 가지 심리적인 사실에 근거한다. 하나는 인간은 행복을 추구하고 불행을 피하고자 한다는 사실이다. 다른 하나는 자신의 행복만이 아니라 다른 사람의 행복, 나아가 더 많은 사람의 행복을 추구한다는 엄연한 사실이다. 이는 다만 심리적인 사실을 넘어 도덕적으로 요구되는 심리적 사실이다. 반면, 행복을 추구한다는 사실은 생명 일반에 공통되는 생명 현상의 일종이다. 따라서 공리주의의 도덕성은 최대 행복 내지 쾌락주의의 원리가 아니고 최대 다수 내지 이타주의의 원리에서 나타나는 것이다.6)

2) 결과주의(consequentialism)

공리주의의 기본 원리는 옳은 것은 좋은 것에 의존한다는 것이다. 한 행위가 도덕적으로 옳은가는 그 행위의 결과가 무엇인지를 찾아내고 또 그것이 본래적으로 좋은지 또는 나쁜지를 결정함으로써만 알 수 있다는 것이다.7) 공리주의가 제시하는 선의 기준은 결과다.8) 고전적 공리주의는 옳은 행위를 정도의 문제로 생각한다. 더 옳거나 덜 옳은 행위가 있을 수 있다는 것이다. 그런 측면에서 밀은 "행복을 만들어내는 경향에 비례하여 행위는 옳을 수 있다"고 말했다.9) 공리주의에서 옳

---

6) 황경식, 「공리주의적 복지 개념의 한계 ─ 목적론적 윤리 체계의 비판」, 철학 연구회, 『철학연구』(1978), pp. 85-86 참고.
7) 폴 테일러 지음 · 김영진 옮김, 『윤리학의 기본 원리』(서울 : 서광사, 1985), p. 89.
8) 공리주의가 선의 기준으로 결과를 제시하는 것에 관한 아래 설명은 임덕준, 「결과주의로서의 공리주의」, 고려대 철학연구소, 『철학연구』(1988), pp. 5-7 참고.

은 행위란 더 나은 결과를 가져오는 행위인 것이다. 이 경우 옳은 행위는 하나일 필요는 없다. 최선의 결과를 가져오기만 하면 옳은 행위일 수 있다.10) 결과에는 의도된 결과, 가능한 결과, 실제적 결과 등이 있을 수 있다. 그런데 도덕 이론으로서의 공리주의는 행위가 이루어진 실제 결과는 기준이 될 수 없다. 무엇을 행해야 하는가는 아직 행위가 이루어지지 않은 상태에서 여러 대안들 중에서 하나를 선택할 것인가의 문제이기 때문이다. 그래서 "가능한 행복을 극대화하는 행위"가 우리가 해야 할 행위라는 것이다.11) 그래서 '옳음'과 '그름'이라는 용어 대신 '합리성'과 '비합리성'의 용어를 사용한다. 즉, 합리적이라는 말은 행위자에게 부여된 증거에 비추어 최선의 결과를 산출할 것 같은 행위를 권고하는 것이며, '옳다'는 말은 사실상 최선의 결과를 가져오는 행위를 권고하는 말이다. 즉, 합리적인 것은 옳은 행위를 하려는 것, 달리 말하면 최선의 결과를 산출하려고 노력하는 것이다. 결국 옳고 그름은 행복 증진의 실제적 성공에 비추어 선택을 평가하는 것이며, 합리적이라는 것은 그 개연적 성공(likely success)에 비추어 선택을 평가하는 것이다. 개연적 성공이란 '이익을 극대화할 가능성'이 아니라 '가능한 이익을 극대화하는 것'을 의미한다. 따라서 옳은 것은 '가능한 이익'을 극대화한 것이며, 합리적인 것은 옳을 것이라고 생각되는 것을 행하는 것이다.12)

결과주의로서의 공리주의는 다음과 같은 이론적 문제에 직면한다.13) 옳고 그름이라는 도덕적 평가는 도덕과 무관한 결

9) John S. Mill, op. cit., p. 10.
10) J. J. C. Smart & Bernard Williams, *Utilitarianism: for and against* (Cambridge University Press, 1973), pp. 44-45.
11) Ibid., p. 42.
12) Ibid., p. 47.

과의 좋고 나쁨에 전적으로 의존한다. 좋음은 옳음과 상관없이 규정되고, 옳음은 그런 좋음을 극대화시키는 것이다. 이는 도덕 문제를 독단적 직관의 문제가 아니라 현실적 경험의 문제로 간주한다는 의미다. 그러나 결과주의는 도덕과 무관한 것을 도덕의 근거로 제시한다고 비판을 받는다. 그 비판을 주도하는 의무론은 도덕적 옳고 그름은 좋고 나쁨의 결과에 종속되는 것이 아니라 그것과는 무관하게 오히려 그것에 선행하여 결정된다고 주장한다. 의무론은 결과에 무관하게 규정된 도덕 규범을 지켜야 한다고 주장하며, 따라서 도덕 규범을 따르는 데는 예외가 있을 수 없다고 주장한다. 그리고 그것은 결과보다는 행위의 동기를 중시한다. 인간은 결코 미래의 결과를 완전히 알 수 없기 때문에 그 결과에 책임을 질 수 없는 것이다. 또한 목적이 수단을 정당화시킬 수 있다는 공리주의의 주장을 반박한다. 미래의 좋은 결과라는 목적을 달성하기 위해 거짓이나 폭력이라는 수단을 사용해서는 안 되는 것이기 때문이다. 그래서 공리주의를 단순한 편의주의나 유토피아주의에 불과하다고 비판한다. "실제 결과만으로 옳고 그름을 판단하는 것은 잘못이 있는 것 같다. 행위의 실제 결과는 당신의 통제 범위를 크게 벗어난 것이다. 당신은 당신의 행위로서 일련의 사건을 유발시킬 수 있지만, 그 결과는 전적으로 예측 불가능하다."14) 결과의 예측을 위해서는 관련 사항을 모두 알아야 하는데, 모든 것을 안다는 것은 불가능하다. 당신의 행위가 모든 사람들에게 가능한 최선의 결과를 가져다주는 것으로 확인하려면 공적만큼이나 행운도 중요하다. 당신이 해야 할 행위는 실제로

---

13) 이 문제에 관한 아래 설명은 임덕준, 위의 논문, pp. 2-4 참고.
14) 존 호스퍼스 지음·최용철 옮김, 『도덕행위론 — 현대 윤리학의 문제들』(서울 : 지성의 샘, 1994), p. 222.

최선의 결과를 가져온 것이 아니라 최선의 결과를 가져올 것이라고 생각하는 것에 불과할 수 있다. 사람들은 무지한 상태에서 생각할 수도 있고 어리석게 생각할 수도 있고 악의적으로 생각할 수도 있을 것이다. 또한 당신이 해야 할 행위는 실제로 최선의 결과를 가져다줄 것도 아니고, 최선의 결과를 가져다주리라고 생각하는 행위도 아니고, 실제로 확률적으로 최선의 결과를 가져다줄 행위다. 그것은 행위의 순간 적절한 최선의 증거에 입각해서 볼 때 최선의 결과를 가져다줄 것처럼 보이는 행위인 것이다. 따라서 공리주의적 의무는 주관적 의무다. 행위는 그것의 결과가 충분히 알려지기 전에 이루어질 수밖에 없으며, 실제 결과는 증거에 따라 그리고 행위가 끝난 한참 뒤에 알려질 것이다. 사람은 결코 신이 아닌 이상 객관적인 의무를 이행할 수 없을 것이다.[15]

3. 공리주의는 선의 기준을 어디에 적용시키는가?

1) 행위공리주의(act-utilitarianism)

공리주의는 최대 다수의 최대 행복의 결과, 즉 공리(utility)의 원리를 옳음과 그름에 대한 궁극적인 기준으로 삼는다. 그러나 문제는 그 기준을 개별적 행위에 직접 적용할 것인가 아니면 행위의 규칙에만 제한적으로 적용시켜서 행위 규칙으로 하여금 개별적 행위가 옳은가 그른가를 결정하도록 할 것인가에 있다. 선의 기준을 개별적인 행위에 적용시키는 경우, 그 행위의 결과를 통해 그 행위의 옳고 그름을 평가한다. 위에서 언

15) 위의 책, pp. 223-225 참고.

급된 공리주의의 선의 기준에 관한 논의들은 대부분 이 경우에 속한다. 이런 입장을 행위공리주의라고 부른다. 공리성의 원리 자체가 개별적 행위의 옳고 그름을 결정하기 위하여 개별적 행위에 직접 적용된다. 한 행위의 옳고 그름은 구체적인 시간과 장소에서 그 행위를 했을 때 생기는 결과인 것이다. 예를 들어, 과제를 늦게 제출하여 선생님에게 벌을 받게 된 학생이, 친척을 병문안하게 되어 어쩔 수 없이 늦었다고 거짓말을 한다고 생각하자. 선생님에게 거짓말을 하는 행위 자체는 옳고 그른 것이 아니고, 그 거짓말하는 행위의 결과에 따라서 옳고 그름이 결정된다는 것이 행위공리주의의 주장이다. 물론, 그 행위의 결과는 행위자 개인의 행복 증대에만 관심을 가지는 것은 아니다. 그래서 행위공리주의가 바로 이기주의로 연결되는 것은 아니다. 그것은 도덕적으로 옳고 그른 것이 무엇인지를 결정할 때 다른 사람들의 행복을 고려할 것을 요구하는 것이다. 밀은 행위의 기준이 행위자 자신의 행복이 아니고 모두의 행복의 최대의 양이라는 것을 분명히 주장한다. 어떤 행위를 옳은 행위로 만드는 선의 기준인 행복은 행위자 자신의 그것이 아니라 모든 관련된 사람들의 그것이라는 것이다. 이것이 바로 최대 다수의 최대 행복의 원리인 것이다.

행위공리주의가 전적으로 도덕 규칙을 부정하는 것은 아니다. 도덕 규칙이 행위의 옳고 그름을 결정한다고 하지는 않지만, 행위 결과를 예측하기 어렵거나 불가능한 경우에 실천적인 행위 지침이 될 수 있다고 주장한다. 이론적으로 본다면 행위공리주의가 도덕 규칙을 고려할 필요는 전혀 없지만, 실제적으로는 행위 결과를 정확하게 계산한다는 것이 거의 불가능하기 때문에 규칙을 지침으로 행위를 결정할 수 있다는 것이다. 행위공리주의는 도덕 규칙을 과거 대부분의 경우에 공리성의 원리를 효과적으로 만족시킨 것으로 입증된 규칙들로 간주한다. 우리가 복잡한 일을 하는 경우, 어떤 경험에 의한 '눈대중(rules of thumb)'에 따르는 것이 실용적이라는 것과 마찬가지로, 도덕 규칙도 우리의 행위가 공리성의 원리에 일치하도록 도움을 주는 데 경험적인 방법의 기능을 할 수 있다는 것이다. 따라서 도덕 규칙은 과거에 대체로 최대의 공리성을 산출한 것으로 알려진 행위를 귀납적으로 일반화하거나 통계적으로 확률화한 것으로 이해된다. 즉, 도덕 규칙이란 그것과는 무관하게 옳거나 그른 개별적 행위에 대해 내린 판단을 요약한 것이며, 개별적 행위의 옳고 그름은 그 행위의 공리성에 있으며, 그 공리성은 구체적인 행위의 결과에 달려 있다. 만약 개별적인 경우에 어떤 규칙을 따르지 않는 것이 따르는 것보다 더 큰 공리성을 가진다면 그 규칙을 따르는 것은 옳지 않다. 따라서 사람을 속이는 일이나 다른 사람의 권리를 침해하는 일 등이 그른 것은 아니다. 또한 규칙공리주의가 주장하는 '속이지 말라'거나 '남의 권리를 침해하지 말라'는 규칙도 옳은 행위의 기준이기 때문에 그른 것이 아니다. 행위공리주의의 입장에서는 도덕 규칙을 따르거나 어기거나 그것이 행위의 도덕성을 결정하는 데 근본적인 것이 결코 아니며, 그 행위의 결과가 근본적인 것이다.16)

그러나 행위공리주의의 최대 다수의 최대 행복의 원리는 너무 많은 것을 요구한다는 비판이 제기된다. 최대 행복의 원리가 개인들에게 극단적이고 강압적인 요구를 할 수 있다는 것이다. 사람들이 즐거워하면서 자신의 목표를 달성할 수 있는 자유를 허용하지 않는 도덕은 강압적일 수 있는 것이다. 공리

---

16) 행위공리주의의 도덕 규칙에 대한 위의 설명은 폴 테일러 지음 · 김영진 옮김, 앞의 책, pp. 97-99 참고.

주의에 따르면 누구든지 가능한 최선의 결과를 가지는 행위를 해야 한다. 그 이외의 어떤 행위가 적지 않은 선을 가져다주더라고 예외 없이 그른 행위가 될 것이다. 최선의 행위 이외의 행위들은 모두 그른 행위가 되고 만다. 최선의 행위만이 옳은 행위이기 때문이다. 따라서 공리주의에서는 의무 이상의 행위(supererogatory act)는 이루어져서는 안 된다. 당신이 해야 하는 일만 하지 않고 그 이상의 일을 한다든지 누구나 당신이 하리라고 기대하는 것 이상의 일을 하더라도 그것을 포용하지 못한다. 당신이 한 행위가 '할 수 있는' 것이고 할 수 있었던 최선의 일이라고 한다면 당신은 그것을 '해야' 하는 것이다. 그것에 못 미치는 행위는 그른 행위가 되는 것이다.17) 예를 들어, 친구와 함께 영화를 보러가고자 한다. 그런데 그 대신에 병원에 가서 봉사 활동을 할 수도 있다. 봉사 활동이 더 많은 전체의 행복을 가져올 것은 명백하다. 따라서 행위공리주의에 따르면 최대 다수의 최대 행복을 가져올 행위를 하지 않았기 때문에 영화를 보러가는 것은 그른 행위다. 텔레비전을 보거나 운동을 하거나 책을 읽거나 스포츠를 하는 등 거의 모든 활동들이 영화 구경과 별반 다르지 않다. 그런 행위들을 하는 것 모두가 도덕적으로 옳지 못한 행위라는 것은 과도하고 강압적인 요구일 수 있다. 그리고 또 한 가지 문제는 행위공리주의가 정의와 의무를 너무 소홀하게 다룬다는 것이다. 어떤 사람이 환자를 의사에게 데려가겠다고 약속을 하고도 집 없는 사람들을 위하여 무료 식당에서 봉사 활동을 하고 있는 사람을 생각해 보자. 행위의 옳고 그름이 그 행위의 미래의 결과에 의해서 결정된다는 것이 문제 있음을 알 수 있을 것이다. 의사에게 데려가겠다는 약속이 만들어내는 복지보다는 무료 식당에서 일하

---

17) 존 호스퍼스 지음 · 최용철 옮김, 앞의 책, pp. 256-257 참고.

면서 만들어지는 복지가 더 많다고 믿기 때문에 약속을 지키는 것이 그른 행위가 된다는 것은 문제가 있다. 좀더 명백한 예를 들어보자. 만성적인 질병에 시달리고 마을 사람들이 무척 싫어하는 노인인 삼촌을 조카가 죽이려고 생각한다고 가정한다. 더욱이 조카는 심장 질환으로 죽은 것으로 보이게 할 약을 가지고 있으며, 사실이 밝혀질 가능성은 전혀 없는 실정이다. 그 노인의 재산은 조카에게 남겨질 것이며, 그 조카는 그 재산을 복지 증진을 위해 다양하게 사용할 계획이다. 마을의 모든 사람들은 자신의 복지가 증가하게 된다면 더욱 행복하게 될 것이다. 누구도 그 노인의 죽음을 슬퍼하지 않을 것이다. 그러므로 조카는 삼촌을 죽이는 것이 죽이지 않는 것보다 더 많은 행복을 만들어낸다고 생각하여 죽이는 것이 옳은 행위라면 문제가 없겠는가? 행위공리주의의 입장에서는 죽이지 않는 것이 오히려 그른 행위다. 사람을 죽이는 행위는 그것의 결과에 상관없이 옳지 못한 행위인 것이다. 이 문제의 개선을 위해서 등장한 것이 규칙공리주의다.

2) 규칙공리주의(rule-utilitarianism)

공리주의는 자신의 문제들을 다양한 입장들에서 변호하고 있지만, 여전히 쾌락주의와 결과주의를 벗어나지 못한다. 모든 사람들에게 미치는 행위의 결과를 고려함으로써 행위의 옳고 그름을 평가하는 것이다. 그리고 각각의 행위 결과가 아니라 모든 사람이 같은 행위를 했을 때의 결과를 고려한다. 예를 들어, 과수원을 지나면서 몇 개의 사과를 따 먹는다고 하자. 과수원 전체에 미칠 영향도 매우 적다. 그래서 사과를 따 먹는 개별 행위의 결과는 그것만 두고 본다면 무시해도 괜찮을 것이다. 사과를 따 먹은 사람은 그 즐거움을 한껏 누릴 수 있으며, 주인은 그것에 대해 신경을 쓰지 않을 것이다. 그러나 '나의 행위가 어떤 결과를 가져올 것인가?'라는 시각보다는 '나의 행위가 보편화된다면 어떤 결과가 생길 것인가?'라는 시각에서 볼 수 있다. 모든 사람들이 내가 하려는 행위를 하게 될 때 가져올 결과를 주목하는 것이다. 그리고 그 과수원뿐 아니라 다른 과수원들도 모두 포함되고 먹고 싶을 만큼 실컷 사과를 따 먹는다면 사과 과수원은 사라질 것이다. 그래서 사과를 따 먹어서는 안 된다.18) 이것이 바로 '공리주의의 일반화(utilitarian generalization)' 원리다. 이 공리주의 일반화의 확장된 형태가 바로 규칙공리주의다.

규칙공리주의는 최선의 결과를 가져올 행위를 고려하는 것이 아니라 규칙을 고려한다. 옳은 행위 규칙을 따르면 옳고 위반하면 그르다. 그리고 그 행위 규칙의 옳고 그름은 공리성에 의해 결정된다. 타당한 규칙은 일반적으로 그것을 따를 때 다른 규칙을 따를 때보다 모든 사람들에게 더 많은 행복과 쾌락을 가져오고 더 적은 불행과 고통을 가져오는 그런 규칙이다. 예를 들면, 대부분의 사람들은 현실적으로 조카가 삼촌을 살해하는 것의 결과를 검토하여 최대 다수의 최대 행복을 계산할 엄두도 내지 않는다. 그들은 망설임 없이 합리적으로 다음과 같이 생각한다. 즉, '조카가 삼촌을 죽이는 것은 살인이다. 살인은 그르다. 그러므로 조카가 삼촌을 죽이는 것은 그르다.' 사람들은 행위의 옳고 그름을 판단하는 경우 대부분 규칙에 의존한다. 물론 하나의 규칙에 전적으로 의존하여 행위를 평가하는 경우는 거의 없다. 규칙은 최대 다수의 최대 행복을 요구하는 것이거나 그것의 감소를 금지하는 것이다. 규칙공리주의는

---

18) 위의 책, pp. 322 참고.

도덕 규범이나 규칙의 중요성을 인식한다. 그러나 무조건 그 규칙을 따르자는 것이 아니다. 최대 다수의 최대 행복을 가져올 규칙을 따르고, 그것을 감소시키는 규칙은 따라서는 안 된다는 것이다. 행위공리주의는 어떤 행위가 최대 행복을 가져올 것인지에 관심을 가지지만, 규칙공리주의는 그 관심을 행동들의 종류나 규칙들에 둔다. 그것에 따르면, 우리는 최대 다수의 최대 행복을 가져올 옳은 도덕 규칙을 따라야 한다. 그것은 옳지 않은 도덕 규칙들보다는 옳은 도덕 규칙들을 따를 것을 요구하는 것이다. 그리고 옳은 규칙의 기준을 제시한다. 따르지 않기보다는 따를 때 최대 다수의 최대 행복을 가져온다면 그 규칙은 옳은 것이다. 조카가 삼촌을 죽이지 않는 것이 죽이는 것보다 행복을 증대시킬 것이기 때문에, 죽이는 것은 옳지 않을 것이다. 거짓말을 허용하는 것보다 금지하는 규칙을 따를 때 전체의 행복을 증대시킬 것이기 때문에 '거짓말하지 말라'는 규칙을 따라야 한다는 것이다. 그러나 거짓말하는 것이 오히려 옳을 경우도 있다. 게슈타포가 유대인이 숨은 곳을 말하라고 하는 경우, 진실을 말하면 그 유대인은 분명히 죽게 될 것이고 말하는 사람도 심한 처벌을 받을 수 있다. 그런 경우 거짓말로 '모른다'고 말하는 것이 옳을 것이다. 그래서 규칙공리주의는 '거짓말하지 말라'는 식의 범주적 도덕 규칙들 내지 도덕 원리를 주장하기보다는 '어떤 상황에서 거짓말하지 말라'는 식의 조건이 부여된 도덕 규칙을 주장한다. 이는 진실을 말해야 하고 생명을 구해야 한다는 등의 의무 모두는 절대적이거나 무조건적인 것이 아닌 '조건부 의무(prima facie duties)'라고 주장한19) 로스의 관점과 같은 입장이다. 조건부 의무는 '선을 극대화시켜야 한다'는 조건이 부여되지 않는다면 절대적

---

19) 위의 책, pp. 314-315.

인 의무가 된다. 그러나 조건부 의무들 사이의 갈등이 생긴다면 매우 어려운 도덕적 결단에 직면할 것이다. '어떤 상황에서 거짓말을 하지 말라'는 식의 조건부 도덕 규칙은 다른 동등하거나 또는 더 중요한 도덕 규칙들이 거짓말하는 것을 요구하지 않는 조건에서 거짓말해서는 안 된다는 것을 요구하는 것이다.

개인이 개별적 행위를 하는 것의 공리성은 사회가 모든 사람이 어떤 종류의 행위를 하거나 하지 않기를 요구하는 일련의 일반적 규칙을 가지는 것의 공리성과는 매우 다르다는 주장이 있다. 행위공리주의와 규칙공리주의 사이의 기본적인 논쟁점은 개별적 행위의 도덕성을 판단하는 것과 규칙이 지배하는 사회 전제의 도덕성을 판단하는 것 사이의 차이점에 관한 것이다. 공리성이란 개별적 행위의 옳고 그름을 판단하기 위한 적절한 기준인가? 아니면 사회가 어떤 관습과 제도를 가져야 하는가에 대한 적절한 기준인가? 개별적 경우에는 가난한 사람이 부자에게 빚을 갚는 것이 갚지 않는 것보다 더 많은 불행을 가져올 것이지만, 빚을 갚아야 한다는 일반적인 사회적 관습은 빚을 갚지 않는 것보다 결국 모든 사람에게 더 적은 불행을 가져올 것이다. 따라서 행위공리주의와 규칙공리주의는 동시에 참일 수 없다는 것이다. 그러나 둘은 외연적으로 동치라는 주장도 있다. 개별적 행위가 도덕 규칙을 위반하는 것이 아니라 정당한 예외로 간주될 수 있다는 것이다. 그 예외가 이차적인 규칙에 의해서 요구될 수 있거나 그 예외의 결과가 규칙 준수의 결과보다 더 나을 수 있는 경우 그 예외가 정당할 수 있다. 두 규칙들이 서로 충돌하는 경우 그 문제를 해결하기 위해서는 이차적인 도덕 규칙(second-order moral rule)이 필요하다. 그런데 그 고차적 규칙의 타당성의 기준도 일차적 규칙의 그것과 마찬가지로 공리성이다. 그리고 규칙을 예외적으로 따르지 않는 경우와 따르는 경우의 결과들 어느 것이 바람직한가를 결정하는 기준도 역시 공리성이다. 결국 행위공리주의나 규칙공리주의나 옳음을 결정하는 기준은 공리성이라는 것이다.[20]

4. 공리주의가 극단적으로 적용되는 삶의 모습들은 어떤가?
─『오멜라스를 떠나는 사람들』

『오멜라스를 떠나는 사람들(The Ones Who Walk Away from Omelas)』[21]은 어슐러 K. 르 귄(Ursula Le Guin)의 단편집 『바람의 열두 방향(The Wind's Twelve Quarters)』에 나오는 이야기다. 이 이야기는 한 사람의 심각한 고통을 희생으로 구성되는 이상적인 공리주의적 유토피아적인 사회의 모습을 묘사하고 있다. 소수의 희생과 다수의 행복이라는 오래된 딜레마에 대한 이야기다. 오멜라스는 유토피아, 전 세계의 사람들이 꿈꾸었던 이상 세계다. 그곳의 모든 사람들은 소박하면서도 진실한 행복을 누린다. 그러나 그들의 행복은 지하실의 아이의 고통 위에 지어진 것이다. 지하실의 어둠 속에서 고통 받는 아이 한 명 없이는 그곳의 행복은 지속될 수 없다. 르 귄은 윌리엄 제임스(William James)의 다음과 같은 주장을 이 이야기의 출발점으로 삼는다.[22] 즉, "멀리 떨어진 외딴 곳에서 길을 잃은 한 영혼이 고독한 고통의 삶을 살아가야 한다는 단순한 조

---

20) 폴 테일러 지음·김영진 옮김, 앞의 책, pp. 101-103 참고.
21) 어슐러 K. 르 귄 지음·최용준 옮김, 『바람의 열두 방향』(서울 : (주)시공사, 2005)의 pp. 469-480 참고. 인용의 경우 본문에 쪽수만 표기함.
22) Louis P. Pojman, *The Moral Life : An Introductory Reader in Ethics and Literature* (New York : Oxford University Press, 2004), p. 265.

건 속에서 군중들이 행복을 영구적으로 누릴 수 있다면, 설사 그런 식으로 제공되는 행복을 붙잡고 싶은 충동이 우리 속에 인다고 하더라도 그런 거래의 결과를 자의적으로 받아들여 얻은 행복이 가증스러운 것인가를 스스로가 분명히 느끼는 것 말고는 다른 무엇을 느낄 수 있을까?"

이 이야기는 공리주의가 지향하는 이상적인 사회의 모습과 그 사회가 가질 수 있는 핵심적인 문제점을 대조적으로 묘사하는 짧은 이야기다. 오멜라스는 그 이상적인 사회며, 그곳을 떠나는 사람들은 그 문제점을 인식한 사람들이다. 그곳은 군주제도 노예제도 없는 곳이며, 주식시장도 광고도 비밀경찰도 폭탄도 없는 곳, 종교는 있지만 사제는 없는 곳, 군인 따위 없어도 잘만 돌아가는 곳, 마약을 즐기지만 중독성은 없으며, 자유로운 성생활이 보장되는 곳, 꿈의 낙원인 곳이다.

그러나 오멜라스가 이런 꿈의 낙원이 될 수 있었던 하나의 조건이 있었다. 아름다운 공공건물들 아니면 널따란 개인 저택의 지하실에 방치된 한 아이가 존재해야만 한다는 조건이다. 굳게 잠긴 문 하나만 있고 지저분하고 습기가 찬 지하실에서 찾아오는 사람도 거의 없고 간혹 찾아오더라도 아무 말을 하지 않고 놀랍고 메스꺼운 표정으로 바라보기만 하는, 그런 열악한 환경 속에서 정신박약아인 한 어린이가 옥수수 가루와 기름 반 그릇으로 하루를 연명하면서 옷도 걸치지 못하고 자신의 배설물 위에 있었기 때문에 엉덩이와 허벅지가 짓무르고 곪은 상처로 가득한 채 지내고 있다.

"오멜라스 사람들은 모두 아이가 그곳에 있다는 사실을 알고 있다. 직접 와본 사람도 있고 단지 그런 아이가 있다는 것만 아는 사람도 있다. 사람들은 아이가 그곳에 있어야만 한다는 사실을 알고 있다. 그 이유를 이해하고 있는 사람들도 있고 그렇지 못한 사람들도 있지만, 자신들의 행복, 이 도시의 아름다움, 사람들 사이의 따뜻한 정, 아이들의 건강, 학자들의 지혜로움, 장인의 기술 그리고 심지어는 풍성한 수확과 온화한 날씨조차도 전적으로 그 아이의 지독하리만치 비참한 처지에 달려 있다는 사실을 모두 알고 있다."(477)

오멜라스의 아이들은 상황을 이해할 수 있는 나이가 되면 모두 이 사실에 대한 설명을 듣게 되며, 그 광경을 보게 된 젊은이들은 언제나 충격을 받고 가슴 아파한다. 화를 내고 분노를 느끼며 무력감에 빠져든다. 그 비참한 아이를 위해 무엇인가를 해주려고 해도 할 수 있는 일이 없는 것이다.

"물론 그 아이를 그 지독한 곳에서 밝은 햇살이 비치는 바깥으로 데리고 나온다면, 아이를 깨끗하게 씻기고 잘 먹이고 편안하게 해준다면 그것은 정말로 좋은 일이리라. 하지만 정말 그렇게 한다면, 당장 그 날 그 순간부터 지금껏 오멜라스 사람들이 누려왔던 모든 행복과 아름다움과 즐거움은 사라지고 말게 된다. 그것이 바로 계약인 것이다. 단 한 가지 사소한 개선을 위해 오멜라스에 사는 모든 이들이 누리는 멋지고 고상한 삶을 바꾸어야 한다는 것, 한 사람이 행복해질 기회를 얻기 위해 수천 명의 행복을 내던져야 한다는 것, 그것이야말로 지하실 안에서 벌어지는 죄악을 방기하게 만드는 이유다. 계약은 엄격하며 절대적이다. 그 아이에게는 친절한 말 한마디조차 건네면 안 된다."(478)

한 영혼만 고통의 삶을 산다면 그 낙원의 사람들 모두가 행복할 수 있다는 것이 오멜라스 사람들의 기본 이념인 것이다.

"아이를 향한 부당한 행위에 가슴 아파하면서 흘리던 눈물은 현실의 끔찍한 정의를 알아차리고 이를 받아들이면서 메말라간다. 하지만 오멜라스 사람들의 눈물, 분노, 자비를 베풀려는 시도 그리고 자신들의 무력함을 인정하는 태도야말로 오멜라스 사람들이 풍요로운 삶을 영위할 수 있도록 해주는 진정한 근원이리라."(479)

그러나 지하실의 어린이를 본 어떤 이들은 이 잔인한 계약 조건을 받아들여 이룩한 낙원이 얼마나 추악한 것인지 깨달은 채 오멜라스를 떠난다.

"지하실의 아이를 본 청소년들 중에는 눈물을 흘리거나 분노에 차 집으로 돌아가지 않는 아이들도 있다. 솔직히 말하면, 아예 집으로 돌아가지 않는다. 어떤 경우는 좀더 나이 든 남자나 여자들도 하루나 이틀 정도 침묵에 잠겨 있다가 집을 떠난다. 그런 사람들은 길로 나서서 곧장 혼자 걸어간다. 이들은 한참을 걸어 오멜라스의 아름다운 관문을 통과해 도시 밖으로 곧장 빠져나간다. 이들은 오멜라스의 농장들을 가로질러 계속 걸어간다. 성인이든 청소년이든 남자든 여자든 상관없이 그 사람들은 모두 혼자서 간다. … 그렇게 그 사람들은 혼자서 서쪽으로 북쪽으로 산맥으로 향한다. 그 사람들은 계속 걸어간다. 그 사람들은 오멜라스를 떠나 어둠 속으로 들어가서는 다시 돌아오지 않는다. 그 사람들이 가는 곳은 우리 대부분이 이 행복한 도시에 대해 상상하는 것보다 더 상상하기 어려운 곳이다. … 그러나 오멜라스를 떠나는 사람들은 자신이 가고자 하는 곳을 알고 있는 듯하다. 오멜라스를 떠나는 사람들은."(480)

그들이 행복을 버리고 오멜라스를 떠난 것은 자신의 양심과 죄책감에는 안식을 주었을 것이지만, 그 아이는 여전히 고통을 받고 있고 거대한 위선의 도시는 아무 일도 없었다는 듯이 위용을 자랑하고 있을 것이다. 그들이 가는 곳이 어디든 '오멜라스'를 완전히 떠날 수는 없을 것이다. 차라리 그 위선을 받아들이고 행복을 누리는 것이 낫지 않을까? 아니면 그 아이를 구하고 계약을 파기해야 하지 않을까? 남아 있었던 사람들 또한 고통을 느끼지 않겠는가? 위선과 타협하는 자신을 용서하고 살아가는 것이 떠나는 것보다 더 힘든 것이 아니겠는가? 떠남은 고통을 회피하는 것이 아닐까? 행복하지만 위선의 삶을 포기할 것인가? 위선과 타협을 수용하면서 행복하게 살 것인가?

5. 관리된 행복을 원하는가 불행할 권리를 요구하는가?
   ─『멋진 신세계』

올더스 L. 헉슬리(Aldous L. Huxley)의 『멋진 신세계(*Brave New World*)』[23]는 가공 소설, 공상 과학 소설, 미래 소설로서 유명한 작품이다. '멋진 신세계'라는 표제는 셰익스피어의 『템페스트(=폭풍우)』(5막1장)에서 따온 것이지만 역설적으로 사용된 것이다. 이 소설은 이상향을 그렸다고 하지만 실은 낙원에 대한 인간의 동경이나 낙원의 설계를 제시하는 것이 아니라 오히려 일종의 지옥을 그리고 있다. 그것은 발달된 기계 문명에 인간이 노예로 전락하고, 마침내 인간의 가치와 존엄성을 상실하는 비극적인 모습을 그리고 있는 것이다. 인간성과 인간의 감정마저 관리되는, 도덕성이 상실된 악몽의 유토피아인 고도로 기계화된 미래의 문명 사회를 묘사하고 있다. 보카노프스키 처리법으로 수정된 한 개의 난자와 정자에서 96쌍의 동질성 쌍둥이가 생산되고, 출생 때부터 인간의 의식이 의도적으로 조정되고 제한을 받는다. 아버지 어머니도 없으며, 사회 계층은 엄격하고 직업에 따라 생활이 구분되어 있다. 성장 과정과

---

23) 올더스 헉슬리 지음·이덕형 옮김, 『멋진 신세계』(서울 : (주)문예출판사, 2004) 참고. 인용의 경우 본문에서 쪽수만 표기함.

교육 과정에서 개인의 개성은 완전히 무시되었고 도덕 관념도 없었으며, 깊은 정서는 처음부터 존재하지 않았으며, 계급 사회에 적합하도록 인간 정신이 화학적으로 조정된다. 성 관계는 난잡하고 부부 관계로 이어지는 전통적인 도덕 관념이 없다. 이 사회에는 가난도 없고 병도 없고 신앙도 없다. 과학과 기술이 인류를 완전히 전제하는 신세계다.

이 신세계가 관리하고자 하는 것은 행복이며, 그것의 표어는 '공동사회, 동일성, 안정'이다. 여기서 인간은 더 이상 어머니의 자궁을 생의 근원으로 삼지 않는다. 유전자 조작으로 갓난아기들은 부화되고 있다. 자연 출생은 없으며 정자와 난자가 인공적으로 배합·조작되어 획일적으로 대량 생산된다. 수정된 후 병 속에서 배양되는 태아는 수정 즉시 그 질과 우수성에 따라 알파, 베타, 감마, 델타, 엡실론 등 5등급으로 분류된다. 알파와 베타에 속하는 상급 태아는 병 속에 담겨져서 세포 분열이 잘될 수 있도록 영양분이 모태에서와 동일하게 공급되지만, 나머지 아래 세 등급들은 보카노프스키 과정을 거치는데, 하나의 태아는 과학적으로 여러 개로 갈라져서 많은 경우에는 96쌍의 동질성 쌍둥이들이 만들어진다. 대량 생산의 원리가 인간 생산에 적용되고 있는 것이다. 사람은 필요한 수만큼 계획적으로 생산하여 인구 문제를 간단히 해결한다. 모든 인간은 자신의 계급에 맞는 직업과 일치되는 성격을 부여받고 있다. 생리적으로나 심리적으로 결코 계급 간의 혼동이나 분쟁이 일어날 수 없도록 조절된다. 상급들에게는 '수면 교육' 등의 교육 방법을 통해서 모든 과학 지식을 가르치지만 하급들에게는 책이나 장미꽃 등을 만지면 전류가 통하게 하는 잔인한 방법을 통하여 그들로 하여금 지식과 아름다움에 대한 거부감과 증오심을 가지도록 가르친다. 그리고 과학 문명의 신세계는 모든 것을 인위적으로 조절한다. 신세계에서는 자유란 별 의미를 가지지 못하며, '안정'은 매우 중요한 것이다. 부모형제가 없는 멋진 신세계에서는 감정의 갈등도 극소화한다. 가장 큰 욕은 '어머니를 가진 놈'이다. 왜냐하면 야만인들만이 자연 출산으로 인해 어머니라는 비과학적인 것을 가지기 때문이다. 신세계에서는 성욕 문제도 간단하게 해결된다. '모든 사람은 모든 사람에게 속한다'는 모토 아래 자유로운 성생활이 이루어진다. 그리고 욕구 불만이나 정신적 저해나 신경과민의 경우 '소마(soma)'라는 약을 먹는다. 과학의 발달이 사회의 모든 것을 조절할 수 있게 만든다. 멋진 신세계는 일종의 환상적인 세계다. 사회에서는 반항이 있을 수 없고, 모든 주어진 만족과 행복한 생활을 영위한다. 과학과 기술이 모든 가치의 중심을 이룬다.

이 소설의 중심 인물인 심리학자 버나드 마르크스는 알파-플러스다. 그러나 풍채가 좋지 않고 신체가 작다. 인공수정 시 담당 직원의 실수로 과도한 알코올이 주입되어 육체적·정신적으로 문명 사회에 어울리지 않는 개인적 감정과 감수성을 지닌, 그 사회의 아웃사이더다. 심리적으로 무풍 상태인 신세계에서 개인의 자각을 가지기 시작한 이단자인 것이다. 그는 어떤 생활 습속에도 만족하지 못하고 신세계 체제에 저항하는 인물로 그려지고 있다. 그리고 또 다른 중심 인물인 존은 야만인으로 여겨지는 백인 남자다. 그는 문명 세계와 격리된 야만인 보존 지역에서 태어나 어머니의 고향 '멋진 신세계' 런던을 동경하며 자란다. 그러던 중 버나드가 존과 그의 어머니 린다를 문명 세계로 데려온다. 존은 문명 세계에 입성하여 자신의 꿈은 이루었지만 인간의 감정이 상실된 '멋진 신세계'에 동화되지 못하고 고립된 생활을 자처한다. 그는 버나드와 마찬가지로 멋진 신세계의 이단적 인물이다. 존의 어머니 린다도 사망하게 된다. 어머니가 죽은 후 존은 마치 용사처럼 신세계 사람들에게 건전한 사고를 가지도록 역설한다. 야만인 존은 그들을 향해 외친다.

"여러분은 노예 신분이 좋습니까?"
"여러분은 갓난아기 상태가 좋습니까? 그렇습니다. 여러분은 갓난아기들입니다. 보채고 앵앵 우는 젖먹이들입니다."
"당신들은 자유롭고 인간답게 살고 싶지 않습니까? 인간다움과 자유가 무엇인지도 모릅니까?"
"자유! 자유!"
야만인 존은 외치며 한 손으로는 계속 소마를 밖으로 내던지고 다른 손으로는 공격해오는 군중의 얼굴을 후려갈기고 있었다.(264-265에서 발췌)

존은 델타 계급 노예들과 아이들에게 자유를 줄 것을 요청하면서 폭동을 유도한 것이다.
잇단 폭동을 진압시킨 후 문명 세계 감독관 무스타파 몬드는 버나드와 존을 소환한다. 존과 무스타파 몬드는 '원시 운명'과 '과학 문명'의 대변자로서 논쟁을 벌인다.

"우리는 행복과 안정을 위해 신봉하네. 알파 계급으로만 이루어진 사회는 불안정하고 비참해지지 않을 수 없는 걸세. 알파 노동자로 채워진 공장을 상상해보게. 다시 말해서 좋은 유전 인자를 지니고 자유로운 선택을 하고 책임을 떠맡는 일이(제한은 있겠지만) 가능하게끔 조건반사적으로 단련된 개별적이고 상호 연관이 없는 인간들로 채워진 경우를 상상하란 말일세. 그것을 상상해보란 말일세!" 하고 그는 반복했다.
야만인은 상상하려고 애썼지만 그것은 쉽지가 않았다.
"그렇다면 부조리한 사태가 벌어질 것이다. 알파의 병에서 태어나

알파로서 조건반사 훈련을 받은 인간이 엡실론 세미 모론의 일을 하지 않으면 안 된다고 할 때 미쳐버릴 거야. … 그러나 그것은 그들에게 알파에게 맞는 임무를 맡길 때 한해서 가능한 일이야. 엡실론적 희생은 단지 엡실론에게만 기대할 수 있는 거야. 그들에겐 그것이 희생이 될 수 없기 때문이지. … 조건반사 훈련이 자신이 달릴 궤도를 미리 설치해놓았기 때문이야. 그들은 어쩔 수 없지. 애당초부터 예정된 것이니까."(276-277)

"… 포드님 자신도 진리와 미로부터 쾌적과 행복으로 중요성을 이전시키는 데 지대한 공헌을 하셨던 것이야. 대량 생산이라는 것이 그러한 변화를 요구했던 것이지. 보편적 행복이 바퀴를 계속 회전시키는 것이니까. 진리와 미는 그럴 힘이 없어. 물론 대중이 정권을 잡을 때마다 중요시되는 것은 진리와 미보다는 행복이었어."(284)

"순결을 지킬 이유는 있지 않습니까?" 그 단어를 발음하면서 약간 얼굴까지 붉히며 야만인(존)은 말했다.
"순결은 정열을 의미하며 신경쇠약을 의미하는 거야. 그런데 정열과 신경쇠약은 불안정을 의미해. 그런데 불안정은 문명의 종말을 의미하지. 타락한 쾌락이 풍부하지 않고는 영속적인 문명은 기대할 수 없네."(296)

"… 불쾌감을 안겨주는 것이면 참는 법을 배우는 것이 아니라 모두 제거한다는 말씀이시군요. '포악한 운명의 팔매나 화살을 참을 것인가 아니면 고난의 바다를 향해 무기를 들고 싸워 그것을 근절할 것인가 ─ 그 어느 쪽이 우리의 정신에 유익할 것인가?'(『햄릿』 3막 1장 중에서) 그러나 총통께서는 그 어느 쪽도 하지 않고 있는 것입니다. 인내도 저항도 하지 않고 계십니다. 돌팔매와 화살을 그냥 포기할 뿐입니다. 그것은 너무 안이하군요."(298)

"하지만 저는 불편한 것을 좋아합니다."

"우리는 그렇지 않아." 총통은 말했다.

"우리는 여건을 안락하게 만들기를 좋아하네."

"하지만 저는 안락을 원치 않습니다. 저는 신을 원합니다. 시와 진정한 위험과 자유와 선을 원합니다. 저는 죄를 원합니다."

"그러니까 자네는 불행해질 권리를 요구하고 있군 그래."

"그렇게 말씀하셔도 좋습니다." 야만인은 반항적으로 말했다.

"불행해질 권리를 요구합니다."(299-300)

인간에게는 행복과 안정보다 더 중요한 것이 있다는 것을 말하고 있는 장면이다. 그것은 자유다. 비록 불행해지더라도 자신의 삶을 스스로 선택하고 실행할 자유를 가질 권리를 인간은 요구한다는 것이다. 멋진 신세계는 행복과 안정을 강압적인 방법으로 실현함으로써 인간의 자유를 박탈한다는 데 문제가 있다는 것이다. 공리주의가 극단적으로 적용되는 사회는 이런 멋진 신세계가 될 것이다. 그 사회는 인간의 자유와 진정한 인간성과 도덕성이 매몰되는 디스토피아가 될 수 있을 것이다. 야만인 존이 보여준 정신적 자유로움은 과학의 허상에 대한 격렬한 항의이자 극단적인 공리주의의 적용에 대한 경고일 수 있다. 그러나 결국 버나드는 귀양을 가게 되고, 존은 귀찮고 지저분한 멋진 신세계, 런던을 벗어나 모든 번뇌를 해소하기 위해 등대로 피신하여 은둔 생활을 시작한다. 그러나 그도 끝내는 그곳에까지 미치는 문명 사회가 주는 시달림에 견디다 못해 마침내 문명 사회와 단절하기 위해 사랑했던 여인을 살해하고 자신도 목을 매어 죽는다.

6. 공리주의를 지향하는 사회의 전형적인 모습은 어떤 것일까?
──『어려운 시절』

찰스 디킨즈의 『어려운 시절(*Hard Times*)』[24]은 19세기 중반 영국 산업 사회의 작동 원리였던 공리주의를 비판하는 소설이다. 이 소설은 공리주의가 지향하는 산업 사회의 비인간성과 부조리의 문제를 제기한다. 공리성, 즉 최대 다수의 최대 행복만을 추구하는 산업 도시 코크타운(Coketown)은 산업화 과정에서 새롭게 형성된 공리주의 사회의 전형이다. 공리주의가 지향하는 바를 핵심적으로 보여주는 것은 사실에 입각하는 교육을 강조하는 교육의 모습이며, 그것의 문제들을 드러나게 해주는 것이 상상을 중요시하는 곡마단의 모습이다. 코크타운의 모습과 연관되는 인물은 자본가 바운더비(Josiah Bounderby)며, 공리주의 교육은 주로 그래드그라인드(Thomas Gradgrind)라는 인물을 통해 주도되고 있으며, 그 문제점은 씨씨(Sissy Jupe)라는 인물을 통해 밝혀진다. 그리고 슬리어리(Sleary) 곡마단원들의 삶의 모습들은 인간 삶에서 사실보다는 상상과 생명력과 창조력이 훨씬 더 중요하다는 점을 잘 보여준다.

코크타운은 높은 굴뚝과 붉은 벽돌로 이루어진, 무미건조하고 단조로운 획일적인 도시다.

"그곳은 붉은 벽돌의 도시, 만약 공장 연기와 재가 허락했다면 붉은 색이었을 벽돌로 이루어진 도시였다. 그러나 사실은 물감 칠한 야만인의 얼굴처럼 부자연스런 붉은 색과 검은 색의 도시였다. 그곳은 기계와 높은 굴뚝의 도시로, … 창들로 꽉 찬 거대한 건물더미에

---

24) 찰스 디킨즈 지음·장남수 옮김, 『어려운 시절』(파주 : 창비, 2009)을 참고. 인용의 경우 본문에 쪽수만 표기함.

서는 하루 종일 덜컹거리고 덜덜 떠는 소리가 들렸고, … 서로 꼭 닮은 큰 길 몇 개와 한층 더 닮은 작은 거리가 많이 있었으며, 그 거리에는 마찬가지로 꼭 닮은 사람들이 같은 시각에 같은 포도에서 같은 소리를 내며 같은 일을 하기 위해 출퇴근하면서 살고 있었다. 그들에게 매일은 어제나 내일과 똑같았고, 매해는 작년이나 내년과 똑같았다."(41-42)

그리고 "도시의 모든 공식 명판은 똑같이 살벌하게 흰 바탕에 검은 글씨로 씌어 있었다. 감옥이 병원일 수도, 병원이 감옥일 수도 있었으며, 시청 역시 둘 중의 하나일 수도, 둘 다일 수도 있고, 또는 다른 무엇일 수도 있었는데, 다른 무엇이더라도 안 될 만한 무슨 건축상의 장점이란 아무것도 없었다. 도시의 유형적인 면 어디나 사실, 사실, 사실, 무형적인 면 어디나 사실, 사실, 사실뿐이었다. … 숫자로 서술할 수 없거나 가장 싸게 사서 가장 비싸게 팔 수 있다고 증명할 수 없는 것은 존재하지 않는 것이고, 존재해서도 안 되는 것이었다. 영원무궁토록, 아멘."(43)

"도시 전체의 획일적이고 기계적으로 반복되는 모습이 반복되는 구문과 표현, 음성을 통해 전달되는데, 여기서 일차적으로 중요한 사실은 반복성이라는 것이 반복되는 개별 요소 내지 단위의 존재를 전제한다는 점이다. 전체가 개개로 분리되지 않은 채 하나로 뭉뚱그려져 있는 상황이라면 반복이라는 개념조차 성립하기 어려운 법이다."25)

이 도시의 대표적인 자본가 바운더비는 개인주의적 경제 관념으로 인간을 이해한다. 그 간섭받지 않는 개인주의는 개인의 무한정한 이익의 추구를 정당화시키는 자유방임주의와 연결된다.

---

25) 장남수, 「『어려운 시절』을 통해 본 자본의 훈육 전략」, 한국영어영문학회, 『영어영문학』 제49권 3호(2003), p. 526.

"봉건적 잔재를 개혁하고자 했던 벤담 일파가 전근대적인 정부의 간섭이 자신들의 개혁에 장애 요인으로 작용하는 현상을 목격했을 때, 정부의 개입에 대한 대안으로 작은 정부와 개인주의를 내세웠던 것은 어떤 의미에서 자연스런 일이기도 하다."26)

그러나 그는 자본가 계급의 위선적이고 황폐한 삶의 모습을 잘 보여준다.

"바운더비 씨는 부자였다. 은행가, 상인, 공장주 등. 남을 빤히 쳐다보고 금속성 웃음소리를 내며 몸집과 목소리가 큰 사람, 조잡한 재료로 만들어지고 부피를 크게 하기 위해 잡아 늘인 듯한 사람, 커다랗게 부푼 머리와 이마에 관자놀이의 혈관은 팽창해 있으며, … 전체적으로 풍선처럼 부풀어서 곧 위로 날아올라갈 듯한 모습을 한 사람, 자신이 자수성가했음을 아무리 자랑해도 부족한 사람, 놋쇠로 된 트럼펫 같은 목소리로 옛날 자신의 무지와 가난을 항상 떠벌리고 다니는 사람, 겸손을 휘두르는 깡패 같은 사람."(30)

그는 부랑아에서 대자본가에 이르기까지의 거짓 자수성가의 신화를 통해 자신을 자랑한다. 그 자랑을 통해 노동자들도 성공할 수 있다는 허위의식을 심어주기도 하면서, 임금 인상과 노동 환경 개선을 요구하는 노동자들을 억압하는 데 효과를 발휘한다. 자본가는 노동자들에 대해 우월한 경제력과 물리력을 행사할 뿐 아니라 이데올로기적 조작을 행사한다는 것을 보여주는 것이 그의 자수성가 허구다. "코크타운에서 '사실'인 양 내세워지는 것들이 허풍이고 거짓말이면서 하층민을 억누르는 논리로 기능하는 현실은, 우리에게 이 도시의 '사실' 전체

---

26) 장남수, 「『어려운 시절』과 공리주의의 문제」, 영미문학연구회, 『안과 밖(영미문학연구)』(1999), p. 39.

를 자본가의 착취 논리와 결부 짓고, 합리성의 미명 아래 탐욕과 이기심을 합리화하는 자본가의 실상을 정확히 파악하도록 도와준다."[27] 바운더비는 단순한 악덕 기업가가 아니라 타락하는 자본주의 문화의 표상이다. 그는 물질만능주의에 눈이 먼 자본가의 전형인 것이다.

코크타운에서 시종일관 비판의 대상이 되고 있는 것은 그래드그라인드에 의해서 대변되는 공리주의 교육 방법이다. 인간을 하나의 인격으로 대하지 않는다는 점에서, 바운더비가 노동자들을 대하는 태도와 그래드그라인드가 학생들을 대하는 태도는 동일하다. 그의 교육관은 인간의 감정이나 상상력을 전혀 무시하고 철저하게 '사실'과 '이성'에만 근거한다. 고집이 센 태도와 네모진 코트, 네모진 다리, 네모진 어깨 모두가 그의 생각을 강조하는 데 도움이 된다. 그에게 교사란 아무런 장식이 없는 수수하고 단조로운 지하 교실에서 질 좋은 많은 양의 사실들을 머리에 가득 채워넣는 기계적 인간일 뿐이고, 아이들은 단지 수 갤런의 사실들을 가장자리까지 쏟아부을 수 있는 작은 용기들에 불과하다. 학교 이사장인 그가 소설의 첫머리에서 사실에 입각한 교육을 강조한다. 그는 '단 한 가지 필요한 것'으로 사실을 들고 있다. "자, 내가 원하는 것은 사실이오. 이 학생들에게 사실만을 가르치시오. 살아가는 데는 사실만이 필요한 거요. 사실 이외에는 어떤 것도 심지 말고 사실 이외의 모든 것을 뽑아버리시오. 사실에 기초할 때만 이성적으로 생각하는 인간을 만들 수 있는 거요. … 사실만을 고수하시오, 선생!"(10) 그래드그라인드는 자신을 "여러분, 현실적인 인간. 사실과 계산의 인간. 둘 더하기 둘은 넷이지 그 이상도 이하도 아니라는 원칙에 따라 살아가는 인간이며, 넷 이외의 다른 숫자를 생각

---

27) 위의 논문, p. 41.

하도록 설득될 수 없는 인간. … 자와 저울, 구구표를 주머니에 항상 가지고 다니면서 인간성의 어떤 쪼가리라도 무게를 달고 치수를 재고 그 결과를 여러분에게 정확히 알려주는"(12) 사람으로 소개한다. 그가 강조하는 사실이 무엇인가는 그가 말의 정의를 곡마단원의 딸인 씨씨에게 요구하는 장면을 통해 알 수 있다. 여기서 학생들과의 대화를 통해 사실과 상상의 두 이념의 차이를 잘 드러낸다. 사실 교육에 가장 충실한 학생 비쩌(Bitzer)는 말을 "네발짐승, 초식 동물, 이빨은 마흔 개로 어금니 스물네 개와 송곳니 네 개 그리고 앞니 열두 개, 봄철에 털갈이를 하고 습지에서는 발굽갈이도 함. 발굽은 단단하지만 편자를 대어 붙여야 함. 나이는 입 안쪽의 표시로 알 수 있음"(15) 등으로 정의한다. 이는 곧 획일성을 조장하는 정의다. 코크타운의 유형이나 무형이나 곳곳이 사실뿐이었던 것처럼 말 또한 사실로써만 정의된다. 말과 함께 생활하는 씨씨는 말을 정의내리지 못하고 말을 전혀 모르는 학생으로 취급된다. 학교가 상상을 배제하고 사실을 제대로 가르치는지를 감독하기 위해 중앙에서 파견 나온 장학사는, 말 그림이 그려진 벽지로 도배를 하거나 꽃 그림이 있는 카펫으로 바닥을 깔아서는 안 된다고 한다. "말이 벽 위로 걸어다니는 광경을 실제로 본"(17) 적이 없기 때문에, 그리고 "꽃 위에 식탁과 의자를 올려놓고 무거운 구두를 신은 사람들이 그 위를 걸어다니게"(18) 할 수 없기 때문에, 말 그림의 벽지 도배나 꽃 그림의 카펫을 설치하면 안 된다는 것이다. 그리고 "그러니까 실제로 보지 못하는 것은 어디서도 볼 수 없는 것이고, 실제로 갖지 못하는 것은 어디서도 가질 수 없는 것이다. 보통 안목이라고 부르는 것은 사실의 다른 이름일 뿐이야"(17)라고 말한다. 꽃 그림 카펫을 깔겠다는 씨씨는 그 이유로 꽃을 무척 좋아하기 때문이라고 답한다. "그것이 꽃을 상하게 하는 건 아니잖아요, 선생님. 카펫에 그려진 꽃들은 죄송하지만 으스러지거나 시들지 않으니까요, 선생님. 그것들은 아주 아름답고 유쾌한 것의 그림인 거지요. 게다가 제가 상상하기에는 …"라고 답한다. 그 장학사는 "아이고, 이런, 이런! 상상을 해서는 안 돼. 그게 중요한 점이지! 절대로 상상을 해서는 안 되는 거야. 사실, 사실, 사실만을! 자네는 모든 면에서 통제받고 지배받아야 해. 사실에 따라 말이야. 우리는 사람들을 사실의 인간, 사실만의 인간이 되도록 … 상상이란 단어를 완전히 버리도록. 상상과 자네는 아무 관계도 없으니까. 사용할 물건이든 장식할 물건이든 사실과 상충하는 것은 무엇이든 간직하면 안 된다. … 이것이 사실이다. 이것이 안목이다"(19)라고 충고한다. 그러나 그래드그라인드의 공리주의 교육이 실패였다는 것은 그의 딸 루이지의 '추락'하는 모습을 통해 드러난다. 남편 하트하우스와의 갈등으로 집을 뛰쳐나온 루이지가 아버지를 만나서 아버지를 원망하면서 쓰러진다. 루이지의 원망은 곧 공리주의 교육에 대한 원망이자 사실 위주의 삶에 대한 원망인 것이다. 그의 원망들을 모으면 다음과 같다.

"저에게 생명을 주고서도, 죽음과 같은 상태에서 저를 건져줄 자잘한 것들은 어쩌자고 몽땅 빼앗으셨나요? 제 영혼의 은총은 어디에 있고 제 가슴의 감정은 어디에 있나요? 오 아버지, 여기 이 커다란 황야에서 꽃을 피웠어야 할 정원에다 무슨 일을 하신 거예요!"(350)

"제 눈이 완전히 멀었다면, 촉각에 의지해 더듬으며 길을 갔다면, 그리고 사물의 형태와 외양을 알고 있으니까 그것들과 관련해서 다소 자유롭게 상상력을 발휘할 수 있었다면, 두 눈으로 볼 수 있는 지금 상태보다 백만 배는 더 현명하고 더 행복하며, 더 사랑하고 더 만

죽스럽게 지내고, 모든 면에서 백만 배는 더 순수하고 인간적일 수 있었을 거예요."(352)

그는 딸이 쓰러지는 것을 막으려 루이자를 붙잡았지만 그녀는 무서운 소리로 외친다. "절 붙잡으면 죽어버리겠어요!" 그래서 방바닥에 버려두고 "자기 마음의 자부심이자 체계의 승리가 무감각한 덩어리로 발치에 쓰러져 있는 것을 보게 된다.(356)

그래드그라인드의 공리주의는 공리성과 계량에 따르지 않는 것은 무조건 배척하면서, 인간성의 어떤 쪼가리도 무게를 달고 치수를 재서 그 결과를 정확히 알 수 있다는 식으로 자신의 한계는 모르고 자신이 옳다고 믿는 원칙만을 모든 곳에 적용시키려는 일방적이고 교만한 그의 공리주의적 사고방식이 그의 자식들인 루이자와 톰의 인생을 파멸시켰고, 수많은 노동자들의 삶을 피폐하게 만들었던 것이다. 공리주의는 모든 것을 비교하고 서열화시키기 위해서 전체를 부분으로 나누고, 모든 것의 질적 차이를 양적 차이로 환원하여 계산하려고 한다. 이런 벤담의 방법을 밀은 '세목의 방법(method of detail)'이라고 부른다. 벤담은 세목으로 나누어야만 인간성의 모든 측면을 수량적으로 정확하게 파악할 수 있다고 믿었던 것이다. 그러나 '세목의 방법'은 개인과 사회를 원칙적으로 분해하고 최소 단위로 고립시키는 원리이기 때문에 사회 속의 개인, 전체 속의 각 부분들이 가지는 관계들에 대해서는 무시한다. 그리고 개인이 사회 속에서만 그 온전한 모습을 드러내는 존재라면 개인에 대해서도 그릇된 정보를 줄 가능성이 많다. 단적으로 말한다면 공리주의는 인간을 '규격화'시키는 것이다.[28]

---

28) 장남수, 「『어려운 시절』을 통해 본 자본의 훈육 전략」, p. 528 참고.

"공리주의자 그래드그라인드와 자본가 바운더비가 강조하는 합리적 이성과 산술적 계산으로 구축된 사실(Fact)의 세계는 곡마단 단장 슬리어리와 그의 정신적인 딸인 씨씨가 대표하는, 이성과 합리성으로 측량할 수 없는 영역인 상상력(Fancy)의 세계와 대비된다. 사실은 상상력을 그 내부에 담으려 하지 않지만 상상력의 세계, 즉 슬리어리의 곡마단은 외부의 존재들까지 포용하고 그것의 문제를 해결하는 위치에 있다. 후자가 더 위대한 것이다. 곡마단이라는 상상력의 공간은 공리주의적인 사실과의 차이점을 인식하면서도 그것을 언제든지 포용하고 대화할 수 있는 유연성을 가지고 있다는 점에서 상위의 개념이다."29) 곡마단은 공리주의가 영향을 미치지 못하는 상상이 살아 숨 쉬는 공간이다. 그곳은 공리주의가 사실과 합리성으로 억압하려 했던 신비와 동화가 생동하는 곳이며, 모든 단원들이 자유롭고 평등하며 놀이의 분위기가 가득한 곳이다. 거기에서는 권위를 찾아볼 수 없다. 함께 웃고 우는 공동체의 세계다. 곡마단원들이 살아가는 모습 자체가 오락이자 예술이며 생활이다. 그들의 놀이는 곧 노동이며, 그들의 이미지는 사회적 삶과 그 삶의 이야기가 하나인 통일된 체계를 말한다. 소설에서 곡마단이 펼치는 서커스는 '산업 사회와 공리주의적 교육이 주는 단조로움을 중화시켜주는 상상과 여흥의 공간'이자 역사적 시간이 현재 속에 함께 흐르고 '사회적인 상호 의존의 관계가 모범적으로 나타나는 공간'이다.30) 그곳은 우선 인간의 삶에 활력을 주고 비전을 가지게 해준다. 그리고 인간적 친절함을 가진 곳이다. 그 단원들은 이타심과 상상력을 대변하는 사람들

---

29) 이효석, 「『어려운 시절』의 카니발적 상상력」, 한국영어영문학회, 『영미문화』 제5권 2호(2005. 12), p. 69.
30) 위의 논문, p. 72 참고.

이다.

"그들 모두는 대단히 방탕한 척, 세상일에 통달한 척했고, 사복 차림일 때도 그다지 단정해보이지는 않았다. 집안은 조금도 정돈돼 있지 않았으며 학식은 다 합해봐야 어떤 주제든 초라한 글자 하나만 나올 뿐이었다. 그러나 이 사람들에게는 놀랄 만한 부드러움과 천진함이 있었고, 어떤 종류든 약삭빠른 일을 하기에는 특별한 부적합성이 있었으며, 서로서로 돕고 동정하려는 지칠 줄 모르는 열성이 있었다. 이것은 이 세상 어떤 계층의 사람들이 지닌 일상적인 덕목만큼이나 종종 존경받을 만하고 언제나 관대하게 해석될 만한 것이었다."(64)

그들은 활기와 인간애가 넘치는 삶을 살고 있으며, 그들의 삶의 모습들을 통해 공리주의의 문제점을 파악할 수 있다. 그들은 행복은 물질의 풍요나 지식의 획득에 있는 것이 아니라 인간성과 도덕성에 있으며, 인간의 삶의 개선은 지성의 힘보다는 사랑과 이해의 힘을 통해서 이루어질 수 있음을 잘 보여준다. 그래그라인드는 아들 톰을 탈출시켜준 데 대해서 거듭 감사의 말을 하면서 상당한 돈으로 사례를 하겠노라고 암시하자, 곡마단 단장 슬리어리는 오히려 당황하면서 단호하게 거절한다.

"저 자신은 돈이 필요 없습니다, 선생님. 하지만 칠더스는 가족이 있으니까 그에게 5파운더 지폐를 주고 싶다면 못 받을 거야 없겠지요."(467)

"가능할 때마다 곡마단에 와주시면 빚을 갚는 이상이겠습니다."(468)

그리고 삶을 지배하는 것은 사랑이며, 그 사랑도 공리주의적인 방

식과는 다르게 계산되는 것이라고 말한다. "하나는 이 세상에 이해
관계가 아니라 그것과는 전혀 다른 무엇인 사랑이 존재한다는 생각
이며, 다른 하나는 최소한 개들의 습성만큼이나 이름 붙이기가 어렵
지만, 그 사랑도 그 나름대로 계산하거나 이름 붙이기가 어렵지만,
그 사랑도 그 나름대로 계산하거나 계산하지 않는 방식을 지니고 있
다는 생각 말입니다."(470)

결국, 동정심과 인간성이 넘치는 곡마단원들의 삶과 공리주
의의 지배로 도덕이 타락하고 정서가 메말라버린 코크타운 시
민들의 삶을 대비시키고자 하는 것이 이 소설의 한 주제인 것
이다.

7. 결 론

최대 다수의 최대 행복을 도덕의 기준으로 삼는 공리주의의
입장은 인간적인 것처럼 보이지만 그것을 반대하는 '보수주의'
내지 '도덕절대주의'의 입장에서 본다면 오히려 비인간적일 수
있다. 공리성을 위해서는 결백한 사람을 고의적으로 해치거나
죽일 수도 있는 것이다. 즉, "결백한 사람의 법적 처벌을 초래
하는 것과 같은 행위도 고려의 대상이 되는지 안 되는지 의심
해보아야 한다고 '미리' 생각하는 사람이라면 누구든 나는 그
와 논의하고 싶지 않다. 그는 타락한 정신을 보여준다."31) 도
덕적인 사람이라면 누구나 결백한 사람의 법적 처벌을 문제
삼아야 한다. 도나간(Alan Donagan)의 주장대로 "공공선을 위

---

31) Elizabeth Anscombe, "Modern Moral Philosophy", *Philosophy* 23 (Jan,
1957), pp. 16-17.

하여 병든 결백한 사람을 이용하는 것은 직접적으로 그를 단순한 수단이 되도록 비하시키는 것이다." 그리고 그것은 도덕성에 본질적인 하나의 원리를 어기는 것이다. 즉, 인간은 수단으로 취급되어서는 안 될 뿐 아니라 목적 자체로(존중할 만한 가치를 지닌 인격들로) 취급되어야 한다는 것이다.32)

공리주의에 대한 비판의 요지는 그것이 정의(justice)를 고려하지 않는다는 점이다. 정의는 도덕의 기본이기 때문에 정의의 의무를 무시하는 도덕철학은 용인할 수 없다는 것이다. 공리성만을 고려한다면, 다른 사람을 희생시키면서 얻게 되는 공리성이 다른 사람을 동등하게 대하면서 얻게 되는 공리성을 능가한다면 다른 사람을 희생시키는 것이 옳은 행위가 된다. 이 경우 공리성과 정의는 서로 충돌한다. 정의는 어떤 사람도 다른 사람의 행복 증진을 위한 수단이 될 수 없음을 요구한다. 집단의 행복에 도움이 된다면 개인의 희생을 허용한다면 정의를 크게 손상시키는 일이다. 그러나 공리주의는 공리성과 정의를 상충하는 것으로 보지 않는다. 공리성의 원리는 사람들이 갈등을 해소하고 화합을 이루며 살 수 있게 하는 규칙들을 요구한다는 것이다. 모든 사람들의 이익을 고려해야 하며, 개인들의 이익이 동등하게 고려되어야 할 것을 요구하는 것이 그 규칙들이다. 모든 사람이 그런 갈등 해결의 규칙들을 받아들일 수 있을 때 사회는 최대 행복을 누릴 수 있다. 장기적으로 본다면 불의는 정의보다 더 큰 공리성을 가지지 못한다는 것이다. 결국 공리성은 정의를 포괄한다는 것이다.

도덕 자체를 목적으로 제시하는 의무론과는 달리 목적론으로서 공리주의는 도덕의 근본적인 목적을 제시한다. 모든 도덕

---

32) Kai Nielsen, "A Defense of Utilitarianism", Louis P. Pojman, ed., op. cit. 에서 재인용.

규칙들, 즉 도덕적 의무는 공리성을 목적으로 도출된다는 것이다. 도덕이 인간의 행복에 기여하지 못한다면 그것을 인간 행위의 지침으로 삼는 의미는 과연 무엇일까? 도덕 규칙들은 인간의 행위를 제한하는 것이며, 그 제한의 정당화가 반드시 요구되는 것이다. 그 정당화는 오로지 공리성일 뿐이라는 것이 공리주의의 최종 주장인 것이다. 도덕은 그 자체 목적으로서 좋은 것은 아니며, 사회의 전체적 행복 증진을 위한 수단으로서 좋은 것이다. 따라서 공리성을 기본적 도덕 원리로 삼지 않는 사회는 비합리적인 사회일 것이다. 그 사회는 사람들에게 본래적 선, 즉 최대 다수의 최대 행복을 보상해주지 않으면서 예를 들어 자유의 제한과 같이 본래적 악을 부과하기 때문이다. 공리주의는 가장 합리적으로 도덕의 정당성을 제시하는 이론인 것이다. 공리주의는 결국 '행복주의'에 불과한 것은 아니라는 것이다. 개인의 행복이 아니라 모든 사람들의 최대 행복이 옳음의 기준이기 때문이다.

□ 참고 문헌

이효석, 「『어려운 시절』의 카니발적 상상력」, 한국영어영문학회, 『영미문화』 제5권 2호 (2005. 12).
임덕준, 「결과주의로서의 공리주의」, 고려대 철학연구소, 『철학연구』(1988).
올더스 헉슬리 지음 · 이덕형 옮김, 『멋진 신세계』(서울 : (주)문예출판사, 2004).
어슐러 K. 르 귄 지음 · 최용준 옮김, 『바람의 열두 방향』(서울 : (주)시공사, 2005).
장남수, 「『어려운 시절』과 공리주의의 문제」, 영미문학연구회, 『안과 밖(영미문학연구)』(1999).
_____, 「『어려운 시절』을 통해 본 자본의 훈육 전략」, 한국영어영문학회, 『영어영문학』 제49권 3호(2003).
존 호스퍼스 지음 · 최용철 옮김, 『도덕행위론 ― 현대 윤리학의 문제들-』(서울 : 지성의 샘, 1994).

정원규, 「공리주의에 대한 패러다임적 독해 ─ 공리주의의 사회계약론적 수렴을 제
안하며」, 한국철학회, 『철학』(2004).

찰스 디킨즈 지음 · 장남수 옮김, 『어려운 시절』(파주 : 창비, 2009).

폴 테일러 지음 · 김영진 옮김, 『윤리학의 기본 원리』(서울 : 서광사, 1985).

황경식, 「공리주의적 복지 개념의 한계 ─ 목적론적 윤리 체계의 비판」, 철학연구회,
『철학연구』(1978).

Anscombe, Elizabeth, "Modern Moral Philosophy", *Philosophy* 23 (Jan, 1957).

Bentham, Jeremy(1879), "An Introduction to the Principles of Morals and
Legislation", John Bowring, ed., *The Works of Jeremy Bentham* vol. I
(Book Surge Publishing, 2001).

Mill, John S., *Utilitarianism* (The Liberal Art Press, 1957).

Pojman, Louis P., *The Moral Life : An Introductory Reader in Ethics and
Literature* (New York : Oxford University Press, 2004).

Sahakian, William S., *Ethics : An Introduction to the theories and problems*
(Barnes & Nobles college outline series, 1974).

Smart, J. J. C. & Williams, Bernard, *Utilitarianism : for and against* (Cambridge
University Press, 1973).

제7장
덕이란 무엇인가?

1. 서 론

공동사회(Gemeinschaft)의 특징을 지닌 전통 사회에서는 최대 도덕인 덕 윤리가 강조되었고, 이익사회(Gesellschaft)의 특징을 보이는 근·현대 사회에서는 최소 도덕인 의무 윤리 내지 도덕 법칙이 강조되고 있다. 사회 구조에 따라 도덕·윤리는 서로 다른 체계를 가진다. 사회 구조의 변화와 더불어 변천된 덕 윤리의 모습은 다음과 같다. 즉, 혈연과 가계의 구조로 이루어졌고, 한 개인의 의무와 특권이 사회적 지위에 의해 결정되었던 고대 영웅 사회에서는, 개인들에게 요청되는 사회적 역할을 수행할 수 있는 능력으로서의 개인적 '탁월성(arete)'이 강조되었다. '덕(virtue)'은 곧 '힘'과 '탁월성'을 의미하였고, 대표적인 것은 '용기'와 '명예'였다. 그러나 소수의 영웅들이 그러한 덕들을 가지며, 일반인들이 가질 수 있는 덕들은 관심을 두지 않았다. 고대 그리스 사회에서는 혈연과 가계로부터 도시국가로 덕 논의의 중심이 옮겨졌으며, 우애, 용기, 자기 절제, 지혜, 정의 등의 덕들이 강조되었다. 여기서는 특정한 사회적 역할 외에 행위와 정책의 정당성을 보장하는 척도로서나 최선의 삶의 모습을 구현하는 덕 개념이 강조되었다. 소크라테스는 시민들에게 덕의 본질을 질문함으로써 단순한 '탁월성' 내지 사회적 역할 수행 능력 이상의 덕 개념을 강조하였고, 아리스토텔레스는 '형이상학적 생물학'에서 시작하여 덕의 개념을 정의하였다. 즉, 어떤 생물체의 선 내지 덕은 그것이 구성원으로 속해 있는 종의 독특한 능력이나 성향을 그 생물체가 유감없이 발휘하는 것이다. 인간도 마찬가지다. 덕을 가진 사람은 좋은 삶을 사는 사람이며, 인간 종의 고유한 능력과 성향을 성공적으로 실현하는 사람이다. 그것이 바로 인간 삶의 목적(telos)과 연결된다. 그는 이것을 '에우다이모니아(eudaimonia)'라고 불렀는데, 그것은 곧 '최선의 삶' 내지 행복으로 해석된다. 덕은 단순히 그 목적을 위한 수단에 불과한 것이 아니다. 그에게 덕은 인간 삶의 목적에 가능한 여러 수단 중의 하나가 아니라 그 목적의 필수적이고 중심적인 부분을 구성한다. 영웅 사회의 덕들이 강조되었고 덕을 법으로 만들려고 했던 중세 사회를 거쳐 근·현대 사회에서 덕 윤리는 의무론적 내지 법칙론적 윤리에 그 주도권을 빼앗겼다.

그러나 최근에는 덕 윤리의 부활이 이미 일반화되었다. 덕 윤리를 수용하기 어려운 다원주의적이고 개인주의적인 사회 구조를 가진 현대 사회에서 다시 덕 윤리가 요청되는 이유는 '계몽주의 도덕 기획의 실패'에서 찾을 수 있다는 것이 맥킨타이어의 주장이다. 계몽주의 도덕철학의 실패는 한마디로 말한다면 '목적론의 상실'이다. 아리스토텔레스의 목적론적 도식에는 '존재하는 인간(man as he is)'과 '존재할 수 있는 인간(man as he could be)'을 구분한다. 그 둘 사이의 간격을 메우는 것이 도덕철학의 역할이다. 즉, 자신의 목적이 무엇이며 그 목적을 달성하는 방법은 무엇인지를 이해하여 존재하는 인간이 존재할 수 있는 인간이 될 수 있게 하는 것이다. 그런데 근대 이후의 도덕철학자들은 인간 본성에 관한 목적론적 관점을 배격한다. 즉, 인간은 자신의 목적을 정의할 수 있는 본질을 가지고 있다는 인간관을 거부하는 것이다. 기독교와 아리스토텔레스를 거부한 근대 도덕철학은 '존재할 수 있는 인간', 즉 '목적을 실현하면 가능한 인간'의 관념을 제거하면서, 존재로부터 당위를 도출할 수 없다는 원리에 충실하였다. 결국, 목적을 상실한 채 현존하는 인간 본성에서 도덕적 내용을 찾으려는 시도는 당연히 성공할 수 없었던 것이다.[1] 그런데 맥킨타이어는 계몽주의의 도덕 기획의 실패가 현대 사회의 정의주의(emotivism)로 귀결된다고 주장한다. "정의주의는 모든 도덕적 판단은 선호의 표현들, 태도 및 감정의 표현들과 다를 바 없다는 학설이며" "사실 판단은 그 진위에 관한 의견 일치를 가능하게 하는 합리적 기준이 있지만, 가치 판단의 경우 그러한 기준이 존재하지 않는다. 따라서 가치 판단은 항상 주관적인 판단일 수밖에 없다. 정의주의가 옳다면 모든 도덕적 불일치가 합리적으로 무한하다."[2] 맥킨타이어에 의하면, 정의주의는 도덕적 표현의 의미에 관한 이론으로서 실패했기 때문에 분석철학자들에 의해 거부되었지만, 아직 죽지 않고 현대 사회에서 사회적 문화적 의미들을 함축하고 있다.[3] 그는 심미주의자(Aesthete), 경

---

1) 알래스데어 매킨타이어 지음 · 이진우 옮김, 『덕의 상실』(서울 : 문예출판사, 1997), p. 93 참고.
2) 위의 책, p. 32.
3) 위의 책, p. 44.

영자(Manager), 치료사(Therapist) 등 세 인물들을 통해 현대 사회의 정의주의적 문화를 설명한다. 심미주의자는 사회를 오직 자기 자신의 태도와 선호 체계를 가진 개인 의지들이 만나는 장소로밖에 보지 않는 사람들, 이 세계를 오직 자신들의 욕구를 충족시키기 위한 경쟁의 무대로 이해하는 사람들, 또 현실을 그들이 즐길 수 있는 쾌락의 기회의 연속으로 해석하는 까닭에 권태를 최대의 적으로 간주하는 사람들이다. 그들은 도덕적 모범과는 어울리지 않는 성격이다. 그러나 점증하는 향락주의적 문화에서 쉽게 발견할 수 있는 인물이다. 경영자는 조직이 보유하고 있는 인적 물적 가용 자원들을 목표를 위해 가능한 한 효율적으로 관리하고 조정한다. 모든 관료제적 조직은 어떤 형태로든 비용과 이익에 관한 명시적 또는 함축적 정의를 구현한다. 이 정의로부터 효율성의 기준이 도출된다. 관료제적 합리성은 수단과 목적을 경제적 효율적으로 결합시키는 합리성이다. 관료제적 조직 속에서의 경영자라는 인물은 정의주의가 구현하는 분열들을 함축하고 있다. 목표에 관한 물음들은 가치에 관한 물음들이며 이성은 가치에 관한 물음들에 침묵한다. 가치 갈등은 합리적으로 해결될 수 없다. 그것은 간단하게 선택될 문제다. 모든 신념들과 평가들은 비합리적인 것이며, 모든 것은 정서와 감정에 주어진 주관적 지침들이다. 치료사 역시 목표를 주어진 것으로서 자신의 지평 바깥에 놓인 것으로 생각한다. 그의 관심 또한 기술, 즉 신경증 징후를 통제된 에너지로 그리고 적응하지 못한 개인들을 잘 적응하는 개인들로 전환시키는 효율성에 있다. 경영자나 치료사나 모두 경영자와 치료사로서의 자신들의 역할들 속에서는 도덕적 논쟁에 참여하지도 않고 또 참여할 수도 없다. 그들은 자신들에 의해 그리고 그들을 자신들과 똑같은 시각으로 바라보는 사람들에 의해 논의의 여지가 없는 인물들로 관찰된다. 맥킨타이어는 세 가지 인물들에 대한 설명을 통해 현대 사회가 효율성 — 심미주의자인 경우에는 쾌락에 의해 규정되는 효율성, 경영자의 경우에는 경제적 효율성, 치료사의 경우에는 치료적 효율성 — 이 각각의 영역에서 행동을 조작하고 통제하는 유일한 권위를 행사하고 있음을 지적한다.4) 효율성이 지배하는 현대 사회는 가치의 영역과 사실의 영역이 엄격하게 구분된다. 도덕(가치)의 영역에서는 개인들에게 자유롭고 자의적인 선택들이 주권적 역할을 하는 삶의 양식이 주어지고, 효율성이 지배적 권위를 행사하는 사실의 영역에서는 관료제적 조직이 너무나 주권적이어서 자유로운 선택을 제한당하는 삶의 양식이 주어진다. 이런 두 가지 삶의 양식들은 장기적으로 지탱하기 힘들다. 그래서 현대 사회는 관료제적 집단주의와 자유주의적 개인주의가 동료가 되기도 하고 적이 되기도 하는 그런 사회다. 맥킨타이어의 주장은, 관료주의와 정서주의(=개인주의)가 불안하게 공존하는 현대 사회에 어울리는 의무론적 도덕철학의 문제점들을 극복하기 위한 대안은 덕 윤리의 부활이며, 그것이 어울리는 사회 구조는 소규모의 공동체라는 것이다.

정서주의적인 현대 사회에서 어떤 행위 규범이나 규칙을 수립한다는 것은 매우 어려운 일이며, 더욱이 도덕적 의무로 규정되어 있지 않지만 도덕적으로 바람직한 일들이 다양하다. 예를 들어, 길을 물어보는 사람에게 반드시 길을 가르쳐줄 의무나 규칙은 없지만, 대부분의 사람들은 길을 말해주는 것이 옳은 일이며, 인간으로서 해야 할 일이라고 생각할 것이다. 그것은 도덕적 의무로 요구된 것도 아니고 해야 할 필연성도 없고 규칙도 아니지만, 도덕적으로 바람직한 행위인 것이다. 그래서

---

4) 박재주, 『서양의 도덕교육 사상』(서울 : 청계출판사, 2003), pp. 303-305 참고.

의무는 아니지만 도덕적으로 바람직한 행위를 나타낼 또 하나의 범주가 필요하게 된 것이다. 그것이 덕인 것이다.

도덕철학에서 중요한 논쟁은 평가의 초점이 행위자인가 아니면 행위인가라고 할 수 있다. 이것은 도덕철학에서의 중심 문제가 '나는 누구여야 하는가?(What shall I be?)', '나는 무엇을 해야 하는가?(What shall I do?)'다. 전자가 고전적 덕 윤리며 후자가 근현대적 행위 윤리인 것이다. 물론 인격과 행위 사이에는 밀접한 관계가 있다. 그리고 고전적 덕 윤리나 현대적 행위 윤리나 모두 인격과 행위의 통합성을 강조하고 있다. 그러나 그 통합성에 접근하는 길은 서로 그 방향이 다르다. 덕 윤리는 인격이나 성품, 즉 덕의 형성에서 출발하여 행위 수행을 거의 자동적인 현상으로 생각한다면, 행위 윤리는 반대로 일정한 행위들의 반복적 수행을 통한 인격의 형성에 더 많은 관심을 둔다. 다시 말하면, 분명히 존재 양식(modes of being)과 행위 양식(modes of doing) 사이에는 밀접한 관계가 있다. 어떤 사람도 단순히 어떤 존재 혹은 어떤 유형의 사람일 수는 없다. 그가 어떤 행위들을 함으로써 어떤 유형의 사람이 될 수 있다는 것이다. 그의 존재 유형 내지 인격은 그가 행하는 행위들에 의해 형성된다는 것이다. 도덕적인 행위의 반복적 수행을 통해 도덕적인 인격이나 덕이 형성된다는 것이다. 그러나 문제는 여기에 있다. 덕 윤리는 인격이나 성격 특성으로서의 덕의 형성에 행위의 반복적 수행이 중요함을 충분히 인정한다. 그러나 행위 윤리는 행위 자체에 관심을 집중시킨 나머지 인격이나 덕의 형성에는 별 관심을 두지 않는다. 행위 윤리는 단지 사람들이 해야 하거나 하지 말아야 하는 것, 즉 행위 원칙이나 규칙만 강조하면서 어떤 원칙과 규칙이 바람직한 것이냐에 관심을 모은다는 것이다.

본 논문에서는 현대 사회에서 새롭게 부활되고 있는 덕 윤리의 덕이 무엇인지를 살펴보고, 덕 윤리가 규범 윤리의 일종일 수 있는가의 문제를 살펴보고, 그것이 인간 삶에 적용되는 구체적인 모습을 살펴보기 위해 문학 작품(빅토르 위고의 『레미제라블』과 나다니엘 호손의 『큰 바위 얼굴』)을 검토하고, 결론적으로 현대 사회에서 부활되고 있는 덕 윤리의 장점들을 개괄하고자 한다.

2. 덕 윤리의 덕은 무엇인가?

먼저 덕 윤리의 대변자인 아리스토텔레스의 관점들을 살펴보기로 하자.5) 그는 덕을 도덕적 덕과 지적 덕으로 양분한다. 그에게 도덕적 덕은 성품의 탁월성이다. 성품의 탁월성을 가진 사람은 단순히 선한 행위를 하거나 할 수밖에 없어서 선한 행위를 하는 사람이 아니라, 선한 행위를 항상 쉽게 선택하고 실행하는 성향을 가진 사람이다. 그는 단순히 '선한 행위'를 하는 사람이기보다는 '선한 삶'을 사는 '선한 사람'이다. 성품의 탁월성은 습관을 통해 얻어진 자연적인 상태인 것이다. 덕스런 행위는 "확고한 성품으로 말미암아 이루어지는 행위"6)며, 행위하는 것 자체가 즐거움이 되는 그런 행위다. 그것은 욕구와 감정을 누르고 이성의 명령에 따라 행해지는 것이 아니라 욕구와 감정 그리고 이성에 따라서 통합적으로 행해지는 자연스런

---

5) 아리스토텔레스가 말하는 덕 개념에 관한 설명은 박재주, 앞의 책, 제2-3장 참고.
6) 아리스토텔레스 지음 · 최명관 옮김, 『니코마코스윤리학』(서울 : 서광사, 1996), p. 68(NE 1105a)(이하 이 책의 인용은 본문 속에 스테파누스 페이지를 NE와 함께 표기함).

행위다. 덕은 제2의 본성처럼 자연스럽고 안정된 상태다. 그것
은 인간의 정서 구조가 올바르고 안정적으로 배열된 상태를
말한다. 따라서 도덕적 행위는 '마땅히 기뻐할 것은 기뻐하고
마땅히 싫어할 것은 싫어하는' 것이다.(NE 1172a) 덕을 가지고
있는가는 무엇을 행위하는가의 문제일 뿐 아니라 무엇을 좋아
하는가의 문제다. 성품은 단순히 '하고 있는' 것보다는 '하기를
원하는' 것과 관련된다. 탁월한 성품, 즉 덕을 가진 사람은 올
바른 방식으로 원하기 때문에 힘들이지 않고 행동할 것이다.7)
결국 탁월한 성품으로서의 덕은 쾌락과 고통을 느끼는 나름대
로의 방식이 자연스럽고 안정되게 형성되어 있음을 의미한다.
"사람들이 나쁘게 되는 것은 쾌락과 고통을 추구하고 회피하
기 때문이다. 즉, 추구하거나 회피해서는 안 되는 쾌락이나 고
통을 추구하거나 회피하며, 혹은 추구와 회피의 때를 잘못 잡
고, 혹은 그릇된 방법으로 추구 내지 회피하고, 혹은 이 밖에
이와 비슷한 잘못을 저지르기 때문이다."(NE 1104b) '적절한'
감정을, '적절한' 때와 방법으로 추구하거나 회피하는 것이 탁
월한 성품으로서의 덕이라는 것이다. 여기서 말하는 '적절함'
이 곧 중용이다. 어떤 것이 적절한가는 이성에 의해 판단된다.
중용을 결정하는 것은 실천지의 몫이며, 그것은 성품의 탁월성
은 아니다. 중용을 실천하게 하는 것이 실천지가 아니라 성품
의 탁월성, 즉 도덕적 덕인 것이다. 아리스토텔레스가 쾌락을
긍정적으로 생각하고 일종의 쾌락 추구를 탁월한 성품으로 주
장한다고 해서 그를 쾌락주의자로 오해해서는 안 된다. 그는
인간 삶은 쾌락과 밀접하게 관련되며, 사실 활동이 없으면 쾌
락이 생기지 않고, 모든 활동은 거기에 따르는 쾌락으로 인해

---

7) 엄슨(J. O. Urmson) 지음 · 장영란 옮김, 『아리스토텔레스의 윤리학』(서울 : 서
광사, 1996), p. 56.

완전하게 된다고 생각한다. 그리고 무슨 일이나 그 일에 쾌락을 느끼면서 활동하는 사람들은 다른 사람들보다 더 잘 판단할 수 있다고 생각한다. 여기서 그가 말하는 쾌락은 '고유한' 쾌락이다. 그것은 '이질적인' 쾌락과는 구분된다. 그것은 그 활동과 분리될 수 없는, 그 활동에 내재적인 쾌락이다. 그것 자체가 활동의 한 요소로서 활동을 완성시키는 것이다. 쾌락 자체가 활동이며 활동 자체에서 쾌락을 느낀다. 성품의 탁월성으로서의 도덕적 덕은 인간의 본성이 완결된 가장 자연적인 상태다. 덕 있는 사람은 자신의 활동을 통해 가장 자연스런 쾌락을 누린다. 덕 있는 사람에게 별다른 쾌락이 필요 없다. 그의 활동 자체가 바로 쾌락이기 때문이다. "고귀한 것을 사랑하는 사람들은 본성상 즐거운 것을 즐거운 것으로 본다. 그리고 덕 있는 행위야말로 바로 이러한 것이기에, 덕 있는 행위는 그러한 사람에게도 그 본성에서도 즐거운 것이다. 그러므로 그들의 생활은 외부로부터 우연히 밀려오는 쾌락 따위를 전혀 요구하지 않으며, 다만 그 자체 속에 쾌락을 지니고 있다. … 덕 있는 행위는 그 자체에서 즐거운 것이다."(NE 1099a) 절제의 덕을 가진 사람은 절제하는 행위에서 쾌락을 느낀다. 절제하는 행위에서 쾌락을 느끼지 못하거나 고통을 느끼면서도 절제하는 사람은 절제의 덕을 갖지 못한 사람이다. 그의 절제하는 행위는 기껏해야 자제력 있는 행위에 불과하다. 물론 즐기면서 하는 행위가 모두 덕 있는 행위일 수 없다. 즐긴다는 것, 쾌락을 느낀다는 것이 모두 가치 있는 것은 아니다. 행위에도 선하고 악한 것의 차이가 있듯이, 쾌락도 선한 것과 악한 것의 차이가 있다. 선한 행위에 고유한 쾌락은 선한 것이지만, 악한 행위에 고유한 쾌락은 악한 것이다. 아리스토텔레스가 말하는 도덕적 덕은 선한 행위를 다른 이유 때문이 아니고 그 자체를 즐기면서 행할 수 있는 올바른 정서 구조, 탁월한 성품을 말하는 것이다.

아리스토텔레스는 덕 있는 행위를 '알면서', '선택하여', '성품을 통해' 이루어지는 행위라고 주장한다. 여기서 말하는 '알면서' '선택해서' 행위한다는 것은 합리적 판단을 통해서 행위한다는 것이다. 이는 도덕적 덕이 이성의 탁월성인 지적 덕과 불가분의 관계가 있음을 보여준다. 덕 있는 사람은 올바른 정서 구조 내지 탁월한 성품을 가진 것만이 아니라 탁월한 이성도 가져야 한다는 것이다. 도덕적인 사람이 되는 데 필요한 지적인 탁월성 중 가장 중요한 것이 실천지다. 그것은 지적인 탁월성의 일종이지만 다른 것들과는 성격이 다르다. "젊은 사람들은 기하학자나 수학자 그리고 이와 비슷한 방면에서의 지자는 될 수 있지만 실천지를 가진 사람은 될 수 없다. … 실천지는 보편적인 것들만이 아니라 또한 개별적인 것들에도 관계하는 것인데, 개별적인 것들은 경험을 통해 알게 되는 것이며, 젊은 사람들은 경험이 없기 때문이다."(NE 1142a) 실천지는 이론지(episteme)나 직관지(nous)와는 달리 개별적인 것에 관계되는 것이며 일종의 지각이다. 개별적인 것들에 관한 인식은 숙고의 대상이기보다는 지각의 대상이다.(NE 1112b) 이론지는 앎 자체를 위한 지식이며 보편적인 것에 관한 지식이지만, 실천지는 올바른 행위를 목적으로 삼는 지식이며, 구체적인 상황에 대한 지식이다. 덕이 있는가의 여부는 중용의 선택에 달려 있으며, 구체적인 개별 사태들에서 중용을 선택하는 것은 보편적 원리에서 출발하는 연역적 추론에 의해 이루어지는 것이 아니라 감각에 의해 이루어진다는 것이다. 개별적 인식으로서 실천지의 지각은 부수적 지각의 일종이다. 그것은 삼각형의 지각에 비유된다. 삼각형을 지각하는 것은 삼각형이라는 기하학적 개념을 가진 사람에게만 가능하다. 이 경우 지각은 주어진 개별적 도형을 삼각형이라는 보편의 한 사례로서 지각하는 것이다. 실천지의 대상인 개별적인 것에 대한 지각이 직접적 지각이 아니라는 것은 매우 중요한 점이다. 그것은 보편의 특수 사례로서 개별을 지각한다는 점에서 중요한 것이다. 어려운 이웃을 돕는 구체적이고 개별적인 행위가 자비로운 행위임을 인식하는 것은 개별적인 것에서 보편적인 것을 지각하는 부수적 지각에 해당한다. 실천적 지각은 개별 사태들 속에서 보편적 가치를 파악하는 부수적 지각인 것이다. 또한 부수적 지각은 지각하는 사람이나 조건에 따라서 다르게 지각된다. 자비나 용기와 같은 보편적 가치 개념이 내재화된 사람에게만 구체적이고 개별적인 실천적 사태들을 가치 있는 것으로 지각할 수 있다. 성품에 따라 개별 판단이 달라질 수 있고, 습관에 의해 탁월한 성품인 도덕적 덕을 형성한 사람의 개별 판단이 올바른 도덕적 판단일 수 있는 것이다.

그러나 실천지가 바로 실천적 지각인 것은 아니다. 실천적 지각은 실천지의 중요한 부분에 지나지 않는다. 실천지는 실천적 지각뿐 아니라 행위와 관련된 지적인 능력 모두를 가리키는 것이다. 실천지를 가진 사람은 잘 숙고하는 것이다.(NE 1141b) 우리는 우연한 사건들, 영원한 것들, 언제나 동일한 방식으로 일어나는 것들, 자신의 힘으로 이룰 수 없는 것들에 관해서는 숙고하지 않는다. 우리가 숙고하는 것은 실천의 대상이다. 숙고는 실천적인 목적을 전제로 한 탐구다. 우리는 목적에 대해 숙고하지 않고 목적을 향한 것들에 관해 숙고한다. 사람들은 목적을 설정하고, 그 다음 그것을 달성할 방법을 숙고한다.(NE 1112a-b) 도덕적 덕은 목적을 결정하고 실천지는 목적을 실현시키는 것들을 행위하게 만든다.(NE 1145a) 자선냄비에 돈을 기부하는 행위는 그 자체가 자선이라는 목적의 구성 요소이지 외적 수단이 아니다. 숙고에 의해 목적의 구성 요소를 결정한다는 것은 숙고하는 이성이 목적 실현의 도구적 이성이 아니라 목적 결정에 기여하는 실천적 이성임을 보여준다. 실천이란 자기 목적적 가치를 지닌 행위를 말한다. 제작은 그것의 결과를 목적으로 삼지만, 실천은 그 자체를 목적으로 삼는다. 그것은 행복을 위한 행위다. 이 경우, 덕 있는 행위는 행복의 수단이 아니라 행복이라는 목적의 구성 요소다. 실천지의 숙고에 의한 도덕적 행위의 선택은 다른 목적을 위한 외적인 수단을 결정하는 것이 아니라 바로 목적을 숙고하고 결정하는 것이다. 숙고가 실천적 탐구라는 행위의 목적이 없는 것에 대해서는 숙고하지 않는다는(NE 1141b) 말과 같은 의미다. 목적이 있는 것에 대해서 숙고한다는 것은 욕구하는 것을 숙고한다는 의미다. 욕구하지 않는 실천(행위)은 이루어질 수 없다. 욕구 대상이 바로 목적이다. 목적을 가진다는 것은 복합적인 작용이다. 그것은 인지적인 요소와 욕구적인 요소를 동시에 가진다. 따라서 욕구에서 출발하는 숙고는 단지 지적인 과정만이 아니라 욕구가 전이되는 과정이다. 숙고의 결론이 구체적인 실천(행위)으로 이어질 수 있는 것은 이 때문이다. 아리스토텔레스는 '중용을 선택하는 성품'을 덕이라고 한다. 선택은 바로 실천지가 숙고한 결과다. 이는 욕구 내지 성품의 탁월성인 도덕적 덕과 이성적 숙고인 지적 덕이 불가분의 관계를 가지고 있음을 보여주는 것이다.

3. 덕 윤리는 규범 윤리인가?

덕이 탁월성이라고 할 때 '탁월하다'는 말은 명백한 개념이지 못하다. 덕은 탁월한 성품인 도덕적 덕과 탁월한 이성인 지적 덕이 불가분의 관계를 가지고 있는 그 어떤 것이라고 하지만, 그것이 무엇인지는 매우 막연하다. 덕이라는 개념을 떠올리는 순간 분명한 정의보다는 덕의 목록을 떠올리게 된다. 덕목들은 너무 다양하기도 하고, 시대에 따라 강조되는 덕목들이 다르기도 하다. 콜버그가 덕 교육을 '덕목 보따리' 교육이라고 비판한 것도 같은 맥락이라고 본다. 고전적인 덕 윤리는 행위자의 성품을 기술하고 평가하는 것을 기본으로 삼고 있을 뿐, 행위의 옳음에 대한 평가나 그 결과에 대한 평가를 도외시하였고, 그 점이 덕 윤리가 메타 윤리로 간주되면서 도덕철학에서 배제된 근본적인 이유였을 것이다. 실천(행위)에 대한 평가가 아니라 인격(행위자)에 대한 평가에 중심을 두거나 기껏해야 인격의 평가에서 행위의 평가를 도출하는 덕 윤리는 행위의 옳음과 그름을 명백하게 구별하지 못한다는 것이다. 그리고 덕 윤리는 또한 원리나 규칙을 갖지 않기 때문에 규범 윤리의 핵심적인 요구인 행위 지침을 제공하지 못한다는 것이다. 따라서 규범성을 전적으로 부정하는 덕 윤리는 결코 부활할 수 없었을 것이다. 새롭게 부활된 덕 윤리는 행위 중심의 덕 개념과 행위 지침으로 기능하는 덕 개념을 제시하여야 했을 것이다.

덕 윤리가 일종의 규범 윤리가 될 수 있기 위해서는 반드시 실천(행위)에 관한 논의가 포함되어야 할 것이다. 예를 들어, 뚱뚱한 한 젊은이가 여러 사람들을 안내하여 바닷가 동굴에 구경을 갔다가 나오면서 입구에 목만 빠져나오고 몸이 걸렸고, 곧 밀물이 밀려오면 그 젊은이를 제외한 다른 사람들을 익사하게 될 것이라고 하자. 그 사람들 중 어느 한 사람이 다이너마이트를 가지고 있어서 그 젊은이를 폭파시키고 빠져나올 것인가 아니면 무고한 그 젊은이의 목숨을 살리기 위해 여러 사람들이 죽어야 할 것인가? 덕 윤리는 덕 있는 사람이 할 법한 행위를 막연하게 찾아볼 것이다. 그러나 공리주의나 의무론은 행위의 옳고 그름을 평가할 수 있는 구체적인 규칙이나 원리를 제시한다고 주장한다. 그러나 덕 윤리가 강조하는 성품도 소극적이기는 하지만 구체적인 행위를 이끌 수 있다. 행위보다는 행위자의 성품에 중심을 두고 있다는 것이 바로 행위 지침을 제시하지 못한다는 것은 잘못된 지적일 수 있다. 대표적인 규범 윤리인 공리주의도 행위보다도 행위의 결과에 관심을 집중시키지만 그것이 행위 지침을 제시하지 못한다고 지적하지 않는다. 덕 윤리 역시 행위자에 중점을 두지만 행위를 도외시하는 것은 결코 아니다. 탁월한 성품인 도덕적 덕은 선천적으로 주어지는 것이 아니라 지속적인 행위를 통해 계발되는 것이며, 그 성품과 덕은 결국 행위를 이끄는 힘으로 작용할 수 있을 것이다. 그리고 덕 윤리가 규칙이나 원리의 결여 때문에 구체적인 상황에 도움을 주지 못한다는 지적도 문제가 있다. 공리주의나 의무론이 제시하는 원리나 규칙도 어려운 상황에서는 큰 도움을 주지 못한다. 예를 들어, 임신중절의 경우 규범 윤리인 공리주의도 의무론도 실천적 지침을 주지 못한다. 이들 규범 윤리가 행위를 결정하게 하는 작용력이 과장되고 있다. 덕 윤리가 옳은 행위를 설명하는 공식을 살펴본다면, 덕 윤리도 그 정도의 행위 결정력을 가지고 있다고 본다.

허스트하우스(Rosalind Hursthouse)는 의무론, 공리주의, 덕 윤리 등이 옳은 행위를 규정하는 것에 별 차이가 없음을 다음과 같이 설명한다.[8] 즉, '도덕 규칙이나 원칙을 따르는 행위

---

8) Rosalind Hursthouse, "virtues theory and abortion", Roger Crisp & Michael Slote, ed., *Virtue Ethics* (Oxford University Press, 1997), pp. 218-221 참고.

는 옳다'는 의무론의 규정은 '옳은 행위'와 '도덕 규칙' 개념들 사이의 연계를 조작하는 순전히 형식적인 규정이며, 도덕 규칙이 무엇인지를 알 때까지는 어떤 지침도 주지 못한다. 도덕 규칙은 '신에 의해 주어진 것', '자연법에 의해 요구되는 것', '합리성에 의해 요구되는 것', '보편적 합리적 수용을 명하는 것', '모든 합리적 존재들의 선택의 대상이 되는 것' 등으로 규정된다. 그러나 이것 또한 '도덕 규칙'과 '합리성' 사이의 개념적 연계를 조작한다. 의무론의 핵심은 '옳은 행위', '도덕 규칙', '합리성' 사이의 연계다. 공리주의 또한 '최선을 가져오는 행위가 옳다'고 규정한다. 이 규정도 '옳은 행위'와 '결과' 사이의 연계를 조작한다. 그리고 '최선의 결과는 최대의 행복'이라고 규정함으로써 '결과'와 '행복' 사이의 연계를 조작한다. 덕 윤리도 '덕 있는 행위자가 그 상황에서 하게 될 행위는 옳다'고 규정한다. 이는 의무론과 공리주의의 규정처럼 순전히 형식적이며, 무엇을 행해야 할지 어떤 지침을 주지 못하며, '옳은 행위'와 '덕 있는 행위자' 사이의 개념적 연계를 조작한다. 그리고 덕 있는 사람은 '덕들을 실천하는 사람'으로 규정하고, '덕은 인간이 잘 살기 위해 필요로 하는 성품'으로 규정한다. 따라서 '덕'과 '잘 살기나 최선의 삶'의 개념적 연계를 조작한다. 따라서 덕 윤리만 약점을 지니는 것이 아니다. '최선의 삶'과 '잘 산다'는 개념을 파악하기 쉽지는 않지만 '합리성'과 '행복'의 개념도 모호하기는 마찬가지다. 덕 윤리는 순환적이지 않다. 그것은 덕 있는 사람의 측면에서 옳은 행위를 설명하고 즉각적으로 옳은 행위의 측면에서 덕 있는 사람을 설명하지 않는다. 오히려 덕 있는 사람을 덕의 측면에서 설명하고 그 다음 옳은 행위의 성향뿐 아니라 최선의 삶에 필요한 성품 특성의 측면에서 덕을 설명한다. 그리고 덕 윤리는 존재뿐 아니라 행위에도 관심을 가진다.

그것은 '나는 어떤 종류의 사람이 되어야 하는가?'뿐만 아니라 '나는 무엇을 해야 하는가?'라는 질문에도 답한다. 후자의 질문에 답하기 위해 규칙이나 원리를 제안한다. 덕 윤리의 틀 속에서 무엇을 해야 할 것인지를 결정하는 것이 선호하는 덕스런 사람을 선정하여 '이런 상황에서 그들이 무엇을 할 것인가?'를 자문하지 않는다. 오히려 그 행위자는 '만약 내가 그렇고 그렇게 행동한다면 정당하게 혹은 부당하게, 친절하게 혹은 불친절하게 행동하는 것인가?'를 자문한다. 그리고 덕 윤리는 덕 있는 사람의 측면에서 모든 도덕적 개념들을 규정하는 일종의 환원주의에 빠지지 않는다. 반대로 그것은 수많은 중요한 도덕적 개념들에 의존한다.

덕 윤리가 덕이 있는 사람이 어떤 사람인가를 구체적으로 설명해야 한다면, 공리주의는 최대 다수의 최대 행복을 정확하게 계산할 수 있는 방법을 제시해야 할 것이며, 칸트의 의무론은 선의지를 명백하게 설명해야 하며 보편적이고 절대적인 도덕 법칙들 사이의 갈등을 해결할 수 있는 방법을 제시해야 할 것이다. 그리고 공리주의나 의무론이 제시하는 원리나 규칙도 행위 지침이 되지 못하는 경우들이 많을 수 있다. 그럼에도 불구하고 그것들을 규범 윤리로 간주한다면 덕 윤리의 규범성을 부인할 수 없을 것이다. 그리고 덕 윤리가 강조하는 덕 내지 성품이 행위를 이끄는 더 강한 힘을 가질 수 있다. 행위의 지속적인 실행들을 통해 계발된 탁월한 성품은 외부로부터 주어지는 규칙이나 원리에 비해 구체성과 결정력이 부족하지 않을 것이다. 오랜 시간 경험으로 형성된 예술 비평가의 예술 감상력은 원리나 규칙들에 의존하지 않고도 더 나은 평가를 할 수 있는 것과 마찬가지다.

덕 윤리도 규범 윤리의 성격을 지닌다. 덕은 도덕 규칙에 복종하고 도덕적 이상을 추구하는 성품이며, 도덕 규칙에 따라서 행동하는 성향을 가지지 못한 사람을 덕 있는 사람으로 간주할 수 없다. 거워드(Alan Gewirth)의 견해에 따르면, 도덕 규칙은 행위와 관계가 있을 뿐이고 성품과는 직접 관계가 없으며, 도덕 규칙이 설정한 조건 안에서만 도덕적 덕은 내용을 가질 수 있다. 도덕적 덕은 도덕 규칙을 통해서만 자신을 드러낼 수 있다. 그래서 도덕적 덕을 가지고 있다고 말하는 것은 도덕 규칙에 따라서 행위하는 성품을 가지고 있다는 말이다. 성품이 가치를 가지는 것은 오로지 도덕 규칙을 따르게 하는 데 도움을 줄 수 있는 경우일 뿐이다.9) 프랑케나(William K. Frankena)는 성품의 도덕과 원칙의 도덕은 상반된 것이 아니라 동일한 도덕의 상호 보완적인 두 측면이라고 주장한다. "우리는 도덕을 일차적으로 어떤 원칙에 따르는 것으로 해석해야 하는가 아니면 어떤 성향이나 성품을 함양하는 것으로 해석해야 할 것인가? 이 둘 가운데 반드시 선택을 해야 하는 것인가? 원칙의 도덕이 그 원칙에 따라서 행위하려는 성향이나 성품의 계발에 의하지 않고서는 현실에 구현될 방도를 알기가 어렵다. 그렇지 않고는 그 원칙에 의거해서 행위하려는 모든 동기는 타산적이거나 충동적으로 이타적인 그러한 특별한 종류의 것이 되지 않을 수 없다. 도덕이란 그 법칙을 나타내는 문자만이 아니라 그 근본 정신에 관계되는 것인 한 자발적이든 자의식적이든 간에 규칙에의 단순한 합치만으로 만족할 수 없다. 다른 한편, 우리는 어떤 여건에서 특정한 방식으로 행위하려는 성향이나 경향을 내포함이 없이 품성을 생각할 수 없다. 이를테면 공리의 원칙이나 선의와 정의의 원칙과 같은 어떤 원칙에 동의하

---

9) Alan Gewirth, *Reason and Morality* (Chicago : University of Chicago Press, 1978), p. 339.

지 않는 한 어떤 품성이 무엇을 권장하고 가르치는 것인지를 알 수 있는 방도를 찾기 어렵다."10) 원칙에 따라서 행위하려는 성향이 품성이며, 품성 없는 원칙은 무력하고, 원칙 없는 품성은 맹목적일 것이다.

4. 덕 있는 사람의 표본인 주교와 은혜의 상징 촛대 —『레 미제라블』

빅토르 위고의 『레 미제라블(Les Misérables)』11)은 장 발장과 그의 삶에 영향을 미친 사람들의 이야기다. '레 미제라블'은 '불쌍하고 가련한 사람들'이라는 뜻이다. 그들이 결코 절망하지 않고 사랑과 희망으로 힘겨운 삶을 이겨낸다는 이야기다. 비록 법을 어기고 처벌을 받았지만 용기와 진실 등 덕을 가지고 인간다운 삶을 살아가는 사람들의 이야기는 도덕 규칙과 법을 의무적으로 지키는 것과 미래에 보장된 행복을 가지는 것 못지않게 인간 삶에서 덕을 가진다는 것이 얼마나 중요하고 의미 있는 것인지를 적나라하게 보여주는 작품이다. 주인공 장 발장은 배고픈 누이와 조카들을 위해서 빵 한 조각을 훔치고 탈옥을 시도한 죄로 19년간의 옥살이를 끝내고 출옥한다. 그러나 전과자임을 표시하는 황색 통행증 때문에 사람들로부터 손가락질과 업신여김을 당한다. 그는 사회에 대해 증오심을 품었지만, 사랑과 덕을 지닌 주교의 은혜를 입고 그의 감화를

---

10) 윌리엄 K. 프랑케나 지음·황경식 옮김, 『윤리학』(서울 : 종로서적, 1992), pp. 115-116.
11) 빅토르 위고 지음·최은주 옮김, 『한 권으로 읽는 레 미제라블』(서울 : 서교출판사, 2008)을 참고로 할 것이며, 인용의 경우에는 본문 속에 쪽수를 표기함.

받아 양심의 눈을 뜬다. 그 후 그는 숱한 시련을 겪으면서도 양심을 지키며 자신의 과거를 숨긴 채 성공하여 찬란한 앞날을 보장받는다. 그러나 그는 거짓과 진실을 선택해야 할 기로에 선다. 그는 거짓을 선택하고 행복을 얻기보다는 진실을 말하고 불행을 선택한다. 한 인간이 자신의 양심과 진실을 선택함으로써 인간에게 참된 행복이 무엇인지를 보여주는 것이다.

그러나 여기서는 장 발장의 삶의 여정을 검토하기보다는 그를 그런 사람이 될 수 있도록 만든 덕 있는 사람인 주교의 모습을 살펴보고자 한다. 주교는 온갖 정성을 들여 '의무'에 관한 책을 쓰고 있었다. 교부들과 학자들이 이 주제에 관해 말한 것들을 면밀하고 분석하고 있었던 것이다. 의무에 관한 그들의 권고와 가르침들을 그의 책 속에서 조화롭게 묶어 모든 사람의 영혼을 두드리려고 하는 것이었다. 그의 집에는 항상 문이 열려 있다. 그것은 엄격히 닫혀 있는 법의 문이 아니고 항상 열려 있는 마음의 문, 덕의 문을 상징한다. 집안일을 담당하는 부인이 저녁 찬거리를 사러나갔다가 떠도는 소문을 들었다. '수상쩍은 부랑자가 돌아다니고 있다. 모두 문단속을 철저하게 해야 한다'는 말을 하고 있었다. 바로 그때 문을 세차게 두드리는 소리가 들렸고, 섬뜩하고 무서운 유령 같은 한 사나이가 들어왔다.

그 사나이는 지팡이에 몸을 기대며 주교가 묻기도 전에 큰소리로 말했다.

"보십시오. 저는 장 발장이라고 합니다. 감옥에서 19년 동안 징역을 살다 나왔습니다. … 오늘은 36마일을 걸어왔지요. 이 마을에 도착해서 여관에 갔지만 쫓겨났습니다. … 형무소에도 가보았지만 간수가 문을 열어주지 않았습니다. 너무 지쳐 개집에도 들어갔습니다. 하지만 개 역시 저를 물어뜯고 내쫓았습니다. … 그리고 건너편

광장에 있는 돌 위에서 자려고 하는데, 어느 친절한 부인이 이 집을 가리키며 문을 두드려보라고 말해주셨습니다. 그래서 두드렸습니다. 이곳은 어떤 곳인가요? 여관입니까? … 여기서 묵을 수 있을까요?"

"마그루아르 부인, 어서 한 사람 몫의 식기를 더 갖다놓도록 해요."

주교가 말했다.

사나이는 서너 걸음을 더 걸어와 식탁 위에 있는 램프 가까이 다가서서 소리쳤다.

"잠깐만요! 제 말을 알아들으셨습니까? 저는 징역을 산 죄수입니다. 감옥에서 나온 사람이란 말입니다!" … "이곳은 여관이 맞나요? 식사도 하고 잠도 잘 수 있다는 건가요? 여기 마구간이라도 있는 겁니까?"

"마그루아르 부인, 손님용 침대에 이불을 깔아주세요."

주교가 말했다. … 주교가 나그네를 향해 몸을 돌렸다.

"자, 앉아서 몸을 좀 녹이도록 하시오. 이제 곧 저녁을 먹을 겁니다. 식사를 하는 동안 잠자리도 준비될 것이오."

……

그가 말을 이었다.

"신부님, 당신은 정말 자비로우신 분이십니다. 저를 전혀 경멸하지 않으시는군요. 선한 일을 하시는 사제이시군요 …."

……

주교가 말했다.

"마그루아르 부인, 그 그릇들을 가능한 벽난로에 가까운 쪽으로 놓도록 해요."

그리고 그에게 몸을 돌려 말했다.

"알프스의 밤바람은 무척 찹니다. 당신은 지금 몸이 많이 추울 겁니다."

주교가 이 '당신'이라는 말을 진심어린 말투로 정중하게 말할 때마다 사나이의 얼굴이 밝게 빛났다. 죄수들에게 '당신'이라는 말은 조난을 당해 바다 한가운데에서 죽어가는 사람에게 주는 한 잔의 물과

같은 것이었다. 자신을 부끄럽게 여기고 있는 사람은 존중을 목말라 하는 법이다.(25-32)

그동안 식사를 마치고 주교는 식탁에 놓인 은촛대 중 하나를 집어들고 다른 하나를 손님에게 주면서, 손님방으로 사용하는 작은 기도방으로 그 나그네를 안내한다. 그들이 주교의 침실을 지나는 사이, 부인이 침대 곁의 벽장에 은식기를 넣고 있다. 그를 안내하여 잠자리에 들게 한 후 주교가 자신의 침실로 들어설 때 12시를 치고 있었고, 잠시 후 작은 집은 모두 고요히 잠들었다. 대성당의 시계가 새벽 2시를 울릴 때, 장 발장은 잠을 깬다. 그동안의 잠자리와 너무 다르고 너무 포근해서 잠을 깼던 것이다. 그는 눈여겨 보아둔 여섯 벌의 은식기를 생각하기 시작한다. 그의 마음은 일어섰다 곤두박질치는 풍랑처럼 한 시간 동안 동요한다. 결국 그는 주교가 잠자는 방에 들어가서 은식기들을 훔쳐서 달아난다.

이튿날 해뜰 무렵, 주교가 정원을 거닐고 있을 때 마그루아르 부인이 허둥거리며 달려와 어제 그 사람이 은식기를 훔쳐 도망쳤다고 말했다.

주교가 한동안 잠자코 있다가 고개를 들고 마그루아르 부인에게 부드러운 목소리로 말했다.

"사실 그 은그릇들은 우리 것이 아니었소!"

마그루아르 부인은 어안이 벙벙하여 주교를 바라보았다. 주교가 말을 이었다.

"마그루아르 부인, 우리가 오랫동안 그 은그릇을 가지고 있었던 것은 잘못된 일이었소. 그건 가난한 사람들의 것이오. 그리고 그 사람은 가난한 사람이었소."

……

식사를 끝내고 막 식탁에서 일어서려고 할 때 누군가 문을 두드렸다.

"들어오시오." 주교가 말했다.

문이 열렸다. 낯선 사람들이 문간에 나타났다. 세 사람이 한 사람의 멱살을 움켜쥐고 있었다. 세 사람은 헌병이었고 나머지 한 사람은 장 발장이었다.

헌병 중 우두머리인 듯한 사람이 안으로 들어서며 군대식 경례를 하고서 주교 앞으로 걸어왔다.

"대주교 각하."

이 말이 떨어지자 축 늘어져 있던 장 발장이 소스라치게 놀라며 고개를 들었다.

"대주교라고? 그럼, 신부님이 아니고?"

……

그러는 사이에 비앵브뉘 주교는 그들을 향해 급히 다가가며 장 발장을 향해 외쳤다.

"오, 당신이구려. 다시 보게 돼서 다행이오. 어떻게 된 거요? 내가 은그릇들과 촛대를 함께 줬는데 촛대는 왜 가져가지 않았소? 그것도 다른 그릇들처럼 은으로 되었으니 족히 200프랑은 받을 수 있었을 텐데."

장 발장은 눈을 커다랗게 뜨고 그 어떤 말로도 표현할 수 없는 표정으로 주교를 바라보았다.

……

주교는 미소를 지으며 헌병의 말을 가로막았다.

"간밤에 재워준 늙은 사제에게서 받았다고. 아, 이제 알겠소. 그러니까 그를 수상하게 여겨 여기까지 데리고 왔군요. 하지만 오해를 하신 것 같소."

"그러시다면, 이자를 그냥 보내도 되는 겁니까?"

헌병이 말했다.

"물론이오." 주교가 대답했다.

……

주교가 벽난로 쪽으로 가서 두 개의 은촛대를 가지고 오며 말을 이었다.

"여기 당신에게 줬던 촛대가 있소, 함께 가져가시오."

......

장 발장의 온몸이 덜덜 떨리고 있었다. 그는 정신이 나간 사람처럼 그저 기계적으로 두 개의 은촛대를 받아들었다.

"그럼, 안녕히 가시오. 아 참, 그리고 다음에 이 집에 올 때는 굳이 안뜰을 지나지 말고 현관으로 들어오시오. 문은 빗장만 걸려 있을 뿐 낮이든 밤이든 언제나 드나들 수 있소."

이어 헌병들을 향해 돌아서며 말했다.

"수고하셨소. 이제 돌아가셔도 되겠소."

헌병들이 그 자리를 떠났다.

장 발장은 그 자리에서 쓰러질 듯이 서 있었다.

주교는 그에게 다가가 나지막한 목소리로 말했다.

"잊지 마시오. 이 은그릇을 정직한 사람이 되는 데 쓰겠다고 했던 그 약속을 말이오."

장 발장은 그가 한 적이 없는 약속을 들으며 혼란에 빠졌다. 주교는 한마디 한마디 힘주어 말했다. 그리고 엄숙한 어조로 덧붙였다.

"장 발장, 나의 형제여, 이제 당신은 악이 아니라 선에 속하는 사람입니다. 내가 값을 치른 것은 당신의 영혼입니다. 당신의 영혼을 잘못된 생각과 어둠에서 끌어내어 하느님께 바치는 것입니다."(46-49)

장 발장은 온갖 어려움을 극복하고 시장이 되었다. 그는 아주 다른 사람이 되어 있었다. 주교가 변화되기를 원했던 그런 삶을 살아가고 있었다. 그것은 단순한 변화가 아닌 완전한 변모였다. 그는 옛날의 모습을 감추어버렸다. 촛대만을 남기고 주교에게서 훔친 은그릇들을 모두 팔아 이 도시 저 도시로 옮기면서 사업에 성공했다. 그의 양심은 과거의 잘못에 대해 가슴 아파했고, 잘못된 인생의 앞부분을 인생의 뒷부분, 남겨진 삶을 통해 속죄할 수 있음을 행복하게 여겼다. 평화와 희망을 가지고 오직 두 가지 일만을 생각했다. 자신의 진짜 이름을 숨기는 것과 거룩한 생활을 하는 것이었다. 이 두 가지 생각은 그의 정신 속에서 완전히 결합되어 하나의 생각이 되어 있었다. 또한 그의 마음을 사로잡고 그의 마음에 군림하여 극히 사소한 행동까지도 지배했다. 이 두 가지가 그의 행동을 결정했고, 가난한 사람들의 비참한 생활에 눈을 돌리게 했으며, 그를 소박하고 친절한 사람이 되게 해주었다. 두 가지 생각은 그를 언제나 같은 길을 가도록 안내했다. 두 가지 생각들 사이에 갈등이 생기기도 했다. 결국 첫 번째 생각이 두 번째 생각에 자리를 내주어 자신의 안전을 돌보기보다 덕을 행하게 했다. 그리고 장 발장은 자신의 과거에 대한 진실을 밝히고 그동안의 안정된 생활을 버리고 불안정과 고독한 삶을 선택한다. 그는 그것이 인간의 참된 행복이라고 생각했던 것이다. 도덕 규칙과 법을 어긴 장 발장이 참된 인생의 길을 가도록 만든 것은 주교의 덕 덕분이었다. 인간 삶을 최선의 것으로 만드는 것은 의무 윤리보다 덕 윤리의 기능임을 예시해주는 작품이 『레 미제라블』인 것이다.

5. 덕 있는 인격이 함양되는 과정 ―『큰 바위 얼굴』

나다니엘 호손(Nathaniel Hawthorne)의 『큰 바위 얼굴(*The Great Stone Face*)』12)은 덕 내지 품성의 함양이 완성되는 과정을 보여주는 작품이다. 이 짧은 이야기에서는 도덕적 상상(moral imagination), 통찰(insight) 그리고 덕들이 다루어지고

---

12) Nathaniel Hawthorne, *The Great Stone Face, Reprinted from the Complete Works of Nathaniel Hawthorne* (Modern Library, 1937) in Louis P. Pojman, ed., *The Moral Life : An introductory reader in ethics and literature* (New York : Oxford University Press, 2004), pp. 430-446. 인용의 경우 이 책의 쪽수를 본문에 표기함.

있다. 이 작품은 프랑코니아 노치(Franconia Notch)로 알려진 뉴햄프셔 화이트 마운틴의 바위 형상을 바탕으로 씌어졌다. 그 계곡에 사는 사람들은 위대한 인물이 나타나기를 고대하면서 그들의 삶을 이끄는 큰 바위 얼굴을 모델로 살아가고 있었다. 평범한 소년 어니스트(Ernest)는 그 얼굴 속에서 바라보는 것에 의해 강한 영향을 받고 심지어 가르침을 받는다. 그는 평생토록 '큰 바위 얼굴'을 닮은 고귀한 사람의 등장을 기다리며 사는 동안 자신이 예언 속의 그 인물이 되어 있다.

높은 산이 둘러싸고 있는 분지에 많은 사람들이 가지각색의 모습으로 살아가고 있었다. 그들은 모두 큰 바위 얼굴에 대해 친밀감을 가지고 있었다. 모든 사람들이 우러러보는 큰 바위 얼굴은 사실 깎아지른 듯 가파른 언덕 위에 얹어진 몇 개의 바위덩이였다. 그 바위들이 잘 어울려서 어느 정도 거리를 두고 보면 마치 사람의 얼굴처럼 보였다. 그 얼굴은 생긴 모습이 숭고하고 웅장하며 표정은 매우 다정했다. 마치 사랑으로 온 인류를 포옹하고도 남을 것 같았다. 그 얼굴을 바라보는 것만으로도 큰 교육이 되는 셈이었다.

어머니와 어린 소년은 오두막집 문 앞에 앉아서 지금 쳐다보고 있는 큰 바위 얼굴에 대해 이야기하고 있었다. 그 아이의 이름은 어니스트였다. "엄마!"라고 아이가 말했을 때, 거인 같은 얼굴은 그에게 다정한 미소를 보내주는 것만 같았다.

"저 큰 바위 얼굴이 말을 할 수 있었다면 좋겠어요. 저렇게 친절한 얼굴을 보면 목소리도 듣기 좋을 것 같아요. 만약 저런 얼굴을 가진 사람을 만난다면 난 그 사람을 사랑할 거예요."

"옛 예언이 실현된다면 우리는 언제고 정확히 저런 얼굴을 가진 사람을 만날 거야." 어머니는 답했다.

"무슨 예언 말이에요? 엄마. 어서 그 이야기해줘요." 어니스트는

간절히 물었다.(431)

그러자 어머니는 자기가 어렸을 때 어머니로부터 들었던 이야기를 해주었다. 그 이야기의 핵심은 미래의 어느 날 이 근처에 한 아이가 태어나서, 그의 시대에 가장 위대하고 고상한 인물이 될 것이며, 그의 용모는 큰 바위 얼굴을 닮아간다는 것이었다. 아직도 사람들은 열렬한 희망과 변하지 않는 믿음으로 그 오래된 예언을 믿고 있었다.

그 후 어니스트는 큰 바위 얼굴을 바라볼 때마다 마음속에 어머니의 이야기가 떠올랐다. 그는 엄마 이야기들을 잘 듣고, 엄마가 하시는 일들을 작은 손으로 사랑하는 마음으로 돕는 아이였다. 그는 행복하고, 온순하고 겸손한, 가끔은 생각에 잠기곤 하는 아이였다. 그의 얼굴에는 학교 교육을 받은 다른 소년들보다 더 총명한 표정을 담고 있었다. 그에게는 선생님이 따로 없고, 큰 바위 얼굴이 그의 유일한 선생님이었다. 하루 일을 끝내고나면 몇 시간이고 큰 바위 얼굴을 바라보곤 했다. 큰 바위 얼굴을 자신을 알아보고 따뜻한 미소를 보내며 자신을 격려하는 것 같았다.

그런데 그 마을에 큰 바위 얼굴을 닮은 인물이 나타났다. 먼저 '황금을 긁어모은다'는 뜻을 지닌 개더골드(Gather Gold)라는 사람이었다. 이 사람은 빈틈없고 비상한 재능으로 돈이 많은 상인이었다. 큰 부자가 되자 고향인 이곳에서 살기 위해 목수를 보내 백만장자가 살만한 궁궐 같은 집을 지었다. 어니스트는 이 사람이 예언이 말하는 그 사람으로 생각하고, 자선의 천사가 되어 큰 바위 얼굴의 미소와 같이 너그럽고 자비롭게 모든 사람들의 생활에 도움을 줄 것이라고 생각했다. 그가 도착하자 마을의 모든 사람들은 그를 큰 바위 얼굴이라고 부를 정도로 환영했다. 그러나 어니스트는 낙심하여 고개를 돌렸다. 주름살이 쭈글쭈글하고 영악하고 탐욕만이 가득 찬 얼굴이기 때문이었다. 다시 세월이 흐르고, 이제 어니스트는 소년이 아니었다. 일상 생활에서 다른 사람들과 다른 점은 거의 없었다. 그러나 그는 부지런하고 친절하고 자신의 일에 충실하였고, 늘 하루 일을 마치고 명상에 잠겼다. 개더골드는 마침내 재산도 잃고 존경심도 잃고 죽고 말았다. 그가 큰 바위 얼굴을 닮지 않았다는 사실은 누구나 인정하였다.

큰 바위 얼굴이 그의 선생님이 되었다는 점과, 큰 바위 얼굴에서 드러나는 정감이 젊은이의 마음을 넓혀주고, 더 넓고 깊은 동정심을 가진 마음을 만들어준다는 점을 다른 사람들은 모르고 있었다. 그들은 또한 큰 바위 얼굴이 어니스트에게 책에서 배울 수 있는 것보다 더 나은 지혜를 가져다주며, 다른 사람들의 삶이 가진 흉한 모습들을 보는 것보다 큰 바위 얼굴이 더 나은 삶을 살 수 있게 만들어주고 있다는 점도 알지 못하고 있었다. 어니스트 자신도 들판에서, 모닥불 가에서, 혼자서 깊은 생각에 잠길 때 자연스럽게 떠오르는 사고들과 정서들이 모든 사람들이 그와 공유하는 그것들보다 그 품격이 높다는 것을 알지 못했다.(435)

그리고 '피와 천둥의 노인(Old Blood And Thunder)'이라는 뜻을 지닌 올드 블리드 앤드 선더라는 장군이 큰 바위 얼굴을 닮은 사람으로 등장했다. 큰 잔치가 벌어졌고, 도장을 찍은 듯이 완전히 큰 바위 얼굴을 닮은 사람이라는 찬사들이 난무했다. 그러나 어니스트는 닮은 구석을 조금도 발견하지 못했다. 그 얼굴엔 정력과 강철 같은 의지가 드러나보였다. 그러나 선량한 지혜와 깊고 넓고 온화한 자애심을 찾을 수 없었다. 세월이 흘러 냉정을 되찾은 사람들은 장군의 험상궂은 인상과 자비로운 큰 바위 얼굴과는 닮은 점이 없다는 것을 알게 되었다.

어니스트는 이제 중년이 되었다. 알아차릴 수 없을 정도이지만, 그는 사람들 사이에 알려지고 있었다. 그는 지금도 생계를 위해 일을 하였고, 과거처럼 순박한 마음을 지닌 사람이었다. 그러나 그동안 그는 많은 것을 생각했고 느꼈다. 그는 생애의 가장 좋은 시절 대부분을 인류를 위해 뭔가 좋은 일을 하겠다는 거룩한 희망을 가진 채 살아왔다. 그는 마치 천사들과 함께 이야기를 나누었던 것 같았고, 그 천사들의 지혜의 일부를 모르는 사이에 받아들였던 것 같았다. 그것은 그의 일상적 삶에서 나타나는 평온하고 심사숙고된 덕행 속에 드러나고 있었다. 그는 모르는 사이에 전도사가 되었고, 그가 토해내는 진리는 듣는 사람들의 삶을 구성하였다. 그의 이야기를 듣는 사람들은 자기 이웃 사람이요 가까운 친구인 어니스트가 평범하지 않은 사람이라고 생각해본 적이 없었다. 그러나 그의 입에서는 아직까지 그 누구도 말하지 못한 사고들이 마치 속삭이는 시냇물처럼 한결같이 술술 흘러나오는 것이었다.(438-439)

그러나 이번에는 어떤 저명한 정치가가 큰 바위 얼굴을 닮은 인물이라는 소식이 들려왔다. 그는 이 계곡에서 출생했으며, 법률과 정치의 업무를 하면서 부자의 재산과 군인의 칼 대신 한 개의 혀를 가진 사람이었다. 그는 웅변을 잘 하는 것으로 유명했다. 그의 말을 들으면 틀린 것도 옳다고 여기고 정당한 것도 잘못되었다고 여기게 된다는 것이었다. 그의 목소리가 방방곡곡에 울려퍼지고 온 세계에 그의 명성이 떨치게 되었고, 마침내 국민들이 그를 대통령으로 선출하자는 생각을 가지게 되었다. 그는 '늙은 바위 얼굴(Old Stony Phiz)'이라는 이름으로 전국에 알려지게 되었다. 그는 자기 고향인 이 계곡을 방문하였다. 사람들을 그를 환영하기에 열광하였다. 그러나 정치가의 얼굴에는 장엄함과 위풍당당함과 위대한 사랑이 드러나지 않았다. 정신적 영적인 표정을 나타내는 큰 바위 얼굴과는 달리 정치가의 얼굴에는 그런 표정이 없었다.

노인이 된 어니스트의 머리에는 하얀 서리가 내렸고, 이마에는 점잖게 주름살이 생기고, 두 뺨에도 고랑이 파였다. 그러나 그냥 나이만 먹은 게 아니었다. 그의 머리에는 지혜로운 생각들로 가득 찼다. 이제 그의 이름은 계곡을 넘어 세상에 널리 알려졌다. 그런데 그는 이 계곡에서 태어났던 시인을 만나고, 전보다 더욱 진지하게 시인의 모습을 살폈다. 그 다음에 그는 큰 바위 얼굴을 쳐다보았다. 그러더니 이상하다는 표정으로 다시 한 번 손님을 바라보았다. 그러나 그의 얼굴에는 실망의 빛이 떠올랐다. 그와 시인은 이야기를 주고받으며 서로 팔짱을 끼고 동네 사람들과 이야기 나눌 곳으로 갔다. 그곳은 나지막한 산에 둘러싸인 작은 공터였다. 큰 바위 얼굴이 언제나 변함없는 유쾌하고 장엄하면서도 인자한 모습을 드러내고 있는 그곳에서 어니스트는 자기 마음속 생각을 청중에게 말하기 시작했다.

그의 말은 힘이 있었다. 그 까닭은 그의 말은 그의 사고들과 일치되었고, 그의 사고들은 현실성과 깊이를 가졌고, 그가 늘 살아왔던 삶과 조화를 이루는 말이었기 때문이었다. 그 설교자의 말은 단순한 음성이 아니고 삶의 말이었다. 그 속에 착한 행위들과 신성한 사랑이 삶이 녹아들었기 때문이었다. 마치 아름답고 순결한 진주들이 그의 소중한 생명수에 녹아들어간 것 같았다. 시인은 그의 이야기들에 귀를 기울이면서 어니스트의 인격과 품성이 자기가 쓴 그 어느 시보다 더 고상하고 느꼈다. 그는 눈물어린 눈으로 그 존엄한 사람을 우러러보았다. 온화하고 다정하고 생각이 깊은 얼굴에 백발이 흩어진 그 모습, 이것이야말로 예언자와 성자다운 모습이라고 그는 속으로 말했다. 저 멀리 서쪽으로 기우는 태양의 황금빛 속에 큰 바위 얼굴이 뚜렷하게 드러나보였다. 그 주위를 둘러싼 흰 구름은 어니스트의 이마를 덮고 있는 백발처럼 보였다. 그 거대하고 자비로운 모습은 온 세상을 감싸는 것 같았다. 그 순간, 어니스트의 얼굴은, 그가 말하고자 했던 생각과 공감하여, 너무 자비심에 물들어 그 시인이 참을 수 없는 충동으로 팔을 높이 쳐들고 외칠 정도로 표정의 장엄한 모습을 띠었다. "보시오! 보시오! 어니스트야 자신이 저 큰 바위 얼굴과 똑같습니다." 사람들은 모두 어니스트를 쳐다보았다. 그리고 그 지혜로운 시인의 말이 사실이라는 것을 알았다. 예언은 실현되었다. 그러나 할 말을 다 마친 어니스트는 시인의 팔을 잡고 천천히 집으로 돌아갔다. 그리고 아직도 자기보다 더 현명하고 착한 사람이 큰 바위 얼굴 같은 용모를 가지고 빨리 나타나기를 마음속으로 기원하는 것이었다.(446)

위와 같은 줄거리의 짧은 이야기는 덕 내지 인격이 무엇인지, 그것이 어떤 방식으로 함양되는지를 잘 보여준다. 그리고 통합적 접근의 덕 내지 인격 교육이 어떤 모습으로 이루어져야 하는지를 분명하게 보여준다. 덕 내지 인격의 함양은 지식전달 위주인 가르침(teaching)을 통해서가 아니고 학습(learning), 즉 자기 계발에 의해서 이루어질 수밖에 없다. 단지 필요한 것은 큰 바위 얼굴과 같은 자기 계발을 이끌 수 있는 모델이다. 도덕교과교육은 그런 모델을 제시하는 수준 이상도 이하도 아니어야 할 것이다. 이 모델의 제시는 너무 소극적이고 쉬운 일로 간주될 수 있지만, 사실은 다른 어떤 방식의 도덕교육보다 적극적이고 어려운 일이다. 큰 바위 얼굴이라는 모델을 통해 자신의 삶을 스스로 성찰하면서 만들어가는 삶의 자세를 기르게 하는 것이 인격 내지 덕 윤리 교육의 핵심인 것이다. 큰 바위 얼굴은 어니스트에게 꿈과 이상과 소망을 상징하는 것이었다.

덕 윤리 내지 인격 교육을 지향하는 우리의 도덕 교과 교육도 도덕적 상상력을 발휘하게 하고, 이상과 소망을 가진 사람을 양성하는 측면을 더욱 강조해야 할 것이다.

6. 결 론

칸트주의든 공리주의든 의무 윤리는 행위에 초점을 두고, 의무를 이행하는가 도덕 규칙을 지키는가에 따라 사람을 평가한다. 의무 윤리에서 말하는 인간의 행위는 일반적으로 도덕적 의무나 책임으로서 반드시 해야 하는 행위이거나 해서는 안 되는 행위 내지 도덕과 무관하게 허용되는 행위로 나누어진다. 그러나 인간 삶에서 더욱 중요한 것은 덕 윤리에서 말하는 의무 이상의 행위, 즉 초의무적인 행위(supererogatory acts)를 해야 한다는 점이다. 예를 들면, 전쟁 시 자신을 희생하면서 동료의 생명을 구하는 군인의 행위는 의무의 요구를 넘어서는 행위다. 칸트 이후 대부분의 도덕철학자들은 도덕적 덕을 도덕적 의무나 금지 사항으로 간주해버린다. 그들은 도덕적 의무의 목록을 제시하려 하면서, 의무라고 보기 힘든 것은 무시하거나 '특수한' 의무 내지 '불완전한' 의무라고 부르면서 목록 속에 편입시키기도 한다. 예를 들면, 친절, 자선, 관용 등은 불완전한 의무들로서 사회적 삶을 윤택하게 해주지만 필수적인 것은 아니고 부차적인 것이라고 생각한다. 그러나 분명 의무적인 것은 아니지만 더욱 인간 삶에 바람직한 행위들이 있다. 그것이 바로 초의무적인 행위다. 자비롭고 용기 있고 친절한 행위 등이 바로 그런 것이다. 덕 윤리는 오히려 의무보다는 그런 초의무를 강조한다. 의무나 책임 때문에 최소 도덕으로서 해야 하는 행위보다는, 최선의 인간 삶을 위해 최대 도덕으로서 해야 하는 초의무적인 행위를 더욱 강조하는 것이 덕 윤리인 것이다. 오늘날의 사회에서는 법이 최소도덕의 역할을 하고 있다. 따라서 도덕을 거론한다면 그것은 최대 도덕이어야 하고, 그것을 강조하는 덕 윤리가 현대 사회에 어울리는 윤리 이론일 것이다. 그동안 덕 윤리를 경시한 것은 덕을 도덕 규칙에 따라서 행동하려는 동기를 제공하는 성향에 불과하다고 생각하였기 때문이었다. 칸트에 따르면 도덕적으로 선한 행위는 경향성 때문이 아니라 도덕 법칙에 대한 존경심에서 우러나온 행위다. 예를 들어, 성격상 친절하고 자비롭기 때문에 어려움에 처한 이웃을 보면서 마음이 아프고 동정심을 주체할 수 없어 도움을 주는데, 이것은 선한 행위가 아니다. 곤경에 처한 이웃을 보고 '가능한 한 남을 도와야 한다'는 의무감에서 도울 때 도덕적으로 선한 행위라는 것이다. 이 관점은 의무와 경향성을 서로 충돌하는 것으로 간주하는 데에서 기인한다. 대부분의 상황에서는 곤궁한 이웃을 도와야 한다는 의무와 타인의 곤경을 외면하고자 하는 경향성이 각각 다른 방향으로 작용한다는 것이다. 그래서 그런 경향성을 극복하고 강력하게 의무를 이행할 수 있느냐에 따라서 그 사람의 도덕성이 결정된다는 것이다. 공리주의의 최대 다수의 최대 행복의 원리도 의무의 원리와 동일시된다. 한 행위는 옳거나 그르거나 둘 중 하나다. 행복을 극대화하는 행위만이 옳은 행위이고 그 나머지는 모두 그른 행위다. 이 논리에 따르면, 나는 나의 돈을 내 즐거움대로 사용할 권리가 없다. 나는 나의 돈을 가장 필요로 하는 사람에게 주어야 할 완전한 의무가 있기 때문이다. 결과적으로 누구에게 호의를 베푼다는 것은 불가능하다. 그 호의를 받은 사람이 그 호의에 대한 완전한 권리를 가지고 있거나 그렇지 않다면 그런 호의는 그른 행위일 것이기 때문이다. 이런 입장의 공리주의에는 초의무가 들어설 여지는 전혀 없다.

그런데 정말 경향성 내지 동기에 따른 행위는 선하지 못한 것인가? 종종 동기와 의무가 우리를 같은 방향으로 이끌어가게 되어 그 결과 경향성에 따르는 동시에, 의무인 행위를 하는 경우들이 있다. 격렬한 내면의 갈등을 겪으면서 충동을 억제하는 사람과 더 이상 그러한 충동을 느끼지 않게 된 사람 중에서 어느 편이 더 나은가? 최대 다수의 최대 행복을 도모해야 한다는 원칙에 충실하다면 자기 개인의 욕구를 충족시키는 행위보다는 굶주린 다수들을 위해 자신을 희생하는 행위를 해야 한다. 그런 선택을 가능하게 하는 선의의 성품이 덕인 것이다. 근대의 의무론이나 공리주의는 덕을 단지 규칙, 원칙에 대한 준수 정도로만 생각한다. 덕이야말로 윤리적 결정을 가능하게 하고 규칙, 원칙의 실행을 가능하게 하는 것임을 이해하지 못했던 것이다.

덕 윤리는 초의무적 행위의 도덕적 근거나 도덕적 가치를 강조한다. 초의무적인 행위는 진정한 자율성에서 기인하는 행위일 수 있다. 의무로서 요구되는 바를 넘어서서 행위하려는 결단은 도덕적 제재의 위협 또는 내적인 죄책감으로부터도 자유로운 것이다. 이것이 순수하게 자율적인 선택인 것이다. 또한 초의무의 도덕은 사회적 유대의 강화에 기여하고 친밀한 공동체 의식을 증가시킬 수 있다. 의무로서 요구되는 것 이상을 실행하는 것이 진정한 공동체 의식일 것이다. 그런 초의무적인 행위들을 통해 더 우호적이고 선의에 기반을 둔 공동체가 가능할 것이다. 초의무적 행위는 자기의 해야 할 몫만 행하는 것보다 더 이타적인 동기를 표현하는 것이므로, 선행과 감사에 의한 상호 신뢰가 더 높아진다. 초의무의 도덕은 타인에게 존중의 의무에 동료에 대한 사랑을 부가한다. 의무의 도덕이 사회의 존립에 충분한 기반을 제공한다고 할 수 있지만, 사회적 단결과 상호 신뢰는 일부 구성원들이 자발적으로 의무를 뛰어넘는 행위들에 의존한다. 구성원들의 의무 이행들을 통해 존립하는 사회는 도덕적으로 부족한 사회다. 우리가 자선을 베풀지 못하거나 용서를 하지 않는 사람, 자신의 권리만을 주장하고 겸손과 양보를 보이지 못하는 사람을 비판하듯이 그런 사회를 우리는 비판할 수밖에 없을 것이다. 진정한 도덕적인 사람과 도덕적인 사회를 위한다면 초의무적인 행위를 강조하는 덕 윤리가 지배하는 사회여야 할 것이다.

□ 참고 문헌

박재주, 『서양의 도덕교육 사상』(서울 : 청계출판사, 2003).
빅토르 위고 지음 · 최은주 옮김, 『한 권으로 읽는 레 미제라블』(서울 : 서교출판사, 2008).
아리스토텔레스 지음 · 최명관 옮김, 『니코마코스윤리학』(서울 : 서광사, 1996).
알래스데어 매킨타이어 지음 · 이진우 옮김, 『덕의 상실』(서울 : 문예출판사, 1997).
엄슨 지음 · 장영란 옮김, 『아리스토텔레스의 윤리학』(서울 : 서광사, 1996).
윌리엄 K. 프랑케나 지음 · 황경식 옮김, 『윤리학』(서울 : 종로서적, 1992).
Gewirth, Alan, *Reason and Morality* (Chicago : University of Chicago Press, 1978).
Hawthorne, Nathaniel, *The Great Stone Face*, Reprinted from *the Complete Works of Nathaniel Hawthorne* (Modern Library, 1937) in Louis P. Pojman, ed., *The Moral Life : An introductory reader in ethics and literature* (New York : Oxford University Press, 2004).
Hursthouse, Rosalind, "virtues theory and abortion", Roger Crisp & Michael Slote, ed., *Virtue Ethics* (Oxford University Press, 1997).

제8장
자긍심과 도덕적 삶은 어떤 관계인가?

1. 서 론

지금 우리의 도덕교과교육은 심각한 위기에 처하고 있다. 지금까지의 도덕교과가 가치관과 시민정신을 기르는 사회과와 내용과 방법의 측면에서 본질적인 차이를 보이지 못하였고, 도덕성 내지 인격을 함양하는 데 역할을 제대로 한 것이 없다면, 사회과로의 통합은 어쩌면 당연한 주장일 수 있다. 그 통합이 이루어지든, 이루어지지 못하든 도덕성과 인격을 함양하는 도덕과는 지속되어야 할 것이고 또 분명히 그럴 것이다. 그러나 도덕교육다운 도덕교과교육이 이루어질 수 있는가가 문제일 것이다. 진정한 도덕교육을 하기 위한 도덕과의 목표는 '도덕적 자아' 형성이어야 한다.

도덕성은 지식, 정서, 행동 등의 한 측면의 자질을 말하는 것도 아니며, 그런 측면들로 나누어 교육될 수 있는 그런 것도 결코 아니다. 도덕성은 인격 내지 인간의 덕 자체를 말하는 것이며, 그것은 도덕적 자아 개념을 통해 적절히 표현될 수 있다. 도덕적 자아 개념은 자기 자신의 도덕성에 관한 자기-평가(self-valuing)를 의미한다. 따라서 한 개인의 일관적인 도덕적 행위를 가능하게 하는 것은 바로 이 도덕적 자아 개념이라고 볼 수 있다. "도덕 실천을 자신의 의무와 책임으로 받아들여 자신을 도덕을 실천하는 사람으로 규정하는 도덕 실천 의지는 도덕적 자아 개념을 구성한다. 도덕적 자아 개념은 도덕성이나 도덕 실천 의지 또는 도덕적 행동에 대하여 포괄적이고 근원적이다. 이런 점에서 도덕적 자아 개념을 도덕교육이 목표로 삼는 것이 적절할 것이다. 도덕적 자아 개념을 도덕교육의 목표로 삼을 것을 주장하는 또 하나의 중요한 이유는 도덕교육에서 학생이 문제로 삼아 다루는 대상이 바로 자기 자신의 도덕성과 도덕 실천 의지와 행동이어야 한다는 점을 강조하기 위해서다."1) 일관적으로 도덕적 행위를 하게 하는 것은 도덕적 지식이나 판단력도 아니고 도덕적 정감도 아니며, 그런 것들을 통합하는 도덕적 정체성 내지 도덕적 자아라는 것이다. "도덕적 정체성은 자신의 자아 개념과 일치되게 행동하려는 책임감을 생산하기 때문에, 도덕적 행동을 위한 가장 중요한 원천으로 고려되고 있다. 자신의 정체성의 중심적 부분으로서 도덕성을 상정하는 사람일수록 자신의 일상적인 삶을 좀더 도덕적인 관점에서 바라보고, 자신의 도덕적 이상 혹은 목표와 부합되는 삶을 추구하며, 도덕적인 판단을 행동으로 옮기려는 강한 책임감을 가지기 때문에 결국 자신이 옳다고 생각하는 것을 행동으로 옮길 가능성이 그만큼 높아진다는 것이다."2)

---

1) 한상욱, 「도덕교육과 도덕적 자아 개념」, 『사회와 교육』 vol. 24 (한국사회과 교육학회, 1997), p. 224.

'자아' 내지 '도덕적 자아'에 관한, 심리학적, 사회학적, 철학적 설명들이 다양하게 제시되고 있지만, 본 논문에서는 데이비드 흄(David Hume)의 이론을 중심으로, 자기-평가로서의 도덕적 자아 개념을 살펴보고, 그것이 현실적인 인간 삶에 적용되는 모습을 살펴보고, 대안적인 자기-평가의 방안을 모색하기 위하여 문학 작품(레프 톨스토이의 『이반 일리치의 죽음』)을 검토하고자 한다.

2. 자기-관계적 자아

데이비드 흄이 말하는 "도덕적 자아는 자아가 아닌 것(non-self)이기도 하고 자아가 아닌 것이 아니기도 하다. 그것은 사고하는 자아의 측면에서는 자아가 아닌 것이다. 그러나 그것은 감정과 느낌들을 구성하는 것으로 보일 수 있는 복합적인 것으로서의 자아의 측면에서는 자아가 아닌 것이 아니다."3) 그는 『인간 본성에 관한 논고 제1권 : 오성에 관하여』에서는 자아의 관념을 부정하고, 『인간 본성에 관한 논고 제2권 : 정념에 관하여』에서는 자아의 관념을 긍정한다. 부정하는 자아는 이론적 자아며, 긍정하는 자아는 정념의 소유자, 실천의 주체로서의 자아를 의미한다. 그는 "사유 또는 상상력으로 간주되는 인격의 정체성과 우리 스스로에게서 알 수 있는 정념 또는 관심으로 간주되는 인격의 동일성을 구별해야 한다"4)고 말한다.

---

2) 정창우, 「도덕적 자아 형성을 위한 도덕교육 방법」, 『초등도덕교육』 제13집 (한국초등도덕교육학회, 2003), pp. 185-186.
3) James King, "The Moral Theories of Kant and Hume : Comparisons and Polemics", *Hume Studies*, vol. XVIII, no. 2, p. 453 참고.
4) David Hume, *A Treatise of Human Nature, Book 1 : Of the Understanding,*

그에 의하면 자아 또는 마음은 서로 다른 지각들의 다발에 불과하다. 자아 그 자체는 존재하지 않으며, 순간 우리에게 알려지는 것은 어떤 지각에 지나지 않는다. 그는 이런 인간의 마음을 극장에 비유한다. 즉, "인간들은 서로 다른 지각들의 다발 또는 집합일 뿐이며, 이 지각들은 표상할 수 없을 정도로 빠르게 서로 계기하며 영원히 흐르고 운동한다. … 사유는 시각보다 더 가변적이다. 다른 모든 감관과 직능은 이 변화에 기여한다. 단 한순간이라도 변화 없이 동일한 것으로 남아 있는 영혼의 유일한 능력은 전혀 있을 수 없다. 정신은 일종의 극장이다. 이 극장에는 여러 지각들이 계기적으로 나타나고, 지나가며, 다시 지나가고 미끄러지듯 사라지고, 무한히 다양한 자태의 상황 안에서 혼합된다. … 아마 정신에는 단 한순간도 단순성이 있을 수 없을 것이며, 서로 다른 정신에는 정체성이 없을 것이다."5) 그리고 그는 경험론적 입장에서 지각(perception)을 설명하면서, 지각을 인상(impression)과 관념(idea)으로 나눈다. 우리가 정념이나 정서를 느끼거나 감관을 통해 전달된 외부 대상의 심상을 가질 때 정신의 지각이 인상이다. 우리가 현전하지 않는 대상이나 정념에 대해 반성할 때 그 지각은 관념이다. 인상은 무엇을 보고, 느끼고, 사랑하고, 미워하고, 욕구하고, 의지할 때 가지는 경험이며, 관념은 그런 경험을 회상하거나 상상력을 가동할 때 그 대상이 되는 것이다. 관념은 인상의 복사물이기 때문에 인상으로 경험하지 못한 것에 대한 관념을 가지는 것은 불가능하다. 흄은 다시 관념들의 연합들을 통해 사고에서 사고로의 이동을 설명한다. 두 가지 사물들이 유사하

데이비드 흄 지음·이준호 옮김, 『인간 본성에 관한 논고 제1권 : 오성에 관하여』(『인간본성론』 1로 표기함)(서울 : 서광사, 1994), p. 258.
5) 위의 책, p. 257.

다면[유사성], 시간 또는 장소에서 근접하다면[근접성], 하나가 다른 하나의 원인이라면[인과성], 하나에 대한 사고는 자연스럽게 다른 사고로 이어진다는 것이다. 결국 우리가 대상을 인식할 때 유사성을 정체성으로 착각한다는 것이다. 그 착각은 상상력을 통해 이루어진다. 시간의 흐름 속에서 지각들이 연속적으로 마음의 극장에 등장하는데, 앞뒤의 지각들이 마치 영사기의 필름이 돌아가듯이 빠르게 나타나기 때문에 하나의 불변하는 동일한 대상이 있다고 착각한다는 것이다. 그 정체성의 관념은 실제적인 것이 아니고 지각들의 관계가 만들어낸 허구라는 것이다. 그는 불변하는 영혼이나 자아의 존재를 인정할 수 없다는 것이다.

그러나 그는 실체적인 정체성의 차원에서의 자아는 부정하지만, 관계에 의존하는 자아의 관념을 긍정한다. 정체성은 실존하는 것이 아니라 상상력에 의해서 조작된 것이다. 날조된 것이기 때문에 지각들을 연합시킬 수 있는 실질적인 힘을 지각들의 다발에 발휘할 수 없다. 흄이 부정하는 자아는 정체성을 위한 실질적인 힘을 발휘할 수 있는 실체로서의 자아인 것이다. 그는 상상력의 도움을 받은 유사성과 인과성이 다양한 지각들을 연합시킨다고 주장하면서, 관계적 자아를 긍정하는 것이다. "유사성을 매개로 지각들은 시간의 흐름 속에서 서로 연합된다. 기억이 그 예다. 기억은 과거 지각들의 이미지를 불러일으키고, 이미지는 그 대상과 유사하다. 그러므로 유사한 지각들을 자주 배열함으로써 상상력을 한 고리에서 다른 고리로 더욱 쉽게 전달할 수 있고, 그래서 전체 고리가 한 대상의 지속처럼 여기게 할 수 있다. 기억은 이와 같이 지각들 사이의 유사성을 통하여 인격의 정체성을 만들어낸다는 것이다. 기억이 지속적인 관계적 자아를 산출한다는 것이다. 기억이 도달할 수 없는 경우에는 인과성이 작동한다. 상상력을 통해 현재 기억하는 인과의 연쇄를 기억 너머로 확대시킨다. 지각들 사이의 인과적 연합이 기억할 수 없는 과거의 자아에 도달할 수 있다고 믿기 때문에 지속적인 자아정체성이 확보될 수 있다는 것이다."6) 흄은 지각들의 인과적 연합을 '공화국'에 비유한다. 즉, "영혼을 공화국 또는 그 구성원의 공동체에 비유할 수 있는데, 거기서는 여러 성원들이 지배와 예속이라는 상호간의 매듭에 의해 합일되며 그 부분들의 끊임없는 변화 속에서 동일한 공화국을 이어갈 다른 사람을 낳는다. 동일한 하나의 공화국은 그 구성원들을 바꿀 뿐 아니라 법률과 제도도 바꾸듯이 같은 방식으로 동일한 사람은 자신의 인상이나 성품을 변화시킬 수 있다. 그 사람이 어떤 변화를 겪더라도 그의 여러 자질들은 인과 관계에 의해 여전히 연관되어 있다. 이런 점에서 정념과 관련된 우리의 정체성은 우리의 막연한 지각들이 서로 영향을 미치게 함으로써, 또 우리에게 과거 또는 미래의 고통과 쾌락에 대해 지금 관심을 가지게 함으로써, 상상력과 관련된 우리의 정체성을 확증하는 데 기여한다."7) 흄이 긍정하는 관계적 자아는 '정체성'이 아니라 '정체성에 대한 믿음'을 가지는 연속물로서의 자아며 지각들로 구성된다. 그는 인격의 정체성에 관한 문제가 정신의 정체성에만 국한되지 않고, 자아와 신체의 관계 문제라고 생각한다. 그는 신체의 문제를 다음과 같이 말한다. 즉, "정신이 신체적 고통과 쾌락을 느끼고 생각할 때, 그 고통과 쾌락은 여러 정념의 원천이다. 그러나 그 고통과 쾌락은 선행하는 사유나 지각이 없이 영혼이나 신체 안에서

---

6) 안세권, 「흄의 자아동일성 개념」, 『범한철학』 제33집(범한철학회 논문집, 2004년 여름), pp. 139-141 참고.
7) 『인간본성론』 1, p. 265.

근원적으로 발생하는데, 그것이 발생하는 곳을 영혼이라고 하든 신체라고 하든 무관하다."[8] 이 말은 그가 정신과 신체가 결합된 것으로서의 자아를 말하고 있음을 나타낸다.

3. 자긍심(pride)을 통한 도덕적 자아의 형성

키에르코르는 『죽음에 이르는 병』의 서두에서 자아의 의미를 다음과 같이 설명한다. 즉, "인간은 정신이다. 그러나 정신이란 무엇인가? 정신이란 자아(본래 자기로 번역된 것을 필자는 자아로 표기함)다. 그러나 자아란 무엇인가? 자아란 자기 자신과 어떤 관계에 있는 것이다. 혹은 그런 관계에서의 그 관계가 또 그 자신에게 관계한다는 것을 말한다. 자아란 관계 그 자체가 아니고, 관계가 그 자신에게 관계 '하는 것'을 말한다. … 인간은 아직 자기가 아니다. … 그리고 그 둘은 관계에 의해서 또 그 관계에 대한 관계 안에서 관계하는 것이다. … 그 자신에게 관계하는 그런 관계, 즉 자기는 자기 스스로 조정하거나 다른 사람에 의해 조정되거나 그 어느 한쪽이어야 한다."[9]

그런데 자기와의 관계는 자기-평가로 설명될 수 있을 것이다. 자아가 자신에게 특별한 종류의 가치를 부여하는 것을 자기-관계로 생각할 수 있을 것이다. '어느 정도의 가치를 스스로에게 부여하는지'에 따라 자기-평가는 다양한 개념들로 표현된다. '자긍심(pride)', '자부심(self-esteem)', '자존심(self-respect)', '자

---

8) David Hume, *A Treatise of Human Nature, Book 1 : Of the Passions*, 데이비드 흄 지음 · 이준호 옮김, 『인간 본성에 관한 논고 제2권 : 정념에 관하여』(『인간본성론』 2로 표기함)(서울 : 서광사, 1994), p. 26.
9) 키에르케고르 지음 · 강성위 옮김, 『불안의 개념 / 죽음에 이르는 병 / 유혹자의 일기』(서울 : 동서문화사, 2008), p. 185.

만(self-confidence)' 등의 개념들이 그것들이다. 우선, 자기-평가는 한 개인이 객관적으로 관찰할 수 있는 자질들과 업적들이나 그것들에 대한 자신의 올바른 판단에 비례하여 자기에게 가치를 부여하는 것을 말한다. 이런 자기-평가는 자긍심과 밀접하게 연관되며, 자기 자신이 얼마나 가치 있고 능력 있는 사람인가를 보여주는 것이다. 이런 자기-평가의 적절성은 객관적으로 검증이 가능한 것이다. '정확한' 자기-평가의 경우에 판단된 자질들과 업적들은 단순히 자기 자신이 판단한 것이 아니고 다른 사람들도 칭찬할 수 있는 것으로 평가할 수 있는 자질들과 업적들이어야 한다. 이 경우 자기-평가는 다른 사람들에게도 적용될 수 있는 것으로 간주되는, 공정하고 개인과는 무관하게 발견될 수 있는 자기의 특징들을 대상으로 이루어진다. 그것은 특수한 자기의 특징들을 평가하는 것이 아니다. 공동의 기준을 이용하여 자기-평가가 가능하다는 것이다. 윌리엄 제임스(William James)는 자기-존중을 냉철한 지적 자기-평가로 언급해야 한다고 하면서, "우리는 다른 사람을 저울질하는 만큼 쉽사리 나(Me)도 칭찬과 비난이라는 저울에 올려놓고 — 어렵지만 꽤 공정하게 — 계량할 수 있을 것이다. 공정한 사람이란 자기 자신을 공평하게 저울질할 수 있는 사람이다. … (공정하게 저울질하는) 능력이 있다면 타인에 대하여 판단하는 것과 똑같이 자기 자신에 대해서도 객관적이고 훌륭하게 판단을 내리지 않게 될 이유가 없는 것이다. 자신을 부당하게 우쭐하게 느끼든 또는 부당하게 우울하게 느끼든 상관할 것 없이 이런 능력을 가진 사람은 다른 사람에게 적용한 외적 규준에 따라 자신을 측정하여 자신의 가치를 알게 된다는 것은 진실이며 그가 완전하게 탈피할 수 없는 감정이 남긴 불공정한 것들을 중화시킬 것이다. 자기 측정 과정은 … 본능적 자기

-존중과는 관련이 없다."10) 자기-존중하는 사람은 평가되는 자질들이 '진정으로' 칭찬할 수 있는 것이라고 믿어야 하며, 다른 사람들도 이런 동일한 자질들 때문에 그를 존중할 것이라는 합당한 믿음을 가져야 한다. 만약 자질들이 진정으로 칭찬할 수 있는 것이라면, 그 자질들은 그 행위자 자신에 의해서뿐 아니라 누구에 의해서도 칭찬받을 것이다.

자아-구성에 관한 흄의 설명은 자기-평가의 과정을 잘 묘사한다. "그가 말하는 관계적 자아의 구성에 토대를 제공하는 것은 자긍심(pride)과 소심(humility)의 생성과 관련된 인상들(impressions)과 관념들(ideas) 사이의 관계며, 이 관계는 자기-가치(self-worth)의 소통을 설명해준다. 우리는 자기의 자질들과 속성들에 대한 지속적인 지각과, 타자들의 고려와 존중이 우리에게 반영된 지각들을 통해 우리의 자존심을 유지하고, 따라서 우리가 누구며 어떤 사람인가에 대한 우리의 자기-의식을 유지한다. 그에게 우리의 자긍심, 우리의 자기-의식, 궁극적으로 우리의 도덕적 자아는 타자들에 의존하는 것이다."11) 그는 정신의 지각을 인상과 관념으로 나누고, 인상을 다시 감각의 인상과 반성의 인상으로 나눈다.12) 자아 관념은 반성의

---

10) 윌리엄 제임스 지음 · 정양은 옮김, 『심리학의 원리(The Principles of Psychology) 1』(서울 : 아카넷, 2005), p. 587.

11) Pauline Chazan, The Moral Self (London and New York : Routledge, 1998), p. 16.

12) '감각의 인상(impression of Sensation)'은 알려지지 않은 원인들로부터 근원적으로 영혼 안에서 발생한다. '반성의 인상(impression of Reflexion)'은 다음의 순서에 따라 관념에서 기인한다. 인상은 처음에 감관을 자극하고, 우리로 하여금 뜨거움, 차가움, 기쁨, 고통 등을 지각하게 한다. 정신은 이 인상을 모사하는데, 이런 인상의 모사는 인상이 소멸한 뒤에도 남는다. 우리는 이것을 관념이라고 부른다. 기쁨 또는 고통의 관념이 영혼에 되돌아왔을 때, 그 관념들은 욕망과 혐오 등의 새로운 인상을 산출한다. 그 인상은 반성으로부터 유래하기에 반성의 인상이라고 부른다. 반성의 인상들은 다시 상상력과 기억을 통해 모

인상으로부터 생겨나기 때문에 주로 기억과 상상의 결과다. 흄은 자아 관념이 자신의 자질들과 속성들에 대한 쾌락들과 고통들과 연관된 자긍심과 소심과 밀접하게 관련된다고 주장한다. "자연적으로 즐거움의 감정을 불러일으킬 어떤 칭찬 가능한 자질에 대한 지각은 그 칭찬 가능한 자질이 자기에게 부여될 때 자긍심으로 느껴진다. 자긍심의 원인은 자기에게 관련된 어떤 것(예를 들어, 칭찬할 만한 자질)이며, 자긍심의 대상은 칭찬할 만한 자질의 소유자로서 자기다. 지각되자마자 그 칭찬할 만한 자질은 그것을 소유한 자기에서 뿐 아니라 그들이 그것을 지각할 때 다른 관찰자들에서 즐거움의 감정을 불러일으킨다."13) 자기에 연관된 자질들과 속성들에 대한 지속적인 지각이 자긍심을 유지시킬 수 있다. 그 지속적인 지각이 없다면 우리가 기억과 기억을 가질 수 있는 인상들과 관념들의 연결은 사라질 것이다. 그래서 자긍심의 열정과 함께 자아의 관념도 사라질 것이다. 그러나 인간의 정신은 어떤 개인이 자신의 자질들과 속성들에 대해서 내린 자기-평가를 반영하는 거울이기 때문에 한 개인이 지각을 계속 찾을 필요는 없다. 자긍심은 타자들의 자기-평가에 의존한다. 그것은 타자들의 의견들과 정감들의 도움을 받아야 지속할 수 있는 것이다. 그래서 자기-의식과 자기-가치는 사회적으로 의존적이고 사회적으로 생성되는 것이다.

그러나 다른 사람이 느낀 즐거움은 자기 자신을 즐거움의 대상으로 느끼고 그래서 자긍심을 가질 수 있게 만드는 즐거움으로 전달되지 않는다. 자기 자신과 연관된 자질과 속성을

사되어 관념이 된다. 번갈아가면서 다른 인상과 관념을 불러일으킬 것이다(『인간본성론』 제1권, pp. 30-31 요약).
13) Pauline Chazan, op. cit., p. 17.

느끼자마자 그 느껴진 즐거움을 전달한다. 그러나 자기 자신은 그 다른 사람이 전달한 즐거움을 자기 자신의 즐거움으로 만든다. 자기 자신은 자신의 즐거운 자질이 아니라 즐거운 자질의 소유자로서 '자기 자신'에 자긍심을 가질 것이다. 예를 들어, "곡예사가 보여준 유연성과 민첩성에 청중들이 이어지는 박수갈채를 보내자, 그 청중의 즐거움에 대한 곡예사의 지각은 그 곡예사로 하여금 자긍심을 느끼도록 만들 것이다. 그러나 청중이 느낀 즐거움과 박수갈채는 실연되었던 '유연성과 민첩성'에 대한 반응이다. 청중의 즐거움은 그 자질을 소유한 '곡예사'에 대한 대응은 아닐 것이다. 다른 곡예사가 동일한 유연성과 민첩성을 보여주었다면 청중은 동일한 즐거움을 느꼈을 것이다. 곡예사가 느낀 자긍심은 유연성과 민첩성 자체에 대해서 느낀 것이 아니고, 유연하고 민첩한 사람인 '그 자신'에 대해서 느낀 것이다."14) 이 경우 곡예사의 자기-관념은 그의 자긍심에 선행하지 않는다. 청중이 보여준 즐거움은 자긍심의 감정보다 이전에 존재하는 곡예사 '자기'를 향한 즐거움으로 곡예사에게 다가오지 않는다. 자긍심과 자아는 동시에 존재하는 것이다. 자아가 선재하여 자긍심을 느끼는 것이 아니다. 자긍심은 자아관념 없이 구성되기 때문에 자긍심이 느껴지고 난 후에 자아관념이 생겨난다고 할 수 있다. 곡예사는 자신이 유연하고 민첩한 곡예를 보일 때 청중이 즐거워하고 박수를 보낸다는 하나의 인상을 가진다. 그 인상은 청중이 자신이 보여주는 유연성과 민첩성에 즐거워하고 박수를 보낸다는 관념을 생기게 한다. 이 관념은 자신의 유연성과 민첩성에 즐거워하고 박수를 보내는 청중의 인상을 가지며, 이 인상은 곡예사 자신에 즐거워하고 박수를 보내는 청중의 인상과 연계된다. 그리고 유연성

14) Ibid., pp.17-18.

과 민첩성을 가진 덕분에 자신이 청중의 즐거움과 박수의 원인이라는 관념을 가지게 된다. 이 관념이 자아 관념의 부분을 이루며, 그 자아 관념의 구성이 자긍심을 불러일으킨다. 자아 관념과 자긍심은 선행 관계나 인과 관계를 가지는 것이 아니라 지각들이 체계적으로 작용한 결과들인 것이다. 그것들은 상호-구성적 관계를 지니는 것이다.

그러나 흄의 설명에 의하면, 자긍심의 본질로 여겨질 수 있는 즐거움은 그 근거가 충분하고 '교정'된 후 느껴질 때만 도덕적 자아 구성에 역할을 할 수 있다. 우리가 '도덕 감각'을 가진다는 것이 어떤 행위나 성품의 기대로 단순히 즐거움을 느끼는 것일 수 없다. 공정한 관점을 가진 후에 가지는 그런 종류의 즐거움이어야 한다. 도덕 감각을 가지고 그래서 도덕적 영역에 들어가기 위해서, 우리는 우리의 시각을 교정하고 어떤 일반적인 변경될 수 없는 기준을 형성해야 한다. 우리는 우리 자신의 정감들을 수정해야 하고, 그래서 그 정감들은 다른 모든 사람의 것들과 조화를 이루어야 한다. 우리 자신의 사적인 관점을 넘어서야 하고 모든 사람의 이해 관계를 고려해야 한다. 자신의 도덕적 성품과 행위들에 대한 자긍심을 느끼는 것으로 도덕적 자아가 되기에는 충분하지 않다. 자긍심이 도덕적 정감으로부터 확인을 받을 때 그것은 교정될 수 있다. 우리는 누구도 선과 악을 스스로 구분할 수 없고, 자신의 장점에 대한 자신의 존중이 근거가 충분한 것이라고 확신할 수 없기 때문에 자긍심이 속임이거나 과도한 자기-평가의 산물이 아닌지 반드시 교정이 필요하다. 도덕적 정감에 의하여 자긍심이 확인을 받기 위하여, 자신의 성품을 고려해야 한다. 자긍심이 공정한 관점을 통해 이런 방식으로 교정될 때, 그것은 도덕적 정감 자체를 가진 것이 된다. 도덕적 자아가 토대를 두는 것은 자신의 수정된 자기-관찰들과 타자들의 성찰된 관찰들로부터 느껴진 자긍심이다. 도덕적 자아의 구성과 그것의 자기-평가는 어떤 지각들을 수용하는 것이어야 한다는 것을 요구한다. 그것은 자기가 청중에게 어떤 모습으로 보이는지 모니터링하기를 요구한다. 다른 사람들에게 즐거움을 주는 경우에만 그것은 덕스러운 자긍심을 느끼고 자신이 도덕적으로 누구이고 어떤 사람인지의 감각을 얻을 것이다. 도덕적 자아는 그것의 자기-가치감을 위해 다른 사람들에게 의존적이며, 사회적으로 구성되는 것이다. 도덕은 객관성이 확보되어야 한다는 것이다. 생득적인 선천적 관념이나 신을 도덕의 근거로 제시하는 경우에는 객관성 내지 보편성의 문제는 쉽게 해결될 수 있지만, 형이상학적 존재를 부정하는 흄에게서는 도덕의 객관성 문제는 심각한 문제다. 그는 도덕적 판단은 이성의 산물이 아니라 도덕 감각의 산물이라고 주장한다. 그런데 그의 도덕 감각은 관념이 아니라 반성적 인상, 즉 감정이다. 감정은 주관적이고 개인의 이해 관계와 밀접하게 연관된다. 도덕 감각을 한 사람의 측면에서도 사람들 사이의 측면에서도 일관성과 객관성을 확보한다는 것은 불가능하다. 흄은 도덕 감각의 객관성 문제를 해결하기 위해서 공감 이론을15) 제시한다.

흄은 공감이 도덕적 판단의 수단으로 기능할 수 있다고 주장한다. 그래서 그는 행위자의 공감적 동기보다는 관찰자의 공감적 반응에 관심을 집중한다. 관찰자가 어떤 사람의 성품을 바라보면서 즐거움과 만족의 감정을 가진다면 그 성품은 덕 있는 것이며, 괴로움과 거북함을 느낀다면 부덕한 성품이 되는 것이다. 그런데 이 경우 즐거움과 괴로움은 일반적인 것일 수

---

15) 흄의 공감 이론에 관한 아래 논의는 박재주, 『서양의 도덕교육 사상』(서울 : 청계, 2003), pp.142-149 참고.

없다. 즐거움을 주는 모든 것이 도덕적으로 선한 것은 아니며, 괴로움을 주는 모든 것이 도덕적으로 악한 것은 아니기 때문이다. 도덕적 감정은 사람의 성품과 행위에 대한 관찰에서 생길 수 있지만, 그런 경우의 모든 감정들이 도덕적인 감정은 아니다. 그 관찰되는 사람이 나의 경쟁자이거나 적일 경우 그의 용기나 능력을 바라보는 것이 나에게 만족을 주지 못한다. 그러나 그 사람의 자질들을 칭찬할 수는 있다. 공정하고 일반적인 관점을 채택하고 개인 이익을 무시할 때 그런 종류의 칭찬과 시인이 가능하게 된다. 그런 객관적인 입장을 택하는 경우에만 감정이 도덕적인 감정이 될 수 있는 것이다. 따라서 중요한 점은, 도덕적 시인과 비난을 불러일으키는 감정은 상황에의 즉각적인 반응이 아니고 상황에 대한 반성의 결과라는 점이다. 즉각적이고 이기적인 감정들은 도덕과 연관되지 않는다는 것이다. 자신이 아니라 다른 사람의 행복에 도움이 되는 것에 관심을 가지게 되는 유일한 길은 공감을 통해서다. 이 공감의 원리를 통해, 다른 사람들에게 즐거움과 괴로움을 주는 것이 관찰자에게도 즐거움과 괴로움을 주게 된다.

그런데 공감도 자기중심성을 벗어날 수 없다. 이해 관계를 가진 사람들과의 공감은 편견을 가진 공감일 수밖에 없을 것이다. 그리고 공감은 변덕스럽고 원칙을 결여한다. 공감의 범위나 강도는 다른 사람과의 관계에 의해 영향을 받는다. 그러나 도덕적 평가는 그런 요소들에 영향을 받지 않고 일관성을 가져야 한다. 따라서 도덕의 일관성과 공감의 변덕을 조화시켜야 한다. 이 문제 해결을 위해 흄이 제시하는 것이 일반적 관점으로부터의 공감이다. 관찰자의 공감이 일반적인 관점을 채택하고, 관찰자 자신과 자신의 이익에 대한 고려를 배제시키는 경우에만 도덕 감각을 불러일으킬 수 있다는 것이다. 그는 이

점을 시각에 비유한다. 20야드 떨어진 아름다운 얼굴은 2야드 떨어져 있을 때와 같은 많은 즐거움을 주지 못한다. 그러나 우리는 그 이유로 그 얼굴이 우리가 그것에 가까이 다가가지 않을 때마다 아름답지 않다고 말하지 않는다. 우리는 경험들을 통해 적절하게 대응하는 법을 배운다. 마찬가지로 우리는 다른 사람들을 비난하고 칭찬하는, 우리의 특별한 상황에 의해 왜곡된 즉각적인 경향들을 '교정'하기를 배울 수 있다. 다른 사람이나 자신을 객관적으로 판단하는 습관이 없다면, 우리는 일상적인 대화를 할 수 없을 정도로 서로 어색할 것이다. 그러한 습관을 습득하는 우리의 동기는 편의에 대한 욕구다. "일반적으로 현재 정신의 성향에 따라서, 그리고 비난받거나 칭찬받는 사람과 가깝거나 먼 우리의 상황에 따라서 비난이나 칭찬의 소감이 변이한다. 우리는 일반적으로 판단을 내릴 때 이 변이를 고려하는 것이 아니라, 마치 우리가 어떤 관점을 유지하는 것처럼 우리의 옳고 그름을 표현하는 술어를 사용한다. 우리의 소감이 더욱 완강하고 불변적인 경우에, 우리는 곧 경험을 통해 그 소감을 교정하거나 적어도 우리의 언어를 교정하는 방법을 깨닫는다."[16] 공평무사한 관찰자의 역할을 떠맡는다는 것은, 우리가 그의 행동에 의해 가장 직접적으로 영향을 받은 사람들의 만족이나 거북함과 함께 도덕적 행위자 자신의 만족이나 거북함에만 관심을 가져야 함을 의미한다. 우리는 어느 정도의 이기심을 허용할 수 있고, 우리의 주장에 반대한다는 이유로 어떤 사람을 비난하지 않기도 한다. "성품을 판단하는 경우, 모든 관찰자에게 동일하게 나타나는 이익이나 즐거움은

---

16) David Hume, *A Treatise of Human Nature, Book 3 : Of Morals*, 데이비드 흄 지음·이준호 옮김, 『인간 본성에 관한 논고 제3권 : 도덕에 관하여』(『인간 본성론』 3으로 표기함)(서울 : 서광사, 1994), p. 152.

그 성품을 검토 받는 사람 자신의 것이거나 그 사람과 연관된 사람의 것이다. 그리고 그러한 이익과 즐거움이 우리 자신의 그것보다 더 희미하게 영향을 미칠지라도 우리 자신의 이익과 즐거움보다도 더 불변적이고 보편적이므로, 현실적으로도 우리 자신의 이익과 균형을 이루며, 생각 속에서는 덕과 도덕성의 기준으로 인정된다. 그런 이익이나 즐거움만이 특별한 감정이나 정감을 산출하는데, 도덕적 구별은 이 감정이나 정감에 의존한다."17) 그래서 흄은 '즉각적인' 공감과 '공평무사한 관점으로부터의' 공감을 구분함으로써, 도덕적 평가의 상응하는 변화 없이 공감은 달라질 수 있다는 반론에 답한다. 도덕적 감정들은 공평무사한 공감에 의해서만 생긴다. 즉각적인 공감들은 도덕적 정감들과 일치하는 것은 아니기 때문에 어떤 사람과 강하게 공감한다고 말하면서 그를 비난한다고 주장할 수 있다.

공평무사한 공감과 관련된 또 다른 한 가지 문제는, 어떤 환경 때문에 개인의 자질이 밖으로 드러나지 않을 경우에도 그 자질은 칭찬과 비난의 대상이 된다는 점이다. 흄은 이와 관련하여 "누더기 속의 덕도 여전히 덕이다"18)라고 말한다. 어떤 자질이 즐거움이나 이익을 얻을 수 없을 정도로 효과가 없는 것이라면 관찰자도 공감을 느끼지 못할 것이다. 공감이 없다면 어떤 도덕 감각도 없을 것이다. "공감 때문에 우리는 인류의 복지에 관심을 가진다. 그리고 만일 공감이 덕을 평가하는 원천이라면, 덕이 현실적으로 그 목적을 달성하고 인류에게 유익한 경우에 시인이라는 정감이 생겨날 뿐일 것이다. 덕이 그 목적을 달성하지 못한다면 덕은 불완전한 수단에 불과할 것이다."19) 이 문제에 관해 흄은 어떤 개인적 자질이 그 목적을 달

---

17) 『인간본성론』 3, p. 162.
18) 위의 책, p. 155.

성하는가는 중요하지 않다고 답한다. 즉, 관찰자는 그것에 의해 있는 그대로의 즐거움이나 괴로움의 감정을 느낀다. 그의 상상력은 주변 상황이 장애가 되지 않는다면 원인으로부터 결과로 전이한다. 상상력은 일반 규칙을 따른다. 즉, 어떤 성품이 사회에 유익하기에 충분한 경우, 상상력은 그 원인이 완전한 원인이 되게 하는 상황이 있음을 고려하지 않고 쉽게 그 원인에서 결과로 전이한다. 관찰자는 가설적인 행위자와 그와 연관되는 사람들의 가설적인 괴로움이나 즐거움 또는 행위자 자신의 가설적 괴로움이나 즐거움에 공감해야 한다는 것이다.

흄은 정신적인 자질이나 성품은 두 가지 방식으로 공감을 통해 관찰자에게 도덕적 칭찬과 비난의 감정을 불러일으킨다고 생각한다. 첫 번째의 경우, 우리는 행위자 자신에게나 그와 관련된 사람들에게나 즉각적으로 즐거움을 줄 수 있는 자질들에 의해 즐거워진다. 관찰자는, 한 사람 자신이 어떤 자질을 가지고 있다는 사실 자체에서 직접적으로 도출해내는 즐거움이나 거북함에 공감할 것이다. 관찰자는 역시 어떤 자질들이 어떤 사람과 관련된 사람들에게 불러일으킨 즉각적인 즐거움이나 거북함에 공감할 것이다. 우리가 공평무사하고 일반적인 관점을 취하는 한, 우리는 다른 사람들이 우리를 보는 것과 같이 우리 스스로를 볼 수 있는 입장에 있게 된다. 우리가 우리 자신에의 공감을 가지면 관심이 전혀 없는 완전히 낯선 사람들에 대한 인상들에도 관심을 가진다. "사람의 마음은 서로에게 거울이다."[20] 그리고 흄에 의하면, 모든 덕은 우리 자신의 이익과 즐거움을 그 근원적인 동기로 성립한다. 다른 모든 사람들이나 사회의 이익과 즐거움이 우리 자신에게 이익과 즐거움

19) 위와 같은 곳.
20) 『인간본성론』 2, p. 112.

을 주는 것은 공감 때문이다. 인간이란 본질적으로 사회적 존재며, 다른 사람들에 대한 적극적인 관심이 사람들로 하여금 상호 관계를 가지게 한다. 그리고 이 상호 관계 안에서 사람들의 감정이 왕래하고, 다시 이 감정의 왕래가 사람들로 하여금 어떤 성격이나 행위 등을 평가하기 위한 일반적인 표준을 형성하게 한다. 도덕 감각의 일반성으로서의 공감은 개인들의 이익과 즐거움의 공통적인 성품에서 비롯된다. 개인들의 정념이 사회적으로 확산되면서 그 공통적인 성품이 공감을 이루어 일반적 기준으로 발전한다는 것이다. 개인들의 정념이 모든 차이들을 극복하고 사회적 정념으로 공감되어 그 일반성과 유효성을 확보할 때 비로소 그것이 도덕적 판단의 근거가 될 수 있다는 것이다.

4. 대안적 자기-평가 : 톨스토이의 『이반 일리치의 죽음』

그러나 자기-사랑과 연관된 자기-평가는 그 방향이 흄이 말하는 자기-평가의 그것과 다르다. 여기서는 다른 사람들이 자기-평가의 모델이 되지 않는다. 오히려 자기-관계가 다른 사람들에게로 확대될 수 있다. 아리스토텔레스는 이 점을 다음과 같이 표현한다. 즉, "친구를 규정하는 다른 모든 특성은 … 우리의 자기 자신에 대한 태도에서 찾을 수 있다."21) 지금까지 논의된 자기-평가의 방식에는 자기-사랑의 중심적인 요소를 파악하지 못하고 있는 방식이다.

그것이 무엇인지 설명하기 전에 우선 레프 톨스토이의 『이

---

21) 아리스토텔레스 지음 · 최명관 옮김, 『니코마코스윤리학』(서울 : 서광사, 1991), p. 272.

반 일리치의 죽음』22)에 등장하는 주인공 이반 일리치의 자기-평가의 모습을 살펴보자. 주인공 이반 일리치의 성은 골로빈(Golovin)이다. 러시아어로 '머리(golova)'라는 의미를 지닌 단어에서 파생된 이름으로, 이는 주인공이 삶 내지 자기 자신을 영적으로 평가하기보다는 머리로 평가한다는 것을 암시한다. 그는 자신에게 자긍심을 부여해주는 자질들과 업적들을 소유하고, 멋진 삶을 살아가는 것으로 자기-평가한다. 그는 자긍심을 가질 이유들이 많았고, 삶의 모든 측면들에서 성공하고 있다는 만족감을 수반하는 그런 자기-가치감을 소유하고 있었다. 그에게 자신은 분명히 가치와 능력을 지닌 사람이었다.

관리의 아들인 이반 일리치는 말 그대로 '집안의 자랑거리'였다. 냉정하거나 고지식하지도 않았고 분별력이 없지도 않았다. 그는 재능도 있고 활달하고 선량하고 사교성까지 갖춘 부드러운 성품이었지만, 자신의 의무라고 여기는 일들은 반드시 해내고야마는 철두철미한 면도 가지고 있었다.(47) 법률 학교를 졸업하고 첫 부임지에 발령받아 간 지 얼마 지니지 않아서 산뜻하고 기분 좋은 자신만의 생활 방식을 만들어내었고, 착실히 근무하면서 경력을 쌓고, 동시에 유쾌하고 품위 있는 삶을 즐기고 있었다. 높은 직위든 낮은 직위든 모든 사람들에게 예의를 갖추었고, 임무를 용의주도하게 청렴결백하게 수행했고, 무엇보다 그런 자신에게 대단한 자긍심을 느꼈다.(49) 그리고 예심판사 자리에 오른 그는 일과 사생활을 분명히 구분할 줄 알고 예의바르게 처신하는 등 존경받는 삶을 살고 있었다. 그리고 새 도시에서 근무한 지 2년쯤 지나 결혼하였다. 귀족 가문 태생이고 상당히 예쁘고 재산도 꽤 지닌 여성과 결혼했다.

---

22) 레프 톨스토이 지음·박은정 옮김, 『이반 일리치의 죽음』(펭귄클래식 코리아, 2009)(인용은 본문 속에 페이지만 표기함).

그는 아내가 될 여자를 사랑하게 되어서 그녀 안에서 자신의 인생관을 함께 나눌 만한 무엇인가를 발견했기 때문이라고 할 수 없고, 사교계 사람들이 잘 어울리는 한 쌍이라고 부추겼기 때문이라고 할 수도 없었다. 그는 그런 여자를 아내로 얻는 것이 기분 좋았고, 동시에 높은 지위의 사람들이 옳다고 여기는 일을 한다는 소신 때문에 결혼하였다.(54) 아내가 신경질적으로 나오고 까탈을 부리면 부릴수록 그는 점점 더 인생의 무게 중심을 자신의 일 쪽에 두기 시작했다. 그는 전보다 더 일에 빠져 지내는 날이 많아졌고 명예욕도 전보다 더 강해졌다. 결혼한 지 채 1년도 지나지 않아 그는 결혼 생활이라는 것이 삶에 몇 가지 안락함을 가져다주기도 하지만, 본질적으로 매우 복잡하고 힘겨운 일이라는 사실을 깨달았다. 따라서 자신의 의무를 이행해나가기 위해서는, 즉 상류 사회가 인정하는 고상한 삶을 유지하기 위해서는, 직장에서와 마찬가지로 가정에서도 일정한 원칙을 세워 지켜나가야 할 필요가 있다는 점도 깨달았다. 그래서 그는 결혼 생활에 대한 나름대로의 원칙을 세웠다.(57) 업무의 탁월한 능력을 인정받은 그는 3년 뒤 검사보로 승진하고 연달아 아이들이 태어났다. 결혼 생활의 원칙을 정한 그는 아내의 잔소리쯤은 대수롭지 않게 넘겼다. 7년 뒤 검사로 승진하면서 다른 도시로 이사하였고, 새 근무지를 마음에 들어 하지 않은 아내는 안 좋은 일이 생길 때마다 남편 탓으로 돌리며 원망했다. 그는 가족들과 보내는 시간을 줄임으로써 자신의 목표인 일을 이루어나갔다. 그가 누리는 삶의 재미는 온통 일의 세계에 집중되어 있었고, 마침내 이 재미가 그를 통째로 삼켜버렸다. 그의 삶은 전반적으로 '인생이란 으레 즐겁고 고상해야 한다'는 자신의 소신대로 그렇게 평탄하게 흘러갔다.(59-60) 잠깐 동안 힘들고 암울한 시기를 겪고 난 후 친구의 도움으로 승진하였다. 예전처럼 고상한 삶의 참다운 모습을 되찾았고, 부부 사이도 다정하고 좋은 사이였다. 그는 새 부임지로 먼저 떠나 새로운 집을 구하여 꾸미기 시작했다. 그 집은 멋지고 훌륭했다. 그 혼자만 그렇게 생각하는 것이 아니라 그의 집을 본 사람들은 누구나 그렇게 이야기했다. 하지만 그 집은 실제로는 대단한 부자가 아니면서 대단한 부자처럼 보이고 싶어하는 사람들에게 공통적으로 나타나는 특징 가운데 하나에 지나지 않았다.(68) 그의 삶은 계속 '삶이란 반드시 쉽고, 기분 좋고, 고상하게 흘러가야만 한다'고 믿는 자신의 소신대로 흘러갔다.(70)

지금까지 이반 일리치가 살아온 삶은 너무나 평범한 속물주의적인 삶에 불과했다. 그의 인생은 톨스토이의 표현에 따르면 지극히 평범했고 그래서 끔찍한 것이었다. 그것은 인습적인 자기-평가의 방식에 따라 다른 사람들의 평가나 사회의 평가나 원리에 자신을 적응시켜나가는 삶이었다. 남들이 부러워하는 관리의 아들로 태어나 법률 학교를 졸업하고 자긍심을 가지고 직장 생활을 하는 모습이나, 높은 직위의 사람들의 평가에 따라 결혼하고, 결혼 생활에 원칙을 세우는 모습이나 부자처럼 보이게 하기 위하여 집을 꾸미는 모습 등은 자신의 삶을 사회적인 기준으로 자기-평가한 것이었다. 그리고 그가 살았던 삶에 특별한 가치를 부여했기 때문이 아니라 그가 새로운 사법 제도들이 도입될 때 요구되는 재능들을 가졌기 때문에 승진하였다. "법률 체계가 새롭게 정비되면서 새로운 사람들이 필요하게 되었던 것이다. 그리고 이반 일리치가 바로 그 새로운 사람이었다."(50) 그리고 절친한 친구의 인사 이동 덕분에 그는 근무했던 옛 부처에서 뜻하지 않은 두 직급이나 높게 승진하게 되었다.(64) 그뿐 아니라 그의 경력이 그의 삶의 다른 모든 측면들을 결정하게 하였다. 그는 사회적 관점에 사로잡혀서 진정한 삶을 살아가지 못하였다. 더욱이 진정한 삶의 모습이 어떤 것인지 알지도 못하였고, 자아에 대한 올바른 자기-평가도 하지 못하였다. 당시 주변 사람들의 삶의 목표는 높은 지위와 풍족한 물질이었다. 주인공의 삶은 그런 목표를 추구하는 가장 평범한 것이었으며, 자신의 주체적인 삶의 모습은 자각하지 못하는 일상적인 삶이었다. 진정한 인격적 관계가 배제된 삶의 모습이었던 것이다. 그의 삶은 어떻게 행동해야 할 것인지를 결정했던 원인들의 작용이 그를 지배하는 식의 삶이었다. 그의 삶에서 모든 중요한 결정들은 그 자신이 내렸지만 그 자신이 자신의 삶을 선택했다고 볼 수 없을 것이다. 자신의 삶이나 자아에 대한 자기-평가는 이루어졌지만, 그것은 다른 사람들의 평가를 모델로 삼아 이루어진 것이지 진정한 자기-평가가 아니었기 때문이다. 그의 삶이 추구했고, 그의 자아를 구성했던 가치들은 자신의 성찰적 평가와 이해에 바탕을 두지 않았고, '도출되거나' 다른 사람들에 의해 지시된 가치들이기 때문이다. 그런 도출된 가치들은 그의 행동을 결정한 진정한 원인들로 작동하지 않았다. 그래서 그 가치들을 드러내는 행동들은 '의미 있는' 행동일 수 없었고, 그런 행동들로 이루어진 그의 삶 역시 '의미 있는' 삶일 수 없었다.

그래서 그는 불치의 병에 걸려 고통과 두려움 속에서 죽음을 맞이하면서, 지금까지 가졌던 좋은 감정들, 다른 사람들이 자신에게 부여한 가치들, 그의 훌륭한 자질들과 업적들에도 불구하고, 새로운 방식의 자기-평가를 통하여 자신의 자아를 긍정적으로 평가하지 않는다. 그의 결혼을 회상하면서, 그것은 '뜻하지 않게 찾아온' 단순한 사건으로 생각한다. 그는 타자들의 가치 평가와 의견들 때문에 결혼했던 것이다. 그는 그의 삶을 다음과 같이 재평가한다. 즉, "그는 행복했던 지난 삶에서 최고로 좋았던 순간들을 떠올리며 마음속에 그려보기 시작하지만 이상하게도 자신의 지난 삶에서 가장 좋았던 그 모든 순간들이 이제는 그 당시에 만족스럽게 여겼던 것과는 완전히 다르게 느껴지는 것이었다. … 행복을 느꼈던 사람은 이미 존재하지 않았다. 그건 마치 다른 누군가를 추억하는 것 같았다. 결국은 죽음을 향해 열심히 달려온 것이나 마찬가지인 자신의 삶을 되돌아보는 순간, 그때는 기쁨으로 여겨졌던 모든 것들이 이제는 그의 눈앞에서 허망하게 녹아내리면서 아무것도 아닌 하찮은 것으로, 더러는 구역질나도록 추한 것으로 변해버렸다."(129-130) 그리고 "뜻하지 않게 찾아온 결혼, 이어진 환멸, 아내의 입 냄새, 성욕, 위선! 생명력이라곤 전혀 없는 직장 생활에 열심히 공을 들이면서, 또 돈 걱정을 하면서 1년이 가고 2년이 갔고, 또 그렇게 10년이 흐르고 20년이 흘렀다. 늘 똑같은 그렇고 그런 삶이었다. 세월이 가면 갈수록 생명력이 사라지는 삶이었다. '난, 내가 조금씩 조금씩 산을 내려오는 것도 모르고 산 정상을 향해 나아간다고 믿고 있었던 거야. 정말 그랬어. 세상 사람들이 보기엔 산을 오르는 것이었지만, 실은 정확히 그만큼씩 내 발 밑에서 진짜 삶은 멀어져가고 있었던 거지."(131) 죽음에 직면한 인간은 자신의 죽음에 대한 반성을 통해 비로소 삶의 의미와 가치를 깨닫게 된다는 점을 분명히 보여주는 대목이다. 그는 죽음 앞에서 스스로의 삶을 반성(재평가)하여 삶의 진정한 의미를 깨닫는다.

그의 새로운 자기-평가에 기준이 되었고, 삶의 진실을 보여주었던 된 사람은 가족도 친구도 아니고 하인 게라심이었다. 남편을 대하거나 남편의 병을 대하는 아내의 자세는 처음부터 전혀 달라진 것이 없었고, 딸이나 친구들도 마찬가지였다. 그러나 그의 배설물을 버리기 위해 항상 들르는 게라심은 항상 러시아 식으로 깔끔하게 옷을 차려입고 이런 역겨운 일을 해내고 있었다. "어느 날 이반 일리치는 용변기에서 일을 보고 일어섰지만 바지를 올릴 힘이 없어서 그대로 주저앉고 말았다. … 그때 두툼한 장화를 신은 게라심이, 장화에서 나는 기분 좋은 타르 냄새와 겨울 공기의 신선함을 한껏 풍기며 경쾌하면서도 힘찬 발걸음으로 방으로 들어왔다. 그는 … 걷어 올린 루바시카 소매 아래로 그의 젊고 건강한 맨팔이 드러나보였다. 게라심은 혹시라도 환자가 기분 나빠할까봐 자신의 얼굴에서 환하게 빛나는 삶의 기쁨을 애써 감추며 일부러 그를 못 본 척 곧장 용변기 쪽으로 걸어갔다. '게라심.' 이반 일리치가 힘없는 목소리로 그를 불렀다. 순간 게라심이 흠칫하고 놀랐다. 분명 자신이 무슨 실수라도 해서 부르는 건 아닌지 염려하는 것 같았다."(106) 게라심은 자신에게 요구되는 일을 가볍게, 기꺼운 마음으로, 단순하게 그리고 선량함으로 받아들였다. 이반 일리치는 그의 착한 마음에 감동을 받았다. 다른 사람들이 가진 건강, 힘, 삶의 활기는 모두 이반 일리치에게 상처가 되었지만 게라심이 가진 힘과 삶의 활기만큼은 이반 일리치를 상심에 빠뜨리는 대신 그의 마음을 위로해주었다.(108-109) 이반 일리치를 가장 힘들게 하는 것은 거짓이었다. 갈수록 심해지는 고통과 죽음 외에는 다른 어떤 결과도 기대할 수 없다는 사실을 잘 알고 있지만 병을 앓고 있을 뿐 죽어가는 것이 아니라는 거짓을 견디기 힘들었다. 사람들도 모두 자신이 알고 있는 엄연한 사실을 인정하지 않고 속이려 들고, 그 속임수에 자신이 가담하기를 강요하는 것이 그에게 고통을 안겨주었다. 그러나 게라심은 이따금 그의 발을 붙잡고 잠자러 갈 생각도 잊은 채 밤을 꼬박 새우며, '걱정 마십시오. 이반 일리치 나리. 저야 잠잘 시간이 얼마든지 있으니까요'라고 말해줄 때가 더없이 좋았다.

아니면 불쑥 말을 놓으며 '설사 당신이 아프지 않다 해도, 내가 당신 시중을 들지 못할 이유가 뭐가 있겠어요?'라고 한마디 덧붙일 때도 커다란 위로가 되었다. 게라심만이 유일하게 거짓말을 하지 않았다. 모든 정황으로 미루어보아 게라심 한 사람만이 문제의 핵심을 제대로 이해했고, 이를 숨길 필요가 없다고 생각했으며, 뼈만 앙상하게 남은 쇠약한 주인 나리를 진심으로 가엾게 여기고 있었다. 그는 솔직하게 대놓고 다음과 같이 말하기도 했다. '우리는 모두 언젠가는 죽습니다. 그러니 제가 나리를 위해 수고 좀 못하겠습니까?' 그는 이 말을 통해 '자신은 죽어가는 사람을 위해 수고를 하는 것이기 때문에 조금도 힘들지 않으며, 또 언젠가 자신이 병들어 죽게 되면, 다른 누군가가 자신을 위해서도 똑같은 수고를 해주기를 바란다'는 속내를 내비치고 있었다.(110-111) 이반 일리치는 자신이 검은 구멍 속으로 빨려 들어가기 때문에 고통스럽다는 것을, 그리고 검은 구멍을 뚫고 저쪽으로 빠져나가지 못하기 때문에 더욱 고통스럽다는 것을 알았다. 그가 구멍을 통과하지 못하도록 가로막는 것은 자신이 살아온 삶이 좋은 것이었다는 인식이었다. 자신의 삶을 정당화하는 이 인식이 그를 붙들고 놓아주지 않았기 때문에 그는 앞으로 나갈 수가 없었고, 바로 이 인식 때문에 무엇보다 큰 고통을 받았다.(145) 그가 세상을 뜨기 한 시간 전에 아들이 방문을 열고 들어와 아버지 침대 곁으로 다가왔다. 죽어가는 이는 여전히 처절한 비명을 지르며 두 팔을 내젓고 있었다. 그의 한쪽 손이 소년의 머리에 맞았다. 소년이 그 손을 붙잡아 자기 입술에 갖다 대더니 울음을 터뜨렸다. 이반 일리치가 구멍 속으로 굴러 떨어져 빛을 본 것은 바로 그때였다. 빛을 발견한 바로 그 순간 그는 자신이 여태 잘못 살아왔으며, 아직은 이 잘못된 삶을 바로잡을 기회가 남아 있다는 사실을 깨닫게 되었다. 그래서 '올바른 일'이란 무엇인지 스스로 물은 뒤, 조용히 귀를 기울이며 입을 다물었던 것이다. 이때 누군가 자신의 손에 입을 맞추고 있다는 느낌이 들었다. 눈을 뜨자 아들이 보였다. 그는 아들이 가엾어졌다. 아내가 그의 곁으로 가까이 다가왔다. 그는 아내를 바라보았다. 아내는 입을 벌린 채 눈물이 코와 목을 타고 흘러내리도록 흐느껴 울며 절망적인 표정으로 그를 바라보고 있었다. 그는 그런 아내가 불쌍해졌다. … 그러자 돌연 모든 것이 그에게 분명해지는 것이었다. 지금까지 그의 안에 꼭 박혀서 그를 괴롭히며 좀처럼 밖으로 나오지 않던 것들이 갑자기 양쪽에서, 이어서 열 방향 그리고 사방에서 한꺼번에 쏟아져나왔다. 그는 가족들이 불쌍했고, 가족들이 마음에 상처를 받지 않도록 뭔가를 해야 했다. 이 모든 고통으로부터 가족들을 해방시키고 자기 자신도 해방되어야 했다. '아, 얼마나 좋아, 그리고 얼마나 간단해.' 그는 생각했다. '그런데 통증은?' 그는 의아했다. '어디로 갔지? 어이, 이봐, 통증, 어디에 있나?' 그는 조용히 귀를 기울이며 기다렸다. '아, 여기 있었군. 하지만 그게 뭐? 있을 테면 있으라지, 뭐.' '그런데 죽음은? 죽음은 어디에 있지?' 그는 오랫동안 자신에게 머물러 친숙해진 죽음의 공포를 찾아보았지만 찾을 수가 없었다. 죽음은 어디로 갔을까? 그런데 무슨 죽음? 죽음이 사라진 지금, 공포 따위는 더 이상 존재하지 않았다. 죽음 대신 빛이 있었다.

이 작품이 말하고자 하는 것은 올바른 자기-평가를 통해 삶의 진정한 의미를 파악하는 사람은 편안한 죽음을 맞이할 수 있다는 점이다. 진정으로 행복한 삶이 무엇인지를 깨닫고, 그런 삶을 살았던 사람은 죽음을 긍정적으로 받아들일 수 있지만, 삶의 의미를 모르고 자기-평가를 제대로 하지 못한 사람은 죽음을 쉽게 인정하지 못하고 심한 두려움과 고통을 겪는다는 것이다. 물질적, 직업적, 사회적 성공과 다른 사람들의 존중은 이반 일리치가 자기에게 가치를 부여하는 토대를 제공했다. 이런 가치들은 다른 사람들의 눈에 보이듯이 자신의 이미지 형태로 그에게 반영되었다. 그러나 그런 자질들과 업적들을 토대로 자기에게 가치를 부여하는 방식의 자기-평가는 자기-사랑하는 사람이 되게 하는 자기-평가의 방식이 아니었다. 그는 성공과 업적에 대한 자긍심으로 자기-가치감을 가지는 대신, 진정한 그래서 진실로 가치 있는 삶을 사는 경험을 잃었던 것이다. 그는 다만 칭찬의 대상으로서 자신의 이미지로부터 자기-평가를 하였다. 그는 다른 사람들이 자신을 바라보는 방식으로 자신을 바라봄으로써 자신에게 가치를 부여할 수밖에 없었다. 그래서 그는 죽음을 앞두고 자신의 자아에 대해 진지한 자기-의심과 자기-절망을 경험하였다. 그는 그의 삶에 관한 모든 중요한 결정들을 그가 내렸던 사실에도 불구하고 자신의 삶을 선택했다고 말할 수 없었던 것이다. 그는 결국 자기-사랑을 하는 사람일 수 없었고, 그래서 결국 도덕적 자아를 구성하지 못한 사람이었다.

5. 결 론

대안적 자기-평가를 통한 진정한 삶의 모습은 어떤 것인가를 살펴보기 위해서 두 '못생긴' 사람들의 삶의 모습을 비교해보자.[23] 못생긴 사람이 아름다운 사람보다 자신의 자아에 대

---

23) 못생긴 사람들의 삶의 모습들의 비교에 관한 아래 내용은 Pauline Chazan, op. cit., pp. 120-125 참고.

해서 긍정적인 고려를 할 수 없는 것은 당연할 수 있다. 못생김을 인정하면서도 자신에게 높은 가치를 부여하는 못생긴 사람은 자신의 못생김에 대해 자긍심을 가지는 것은 결코 아니다. 못생김을 인정하지만 긍정적인 자기-고려를 가지고 자기를 사랑하는 못생긴 사람과, 못생김 때문에 긍정적인 자기-고려를 결여하고 복지를 경험하지 못하는 못생긴 사람의 중요한 차이는, 신체적 모습에 대한 자기-평가에서의 차이가 아니다. 자신의 못생김 때문에 자신의 자아에 대해 자긍심을 느끼지 못하는 못생긴 사람은 못생김이 행동 방식을 결정하도록 허용하는 사람인 반면, 긍정적인 자기-고려를 하는 못생긴 사람의 경우에 '못생겼다'는 묘사는 인과적 효과를 허용하는 것이 아니다. 후자는 못생겼다는 묘사가 설 자리를 가지지 못하는, 자신에 대한 하나의 관념을 만드는 사람이다. 그 사람 자신이 못생김을 인정은 하지만, 그것이 어떤 특별한 방식으로 행동할 이유로 여기지는 않는다. 전자는 자기-사랑을 하는 사람이 아니고, 후자는 자기-사랑을 하는 사람이다. 그가 외모를 중요하게 여기지 않거나 사실대로 못생기지 않았다고 스스로를 속이는 것이 아니다. 그의 못생김이 자신의 외모에 대한 부정적 평가를 하게 하지만, 그것에 대한 '단순한 수동적 주체나 구경꾼'으로 못생김을 경험하기 때문에 부정적 자기-평가를 하게 하지는 않는다. 그는 못생김이 자신의 부분이 되는 것이 아니기 때문에, 자신이 인정한 못생김에도 불구하고 자신의 자아에 가치를 부여한다. 못생김은 그가 능동적인 자기-구성으로 통합시키는 어떤 것이 아니다. 그런데 외적 또는 신체적 장점들에 관한 자기-평가가 자기-사랑을 근거지울 수 없다거나 지성이나 도덕성과 같은 정신적 장점이 올바른 자기-평가의 근거일수 있다는 것이 아니다. 자기-사랑은 무엇이든 어떤 자질들을 근거로 내려진 자기-평가를 필요로 하지 않는다. 자긍심과 자부심 나아가 자기-사랑에 필요하고 충분한 그런 속성들이나 그런 사람은 있지 않다. 전혀 다른 어떤 것이 필요하다. 도덕적이라고 자신이 믿는 어떤 모습으로 자신의 자아를 구성해야 한다는 점을 인정하는 것이 바로 그것이다. 자신의 자아의 어떤 부분을 형성하기 위해서 자신의 자질들이나 속성들의 어떤 것을 형성할 필요가 있고, 그래서 자질들의 소유가 자기-사랑에 필요한 것이라고 말하는 것은 옳지만, 자질들의 측면에서의 자기-평가는 필수적인 것이 아니다. 자질들이란 개인의 자아-형성의 대상에 속하는 것으로 관련된다. 즉, 자기-사랑과 관련되는 것은 개인의 자질들 자체가 아니고, 그 자신의 이해가 이런저런 자질들이 도덕적인 것에 관한 자신의 관념에서 차지하는 위치 덕분에 발달시킬 가치가 있다고 보게 한다는 사실이다. 더욱이 인습적인 자기-평가에 연관되는, 자질들과 업적들에 대한 가치 부여는 그것들을 단순히 소유했기 때문에 부여되지만(예를 들어, 나의 음악적 재질이 나의 것이기 때문에 자긍심을 느낀다), 자기-사랑과 연관된, 자질들과 업적들에 대한 가치 부여는 자신을 그런 자질들을 가진 사람으로 만들기 때문에 부여된다(나는 나의 음악적 재질의 발달이 나 자신의 평가들과 선택들의 결과이기 때문에 그것에 가치를 부여한다). 자기를 사랑하는 사람이 평가하고 선택할 때 행하는 활동은 양육과 교육에 의존하여 자신의 자아 형성에서 자신이 발달시키는 특징들과 자신이 자신과 세계에 관하여 경험하는 것 사이의 역동적 상호 작용을 포함한다. 여기서 말하는 '경험'은 수동적인 어떤 것이 아니고, 개인의 세계 속에서의 능동적인 자기-구성을 가리킨다. 따라서 자기를 사랑하는 사람이 된다는 것은 한 개인이 지속적인 자기-창조적 활동에 열중한다는 것을 의미한다.

　이반 일리치가 자기-의심과 자기-절망을 통해 새로운 자기
-평가의 방식을 발견하고, 진정한 삶의 의미를 깨닫는 장면을
결론으로 소개하고자 한다.

　"이반 일리치의 정신적인 고통은 그날 밤, 광대뼈가 튀어나오고
선량하게 생긴, 잠이 가득한 게라심의 얼굴을 바라보다가 불현듯 머
릿속에 '만약 정말로 내가 살아온 모든 삶이, 의식적인 나의 생활이
잘못된 것이었다면 어떡하지 하는 의심이 들면서부터 시작되었다.
전에는 절대 불가능한 것으로 여겨졌던 일, 그러니까 그가 살아온 인
생이 송두리째 잘못된 것일 수 있고, 또 어쩌면 그것이 진실일 수 있
다는 생각이 문득 들었던 것이다. … 자신의 일도, 삶을 살았던 방식
도, 가족도 그리고 사교계와 직장에서 친분을 쌓은 사람들까지도, 어
쩌면 그 모든 것들이 다 거짓일 수 있는 노릇이었다. 그는 눈앞의 이
모든 것들을 지키고 변호하려 했다. 하지만 돌연 자신이 변호하는
이것들이 헛되고 무력한 존재에 불과하다는 사실이 똑똑히 느껴지
는 것이었다. 지키고 변호해야 할 것은 아무것도 없었다. … 그는 똑
바로 누워 자신의 일생을 새로운 눈으로 되돌아보기 시작했다. 다음
날 아침, 하인에 이어서 아내 그리고 딸, 마지막으로 의사가 차례로
자신의 방으로 들어왔을 때, 그들 한 명 한 명이 보여준 모든 행동과
그들 한 명 한 명이 내뱉은 모든 말들은 지난 밤 비로소 그에게 실체
를 드러낸 끔찍한 진실을 확인시켜주는 증거와도 같았다. 그는 그들
안에서 바로 자기 자신의 모습과 자신이 삶의 수단으로 삼았던 모든
것들을 보았다. 그리고 그것들은 모두 잘못된 것이었으며, 그것들은
또한 삶도 죽음도 가려버리는 하나의 거대하고도 무서운 기만이었
다는 사실을 그들을 통해 똑똑히 알게 되었다."(140-141)

　"'그래, 모든 게 잘못됐었어.' 그가 자기 자신에게 말했다. '하지만
별것 아냐. 그래 그러면 돼. '올바른 일'을 하면 되는 거야. 그런데 '올

바른 일'은 대체 뭐지?' 그가 스스로 질문을 던지다가 갑자기 입을 다물었다."(145)

여기서 말하는 '올바른 일'이 대안적 자기-평가의 핵심이다. 톨스토이는 그것이 무엇인지를 밝히지 않는다. 올바른 일이란 한마디로 말하면 자기-사랑이다. 그것은 자신이 가진 자질들과 업적들에 대한 자긍심을 느끼는 것이 아니라, 자기 자체를 편하게 느끼는 것이다. 자긍심을 느끼는 것은 어떤 특정한 측면에서 고려된 자아를 하나의 대상으로 여기지만, 자기-사랑을 하는 사람은 자아를 긍정적으로 고려한다. 자긍심을 느끼는 사람은 긍정적인 평가를 할 수 있는 자질들을 요구하지만, 자기-사랑하는 사람은 자신을 어떤 자질들의 소유자로 경험하지 않고, 지금의 자아를 창조할 수 있는 자기-창작자로 경험한다.

□ 참고 문헌

데이비드 흄 지음 · 이준호 옮김, 『인간 본성에 관한 논고 제1권 : 오성에 관하여』(서울 : 서광사, 1994).
데이비드 흄 지음 · 이준호 옮김, 『인간 본성에 관한 논고 제2권 : 정념에 관하여』(서울 : 서광사, 1994).
데이비드 흄 지음 · 이준호 옮김, 『인간 본성에 관한 논고 제3권 : 도덕에 관하여』(서울 : 서광사, 1994).
레프 톨스토이 지음 · 박은정 옮김, 『이반 일리치의 죽음』(펭귄클래식 코리아, 2009).
박재주, 『서양의 도덕교육 사상』(서울 : 청계, 2003).
아리스토텔레스 지음 · 최명관 옮김, 『니코마코스윤리학』(서울 : 서광사, 1991).
안세권, 「흄의 자아동일성 개념」, 『범한철학』 제33집(범한철학회 논문집, 2004년 여름).
윌리엄 제임스 지음 · 정양은 옮김, 『심리학의 원리(The Principles of Psychology) 1』(서울 : 아카넷, 2005).
정창우, 「도덕적 자아 형성을 위한 도덕교육 방법」, 『초등도덕교육』 제13집(한국초등도덕교육학회, 2003).

키에르케고르 지음 · 강성위 옮김, 『불안의 개념/죽음에 이르는 병/유혹자의 일기』 (서울 : 동서문화사, 2008).

한상욱, 「도덕교육과 도덕적 자아 개념」, 『사회와 교육』 vol. 24 (한국사회과교육학회, 1997).

Chazan, Pauline, *The Moral Self* (London and New York : Routledge, 1998).

King, James, "The Moral Theories of Kant and Hume : Comparisons and Polemics", *Hume Studies*, vol. XVIII, no. 2.

제9장
자기-사랑과 도덕성은 어떤 관계인가?

1. 서 론

근대 사회에서 그 세력을 떨쳤던 권위주의 도덕철학은, 인간 외부의 어떤 권위가 인간에게 무엇이 선인지를 규정해주며 행위의 규범을 설정해준다고 주장한다. 그 권위가 제시하는 선악의 규정을 받아들이고 그 규범에 따라서 행동한다면 '도덕적' 인간이 될 수 있다는 것이다. 인간과는 무관한(impersonal) 보편적인 규범을 따르는 행위가 도덕적인 행위가 될 수 있다는 것이다. 이는 곧 개인의 사적인 관심과 이해 관계는 어떤 경우에도 도덕성의 영역으로부터 제거되어야 한다는 주장이다. 따라서 자아에 대한 관심이나 자기-이익은 도덕성과 전혀 어울릴 수 없는 것으로 간주되어 왔고, 심지어 도덕성은 자기-이익과의 투쟁으로 생각되어 왔다. 그러나 근대 후(post-modern)의 현대 사회에서 그 힘을 더해가고 있는 인도주의 도덕철학은 인간 중심적이다. 인간이 '만물의 척도'며, 인간 자신이 규범을 만들고 지킨다는 것이다. 여기서는 도덕성과 자기-관심 내지 자기-이익이 개념적으로 구분되지 않는다. 자기에게 어떤 가치를 부여하는가가 그의 도덕적 관점을 설명하는 데 중심이 된다는 것이다.

인도주의 도덕철학의 관점에 따르면, 도덕적 자아는 긍정적인 자기-평가를 통해 자기를 사랑하는 사람이어야 한다. 권위주의 도덕철학에서는 자기를 사랑하는 사람을 나쁜 사람으로 비판한다. 여기서 말하는 자기 사랑의 의미는 아리스토텔레스의 다음과 같은 언급을 통해 설명된다. 즉, "'자기를 사랑하는 사람'이라는 말을 비난하는 의미에서 사용하는 사람들은 재물이나 명예나 육체적 쾌락을 남보다 더 많이 차지하는 사람을 '자기 사랑'이라고 본다. 이런 것들은 대부분의 사람들이 바라는 것이며, 마치 모든 것 가운데 가장 좋은 것인 양 추구하는 것이며, 따라서 경쟁의 대상이 되기도 한다. 그러므로 이런 것들을 찾아 헤매는 사람들은 자기의 욕정을 만족시키고, 또 일반적으로 자기의 감정과 자기 영혼의 비이성적인 부분을 만족시키고 있다. 그런데 대부분의 사람들은 이런 성질을 지닌다. 그래서 '자기를 사랑하는 사람'이라는 말이 좋지 않은 의미로 사용된 것이다."[1] 그러나 인도주의 도덕철학에서 말하는 자기 사랑의 의미는 긍정적이다. 아리스토텔레스는 이어서 말한다. 즉, "가장 고상하고 가장 선한 일을 하려고 하며, 자기 자신 속에 있는 가장 우위적인 요소의 뜻을 따르며, 또 모든 일에서 그것에 복종하는 사람이야말로 자기를 사랑하는 사람이다. 그 속에 있는 가장 우위적인 것으로 말미암아 바로 그 사람이 된

---

1) 아리스토텔레스 지음 · 최명관 옮김, 『니코마코스윤리학』(서울 : 서광사, 1991), p. 273(이 책을 인용하는 경우 문맥에 따라 일부 단어나 문구를 수정함).

다. 그것을 사랑하고 그 뜻을 따르는 사람이 가장 자기를 사랑하는 사람인 것이다."[2] 아리스토텔레스는 인도주의 도덕철학과 같은 입장에서, 도덕적인 사람은 자기-사랑을 하는 사람이어야 한다고 생각한다. 그래서 "사람은 모름지기 자기를 사랑하는 사람이어야 한다. 그러나 대부분의 사람들이 생각하는 의미에서 자기를 사랑하는 사람이어어서는 안 된다."[3]

부정적 의미의 자기-사랑, 즉 이기주의는 현대 사회에도 하나의 금기로 간주되고 있다. 자기를 사랑하는 것, 즉 이기적인 것은 악이요, 다른 사람을 사랑하는 것은 미덕으로 생각한다. 그러나 현대 사회의 현실은 정반대인 경우도 있다. 현대인들에게 가장 강하고 정당한 동기는 이기주의며, 그 동기에 따르는 것이 개인으로 하여금 공공 이익에 가장 잘 공헌할 것이라는 생각도 지배적이다. 인간은 스스로 목적이어야지 수단이 되어서는 안 된다고 주장한 인도주의자 칸트 역시 자기-사랑을 비난한다. 그에 따르면, 다른 사람의 행복을 기원하는 것은 미덕이지만, 자기 자신의 행복을 원하는 것은 윤리와는 무관하다는 것이다. 자기의 행복을 추구하는 일이나 자기-사랑 자체는 결코 미덕일 수 없다는 것이다. 자기-사랑은 도덕의 기초를 흔들고 그 숭고함을 해친다고 생각한 것이다. 자기-사랑 내지 이기주의는 가장 악한 것이며, 자기-사랑과 남을 사랑하는 것은 서로 양립이 불가능한 것이라는 생각이 만연되어 있다. '이기적으로 되어서는 안 된다'는 말은 '도덕적이어야 한다'는 말과 거의 동일한 의미를 가진다. '이기적'이라는 말은 자기 위주로 생각하지 말고 다른 사람에 관심을 가져야 한다는 의미 이상을 가진다. '이기적이지 않다'는 말은 자신의 욕망과 욕구나 의지

---

2) 위와 같은 곳.
3) 위와 같은 책, p. 275.

를 단념해버린다는 의미를 가진다. 자기-사랑과 자주적 인간을 포기하고 자기 밖의 권위나 의무에 복종한다는 뜻이다. 자기-희생과 복종 그리고 다른 사람을 위해 봉사하는 행위만이 '이기적이지 않고' 그래서 '도덕적인' 행위가 될 수 있다는 것이다.

그러나 자기-사랑과 남을 사랑하는 것은 서로 배타적인 것이 결코 아니다. 자기를 사랑하는 사람이 우정과 덕을 가진 사람이라는 것이 아리스토텔레스의 주장이다. 그는 자기-관심과 자기-사랑이 다른 사람들에게로 확장되는 것으로 설명한다. 그래서 다른 사람들과의 관계를 가지기 전에 스스로와의 관계를 가지는 것이 중요하다는 것이다. 그런 자기와의 관계가 도덕적 자아의 토대가 된다는 것이다. 아리스토텔레스는 "이웃들과의 우정을 우정이게 만드는 여러 특성들은 자기 자신과의 관계들에서 나온 것 같다"고[4] 말한다. 그리고 도덕적인 사람들의 특성은 바로 자기 자신과의 관계에서의 특성들임을 주장한다. 즉, "선한 사람에게 여러 특성들 모두가 자기 자신과의 관계에 있다. 사실 그는 자기 자신과 같은 의견을 가지며, 자기의 영혼 전체와 더불어 같은 것을 욕구한다. 따라서 그는 자기 자신을 위하여 선한 것과 선하다고 생각되는 것을 원하고 행하며, 또한 자기 자신 때문에 그렇게 한다."[5] 성서에 나오는 '네 이웃을 네 몸과 같이 사랑하라'는 말 역시 자기 자신에 대한 사랑과 이해는 남에 대한 존경과 사랑과 이해의 문제와는 결코 떨어질 수가 없다는 사실을 의미한다. 남에 대한 사랑과 자기 자신에 대한 사랑은 결코 양자택일의 것이 아니고 남을 사랑할 수 있는 사람들 속에서 자기 자신을 사랑하는 태도가 보일 것이다. 사랑한다는 것은 사람이 가지고 있는 사랑하는

---

4) 위의 책, p. 264.
5) 위와 같은 곳.

힘을 어떤 사람에게 나타내는 것이다. 나 자신의 자아도 다른 사람과 마찬가지로 나의 사랑의 대상으로 되지 않으면 안 된다. 오로지 자기 자신밖에 볼 수가 없으며, 모든 인간이나 사물도 그것들이 자기 자신에게 과연 어느 정도로 도움이 되느냐의 관점에서 볼 수밖에 없는 사람은 기본적으로 사랑할 수 있는 힘을 전적으로 결여하고 있는 사람이며, 오직 다른 사람밖에 사랑할 수 없는 사람이라면 그 역시 사랑을 할 수 없는 사람인 것이다. 이기적인 사람은 진정으로 사랑할 수 없는 사람이며, 다른 사람을 사랑할 수 없을 뿐 아니라 자기 자신도 사랑할 수가 없는 사람인 것이다. 진정한 자기-사랑과 이기주의는 실제 정반대되는 개념들이다. 이기적인 사람은 너무 지나치게 자기를 사랑하고 있는 것이 아니라 오히려 너무 지나치게 자기를 사랑하지 않는 것이며, 실제 그는 자기 자신을 증오하고 있는 것이다.

진정한 도덕교과교육은 인도주의 도덕철학에 토대를 두는 교육이어야 한다. "아이들이 스스로 가치를 느끼지 못하는 도덕 원리나 예의범절을 강요한다면 첫 번째의 착하고 마음 약한 유형의 아이들은 어른들의 강요에 못 이겨 수동적으로 이를 수용한다. 그러나 이들은 도덕은 자발적인 것이 아니라 억압과 억제를 수반하는 것이라고 생각하며, 자신들이 훗날 어른이 되고나면 성장 세대들에게 동일한 방식으로 도덕 원리와 예의범절을 강요한다. 더 완고한 두 번째 유형의 아이들은 어른들에 의해 강요되는 도덕률을 따를 수 있는 능력이 자신들에게는 없다고 생각하면서 단념한다. 그럼에도 불구하고 어른들에 의해 예의와 도덕이 계속적으로 요구되고 강요되면 이에 대해 점점 더 반감을 일으키게 되고 마침내는 도덕이란 자신들이 원하는 것을 모두 금지하는 어른들의 심술궂은 억압이라고 생각하게 된다. 이렇게 되면 의식적으로 반도덕적인 성격을 키우게 되는 것이다. 좀더 교활한 사람은 내심으로는 반도덕적인 성격을 가지고 있지만 이를 외부적으로 노출하면 불이익이 온다는 것을 알고 겉으로는 예의바르고 도덕적인 사람으로 보이도록 하는 기만적 성격을 형성시키기도 한다."6)

본 논문에서는 위와 같은 인도주의적 도덕철학의 입장에서, 자긍심과 자기 사랑에 대한 루소의 이론을 검토하고, 자긍심을 가진 사람과 자기를 사랑하는 사람의 모습을 살펴보기 위해 톨스토이의 소설 『안나 카레니나』를 검토하고자 한다.

2. 자긍심에서 자기-사랑으로의 회복을 통한 도덕적 자아 형성

루소는 인간의 자연적 선성(natural goodness)을 확신한다. 인간 본성으로서의 선성은 신성의 의미를 지닌다. 그러나 신성으로서의 자연적 선성에는 도덕과는 무관한 것이다. 그것에 인간적 의미의 도덕적 기준을 적용할 수 없는 것이다. 그것은 다만 소극적 의미에서의 선에 불과하다. 따라서 자연 상태에서의 인간(=자연인)은 도덕과는 무관한(amoral) 인간인 것이다.7) 루소가 말하는 자연인은 서로가 격리된 원자론적 개체 상태의 인간이다. "자연인은 완전히 자기를 위해서만 존재한다."8) 그의 일차적 관심은 자기 보존이다. 그것은 존재를 보존하고 발전시키려는 성향이다. 이것이 바로 '자기-사랑'이다. 자기-사랑은 자기 보존의 본능이며, 다른 사람과는 전혀 무관한 자연

---

6) 김영래, 「교육 원리로서의 자기 보존 — 루소 교육관의 현대적 재음미」, 『교육의 이론과 실천』 제13권 제1호(2008), p. 9.
7) 박재주, 『서양의 도덕교육 사상』(서울 : 청계, 2003), p. 158 참고.
8) 장 자크 루소 지음 · 정봉구 옮김, 『에밀(상)』(서울 : 범우사, 2000), p. 29.

의 감정이다. "어린이의 최초의 감정은 자기 자신을 사랑하는 일이다."9) 자연인으로서 어린이가 가지는 최초의 감정이 자기 보존의 성향인 자기-사랑인 것이다. 어린이만이 아니라 모든 생명체들은 자연적으로 자기를 사랑하고 보존하고자 한다. 자기-사랑은 생명을 가진다는 점에서 갖는 감정이며, 자신의 생명을 보존하고자 하는 감정이다. "자기-사랑은 항상 선한 것이며 항상 질서에 순종한다. 사람은 저마다 자기 보존이라는 것에 특별히 책임이 있기 때문에 그의 조심성의 최초이고 또 가장 중요한 것은 끊임없이 거기에 주의를 기울이는 것이며, 또 그래야만 한다."10) "루소에게 양심은 정신적 행복을 지향하는 자기-사랑이다. 자연적 선성인 자기-사랑이 신체적·감각적 행복을 지향하는 경우, 그것은 양심과 대립되는 탐욕이 된다. 루소는 자기-사랑 이외의 행동 동기를 인정하지 않으려 한다. 자기-사랑이 인류 사랑의 근원이며, 정의와 질서의 사랑인 양심이 되는 것이다.

그런데 자기-사랑에서의 자기란 생명적 자아이지만 자신을 인간으로 느끼는 존재로서의 자아는 아니다. 그것은 다른 사람을 만나면서 가지는 것이다. 다른 사람을 만나는 사회인의 모든 사고와 감정은 분화되기 시작한다. 그는 다른 사람의 존재를 느끼면서 동시에 자신을 느낀다. 이 자의식이 자기-사랑과 함께 하면 자기 중심적인 자의식으로 발전한다. 자기 중심적인 자의식은 다른 자아의 존재와 충돌하기 시작한다. 사회인은 자신을 다른 사람들과 비교하게 된다. 삶의 기준도 자기의 기준이 아니다. 그는 본연의 자신으로부터 소외된다. "사회인은 항상 자기 밖에 존재하며 다른 사람들의 의견 속에서 살아간다.

---

9) 위의 책, p. 388.
10) 위와 같은 곳.

자기가 존재하고 있다는 느낌을 다른 사람의 판단에 의거하고 있는 것이다."11) 그 결과 허영심, 시기, 질투, 증오 등의 악덕에 빠진다. 사회인의 이런 마음 상태가 자기 중심적인 사랑, 즉 자긍심(내지 이기심)이다. 자긍심은 자기를 더 사랑하면서 동시에 다른 사람들 역시 자기를 그들 자신들보다 더 사랑하기를 요구하는 것이기 때문에 만족이 불가능한 것이다. 그리고 이 자긍심이 사람들로 하여금 항상 선하게 살지 못하게 만든다. 즉, "자기-사랑은 자기 자신에 주목하기 때문에 자신의 필요만 채워지면 만족한다. 그러나 자긍심은 자기를 남과 비교하기 때문에 절대로 만족하지 않으며 또 만족할 수 없는 것이다. 왜냐하면, 이 감정은 다른 사람들보다도 자기 자신을 더 좋아하는 것이지만 그러면서 역시 다른 사람들에게도 그들보다 자기를 좋아하도록 강요하기 때문이다. 이것은 불가능한 것이다. 여기에 바로 온화하고 애정이 담긴 감정은 자기-사랑으로부터 생기고, 남을 미워하고 성을 잘 내는 감정은 자긍심으로부터 생기는 이유가 있다. 그러므로 인간을 본질적으로 선량하게 하는 데는 다른 사람들과 비교하지 않는 일이 필요하며 욕구가 적어야 한다. 한편, 인간을 본질적으로 사악하게 하는 것은 욕구를 많이 지니게 하는 것과 또 다분히 다른 사람의 의견에 집착하는 일이다. 이 원리에 의거하면 어린이고 어른이고 간에 사람이 어떻게 해서 모든 정념을 선으로 또는 악으로 인도할 수 있는가를 쉽게 알게 된다. 사람은 항상 혼자 살 수 없으니까 언제나 선량하기 어렵다는 것은 확실하다."12) 자기-사랑은 절대적 자아에 대한 사랑인 반면, 자긍심은 상대적 자기에 대한

---

11) 루소 지음·주경복/고봉만 역, 『인간불평등기원론』(서울 : 책세상, 2006), p. 139.
12) 장 자크 루소 지음·정봉구 옮김, 『에밀(상)』, pp. 389-390.

사랑이다. 자긍심은 자기 중심적 세계관과 남보다 우월해야 한다는 욕구가 결합된 것이다. 자긍심을 가진 사람은 항상 다른 사람과의 비교를 통해서 자기가 누구인지를 판단한다. 자기가 남보다 우월한 경우 자만심에 빠지고 자기보다 못한 상대방을 무시한다. 다른 사람에게 자기의 좋은 점만을 과시하는 허영심 또한 자긍심의 특성이다. 자긍심은 근본적으로 인간으로 하여금 항상 다른 사람과 비교하여 자기가 상대방보다 많이 소유해야 하고 높게 평가되어야 하며 지배적이어야 한다는 강박관념에 매이게 한다. 결국 인간은 남과의 비교를 통해 자신에 대한 만족보다는 불만을 느끼게 된다. 다른 사람들이 모두 그들 자아를 포기하고 자기를 위해 존재하고 자기를 더욱 소중하게 여겨줄 것을 갈망하는 잘못된 기대인 것이다. "그래서 자기-사랑과 자기 중심적 자기-사랑인 자긍심은 엄연히 다르다. 자기-사랑은 하나의 자연적인 감정으로서 자기 보존의 성향이다. 그것은 이성에 의해 인도되고 동정심에 의해 인간 사랑과 덕을 만들어낸다. 반면, 자긍심은 사회 속에서 생기는 상대적이고 인위적인 감정이다. 그것은 사람들로 하여금 자기를 다른 누구보다도 소중하게 여기도록 하고 명예의 원천이 되기도 하지만 악의 근원이 되기도 하는 것이다. 자긍심은 사회의 도덕과는 거리가 멀 수 있다. 도덕은 개인 이익보다는 다른 사람의 이익이나 사회 이익을 우선시할 것을 요구하기 때문이다. 인간의 자연적 성향과 도덕적 의무는 갈등한다."[13] 루소의 주장에 따르면, 시민사회는 '그들 스스로 밖에서' 살고 있는 사람들로 구성된다. 자연 상태의 자아는 자기-충족적이고, 자신의 만족시키는 능력들에 비례하여 욕구를 가지는 반면, 사회적 자아의 욕망들과 욕구들은 억제되지 않고, 사회적 압력들에 대응하여

---

13) 박재주, 위의 책, p. 163.

발달된다. 시민사회에서 인간은 부자유스럽다. 그 이유는 적절하게 만족될 수 없고 결코 끝나지 않는 것들 ─ 재산, 명예, 우울증 ─ 을 발생하도록 유인하는 그 자신의 열정들에 자신이 좌우되기 때문이다. 자긍심을 위해서 행동하는 사람은 탐욕의 지시를 받는 사람이다. 그런 사람은 자유롭지도 않고 도덕적이지도 않은 사람이다. 자긍심은 사회 속에서 만연한다. 인간은 자신을 다른 사람들과 항상 비교하고 우월하기를 바라기 때문이다. 사회 속에서 자기-사랑은 자연적인 발달 과정을 따를 수 없다. 자긍심의 영향을 받고 있는 개인은 늘 변화하는 여론에 따라서 자신의 실존 감각을 가질 수 있기 때문이다.

　자기-관념과 자기-가치 감각을 가지기 위하여 다른 사람들의 고려와 존중에 의존하는, 자긍심의 자아는 '누구처럼 보이는 것(seeming)'을 '누구로 존재하는 것(being)'보다 훨씬 더 중요하게 여기는 자아다. 그런 자아에게는, 다른 사람의 존중이 자신의 덕보다 훨씬 더 중요하다. 루소에게 그는 도덕적일 수 없는, 시민사회에 의해 만들어진 왜곡된 자아다.14) 그런데 자긍심으로부터 벗어나서 도덕적 자아가 되기 위해서는 자기-사랑을 하여야 한다. 루소가 자기-사랑과 자긍심을 구분하는 것은 도덕적 자아 형성에 요구되는 것을 설명하기 위함이다. 그 구분은 자기-사랑에서 자긍심으로의 퇴화 그리고 변형된 선으로의 회복이라는 세 단계 구조에 바탕을 두는 것이다. 자기-사랑을 하고, 그래서 도덕적 자아를 형성할 수 있으려면, 다른 사람에게 어떻게 보이는가가 문제가 아니고 사회가 부여하는 인공적인 외부의 힘들로부터 자유로워지는 것이 중요하다는 것이 루소의 주장인 것이다. 행복하고 자유롭고 도덕적인

---

14) Pauline Chazan, *The Moral Self* (London and New York : Routledge, 1998), p. 42 참고.

사람이 되려면 '자연으로 돌아가야' 한다. 그것은 곧 문명 사회의 극복을 의미하지만, 루소는 문명의 말살을 주장하지 않는다. 그는 문명 사회에서의 자기-사랑과 도덕성의 회복을 주장하는 것이다. 그가 '자연으로 돌아가라'고 말한 것은, 반드시 사회 속에서 도덕의 요구를 따르면서 살아야 하는 사람들에게 사회 속에서 자연 상태를 회복하자는 의미다.

그의 『인간불평등기원론』에서 루소는 자연 상태에서의 자아를 설명한다. "그것은 오염되지 않은 자기-사랑의 단계다. 즉, 순결, 자발성, 신뢰, 행복, 평화 등의 단계다. 여기서 삶은 미래를 바라보거나 자기의 경계를 넘어서 바라볼 필요가 없는, 오직 현재의 순간에만 살아지는 어린 시절과 유사하다. 지각은 왜곡되지 않고, 의식은 욕구들과 욕망들을 만족시키기 위해 세계를 변형시킬 필요에 의해 오염되지 않는다. 이 단계에서는 세계나 자신과의 갈등을 겪지 않으며, 선과 악을 구별할 필요가 없는 전(pre-) 도덕적 천진난만한 삶을 살고 있는 단계다. 그러나 두 번째 단계인 문명 사회에서는 자연은 왜곡되고 자연적 자아는 타락한다. 이 단계에서 사악이 개입한다. 즉, 인간은 자연 상태에서 그가 가졌던 진정성을 상실하고, 물질적 소유들, 명성, 평판에 노예가 된다. 이기심, 시기, 허영, 고립, 불평등 그리고 거짓된 외모들은 문명 사회의 모습들이다. 루소는 다른 저서들에서 상실된 순결에의 복귀와 상실된 선과 진정성으로의 회귀를 갈망한다. 그러나 자연 상태로의 회귀가 가능하지도 않고 바람직한 것도 아니기 때문에 (=도덕성의 회복과 무관할 것이기 때문에 바람직하지 않다) 루소는 자연적 자아의 선과 진정성을 다시 획득하고 도덕성을 달성하기 위하여 어떤 정치적 구조를 제시하는 것이다."15) 문명 사회에서도 자

---

15) Ibid., p. 35 참고.

연적 선과 자기-사랑은 실존하지만 숨겨지고 가려진다. 자연 상태로 돌아가는 것이 아니라 그것을 가리는 베일을 제거하고 도덕성을 회복하는 것이 과제다.

3. 자기 사랑을 통한 도덕적 자아의 형성

루소에게 문명은 일종의 정신병을 초래한다. 그것은 심리적으로 병든, 거짓의 왜곡된 자아들을 만들어낸다. 그 인공적인 자아들이 진실한 자아들을 몰아냈다는 것이다. 우리는 자긍심과 그것이 가져오는 질병들을 완전히 피할 수 있는, 문명 사회에서의 도덕적 자아일 수는 없다. 시민사회에서의 사람들을 보편적인 심리적 질병을 겪는다고 진단한다. 그는 자긍심에서 자기-사랑으로의 이동과 자긍심을 완전하게 없앨 수 있는 정치적 '치료'를 주장한다.

"시민적 인간은 분모에 좌우되는 분수의 분자에 불과하다. 그러므로 그 가치는 정수와의 관계에 따라 결정된다. 정수란 결국 사회 공동체다. 그러므로 훌륭한 사회 제도란 인간을 가장 부자연스럽게 하고, 개인으로부터 절대적인 존재를 탈취하며, 그 대신 상대적인 존재로 만들어 '자아'를 한 공동체 속에 몰입시킬 수 있는 제도를 말한다."16) 훌륭한 사회 제도는 개인의 독립성을 의존성으로 바꾸고, 그래서 더 이상 자신을 하나로 간주하지 않고 전체의 부분으로 간주하며 공동의 삶을 의식하게 만든다는 것이다. 이런 사회 제도를 통하여 문명에서의 인간의 사악을 극복할 수 있다는 것이다. "사람들은 문명이라는 일종의 여과기를 통해 스스로와 다른 사람들을 바라보기

---

16) 장 자크 루소 지음 · 정봉구 옮김, 『에밀(상)』, p. 29.

때문에 사악들이 실존하게 되고, 자긍심이 자기를 지배하게 된다. 사악은 더 이상 신의 명령을 어기는 것이거나, 원칙들에 따라서 행위하지 못함에 있는 것이 아니다. 인간 사악의 핵심은 다른 사람들에게 의존하기 때문에 생기는 정신분열인 것이다. 한 사람의 시민인 동시에 도덕적 존재가 되기 위해서, 사회적 자아는 다른 사람에게의 의존성과 정신분열을 극복해야 한다. 그것을 위해 교육이 필요하고, 일반 의지(General Will)를 따를 수 있게 해야 한다. 시민사회에서 사람들은 그들이 각 시민의 진실한 의지인 일반 의지에 복종할 때 자유롭다."17) 그러나 자긍심의 지배를 받는 사회인은 올바른 방식으로 교육을 받고 일반 의지에 따라 의지할 수 없다고 생각한다. 바람직한 것은 자기-사랑이 사적인 인간 의지들로부터 벗어나 자연적으로 발달할 수 있게 만드는 것이다.

자연인의 교육, 즉 자기 보존 내지 자기-사랑을 위한 교육은 다음과 같은 원리에 따라야 한다고 루소는 주장한다. "첫째, 교육은 학생이 자신의 고유성, 즉 자연성에 확고히 뿌리를 내리고 성장하도록 하는 조력이어야 한다. 개인의 고유성은 사회적 정념과 다른 사람의 의견에 물들기 이전의 고유한 자아다. 이 고유한 자아는 사람이 탄생하면서 지니고 나오는 원초적인 생명의 뿌리다. 그래서 갓 태어난 아이도 자신의 고유한 느낌과 의사를 가지고 있는 것이다. 그런데 사회 속에서 성장하고 살아가면서 다른 사람의 의견과 사회적 정념에 물들게 되고, 따라서 자신의 고유성을 점점 더 잃어버리게 된다. 자신의 뿌리를 잃게 되면 비본래적인 정념과 다른 사람의 의견의 노예가 되며, 그때그때 상황의 변화에 끊임없이 휘둘리는 삶을 살 수밖에 없게 된다. 따라서 교육은 아동이 비본래적인 정념과 다

---

17) Pauline Chazan, op. cit., p. 43 참고.

른 사람의 의견에 물들지 않도록 지켜주면서, 그의 고유성을 잘 발달시켜서 이에 확고하게 뿌리를 내린 인간을 키워내는 것이어야 한다."[18] "둘째, 교육은 자연성, 즉 생명성의 원리에 따라야 한다. 교육의 최초 단계에서 무엇보다 중요한 것은 육체적·감각적 생명의 자유롭게 건강한 발달이다. 아이들에게 자연스러운 방법, 즉 아동의 흥미를 끌 수 있는 방법으로 신체적·감각적 기능을 잘 발달시키도록 하며 다양한 감각적 경험을 충분히 하도록 한다. 루소의 견해에 따르면, 이성이란 태어날 때부터 마음속에 존재하는 것이 아니라 인간의 여러 가지 능력들이 골고루 발달함을 통하여 종합적으로 완성되는 고차적 능력이다. 따라서 이성은 단지 인지적 조작 능력이 아니라 인간의 신체·감각적, 정신적 활동이 개념적-논리적 사고에 수렴되는 것이며, 실천과 그대로 연결되며, 살아 있는 정신이다. 도덕성도 마찬가지다. 아이들이 스스로 가치를 느끼지 못하는 도덕 원리나 예의범절을 강요해서는 안 된다."[19] "셋째, 자신의 삶을 유지할 수 있는 생존 능력을 길러주어야 한다. 무엇보다 자신의 현재 상태를 인정하고 잘 알게 해야 한다. 자신의 몸과 마음을, 자신의 의견과 감정, 흥미와 욕구를 스스로 돌아보고 감지하며, 이를 소중히 여기고 사랑하게 해야 한다. 무엇보다 중요한 것은 자신의 삶을 살 줄 알게 하고, 자신의 삶을 향유하게 해야 한다. 이것이 행복한 인간을 만드는 교육인 것이다."[20]

결국 에밀의 교육은 그가 다른 사람들의 사적인 의견들과 판단들에 독립하도록 교육하는 것이다. 즉, 진정한 자율성을

---

18) 김영래, 앞의 논문, p. 7.
19) 위의 논문, pp. 8-9.
20) 위의 논문, p. 12.

보장하는 교육인 것이다. 그 교육은 그로 하여금 사회의 구속들과 요구들로부터 자유롭게 하고, 그 자신의 내적 분열로부터 벗어나게 만들었다. 에밀은 그의 스승에게 다음과 같이 요청한다. 즉, "나에게 폭행을 가하는 열정들에 대하여 지켜줌으로써 나를 자유롭게 만들어주세요. 나를 그것들의 노예가 되도록 하지 말아주세요. 나를 내 자신의 주인이 되게 하고 나의 감각들이 아니라 나의 이성에 복종하지 않으면 안 되게 해주세요."21) 여기서 루소가 생각하는 진정한 자율성은 다른 사람들의 사적 의지에의 의존성으로부터의 자유다. 그것은 사실상 자긍심으로부터의 자유다. 그러나 루소에게 의지의 일치는 중요하다. 자연적인 자유가 일반의지에 의지 제한받는 시민적 자유를 따를 때, 인간은 도덕적 자유를 얻게 된다는 것이다. 자신의 진실한 의지에 복종하는 것이 자유로운 것이듯이, 일반 의지를 따르도록 강요되고 있다. 일반 의지를 따르는 것은 특별 의지들의 영향을 받기 쉬운 자긍심과는 양립할 수 없다. 일반 의지를 따름은 모든 사람의 이해관계에 있는 것을 의지하는 능력을 대변한다. 즉, 그것은 합리적 원리들에 따라서 자신의 의지를 자율적으로 규제하는 능력이다. 일반의지에 따라서 자신의 의지를 합리적으로 규제하는 가운데 자신은 자유로운 도덕적 행위자가 될 수 있는 것이다.

3. 자기-사랑하는 사람의 삶 : 톨스토이의 『안나 카레니나』

자긍심에 의존하여 자기를 사랑하는 사람은 다른 사람들의

---

21) J. Rousseau(trans. B. Foxley), *Emile* (London : Dent, 1969), p. 290), in Ibid., p. 44에서 재인용.

지속적인 칭찬을 받지 못한다면 자신이 가치 없는 존재라고 믿고 느끼는 자아다. 다른 사람들의 인정이 자긍심-의존의 자아에게 자기-가치 감각의 원천인 것이다. 대조적으로, 자기-사랑을 하는 사람은 자신의 성실성과 진정성을 유지하기 위해 물질적인 증거를 필요로 하지 않는다. 그는 편안하게 순종하는 능력을 가진다. 그는 자긍심-의존적인 사람과는 달리 자신이 가치 있다는 점을 본인이나 다른 사람들에게 확신시킬 필요가 없기 때문이다. 그는 자신의 가치 감각의 불확실성을 쉽게 인정한다. 자기-사랑하는 사람은 직접 그리고 정직하게 행동하는 능력을 가진다고 할 수 있다. 이런 능력은 고립이나 오만을 의미하지 않는다. 오히려 그것은 자긍심에 의해서 결정되는 역할들에 구속되기보다는 자유의 상태에서 행동하는 것이기 때문에 더욱 의미 있는 것이다. 진정하게 자유로운 사람은 자신의 자기-가치에 대한 관심에 구속되기보다는 다른 사람들에 대한 능동적이고 진정한 관심을 가질 수 있다. 마르틴 부버(Martin Buber)는 이런 사람을 다음과 같이 시적으로 표현한다. 즉, "한 사람이 진정으로 '나(I)'라고 말할 수 있기 전이 아니라도, 그는 진정으로 '그대(Thou)'라고 말할 수 있다."[22] 여기서 '그대'라고 말할 수 있다는 것은 자기 자신의 자기중심성을 버릴 수 있음을 뜻한다.

톨스토이의 소설 『안나 카레니나』[23]에 등장하는 키티(Kitty)

22) M. Buber, *Between Man and Man* (London : Fontana, 1973), p. 145.
23) 톨스토이 지음 · 연진희 옮김, 『안나 카레니나 1, 2, 3』(서울 : 민음사, 2009) (인용은 본문 속에 권수 : 쪽수를 표기함). 영국, 미국, 호주의 유명 작가 125명에게 모든 시대를 통틀어 가장 훌륭하다고 생각하는 문학 작품 10권을 꼽아달라고 청탁하여 그 순위를 정리한 책, 『톱 텐(*The Top* 10)』(W. W. 노튼 출판사, 2007)에 레프 톨스토이의 이 작품이 1위, 『전쟁과 평화』가 3위에 올라 있다(작품 해설, p. 561 참고).

와 바렌카(Varenka)라는 두 여성들의 삶의 모습들은 자기를 사랑하는 사람과 자긍심에 의존하는 사람의 차이들을 잘 보여준다. 키티는 자긍심에 의존하는 사람으로 등장한다. 그녀는 자긍심으로부터 자기-가치 감각을 도출한다. 그녀는 자신의 성실성보다는 다른 사람들과의 비교나 다른 사람들의 칭찬에 의존하는 것이다. 공작의 딸인 키티는 18세로 사교계에 등장하자마자 성공을 거둔다. 두 명의 진지한 구혼자가 나선 것이다. 레빈은 기묘하고 날카로운 비판과 사교계에서 서툰 태도를 보여주는 사람이며, 시골에서 가축을 돌보고 농부들을 상대하는 거의 야만스러운 생활을 하는 사람이었고, 브론스키 백작은 대단히 부유하고 총명하고 집안도 좋고 시종무관으로서 앞길이 창창하고 매력적인 사람이었다. 어린 시절 오빠의 친구였던 레빈의 그녀 자신에 대한 사랑은 그녀에게 뿌듯함과 기쁨을 안겨주었다. 그래서 그녀는 레빈을 생각하면 마음이 편했다. 브론스키는 대단히 사교적이고 침착한 사람이었지만 그에 대한 기억에는 거북한 느낌이 뒤섞였다.

"레빈을 생각할 때는 너무나 담백하고 깨끗한 기분이 드는데, 브론스키를 떠올릴 때는 그가 아닌—그는 매우 담백하고 기분 좋은 사람이다—그녀 자신에게 어떤 위선이 있는 것처럼 여겨졌다. 대신 브론스키와 함께 할 미래를 떠올리자, 이내 그녀 앞에는 찬란하게 빛나는 행복한 전경이 펼쳐졌다. 하지만 레빈과의 미래를 떠올리자 앞날이 안개처럼 흐릿해보일 뿐이었다."(1 : 109)

"그제야 그녀는 문제가 '나는 누구와 결혼하면 행복할까, 나는 누구를 사랑하는 걸까?' 같은 그녀 혼자만의 문제가 아니라는 것을 깨달았다. 이 순간, 그녀는 자기가 사랑하는 사람을 모욕하지 않으면 안 된다. 그것도 지독하게 …. 무엇 때문에? 좋은 사람인 그가 그녀

를 사랑하고 그녀에게 반했다는 이유로. 어쩔 수 없다. 그렇게 해야
한다. 그렇게 하지 않으면 안 된다. '아, 정말로 이 이야기를 내 입으
로 그에게 해야만 하나?' 그녀는 생각에 잠겼다. '그에게 뭐라고 하
지? 난 당신을 사랑하지 않는다고 말해야 할까? 그건 사실이 아닐
텐데. 그럼 뭐라고 하지? 다른 사람을 사랑한다고? 아냐, 난 그렇게
못해. 달아나야지. 달아날 테야.'"(1 : 109-110)

레빈이 그녀에게 결혼을 청하자, "그녀는 그를 바라보지도 않은
채 무겁게 숨을 내쉬었다. 그녀는 황홀한 기쁨을 느꼈다. 행복감이
그녀의 영혼을 가득 채웠다. 그녀는 그의 입에서 흘러나온 사랑의
말이 그녀에게 그토록 강렬한 인상을 주리라고는 상상도 못했다. 그
러나 그것은 한순간에 지나지 않았다. 그녀는 투명하고 진실한 눈으
로 레빈을 쳐다보았다. 그리고 그의 절망적인 얼굴을 보며 황급히 대답
했다. '그럴 수 없어요 …. 용서하세요 ….' 1분 전만 해도 그녀는 그에게
얼마나 가까운 존재였으며 그의 삶에서 얼마나 소중한 존재였던가! '어
쩔 도리가 없군요.' 그는 그녀를 쳐다보지도 않은 채 말을 내뱉었다. 그
는 허리를 굽혀 인사를 하고는 곧장 나가려 했다."(1 : 111)

"파티가 끝난 후, 키티는 어머니에게 레빈과 나눈 대화를 이야기
했다. 레빈에게 이루 말할 수 없는 연민을 느끼면서도, 그녀는 자기
가 청혼을 받았다는 생각에 기쁨을 감출 수 없었다. 그녀는 자신이
올바로 처신했다는 데 한 치의 의혹도 품지 않았다. 그러나 침대에
누운 그녀는 오랫동안 잠을 이룰 수 없었다. 하나의 인상이 집요하
게 그녀를 괴롭혔다. 그것은 아버지의 이야기에 귀를 기울이면서도
눈으로는 그녀와 브론스키를 좇던 레빈의 얼굴이었다. 눈썹을 찌푸
린 채 우울하게 그들을 바라보던 쓸쓸한 눈동자 …. 그러자 그가 너
무도 가엾게 느껴져 눈에서 눈물이 핑 돌았다. 하지만 곧 그녀는 자
신이 레빈과 맞바꾼 남자를 생각했다. 남자다운 강인한 얼굴, 점잖고
침착한 태도, 무슨 일이 있든 누구를 만나든 언제나 부드럽게 빛나는
친절한 성품이 생생하게 떠올랐다. 그녀는 사랑하는 남자가 자기에

게 보여준 사랑을 떠올렸다. 그러자 그녀의 영혼에 또다시 행복이 찾아들었다. 그녀는 행복한 미소를 지으며 베개를 베고 누웠다. '가엽고 불쌍해. 그래도 어쩌겠어? 내 잘못이 아닌 걸.' 그녀는 속으로 생각했다. 하지만 내면의 목소리는 그녀에게 다른 말을 속삭였다. 자신이 후회하는 게 레빈을 유혹한 것인지, 그의 청혼을 거절한 것인지 그녀는 알 수 없었다. 그녀의 행복은 그런 의혹으로 깨지고 말았다. '주여, 자비를 베푸소서, 주여, 자비를 베푸소서, 주여, 자비를 베푸소서!' 그녀는 계속 이 말을 중얼거리다 잠이 들었다."(1 : 123-124)

브론스키는 페테르부르크에서 화려하고 방탕한 나날을 보내다가 모스크바에서 처음으로 사교계에서 자신을 사랑하는 아가씨와 교제하는 황홀함을 맛보았다. 그는 무도회에서 주로 키티와 춤을 추었고 그녀의 집에도 드나들었다. 그는 온갖 시시한 이야기를 그녀와 나누었다. 그는 그녀가 점점 더 그에게 의존하는 것을 느꼈다. 그는 그 점을 느낄수록 더욱 즐거웠고, 그녀에 대한 그의 감정도 더욱 부드러워졌다. 그는 결혼할 의사도 없으면서 아가씨들을 유혹하고 그런 유혹이 나쁜 행실이라는 점을 몰랐다. 그는 한 번도 자기가 결혼을 하리라고 생각해본 적이 없었다. 그는 가정 생활을 좋아하지 않았다. 브론스키는 결국 안나를 사랑하게 된다. 유부녀인 안나 또한 그를 사랑하게 된다.

무도회에서 춤을 추던 키티는 우연히 브론스키와 안나를 마주보게 되었다. 그녀는 안나에게서 자기도 너무나 잘 아는, 성공에서 오는 흥분의 기미를 보았다. 그녀는 안나가 스스로 불러일으킨 환희에 도취된 것을 보면서, 그 느낌을 잘 알아차렸고 그 징후도 잘 알았다.

"그녀가 주위를 관찰하는 동안, 그녀의 심장은 점점 더 죄어왔다.

'아냐, 그녀가 도취한 건 군중이 자기에게 감탄해서가 아니라 한 남자 자기를 황홀하게 보고 있기 때문이다. 그런데 그 남자가 누구지? 설마 그가?' 브론스키가 안나에게 말을 건넬 때마다, 그녀의 눈에서는 기쁨의 빛이 타올랐고 행복의 미소가 그녀의 붉은 입술을 곡선으로 만들었다. 그녀는 그 기쁨의 징후를 드러내지 않기 위해 자신을 억누르려는 듯했다. 그러나 그 기쁨의 징후들은 스스로 그녀의 얼굴 위에 떠올랐다. '그럼 그는 어떨까?' 키티는 그를 보고 두려움에 몸을 떨었다. 키티는 안나의 얼굴이라는 거울에서 그토록 선명하게 보았던 것을 그의 얼굴에서도 보았다. 언제나 침착하고 빈틈없는 태도, 무심한 듯 차분한 표정은 어디로 간 걸까? 아니, 지금 그는 그녀를 향할 때마다 그녀 앞에 몸이라도 던질 듯 자꾸만 고개를 숙이고 그의 눈빛은 오직 복종과 두려움만을 담고 있다. '나는 당신을 모욕하고 싶지 않습니다.' 그의 눈빛은 매순간 이렇게 말하는 듯했다. '다만 나 자신을 구원하고 싶을 뿐입니다. 그러나 어떻게 해야 할지 모르겠습니다.' 그의 얼굴에는 키티가 지금까지 한 번도 보지 못한 표정이 떠올랐다."(1 : 181)

키티는 브론스키를 믿고 있기 때문에 어쩌면 자신이 사랑하고 있을지 모를 레빈을 거절하고 있었던 것이다. 그녀는 브론스키와 안나가 함께 있는 모습을 보면서 자신의 불행이 이미 결정되었음을 굳게 확신하였다. 사람들이 가득 찬 홀에 두 사람이 홀로 있는 것처럼 느꼈기 때문이었다. 언제나 자존심이 강하고 의연해보이던 브론스키의 얼굴에서, 그녀는 자신을 놀라게 한 불안과 복종의 표정, 영리한 개가 잘못을 저질렀을 때 짓는 표정을 보았다. 그녀는 더욱 매혹적인 안나의 모습을 볼수록 고통과 산산이 부서지는 자신을 느꼈다.

키티는 자신의 외모에 긍지를 가졌으며, 그것이 다른 사람들에게 미치는 효과에 긍지를 가지고 있었다. 그러나 브론스키가 자신의 사랑에 대응하지 않을 때 그녀는 슬프고 실망하고 무시무시한 부끄러움을 느꼈던 것이다. 자긍심에 의존하는 그녀는 다른 사람들이 지속적으로 존중하고 인정하지 않으면 우울하거나 화가 나고 분노하게 되었다. 그녀는, 자신을 사랑했다고 여기는 브론스키의 배반에 의해 수치심과 굴욕감을 느꼈던 것이다. 배반을 당한 데 대한 실망과 슬픔이나 분노는 느낄 수 있지만, 배신을 당하고 수치심을 느끼는 것은 특이한 것이다. 그녀가 그 남자로부터 사랑을 요구했던 것만이 아니라 그의 사랑을 통하여 그녀 자신의 자아에 대한 긍정적인 인상을 원했다는 사실이 그 점을 설명한다. 그녀의 자기-가치 감각은 자신에 대한 그 남자의 태도와 사랑에 의존하는 것이었다. 그녀가 느낀 수치감은 그 남자가 자신을 사랑하지 않는다고 생각하는 것 때문만이 아니라 그것 때문에 자신의 가치가 사라지고 있다고 생각했기 때문이었다. 그녀의 자기-가치에 큰 상처를 준 것이 그녀의 수치감의 원인이었던 것이다. 키티는 그 남자가 자신을 사랑한 것은 그녀의 특별한 측면들 때문이라고 생각했다. 그녀의 특별한 매력에 대한 관심과 사랑을 철회하자 그녀는 바로 수치심을 느꼈던 것이다.

그녀의 수치심은 질병으로 이어졌다. 그녀의 심정은 언니 돌리와의 대화에서 잘 표현되고 있다.

"너와 이야기를 하고 싶어."

"무슨 얘기?" 키티는 깜짝 놀라 고개를 쳐들며 재빨리 물었다.

"너의 슬픔에 관해서지. 달리 무슨 얘기를 하겠니?"

"슬픈 일 없어."

"이제 그만해, 키티. 내가 모를 것 같아? 난 다 알고 있어. 그러니 내 말을 믿어. 이런 건 너무나 하찮은 일이야…. 우리도 다 그런 일을 겪었어."

키티는 침묵했고, 그녀의 얼굴에는 딱딱한 표정이 떠올랐다.

"네가 그 사람 때문에 괴로워하다니, 그는 그럴 만한 사람이 못 돼." 돌리는 단도직입적으로 말을 이었다.

"그래, 그 사람은 나를 무시했으니까." 키티가 떨리는 목소리로 말했다. "그만해! 제발, 더 이상 말하지 마!"

"도대체 누가 너에게 그런 소리를 했다는 거니? 아무도 그런 말을 하지 않았어. 난 그 사람이 너를 좋아했고 지금도 그럴 거라고 믿어, 하지만 …."

"아, 이런 동정이 내겐 더 끔찍해." 키티가 별안간 화를 내며 소리쳤다. 그녀는 홱 돌아앉아 얼굴을 붉히고는 손에 쥔 벨트의 버클을 왼손으로 죄었다 오른손으로 죄었다 하며 손가락을 빠르게 움직였다. 돌리는 동생이 흥분하면 이렇게 손으로 무언가를 졸라매는 버릇이 있음을 알고 있었다. 또한 그녀는 동생이 흥분하면 제정신을 잃고서 불쾌하고 쓸데없는 말을 많이 내뱉는다는 것도 알았다. 그래서 돌리는 동생을 진정시키려 했으나 이미 때는 늦었다.

"왜 그래? 도대체 나에게 무엇을 느끼게 하고 싶은 거야?" 키티가 빠르게 말했다. "내가 날 알고 싶어하지도 않는 남자에게 빠져서 상사병으로 죽어가고 있다는 것? 언니는 내게 이런 걸 말하고 있어. 언니가 생각하는 건. 그건 …. 언니는 날 동정하고 있어! 난 이런 연민이나 위선 같은 건 바라지 않아!"

"키티, 그렇지 않아!"

"왜 날 괴롭히는 거야?"

"난 오히려 …. 난 네가 슬퍼하는 것 같아서 …."

하지만 흥분한 키티의 귀에는 그녀의 말이 들리지 않았다.

"내겐 슬퍼할 일도, 위로받을 일도 없어. 난 너무 자존심이 강해서 나를 사랑하지 않는 남자를 사랑하는 것은 절대로 못해."(1 : 272-274)

키티의 치유되지 않은 고통은 레빈이 그녀에게 청혼한 일과 그녀가 레빈을 거절한 후 브론스키에게 기만당한 일 때문에 생긴 것이었다. 그녀의 마음은 레빈을 사랑할 준비가 되어 있는 한편, 브론스키를 증오하고 있는 것이다. 그녀는 그런 말은 한마디도 하지 않고 다만 자신의 마음 상태를 말했다. 즉,

"난 전혀 외롭지 않아." 그녀는 마음을 가라앉히고 이렇게 말했다. "하지만 언니는 이해하기 힘들 거야. 내게는 모든 것이 추하고 역겹고 천박하게 보여. 무엇보다 난 자신이 그래. 내가 매사에 얼마나 추악한 생각을 품는지 언니는 상상도 못할 거야."

"네가 무슨 추한 생각을 한다고 그러니?" 돌리가 웃으며 물었다.

"너무나 추하고 천박한 생각들. 차마 언니에게는 말하지 못하겠어. 그건 슬픔도, 울적함도 아냐. 그보다 훨씬 나쁜 거야. 마치 내 속에 있던 선한 것이 모두 어디론가 숨어버리고 가장 추한 것만 남은 것 같아. 아, 뭐라고 말하면 좋을까?" … "아빠는 그저 내게 필요한 건 결혼이라고 생각하는 것 같아. 엄마는 나를 무도회에 끌고 다니지. 엄마는 단지 하루 빨리 나를 결혼시켜 나에게서 벗어나려고 나를 무도회에 데리고 다니는 것 같아. 나도 이런 생각이 옳지 않다는 것을 알지만, 도저히 떨칠 수가 없어. 난 신랑감이라는 사람들을 못 보겠어. 그 인간들이 나를 자로 재고 있는 것 같아서 말이야. 전에는 야회복을 입고 어딘가로 가는 일이 그저 즐겁기만 했어. 내 모습을 보며 스스로 감탄하기도 했고, 그런데 지금은 수치스럽고 어색하기만 해. 아, 그러니 어쩌겠어! 의사는 … 글쎄 …."(1 : 276)

그녀의 가족은 독일의 조그만 온천으로 요양을 떠난다. 요양소에서 키티는 아는 사람들에게서는 어떤 새로운 모습도 찾을 수 없을 거라고 느끼면서 관심을 두지 않았다. 그녀가 가장 흥미를 느끼는 일은 자기가 모르는 사람을 관찰하고 그들에 대해 추측하는 것이었다. 그녀는 사람들에게서 언제나 가장 아름다운 것들을 상상하였는데, 모르는 사람들에 대해서는 더욱 그랬다. 그녀는 '저 사람은 누굴까, 저 사람들은 어떤 관계일까, 저 사람들은 어떤 사람들일까?' 하고 추측하면서, 가장 멋지고

아름다운 특징을 상상하고 자신의 관찰을 뒷받침할 확증을 찾았다. 그 사람들 가운데 마담 슈탈이라는 병든 러시아 귀부인과 함께 온 어느 러시아 아가씨가 유난히 키티의 관심을 끌었다. 바렌카라는 그 아가씨는 마담 슈탈의 간병인 노릇을 했다. 마담 슈탈 이외에도 온천의 수많은 중병 환자들과 친하게 지내면서 그들을 자연스러운 태도로 그들을 보살피고 있었다. 그런데 바렌카는 마담 슈탈의 친척도 아니었고 고용된 간병인도 아니었다. 그녀는 젊음이 갓 피어나는 시기를 넘기지는 않았으나 마치 젊음이 결여된 존재 같았다. 그녀는 비록 얼굴에 병색이 돌긴 해도 못생겼다기보다 오히려 아름다운 편이었다. 그녀는 남자들에게 매력적으로 비칠 리는 없었다. 그녀는 아직 꽃잎이 활짝 피어 있긴 하지만 이미 한창때를 넘겨 향기를 잃은 아름다운 꽃과도 비슷했고, 억제된 생명의 불꽃과 자신의 매력에 대한 자각이 그녀에게 부족했기 때문이었다. 그녀는 항상 바쁘고 다른 일에는 전혀 관심을 두지 않았다. 이런 자기 모순이 키티의 마음을 끌었다.

> "키티는 그녀 안에서, 그녀의 생활 방식 안에서 지금 자신이 고통스럽게 찾고 있는 것, 즉 생의 욕구와 생의 가치에 대한 본보기를 찾을 수 있으리라 느꼈다. 그것은 키티가 혐오스러워 하는 사교계의 남녀 관계, 특히 지금의 키티에게는 손님을 기다리는 상품의 낯 뜨거운 진열처럼 보이는 그런 관계의 바깥에 존재하는 것이었다. 미지의 친구를 관찰하면 할수록 키티는 이 아가씨야말로 자신이 마음속으로 그리던 가장 완벽한 존재라는 것을 더욱 확신하게 되었고 그녀와 사귀기를 더욱더 갈망하게 되었다."(1 : 463-464)

바렌카는 자기-사랑하는 이상적인 모델로 등장한다. 그녀의 자기-가치 감각은 자신의 판단과 평가에 의해서 도출되기 때문에, 자긍심-의존적인 사람처럼 마음속의 청중들과 함께 행위하지 않는다. 베푸는 행동도 자기-중심적이라기보다는 진정으로 베푸는 것이다. 베푸는 사람이 되거나 베푸는 사람으로 생각되기 위해서 베푸는 것이 아니라 베푸는 것 자체를 위해서 베푸는 것이다. 키티는 바렌카에게 더욱더 매력을 느꼈고 날마다 그녀에게서 새로운 미덕을 발견했다. 바렌카는 다른 사람들을 사랑하고 온화하고 행복하고 고상한 사람이라고 생각하고, 키티 자신도 그런 사람이기를 바랐다. 그래서 키티는 고통을 겪는 사람들을 찾아내어 자신이 할 수 있는 한 그들을 돕고 병자와 죄인, 죽어가는 사람들에게 복음서를 읽어주었다. 그러나 그녀에게 실제로 가치 있는 것은 그녀에게 가치 있는 것으로 여겨지는 것이었다. 다른 사람들이 도움을 필요로 한다는 사실은 그녀 자신의 마음의 평화를 가져오게 하는 잠재적 수단이었던 것이다. 친절하고 자기를 돌보지 않고 남들에게 베푸는 바렌카의 모습에서, 키티는 자신이 고통스럽게 찾고 있는 것을 찾을 것이라고 느꼈다. 키티가 가장 가치 있는 것으로 여기는 것은 자신의 정신적 평화이기 때문에, 그녀는 남을 돕는다는 것을 진정으로 경험할 수 없었다. 그녀의 행동의 동기는 남을 돕자는 것이 아니라 자신의 정신적 평화를 얻기 위함이었고, 자신의 다른 목적을 위한 수단으로 남을 도왔던 것이다.

어느 날 키티의 어머니 공작부인이 노래를 잘한다는 바렌카에게 자신의 숙소로 와서 노래를 불러달라고 청한다. 바렌카는 자기가 모르는 사람들이 모여 있다는 사실에 전혀 개의치 않는 듯 곧장 피아노 쪽으로 다가가서 노래를 불렀다. "키티는 자랑스럽게 자기의 친구를 바라보았다. 키티는 바렌카의 노래 솜씨에도, 그 목소리에도, 그 얼굴에도 **흠뻑 빠져**들었다. 그러나 무엇보다 자신의 노래를 그다지 대단하게 생각지 않고 사람들의 찬사에도 전혀 무관심해보이는 그녀의 태도에 매혹되었다.

그녀는 그저 '더 불러야 하나요? 아니면 그만 부를까요?' 하고 묻는 것 같았다. '나라면 ….' 키티는 마음속으로 생각했다. '얼마나 잘난 척했을까! 창문 밑에 모인 저 사람들을 보며 얼마나 기뻐했을까! 그런데 그녀는 그런 것에 전혀 관심이 없어. 그녀가 노래한 것은 단지 엄마의 부탁을 거절하고 싶지 않다는 바람, 엄마를 기쁘게 해주고 싶다는 바람 때문이야. 그녀 안에는 도대체 무엇이 있는 걸까? 모든 것을 무시하고 어떤 상황에서도 침착함을 유지하게 하는 힘, 도대체 무엇이 그녀에게 이런 힘을 주는 걸까? 그 힘을 알아내고 그녀에게 그 힘을 배우고 싶어!'"(1 : 474-475)

여기서 키티는 자신의 자긍심과 같은 것을 바렌카가 가지지 않는 까닭과 자기를 돌보지 않고 남들에게 헌신할 수 있는 까닭을 알고자 했다.

악보집에 있는 이탈리아 가곡의 전주를 치면서 키티가 바렌카를 돌아보니, 그냥 넘어가자고 바렌카는 말했다. 악보를 넘기며 다른 곡을 치려고 하자 바렌카는 미소를 지으며, 조금 전과 다름없이 침착하고 차분하고 아름답게 그 곡을 불렀다. 그 노래에 추억이 있음이 사실인지 아닌지를 말해달라는 키티의 부탁을 받자 그녀는 솔직하게 말했다.

"그래요, 추억이 있어요. 한때는 몹시 괴로운 기억이었죠. 한 남자를 사랑했어요. 그에게 이 노래를 불러주곤 했죠. 난 그를 사랑했고 그도 나를 사랑했어요. 하지만 어머니의 반대로 그는 다른 여자와 결혼하고 말았죠. 그는 지금 여기서 멀지 않은 곳에 살아요. 그래서 이따금 그를 보곤 해요. 당신은 내게도 이런 로맨스가 있으리라고는 생각도 못했죠?" 그녀는 말했다. 그녀의 아름다운 얼굴에서 키티가 느끼기에 한때 그녀의 존재 전체를 환하게 밝혀주었음직한 작은 불꽃이 희미하게 빛났다.

"어떻게 그런 생각을 하지 않았겠어요? 내가 남자라면, 당신을 알고 난 후에는 그 누구도 사랑할 수 없었을 거예요. 다만 내가 이해할 수 없는 건, 어떻게 그가 어머니의 만족을 위해 당신을 잊고 당신을 불행하게 만들 수 있었나 하는 거예요. 그는 심장이 없는 사람이군요."

"오, 아니에요. 그는 아주 좋은 사람이에요. 나도 불행하지 않아요. 오히려 난 너무 행복한 걸요. 그럼, 오늘은 노래를 더 부르지 않아도 되는 건가요?" 그녀가 숙소로 향하며 이렇게 덧붙였다.

"당신은 정말 좋은 분이에요! 너무나도 좋은 분이에요!" 키티는 이렇게 소리치고는 그녀를 내가 조금이라도 당신을 닮을 수만 있다면!"

"어째서 당신이 다른 사람을 닮아야 하죠? 당신은 지금 그대로가 좋아요." 바렌카는 그녀만의 온화하고 지친 듯한 미소를 띠며 말했다.

"아니에요. 난 결코 좋은 사람이 아니에요. 자, 말해줘요 …. 잠깐 여기 앉았다 가요." 키티는 그녀를 다시 자기 옆의 작은 벤치에 앉히며 말했다. "말해줘요. 정말 당신은 아무런 모욕도 느끼지 않아요? 한 남자가 당신의 사랑을 무시했고 그가 당신을 원하지 않았다고 생각해도 …."

"그는 날 무시한 게 아니에요. 난 그가 날 사랑했다는 걸 믿어요. 하지만 그는 착한 아들이라 …."

"그래요. 하지만 그가 어머니의 뜻을 따른 것이 아니라 그저 그 자신이 …." 키티는 이렇게 말하면서 그녀가 자기의 비밀을 털어놓았다는 것을, 또한 수치심으로 빨갛게 달아오른 그녀의 얼굴이 이미 그 비밀을 폭로하고 말았다는 것을 깨달았다.

"그렇다면 그의 행동이 옳지 못한 거겠죠. 나라면 그런 남자에게 미련을 갖지 않겠어요." 바렌카가 대답했다. 그녀는 분명 지금의 이야기가 그녀에 관한 것이 아니라 키티에 관한 것임을 깨달은 듯했다.

"하지만 그 모욕은요?" 키티가 말했다. "그 모욕은 잊을 수 없어요. 도저히 잊을 수 없어요." 그녀는 마지막 무도회에서 음악이 멈춘 동안 자기가 그에게 보낸 시선을 떠올리며 말했다.

"도대체 무엇 때문에 모욕을 느끼는 거죠? 당신이 나쁜 행동을 한 것도 아니잖아요."

바렌카는 고개를 저으며 키티의 손 위에 자기 손을 얹었다.

"그래, 뭐가 수치스러운가요?" 그녀가 말했다. "당신은 당신에게 무관심한 그 남자에게 사랑한다고 말할 수 없었을 텐데."

"물론 그렇죠. 난 그에게 한마디도 고백하지 않았지만, 그는 알고 있었어요. 아뇨, 아뇨, 시선이란 게 있고, 몸짓이라는 게 있잖아요. 난 100년을 산다 해도 결코 잊을 수 없을 거예요."

"그래서 어쨌다는 거예요? 난 이해할 수 없어요. 문제는 당신이 그를 지금도 사랑하는가 아닌가 하는 거예요."

"난 그를 증오해요. 난 나 자신을 용서할 수 없어요."

"그건 왜죠?"

"수치, 모욕."

"아, 모두가 당신처럼 그렇게 예민하다면 …." 바렌카가 말했다. "그런 일을 겪지 않은 여자는 단 한 명도 없을 거예요. 그리고 그런 건 별로 중요하지 않아요."

"그럼 뭐가 중요하죠?" 키티는 호기심에 찬 놀라운 눈으로 그녀의 얼굴을 쳐다보았다.

"아, 많은 것들이 중요하죠." 바렌카가 미소를 지으며 말했다.(1 : 476-479)

여기서 키티는 자신은 감히 꿈도 못 꾼 바렌카의 완벽함에 주목한다. 그녀도 키티처럼 자긍심에 타격을 받을 수 있었지만, 자신이 분명한 자아 관념을 가지고 있었기에 그것이 문제될 수 없었던 것이다. 그녀의 실망과 실패는 그녀의 자기-가치에 영향을 미치지 못했다. 그녀는 자신의 자기-개념을 강화시킬 필요가 없었기에 남들에게 헌신할 수 있었던 것이다.

키티와 바렌카에게 '중요한 것'은 아주 다른 것이었다. 키티는 자신도 평온과 존엄을 얻기 위해 그것을 가져다주는 것이 무엇인지를 알고자 했던 것이다. 자신에 관해 생각을 몰두했던 사람이 아닌 바렌카는 키티가 무엇을 묻고 있는지 알지 못했다. 그녀가 알고 있는 것은 남들을 위해 당연히 해야 하는 것이었다. 그녀가 중요하다고 생각하는 것은 말이 아니라 행위 속에서 드러났다. 그녀에게 중요한 것은 남들이 도움을 받는 일이었다. 그녀는 항상 다른 사람들을 생각하였고, 그들을 인간으로 대우했다. 그녀의 도덕성은 그들을 단순한 수단으로 대우하지 않았던 점이다. 그녀는 어디에 가치가 있는지를 알았고, 그것에 따라 자아를 형성하였다. 자기-사랑하는 사람이 아닌 키티는 진정으로 선하고 현명할 수 없지만, 진정으로 선하고 현명한 바렌카는 무엇이 무엇인지를 알고 있었다. 그녀의 실망과 실패는 자아-관념에 영향을 미치지 않았다. 그녀의 자아-관념은 다른 사람과의 진정한 관계에 의해 형성되기 때문이었다. 바렌카의 자아 형성 활동은 자신의 자기-사랑을 조건 지었고, 실망과 실패가 자기-가치 감각들을 해칠 수 없었다. 남들을 돕는다는 가치는 그들의 행복에 주어졌다. 그런 가치를 통해 자아를 형성하고 자아와 가치를 동일시하였다. 그녀는 다른 사람들이 자신을 어떻게 바라보는지 혹은 자신의 성공이나 실패에 의해서 자신을 정의할 필요성을 전혀 갖지 않았다. 그녀가 돕는 사람들은 큰 가치를 가진 사람들이며, 그녀의 자아-관념과 삶에서 중요성과 의미를 지니는 사람들이다. 그런 가치와 중요성과 의미가 그녀의 자아를 형성한다.

대조적으로 키티는 자신의 자아에 대해 아는 것이 없었다.

그녀는 자신이 진실로 가치 부여했던 것, 중요하다고 여겼던 것, 사실상 원했던 것이 무엇인지 알고 있지 못했던 것이다. 레빈에게서 더욱 편안함을 느꼈음에도 불구하고, 스스로 그와 사랑에 빠졌다고 믿었음에도 불구하고, 그의 청혼이 자신의 영혼을 행복으로 넘치게 함에도 불구하고 그녀는 그 청혼을 거절했다. 더욱이 자신이 그의 사랑을 얻었다는 데 대해서나 그를 거절했다는 데 대해서 양심을 가책을 느꼈다는 것도 알지 못했다. 브론스키와의 결혼이 레빈과의 결혼보다 더 큰 행복을 가져다줄 것이라고 생각했지만 자신이 원한다고 반드시 되는 일이 아니었다. 자기-사랑하는 사람이 못 되는 그녀는 자신의 판단을 신뢰할 수 없고, 그래서 어머니에게 판단을 맡겼다. 그녀는 성실하게 생각하고 말하고 행동할 수 있게 하는 안전한 중심을 가지고 있지 못했다. 그녀는 자아를 형성하는 데 능동적으로 참여하는 사람이기보다 다른 사람의 눈에 비친 자신의 이미지에 의존하여 스스로를 규정하는 사람이었다. 그녀는 남을 돕는 것에 전념할 수 없었다. 남을 돕는 일에 자기 자신을 적절하게 관련시킬 수 없었다. 그녀가 추구하는 자기-가치와 정신적 평화는 도움을 필요로 하는 사람들의 고통과는 무관했다. 남을 돕는 일의 가치가 남의 행복에 있다고 생각하지 않았다. 그녀는 다른 사람들에게 진정으로 베푸는 사람일 수 없었고, 다른 사람들과 바렌카가 가지는 관계를 가질 수 없었다. 그리고 키티는 자신의 진정한 동기가 무엇인지 알지 못했고, 무슨 동기여야 하는지도 몰랐다. 다른 사람들의 행복이 그들을 도와야 하는 이유로 이해되고 채택될 수 있을 도덕적인 관점을 가질 수 없었다.

4. 결 론

아리스토텔레스는 자기-관심과 자기-사랑이 다른 사람들에게로 확장된다고 주장한다. 따라서 자기-관심 내지 자기-사랑이 도덕적 자아의 토대를 이룬다는 것이다. '네 이웃을 네 몸과 같이 사랑하라'는 말 또한 자기 자신에 대한 사랑과 이해는 남에 대한 존경과 사랑과 이해의 토대임을 의미하는 말이다. 자기를 사랑하는 사람이 다른 사람을 사랑할 수 있다. 이기적인 사람이란 다른 사람을 사랑할 수 없을 뿐 아니라 자기 자신도 사랑할 수가 없는 사람이다. 그렇다면 남을 사랑할 수 있는 도덕적 자아의 형성은 반드시 자기-사랑을 통해서만 가능할 것이다. 한 개인을 진정으로 도덕적인 사람으로 만드는 것은 도덕적 이상이나 원리나 규범이 아니고 자기-사랑인 것이다. 다른 사람을 사랑할 수 있게 하는 힘도 자기-사랑의 힘이다. 자기-사랑이 곧 도덕적 자아의 모습이다. 도덕적 성품을 지닌 사람은 곧 자아를 소유하고 자기를 사랑하는 사람이다.

자기를 사랑하는 사람은 자신이 남들에게 어떤 모습으로 보이는가에 관심을 갖지 않는다. 그런 것에 관심을 집중하는 사람은 자기 자신에 대한 긍정적인 관념을 발달시킬 수 없게 된다. 다른 사람들이 자기를 어떻게 생각하고 있는지에만 몰두한다면, 자신을 다른 사람과 진정으로 그리고 순수하게 관계를 갖기 불가능하며, 다른 사람들의 선에 기여할 수 없을 것이다.

『사랑의 기술』을 통해 에리히 프롬은 행운이 있으면 빠져드는 즐거운 감정이 아니고 일종의 기술임을 강조한다. 사랑이 기술이라면 지식과 노력이 요구된다. 사랑의 기술은 교육되어야 한다. 도덕교과교육은 자기-사랑을 통한 도덕적 자아 형성을 목표로 삼아야 할 것이다. "대부분의 사람들은 사랑의 문제를 '사랑하는', 즉 사랑할 수 있는 능력의 문제로 여기기보다는 '사랑받는' 문제로 생각한다. 따라서 그들에게 중요한 문제는 어떻게 하면 사랑받을 수 있는가? 어떻게 하면 사랑스러워지는가 하는 것이다."24) 그러나 큰 기대와 희망을 가지고 사랑을 했다가 실패하는 경우들이 빈번하다. 우리의 삶이 일종의 기술이듯 사랑도 일종의 기술임을 인식하고, 그것에 대한 이론과 실천을 교육하는 것이 무엇보다 중요한 일임을 깨달아야 한다.

남에 대한 사랑은 선이며, 자기에 대한 사랑은 악이라고 생각하는 것이 일반적인 현상이었다. 그러나 그것은 큰 잘못이다. 나의 이웃을 사랑하는 것이 선이라면 나를 사랑하는 것도 악이 아니라 선이어야 한다. 다른 사람만이 아니라 나 또한 분명히 인간 존재이기 때문이다. '네 이웃을 네 몸같이 사랑하라'는 성서의 말은 자기 자신에 대한 사랑과 이해는 다른 사람에 대한 사랑과 이해와 분리될 수 없음 뜻한다. 나 자신의 자아는 다른 사람처럼 내 사랑의 대상이 되어야 한다. 자기 자신을 사랑할 수 있는 사람만이 다른 사람도 사랑할 수 있다. 자기-사랑에 대한 관점은 마이스터 에크하르트(Meister Eckhart)의 다음과 같은 말로 잘 요약될 수 있다. 즉, "만일 당신이 자신을 사랑한다면 당신은 모든 사람을 사랑하고 있다. 당신이 자신보다 다른 사람을 덜 사랑하는 한, 당신은 자신을 사랑하는 데 진실로 성공하지 못할 것이다. 그러나 당신을 포함해서 모두 사랑한다면 당신은 그들을 한 사람으로 사랑하게 될 것이며, 그 사람은 신인 동시에 인간이다. 따라서 그는 자신을 사랑하며 모든 사람들을 똑같이 사랑하는 위대하고도 올바른 사람이다."25)

---

24) 에리히 프롬 지음·설상태 옮김, 『사랑의 기술』(서울 : 청목사, 2001), pp. 9-10.
25) 위의 책, pp. 81-82.

□ 참고 문헌

김영래, 「교육 원리로서의 자기 보존 — 루소 교육관의 현대적 재음미」, 『교육의 이론과 실천』 제13권 제1호(2008).
루소 지음 · 주경복 / 고봉만 역, 『인간불평등기원론』(서울 : 책세상, 2006).
박재주, 『서양의 도덕교육 사상』(서울 : 청계, 2003).
아리스토텔레스 지음 · 최명관 옮김, 『니코마코스윤리학』(서울 : 서광사, 1991).
에리히 프롬 지음 · 설상태 옮김, 『사랑의 기술』(서울 : 청목사, 2001).
장 자크 루소 지음 · 정봉구 옮김, 『에밀(상)』(서울 : 범우사, 2000).
톨스토이 지음 · 연진희 옮김, 『안나 카레니나 1, 2, 3』(서울 : 민음사, 2009).
Buber, M., *Between Man and Man* (London : Fontana, 1973).
Chazan, Pauline, *The Moral Self* (London and New York : Routledge, 1998).

제10장
도덕은 이성인가 습관인가?

1. 서 론

피터즈(Richard S. Peters)는 '이성과 습관'을 도덕교육의 패러독스로 설정하였다.1) 이는 도덕교육의 상반되는 두 가지 접근들에 관한 주장이지만, 더 넓게는 두 가지 유형의 도덕적 삶이 있음을 말하는 것이다. 하나는 '습관적인' 도덕적 삶이다. 여기서는 성찰의 과정을 통해 이모저모를 다져보고 행위하기보다는 정서나 행위의 습관에 따라 거의 자동적으로 행위한다. 어떤 규범을 따를 것이지 말 것인지를 따져보거나 어떤 행위가 도덕적 이상에 부합하는지를 심사숙고하여 판단하고 행위하지 않는 것이 대부분의 사람들이다. 여기서는 여러 가지 대

---

1) Richard S. Peters, "Reason and Habit : The Paradox of Moral Education" in W. R. Niblett ed., *Moral Education in a Changing Society* (London : Faber & Faber Ltd., 1963), pp. 46-65.

안적인 행위 방식을 모색하거나 그 행위들의 결과를 예측하는 과정이 필요 없으며, 행위 결과의 불확실성에 대한 불안이나 어떤 행위를 선택하는 데 주저함이나 심리적 갈등도 경험하지 않는다. 자신의 내부에서 자라온 정서와 행위의 습관, 즉 성품을 따라 행위하기만 하면 된다. 이런 삶을 성공적으로 살아가는 사람은 자신의 도덕적 성향과 자존심을 가진 사람일 수 있다. 이런 사람의 행위는 항상 자신의 인격의 표현이다. 어떤 상황에서도 도덕적 딜레마에 빠져서 고민하거나 안정을 잃는 경우가 없다. 그리고 자신이 잘못된 행위를 하였을 때 남을 원망하거나 책임을 남에게 떠넘기지 않는다. 오직 자신의 자존심에 상처를 입을 따름이다. 그러나 이런 도덕적 삶에 성공하지 못하는 사람은 잘못된 정서와 행위의 습관에 사로잡힌다. 그래서 도덕적 '어린이'의 수준에 머문다. 습관에 맹목적으로 의존한다면 새로운 상황에 직면하여 어떤 문제도 자율적으로 해결할 수 없을 것이다. 아니면 자신의 습관과 사회의 전통과 관습을 믿지 못하면서 그것을 과도하게 비판하고 거침없이 그것을 깨뜨리는 일탈 행동을 일삼는 사람이 될 것이다. 콜버그가 이른바 인습적 도덕성의 수준에 머무는 사람이다.

또 다른 유형은 '합리적인' 도덕적 삶이다. 여기서는 도덕적 규범이나 이상을 실천하는 것이 도덕성이다. 습관이나 전통에 따라 행위하는 것이 아니라 어떤 도덕 기준을 반성적으로 적용하여 행위한다. 여기서는 삶의 상황을 '문제'로 인식한다. 문제를 해결하려면 어떤 규범과 이상을 적용시킬지를 성찰해보고, 그것을 행위 방식으로 바꾸어서 실제 상황에 적용시킨다. 이런 합리적인 도덕적 삶을 성공적으로 살아가는 사람은 항상 자신이 무엇을 하고 있으며 자신의 행위가 지향하는 목적이나 이상이 무엇인지 분명하게 의식한다. 그에게는 이유나 목적이

없이 이루어지는 행위란 있을 수 없다. 그러나 그런 사람은 드물다. 끊임없이 목적과 이상을 추구하는 삶을 사는 사람은 매우 드물다. 제시된 '이상적인 도덕적 삶의 방식'을 기계적으로 반복하거나 단순히 모방하는 데 머문다. 이 경우 도덕적 판단과 행위 사이에는 심각한 괴리가 있게 된다. 그래서 합리적인 도덕을 의무적인 것으로 강요할 때는 기계적으로 삶의 규범들을 따르게 될 것이다.

대체적으로 말한다면, 습관적인 도덕적 삶에서는 도덕적인 '사람'이 중심을 이룬다. 인격이 중요하다는 것이다. 어떤 사람의 도덕성은 어떤 성품이나 인격을 가지고 있느냐에 의해 평가된다. 이는 곧 덕 윤리와 연계된다. 여기서는 도덕적인 사람이 행한 행위는 도덕적인 행위가 된다. 반면, 합리적인 도덕적 삶에서는 도덕적 '행위'에 초점이 두어진다. 여기서는 개별 행위들이 도덕성 평가의 대상이 된다. 도덕적인 행위를 한 사람이 도덕적인 사람이 되는 것이다. 그 사람이 행한 행위의 동기나 결과에 초점이 두어지지 그 사람의 성품이나 인격에는 관심이 두어지지 않는다. 이는 곧 의무 윤리와 공리주의와 연계된다.

본 논문에서는 합리적인 도덕적 삶보다는 습관적인 도덕적 삶이 중요함을 강조하고자 한다. 우선 습관적인 도덕성의 의미를 알아보기 위해서 오크쇼트의 이론을 정리하고, 습관적인 도덕성과 합리적인 도덕성을 가진 사람들의 삶의 모습들을 살펴보기 위해서 도스토예프스키의 『죄와 벌』을 검토하기로 한다.

2. 습관적 도덕성(=성품)과 합리적 도덕성

근본적으로 합리주의를 비판하면서 습관을 옹호하는 오크

쇼트의 입장을 통해 습관적 도덕성의 장점을 살펴보기로 하자.[2] 교육은 문화 유산을 새로운 세대에 전수하는 것을 주된 임무로 한다고 생각하는[3] 오크쇼트의 도덕교육에 관한 논의는 거의 대부분 그의 논문 「바벨탑(The Tower of Babel)」에서[4] 이루어진다. 여기서 그는 우선 합리주위 내지 도덕교육에의 합리주의적 접근의 운명을 바벨탑에 비유하여 말한다. 바벨탑의 이야기[5]는 말(=언어), 즉 로고스(=이성과 논리)를 가지고 신의 완전성에 도전하려는 인간의 오만하고 무모한 노력을 상징적으로 보여준다. 그는 합리주의를 '하늘에 이르는 지름길을 찾는 시도'로 규정하면서 그것은 불경하기는 하지만 멸시할 수 없는 일이며, 그러한 지름길을 찾는 일의 매력은 인간의 삶의 환경이 지속적으로 요구하는 것이며 빼앗을 수 없는 것이라고

---

2) 이 2절의 내용은 박재주, 「도덕교육에서의 습관과 이성의 패러독스」, 『초등도덕교육』 제6집(한국초등도덕교육학회, 2000. 12)의 3장을 약간의 수정과 함께 전재함.

3) R. S. 피터즈 지음 · 정희숙 옮김, 『교육철학자비평론』(서울 : 서광사, 1989), p. 154.

4) Michael Oakeshott, "The Tower of Babel", *Rationalism in Politics and other essays* (London and New York : Methuen & Co. Ltd., 1962), pp. 59-79.

5) 성서에 나오는 이야기의 요점은 다음과 같다. 그 당시 전 지역은 한 가지 말을 쓰고 있었다. 사람들은 시날 평야에 정착하면서, 벽돌을 구워 성을 쌓고 꼭대기가 하늘에 닿는 탑을 세워 크게 이름을 떨치고자 하였다. 여호와께서 사람들이 세우기 시작한 도시와 탑을 보고는 생각했다. 사람들이 모두 하나의 종족이며 하나의 말을 사용하고 있으니, 지금의 일은 시작에 불과하고 이후로는 그들이 하고자 하면 못할 일이 없겠다. 당장 땅에 내려가서 사람들이 사용하는 말을 섞어놓아 서로 알아듣지 못하게 해야겠다. 마침내 여호와는 사람들을 각 지방으로 흩어지도록 쫓았다. 그래서 성을 쌓는 일이 중단되었다. 여호와가 온 세상의 말을 거기에 섞어놓고 그들을 흩어지게 하였다고 해서 그 도시의 이름을 바벨(=원래 이 말의 뜻은 '신의 문'이었지만 '혼란하게 한다'는 말의 어원인 '바랄'과 어조를 맞춘 말이다)이라고 불렀다. 성서의 이 이야기는 노아의 홍수 이후 또다시 신을 배반하여 신에게 도전하려는 인간의 오만에 대한 신의 심판을 말하고자 한 것이다.

말한다. 지름길을 통한 완성의 추구는 인간의 삶에서 불경스럽기는 하지만 피할 수 없는 활동이라는 것이다. 그것은, 그러한 불경에 대한 응징(=신의 노여움과 사회적 고립)과 보상(=그것을 성취할 수 있다는 의미에서의 보상이 아니라 단지 그것을 시도했다는 의미에서의 보상)을 의미한다. 그리고 그것은 개인들에게는 적합한 활동이지만 사회가 합리성을 추구하는 경우엔 서로 갈등하는 도덕적 이상들의 아우성으로 인해 공동체적 삶의 붕괴를 초래할 수 있는 적합하지 않은 활동이다.6) 그는 우선 합리주의에 대한 비판적인 견해를 이렇게 제시한 후 인간의 도덕적 활동에 관심을 돌린다.

그에 의하면, 도덕적 삶은 본성에 의해서가 아니라 기교(art)에 의해서 결정되는 정서(affection)와 행위(conduct)다. 그리고 인간 행위는 대안을 가진다. 그러나 대안이라는 것이 의식적으로 검토될 필요는 없다. 도덕적 행위가 반드시 특별한 행위의 반성적 선택을 의미하지는 않는다. 도덕적 행위는, 어떤 식으로 행동하려는 성향을 가지지 않거나 어떤 식으로 행동하도록 미리 결정되지 않은 사람이 이른바 '깨끗한' 마음으로 선택하여 행하는 그런 것일 필요가 없다. 도덕적인 감정과 행위는 오히려 지속적으로 도덕적이고자 하는 것이며, 그래서 성품으로부터 솟아나오는 것 같다.7)

그에 의하면 도덕적 삶은 기교에 의해 결정되는 정서와 행위이기 때문에 그것은 결국 교육에 달려 있다. 그리고 도덕적 삶의 형식들은 각각 그것을 양육하고 유지시키는 데 필요한 교육에 반영된다. 습관적인 도덕적 삶은 어떤 교육을 요구하는가? 그것은 암기되고 계속 실천되고 있는 규칙들이나 교훈들

---

6) M. Oakeshott, 앞의 책, p. 59 참고.
7) 위의 책, p. 60 참고.

에 따라 살아가는 방식을 구성하는 교육을 요구하지 않는다. 그것은 습관적으로 행동하는 사람들과 함께 살아감으로써 행위 습관을 얻게 되는 식의 교육을 요구한다. 그것은 모국어를 습득하는 것과 같은 방식이다. 어린이의 삶에서는 말을 듣는 가운데 습관적으로 말해지는 말을 배우기 시작한다고 말할 수 있는 시점이 없듯이, 주변의 사람들로부터 행위 습관을 배우기 시작한다고 말할 수 있는 시점은 없다. 두 경우 모두에서 학습되는 것은 어떤 공식들을 배움으로써 배우지 않는다. 언어와, 어떤 행위를 해야 한다는 것은 규칙들에 대한 자각이 없이 습득되는 것일 뿐 아니라 규칙에 대한 지식을 가지게 될지라도 그 규칙들을 잊어버리고 상황에 적용하려고 하지 않을 경우에야 습득되는 그런 것이다. 습관을 습득하는 교육은 의식적인 삶과 함께 할 뿐 아니라 깨어 있는 모든 순간들에 실천하고 관찰함으로써, 심지어 꿈속에서도 쉼 없이 이루어진다. 모방으로 시작된 것은 아주 다양한 관행들을 선택적으로 따를 때도 지속된다. 이런 종류의 교육은 강제되는 것이 아니라 피할 수 없는 그런 것이다. 물론 이런 교육에서 학습될 수 없는 것도 많을 것이다. 어떤 방법으로 게임하거나 규칙을 어기지 않고 게임하는 법을 배울 수 있지만, 규칙들을 공식화하지 않고서는 그것들에 관한 지식을 얻을 수 없다. 더욱이 규칙들에 관한 지식 없이는 규칙을 지키고 있는지 알 수 없으며 심판이 왜 호루라기를 불었는지 설명할 수 없을 것이다. 그러나 정서와 행위의 습관을 습득하도록 하는 교육은, 적절하게 그리고 주저하지 않고 의심하지도 않고 어려움도 없이 행위할 수 있는 힘을 주지만, 행위를 추상적인 용어로 설명하거나 도덕적 원리에 따라서 행해진 것으로 옹호하는 능력은 주지 않는 그런 종류의 교육이다. 더욱이 그것은 숙고(=반성)의 필요 없이 모든 상황들에 대처할 수 있도록 충분한 종류의 행위들을 망라하지 못한 다거나 전혀 주저함이 없이 행위할 수 있게 할 정도로 영향력 있는 행위 습관을 만들지 못한다면, 그 목적을 이루지 못한 것으로 간주되는 그러한 교육이다. 그러나 그것은 도덕적 규범이나 도덕적 이상에 관해 무지한 상태로 남겨둔다는 점에서 실패한 것으로 간주되어서는 안 된다. 어떤 사람의 행위가 도덕적 이상에의 애착이나 규범에 따라야 한다고 느껴진 의무에서 나온 것이 아니라 자존심에서 나온 것일 때, 그 목적이 가장 잘 이루어졌다고 말할 수 있을 것이다. 이러한 도덕교육은 크거나 급격한 변화를 지지하지 않는다는 점에서 개인의 관점에서나 사회의 관점에서나 도덕적 삶에 상당한 안정성을 부여하는 것으로 간주될 것이다. 습관적인 도덕적 삶을 구성하는 행위 습관들은 하나의 체계로 인정되지 않기 때문에 그것들로 이루어지는 도덕적 삶의 부분들은 붕괴될 수 있지만 그 붕괴가 전체로 쉽게 확산되지 않는다. 그리고 엄격한 틀을 가지고 있지 않기 때문에 전체적인 틀이 깨지는 그런 식의 붕괴는 일어날 수 없다. 즉, 강한 탄력성을 가진다. 사실 전통과 관습은 고정된 채로 존재하지 않으며, 지속적으로 변화하고 있다. 역설적으로 들리지만, 관습이란 적용 가능한 것이고 상황의 '뉘앙스'에 영향을 받기 쉬운 것이다.8) "시대가 바뀌고 상황이 바뀌면서 사람들의 생각이 바뀜에 따라 관습이나 습관도 변한다. 그것은 처음의 그대로 고착되는 것이 아니라 사람들이 받아들여 행동할 수 있는 형태로 변하는 것이다. 습관적인 도덕적 삶에서의 변화는 '살아 있는 언어의 변화'에 유비된다. 말하는 방식은 가장 관습적이고 습관적이며 그리고 지속적으로 변화한다. 자유시장에서의 가격 형성처럼 도덕적 행위의 습관은 결코

8) 위의 책, pp. 62-64 참고.

휴지하지 않기 때문에 급격한 변화를 보이지 않는다."⁹⁾ 다만 관습이나 전통은 사람들이 생각하거나 행동하는 것보다 더 앞서서 변하지 않기 때문에 변화하지 않은 것처럼 보일 뿐이다. 그럼에도 불구하고 관습과 전통이 구태의연하고 고정적인 것으로 생각하기 때문에 변화하는 삶의 현실에 항상 어울리지 않고 고리타분한 것이라고 생각해버린다. 삶의 현실의 변화에 따라 변화하는 것이 바람직하다고 거의 무조건적으로 주장한다. 그러나 내적인 필요보다는 외적인 힘에 의해 일어나는 급격한 변화보다는 내적 필요에 따라 부분적이고 점진적으로 변화하는 관습과 전통이 더욱 바람직할 수 있다. 그것은 바로 개인적이고 사회 전체적 측면에서의 도덕적 자기 비판과 다르지 않다. 자기 비판과 자기 수정을 통한 변화는 변화의 충격을 거의 받지 않을 것이다. 도덕적 이상들의 체계에 의존하는 교육은 그 체계가 논리적 모순이나 흠을 드러내는 경우 그 이상들의 체계는 물론 교육 자체의 전체적인 붕괴를 가져올 위험이 있지만, 관습과 전통을 기반으로 습관적 행동을 교육하는 경우에는 그런 위험을 염려할 필요가 없다.

그런데 관습이나 전통에 따르는 행위, 즉 정서와 행위의 습관으로서의 도덕성은 상황에 대해 반성적으로 대처하지 않고 그저 관습이나 전통을 수동적으로 받아들이는 것으로 생각하는 경향이 있다. 전통과 관습은 특별한 이성적 검토 없이 다만 습관적으로 지켜왔다는 이유만으로 개인의 삶을 부당하게 제한하는 것으로 생각하기도 한다. 그래서 습관적인 도덕적 삶은 비합리적인 삶이라고 매도당하기도 한다. 그것은 삶의 상황을 반성적으로 검토하는 데 장애가 된다는 것이다. 그러나 전통과 관습은 그 사회의 공통된 삶의 양식(common ways of living)

---

9) 위의 책, p. 64-65.

이다. 그것은 한 개인의 삶의 방식이 아니라 한 사회가 공유하는 삶의 방식이라는 점에서 사회 구성원들의 합의가 전제된 것이라 할 수 있다. 사회 구성원들의 대다수가 인정하지 않는 전통과 관습이 존재할 수 없다. 사회의 대다수의 구성원들이 인정하지 않거나 따르지 않는 전통과 관습은 인정받고 따를 수 있는 것으로 자기-변형을 할 것이다. 이것이 바로 전통과 관습의 자기-비판 내지 자기-수정인 것이다.

사람들은 전통과 관습을 따르면서 어떤 의무감을 느끼는 것은 아닐 것이다. 그저 그러한 전통과 관습에 물들어 있고 친숙해져서 습관적으로 따르는 것일 것이다. 전통과 관습을 따르고 습관화된 행동을 통해 도덕적인 삶을 산다고 해서 그러한 삶을 기계적인 삶인 것처럼 생각하는 것은 지나친 생각이다. 도덕적인 삶을 살아가는 데 행위의 전통과 관습이 더 많은 영향력을 미친다는 것이지, 합리적인 사고를 하지 않는다는 것은 결코 아닐 것이다. 전통을 따르는 행위의 습관 속에서도 인간은 계속 사고하고 있는 것이다. 그러므로 전통과 관습을 지키고 습관적으로 행동한다고 해서 천편일률적인 삶을 사는 것도 아니고 새로운 삶의 방식에 무감각한 것도 아니다. 전통과 관습 속에서도 다양하고 자유로운 삶이 보장된다.

오크쇼트는 도덕교육에의 전통주의적 접근을 강력하게 주장한다. 그의 입장은 반성적 능력이 미처 충분하게 발달하지 못한 어린이들이 어쩔 수 없는 과정으로 습관적 도덕성을 가진다는 입장과 전적으로 다르다. 합리적 사고의 능력이 발달된 경우에도 정서와 행위의 습관으로서의 도덕성을 습득하도록 교육해야 한다는 것이 그의 주장이다. 반성적 사고를 통하여 옳은 것이 무엇인지는 판단할 수 있지만, 안다는 것이 곧 실천한다는 것을 보장하지 못한다. 도덕적 행위의 실천만이 도덕적 삶을 보장한다. 실천을 위해서는 도덕적인 것을 좋아하는 정서를 가져야 하는데, 그러한 정서는 습관적으로 행동함으로써 친숙해져 있을 때 생길 수 있다. 사람은 모방을 통해 행위하기 시작한다. 그러한 모방의 계속적인 반복은 습관(성품)을 이루고, 습관은 주저함이 없이 어떤 행동을 할 수 있게 한다. 개인이 도덕적인 행동을 계속 해봄으로써 도덕적인 행동에 친숙하게 되고, 도덕적인 행동에 친숙하다는 것은 도덕적인 것을 좋아하는 도덕적 정서가 형성되었다는 뜻이 된다. 결국 도덕적인 것을 좋아하기 때문에 도덕적인 행동을 할 수 있게 되는 것이다. 그런데 개인이 습득한 행위 습관에는 사회의 전통이나 관습이 내재되어 있다. 결국 도덕적 행동을 친숙하게 여긴다는 것은 결국 관습이나 전통을 친숙하게 여기는 것이다. 개인은 관습이나 전통에 따른 행동을 함으로써 사회의 일원으로 인정받을 수 있게 된다. 감정과 행동을 습관화한다는 것은 사회의 행위 전통을 습관화하는 것이다.

'도덕적 기준의 반성적 적용'으로서의 도덕적 삶(=합리적인 도덕적 삶)은 인간 이성의 능력을 신뢰한다. 여기서 인간은 자신이 처한 상황을 인식하고 판단하여 행동할 수 있는 유일한 존재, 즉 호모사피엔스로 간주된다. 전통과 관습 그리고 습관적 행위는 합리적인 도덕적 삶에 장애가 된다. 그러한 것들은 항상 불완전한 것이며, 오로지 이성만이 완전성을 약속해준다고 생각한다. 도덕적 행위의 출발점은 합리적 판단이며, 도덕 교육의 시작은 전통과 관습을 부정하는 것으로 이루어진다.

그의 설명에 의하면, 합리주의자들은 근본적으로 모든 사태로부터 독립된 마음을 상정한다. 즉, 이성의 권위를 제외하고는 어떠한 권위에도 복종하지 않고 그래서 권위로부터 자유로운 마음을 상정한다. 그들은 권위, 편견 그리고 단순히 전통적

이고 관습적인 혹은 습관적인 것들을 모두 적대시한다. 그들의
마음의 상태는 회의적인 동시에 낙관적이다. 어떤 신념, 관습,
믿음도 그가 따져 묻거나 그가 이성이라고 부르는 것으로 심
판할 수 없을 만큼 확고하고 보편적인 것은 없다고 생각하기
때문에 회의적이라고 하며, 사물의 가치, 의견의 진실성, 행위
의 적절성을 결정해주는 데 결코 그의 이성의 능력을 의심하
지 않기 때문에 낙관적이라고 한다.10) 합리주의자들에게 전통
과 관습은 결코 믿을 만한 것이 못 된다. 그것이 수세대 동안
이어져 왔다고 해서 또는 지금 존재하고 있다고 해서 가치 있
는 것이 되지 않는다. '익숙한' 것이라고 해서 어떤 가치를 가
지는 것도 아니다. 따라서 어떤 것도 이성의 엄밀한 심판을 벗
어날 수 없다. 그는 경험의 축적이라는 것은 모르며, 과거란 단
지 그에게 장해물일 뿐이다. 그래서 거의 시적인 환상을 가지
고 그는 매일 매일을 마치 그의 새로운 날인 것처럼 살려고 애
쓰기 때문에 습관을 갖는 것은 곧 실패라고 믿는다.11)) 전통에
대한 합리주의자들의 불신은 합리적 행위란 어떤 행위인가에
대한 그들의 생각에서 드러난다. 그에 의하면, 영국의 빅토리
아 시대에 만들어진 불루머(Bloomer)라는 옷은 그 당시 '합리
적인 옷(rational dress)'으로 간주되었다. 그때까지 사람들은
관례적으로 여성은 치마를 입어야 한다는 '편견'에 사로잡혀
있었다. 그런데 당시 자전거 타기가 유행했다. 치마를 입고 자
전거를 타는 것은 매우 불편한 일이었다. 이러한 불편을 개선
하여 자전거를 편하게 탈 수 있도록 만들어진 옷이 불루머였
다. 그리고 합리주의자들은 불루머가 합리적인 것이 되기 위하

---

10) Michael Oakeshott, "The Tower of Babel", *Rationalism in Politics and other essays* (London : Methuen & Co. Ltd., 1962), pp. 1-2 참고.
11) 위의 책, p. 4 참고.

여 어떠한 제작 과정이 진행되었는지에 대하여 나름대로의 생각을 갖고 있었다. 먼저 그들은 현재 문제가 되는 것에 관심을 집중시킨다. 즉, 치마를 입고서는 자전거 페달을 돌리기가 매우 불편하다는 사실에 모든 관심을 집중시킨다. 그리고 그것 이외에 고려해야 할 부분이 있다면 현재 출시되고 있는 자전거 형태와 인간의 신체 구조뿐이다. 반면, 그 외의 나머지 고려 사항들은 모두 제거되어야 한다. 왜냐하면 현재 만들고자 하는 옷의 합리성을 결정하는 데 그것들은 아무 쓸모가 없기 때문이다. 그리고 특히 옷을 만드는 디자이너는 여성 옷과 관련된 기존의 편견이나 관습 혹은 관례 등에 얽매여서는 안 된다. 합리성의 관점에서 보면 이것들은 제약 조건들이기 때문이다. 결과적으로 이러한 목적을 달성하기 위하여 제일 먼저 취해야 할 조치는 완전히 마음을 비우는 것, 즉 마음속의 편견들을 모두 제거하는 것이다. 물론 역학이나 골상학 같은 어느 정도의 지식이 이를 위해서 필요하다. 그러나 인간이 쌓아올린 대부분의 지식들은 지금의 목적을 달성하는 데 방해가 되는 것으로 이해된다. 따라서 그런 것에 마음을 빼앗겨서는 안 된다. 만일 이 옷을 만드는 데 투자한 사업가가 있다면 그는 영국인보다는 중국인을 디자이너로 고용하려 할 것이다. 왜냐하면 중국인은 영국인이라면 응당 신경 쓸, 쓸데없는 고려 사항들에 현혹되지 않을 것이기 때문이다.12)

합리주의자들이 블루머를 '합리적인 옷'으로 생각하는 가장 결정적인 이유 중의 하나는 그것이 기존의 편견이나 관습과 관행 같은 전통에서 벗어나 있다는 점이다. 만일 그것이 기존의 편견이나 관습과 관례 같은 전통에 얽매인 상태에서 나온

---

12) Michael Oakeshott, "Rational Conduct", *Rationalism in Politics and other essays* (London and New York : Methuen & Co. Ltd., 1962), pp. 81-82 참고.

것이라면 실패라고 그들은 생각한다. 기존의 전통으로부터 완전히 자유롭지 못했기 때문이다. 이 점에서 그들은 합리성을 결정하는 데 전통은 아무런 역할도 하지 않으며, 오히려 그것으로부터 벗어나는 것이 합리적이라 생각한다. 따라서 합리주의자들은 전통에 대해서는 결코 신뢰하지 않는 것이다.

합리주의자들에 의하면, 인간은 행위의 출발점으로 이성의 힘을 가진다. 그것은 추론하고 명제를 만들고 조작하는 능력을 말한다. 그리고 이 힘은 인간이 가지고 있는 다른 어떤 힘과도 독립된 것으로서 인간 행위의 출발점이 된다. 또한 이 힘은 전통으로부터 전적으로 독립되어 있으며, 그 힘을 통해 이루어진 행위 그 자체로부터도 완전하게 독립되어 있다. 그리고 사람들은 모두가 공통적으로 이 힘을 갖고 있기 때문에, 이 힘의 발휘는 동일한 결론과 동일한 형태의 행위로 귀결될 수 있다.[13]

합리주의자들은 이 힘을 '이성(reason)'이라고 부르며, 마음의 천부적인 구성 요소로 생각한다. 그리고 이러한 생각은 아주 자연스럽고 불가피하게, 이성을 포함하는 마음은 그 내용 혹은 행위와는 분리된 채 그것들과 동등한 차원에서 존재하는 '일종의 장치'나 '중립적인 도구'라는 생각으로 이어진다. 즉, 인간의 마음은 경험을 다룰 수 있는 독립된 도구다. 신념, 관념, 지식과 같은 마음의 내용물과 특히 세상에서의 인간의 활동들은 그 자체가 마음이나 마음의 구성물이 아니라 마음이 애써서 나중에 얻게 된 것, 즉 정신 활동의 '결과물'로 간주된다. 마음은 지식을 획득할 수도 있으며 신체 활동을 일으킬 수도 있다. 그러나 그것은 모든 지식을 다 빼고 나서도 그리고 모든 활동을 제거하고 나서도 존재할 수 있는 무엇이기도 하다. 그리고 그것이 지식을 획득하거나 활동을 불러일으키는 경

---

13) 위의 책. pp. 85-86 참고.

우에도 여전히 그것은 그것이 획득한 내용물이나 활동과는 독립되어 존재한다. 지식을 채워넣는 일이 이따금씩 생기는 것에 비해 마음은 꾸준히 항구적으로 존재하는 그 무엇이다. 그리고 마음은, 비록 선천적인 것임에도 불구하고 '그 자체로' 훈련될 수 있는 것이다. 몸을 단련하는 것과 같이 마음도 순수하게 기능적인 훈련을 통해 단련할 수 있다는 것이다. 마음은 그것이 이미 습득한 경향들이나 지식과 같은 것에 오염되지 않아야 한다. 완전히 텅 비고 자유로운 마음, 즉 기질(경향)로부터 해방된 마음이 진리를 받아들이기 쉽고, 편견과 같은 것을 저 멀리 쫓아버릴 수 있기 때문이다. 그래서 특정 지식이나 쓸데없이 일정한 기질을 형성시키는 훈련보다는 순수하게 형식적인 훈련이 더 우수한 것으로 간주된다. 마음이 어떤 기질이나 지식에 이미 오염되어 있을 경우에는 먼저 그것을 완전하게 제거해야 한다. 그래서 '정화'된 깨끗한 마음에서 새롭게 시작해야 한다.14)

그런데, 합리주의자들은 내용으로부터 분리된 마음과, 마음의 훈련을 위한 형식적 절차적 원리를 강조하기도 하지만, 도덕교육의 내용인 도덕적 지식으로서 실질적인 규범이나 원리를 내세우기도 한다. 그리고 도덕적 지식으로서의 규범이나 원리가 인간의 도덕적 행위를 안내할 것이라고 생각한다. 그래서 도덕교육에의 합리주의적 접근은 마음의 훈련보다는 오히려 도덕적 이상과 도덕적 규범의 적용에 더 많은 관심을 가지는 것 같다.

반성적 사고를 통해 도덕적 기준을 상황에 적용한다는 것은 단순히 생각하는 것 이상의 능력을 요한다. 사실, 도덕적 이상과 규범들이 우리에게 너무 익숙하여 그것에 관한 반성적 사

---

14) 위의 책, pp. 86-87 참고.

고가 습관적 혹은 전통적 방식의 사고일 수도 있고, 하나의 도덕적 이상이 성격의 유형으로 표현될 수도 있으며, 행위라는 것이 그러한 이상적 성격을 상황에 적용하는 것일 수도 있다. 그러나 이러한 점은 이상과 규범 자체에 대해서 '그때 그때(ad hoc)' 반성할 필요성을 없애주지만, 역시 한 행위를 하기 위해서 그 문제로서의 상황을 도덕적으로 해결할 수 있는 도덕적 기준을 찾아내고 또 그것을 적용해야 하고, 권리나 의무를 행위로 번역하는 문제는 남는다.15) 합리적인 도덕적 삶을 위해서 사람들은 항상 모든 상황들과 그것들에 적용할 도덕적 기준들을 끊임없이 해석하여야 한다. 따라서 도덕적 이상이나 규칙들에 대한 지식이 요구된다. 그리고 행위하는 것 외에 자기가 한 행위의 당위성을 설명할 수 있어야 한다.

　　오크쇼트는 이러한 합리적인 도덕적 삶은 다른 종류의 교육에 달려 있다고 말한다. 도덕적 이상이나 규칙에 관한 필요한 지식을 습득하기 위해서는 행위 자체의 실천과 관찰 이상의 어떤 것이 필요하다는 것이다. 첫째, 도덕적 이상들 자체를 탐색하고 평가하는 지적 훈련이 필요하다. 이 훈련을 통해 도덕적 이상들은 특정한 행위들 속에서 발견되는 그것들의 불완전한 표현들로부터 분리된다. 둘째, 도덕적 이상들을 지적으로 관리하는 기교를 훈련해야 한다. 셋째, 구체적인 상황에 그 이상을 적용시키는 훈련이 필요하다. 이 훈련은 교육의 목적을 달성시킬 수단을 선택하는 기교의 훈련이다. 이러한 과정의 도덕교육은 누구나 소화해낼 수 있을 정도로 쉬운 것이 아니며, 합리적인 도덕적 삶을 누구나 공유할 수 없는 것이다. 그는 스피노자의 말을 인용하면서 이 점을 말한다. 즉, 완벽하게 훈련된 도덕적 판단을 습득하게 하는 대신에 삶의 규칙들을 암기

---

15) 위의 책, p. 67 참고.

하고 그것을 은연중에 따를 수 있도록 할 수 있는 능력을 부여하고 그 선택의 이상적인 근거를 이해하게 한다면 목표를 이루지 못한 교육으로 간주되어야 한다. 한 사람의 철학자의 어떤 것을 공유할 수는 있지만 누구도 합리적인 도덕적 삶을 공유할 수는 없는 것이다. 즉, 그 교육의 목표는 공동으로 개발된 반성적 능력들로부터 이루어진 개인적 행위다.16) 모든 사람들이 합리적인 도덕적 삶을 살기 위해서는 이러한 고도의 지적인 교육을 받아야 한다면, 그것은 자연스럽게 이루어질 수 있는 것은 아니고 강제되어야 하는 교육이다.

모든 사람들이 매순간마다 자신이 행하고 있는 것이 어떤 행위인지 그리고 왜 그렇게 행위하는지를 정확하게 알게 되는 도덕적인 삶은, 개인의 관점에서도 사회의 관점에서도 위험을 지닌다. 그러한 삶은 사람들이 상당한 신뢰를 가지고 있어야 이루어질 수 있다. 그런데 신뢰는 반성적 사고의 과정, 즉 이상과 규범을 합리적으로 적용시키는 기교에 주어지기보다는 오히려 도덕적 이상들이나 규범들에 대해서 주어진다. 이상들을 적용시키는 기교를 가르치는 것과 그것을 배우는 것은 더욱 어려운 일이다. 그래서 이상과 규칙에 대한 가르침이 도덕교육에의 합리주의적 접근의 가장 성공적인 부분이라고 기대된다. 그런데 도덕적 이상들에 대한 '생각'의 확실성과 함께 '행위'의 불확실성이 기대된다. 끊임없이 행위를 분석하는 것은 도덕적 습관에서의 편견을 불식시키는 데 멈추지 않고 도덕적 행위 습관 자체를 해칠 수도 있다. 그리고 도덕적 반성은 도덕적 감수성을 억제할 수도 있다. 더욱이 도덕적 이상을 '자기-의식적으로' 추구한다는 것은 모든 순간에 완전성을 준거로 행위를 결정하기 위해 그 행위를 실천하는, 그런 사람을 요구한다. 행

16) 위의 책, pp. 67-68 참고.

위를 안내하는 것이 도덕적 규칙이라면 그것이 완전성을 의미하는 것이 아니고, 다만 그것이 요구하는 행위와 그 상황에서의 완전한 도덕적 대응 사이를 조정한다. 그러나 그것이 도덕적 이상인 경우에는 완전성의 비전을 벗어날 수 없다. 합리적인 도덕적 삶의 사회는 덕을 지름길로 찾기를 요청하며, 멀리 내다보는 도덕적 비전을 요구한다. 그리고 그러한 삶을 누리는 사람들에게 강렬한 도덕적 경쟁을 자극한다. 여기서는 도덕적 괴짜가 사회 안정의 대리 피해자가 아니라 지도자와 안내자로서 인정된다. 뿐만 아니라 이상의 도덕성은 거의 자기 수정의 힘이 없다. 그것의 안정성은 융통성이 없고 변화에 둔감하기 때문에 생긴다. 물론 이상들은 해석되기는 하지만 그 해석은 닫혀 있고 엄격하다. 그것은 변화에 저항하는 큰 힘을 가지고 있기는 하지만 그 저항이 무너지면 변화가 아니라 혁명, 즉 거부와 대체가 일어날 것이다. 모든 도덕적 이상들은 하나의 사로잡힘이다. 그래서 그것들을 추구하는 것은 일종의 우상 숭배다. 전체적인 체계 속에서 각 이상들이 차지하는 위치와 중요성을 지적으로 이해하는 더 근본적인 반성에 의해 이 점은 점검받을 수 있지만, 그러한 지적인 이해는 얻기 힘든 것이다. 그리고 종종 하나의 이상을 지나치게 추구하는 것은 다른 것들을 배제하는 결과로 이어진다. 예를 들어, 정의를 위해서 자비를 잊게 된다. 환멸로 이어지지 않는 이상의 추구는 없다. 모든 찬양할 만한 이상들은 덜 찬양할 만하지 않는 상대를 가진다. 합리적인 도덕적 삶을 살아가는 사람들은 이상들을 적절한 형태의 행위로 번역하는 과제뿐 아니라 도덕적 행위를 하기 전에 이상들의 언어적 갈등을 제거해야 하는 과제를 지닌다. 갈등하는 이상들은 언어적이고 이론적인 화해를 요한다. 그러한 이상들을 추구한다는 것은 개인에게는 일종의 도박이며 위험

스럽고, 사회에게는 어리석은 짓이며 파멸을 초래할 수 있는
것이다.

3. 습관적인 도덕적 삶과 합리적인 도덕적 삶 :
   도스토예프스키의 『죄와 벌』

도스토예프스키의 『죄와 벌』17)에 등장하는 주인공 라스콜
리니코프는 선을 추구하면서 가난한 사람들의 고통을 덜어주
지만, 전당포 주인 노파를 도끼로 살해하고 잘못을 깨닫지 못
하는 사람이다. 그는 자신의 삶의 의미보다는 도덕적 이론과
그것에 대한 이해에 몰입하는 사람이기 때문이다. 즉, 합리적
인 도덕적 삶을 추구하는 사람이다. 그의 삶은 의무 윤리나 공
리주의와 같은 도덕 이론들에 포함된 문제점들을 예증한다. 특
히, 그런 삶의 실패가 가져오는 문제점들을 잘 보여준다.

라스콜리니코프는 주인에 의해 잔인하게 채찍질당하고 죽
어가는 늙은 암말에 대한 꿈을 꾸고 나자, "그는 온몸을 두들
겨 맞은 듯했다. 마음속은 어수선하고 어두웠다."(69) 그러나
그는 다시 전당포 주인을 살해할 것을 다음과 같이 생각한다.

"맙소사!" 하고 그는 부르짖었다. "그래, 그래 나는 정말로 도끼를
내둘러 그녀의 머리통을 깰 작정인가, 두개골을 산산조각으로 만들
작정인가 … 끈적끈적하고 뜨뜻한 핏속을 미끄러지며 자물쇠를 부수
고 도둑질을 할 것인가? 그리고 전율하면서 온통 피투성이가 된 몸
을 숨길 것인가? … 도끼를 가지고 … 맙소사, 정말 그런 짓을 할 작

---

17) 도스토예프스키 지음 · 오재국 옮김, 『죄와 벌』(서울 : 삼성출판사, 1976)(인
용의 경우 본문 속에 쪽수를 표기함).

정인가! … 어제, 어제도 … 실제로 답사하려고 갔을 때, 도저히 해낼
수 없다는 것을 완전히 깨닫지 않았든가 … 나는 무엇을 망설이고 있
다는 말인가? 어제 충계를 내려오면서도 나는 자신에게 이렇게 말하
지 않았든가, 그건 비열하고 몸서리나고 타락한, 타락한 짓이라고 …
그 일을 제정신으로 생각만 해도 난 메스꺼워지고 소름이 끼치고 하
지 않는가. … 아니, 난 그건 할 수가 없어. 도저히 난 할 수가 없어!"
(69-70)

그러나 그는 자신의 정서들에 의해서 전달되는 도덕적 이해
를 무시한다. 그리고 공리주의의 이론을 시행하기 위해서 합리
적 삶과 정서적 삶을 분리시킨다. 지적인 신념과 가치에 몰두
하자마자, 그는 죽일 수 있는지 자신의 능력에만 관심을 집중
시킨다.

그는 전당포 주인을 살해함으로써 가지게 될 더 큰 이익에
관한 다음과 같은 대화들을 엿듣는다. 즉,

"난 그 망할 노파를 죽여버리고 그 돈을 몽땅 빼앗아도, 절대 양심
의 가책이 될 게 없다고 생각하네. … 학자금이 없기 때문에 공연히
좌절되어 있는 성실한 젊은이들이 도처에 있어요. 수도원에 묻히게
될 그 노파의 돈만 있다면 백 가지, 천 가지의 훌륭한 일들을 성취하
거나 일으켜 세울 수도 있단 말이야! 그걸로 아마 수백 수천의 생명
이 올바른 길로 나아갈 수도 있고, 또 수십의 가정이 빈곤, 파멸 …
등에서 구제될 수 있을 거야. —이런 일을 모두 그 돈으로 할 수가
있단 말이야. 그녀를 죽여서 그 돈을 빼앗고, 하지만 그것을 모든 인
류를 위한 봉사, 공동의 사업을 위한 봉사에 바친다는 조건부로 말이
야. 어때, 하나의 사소한 범죄는 수천의 좋은 일로 씻어질 수는 없을
까? 단 하나의 생명에 의해 수천의 생명이 타락과 부패로부터 구제
될 수 있다면, 하나의 죽음이 백의 생명으로 바꾸어지는 거다. —이
건 간단한 산수 문제가 아닌가!"(75)

이 대화 내용은 라스콜리니코프의 "다음 행동에 비상한 영향을 주게 되었던 것이다."(76) 그는 공리주의가 윤리적인 것으로 제시하는 최대 다수의 최대 행복에 관심을 집중시킨다. 그에게는 도덕 이론이 도끼로 노파를 죽이는 일의 공포를 압도한다. 그가 공리주의적 계산을 시행할 수 있고 전당포 주인을 살해하려는 계획을 지속할 수 있기 위해서 메스껍고 소름끼치는 정서는 염두에 두지 않는다. 그는 도덕 이론에 관한 잘못된 이해 때문에 살인한 것은 아니다. 그가 살해하기 이전에 그것이 악한 짓이라는 점을 이해했을지라도, 그 이해가 그의 행위를 통제하지 못했다. 그는 분명히 '평범한' 사람들은 그것을 그릇된 것이라고 생각할 것을 알고 있었고, 그들의 생각이 잘못이라고 생각하지 않았다. 그는 자신은 평범한 고려에 의해 축소될 필요가 전혀 없는 비전을 가진 '비범한' 사람이라고 생각했다.

그는 자신이 발표했던 논문을 통해 자신이 어떤 사람인가를 설명한다. 즉,

"'비범한' 사람은 어떤 장애를 넘어서는 걸 자기 양심에 따라 스스로 허락할 권리를 가지고 있습니다. … 제 생각으로는 만일 케플러나 뉴턴의 발견이 어떤 상황에 의해 한 사람의 생명을 혹은 열 사람의, 백 사람의 또는 그 이상의 방해자의 생명을 희생을 하지 않고서는 아무래도 세상에 알릴 도리가 없다면, 그런 경우 뉴턴은 자신의 발견을 온 인류에 보급하기 위해, 그 열 사람이나 백 사람을 '제거할' 권리가 있을 겁니다. 아니 그렇잖으면 안 될 의무가 있을 겁니다. … 솔로몬, 마호메트, 나폴레옹 등, 이런 사람들은 모두 예외 없이 새로운 법을 제정하고, 그걸 시행함으로써 종래의 사회에서 신성시되어 오고, 조상 때부터 시행되던 낡은 법을 파기했습니다. 그런데 그것 하나만으로도 그들은 이미 훌륭한 범죄자인 겁니다. 따라서 그들은

물론 자기를 위해 피를 흘려야 할 때는 유혈의 참변도 주저치 않았습니다. 설사 그 피가 때로는 전혀 무가치한 것이든, 낡은 법을 위해 용감히 흘린 것이든 간에 말입니다. ⋯ 사람은 누구든지 위인만이 아니라 조금이라도 범속의 궤도를 벗어난 사람은, 뭔가 좀 새로운 걸 말하는 재주가 있기만 하면, 그 천성에 의해서 반드시 범죄자가 되지 않을 수 없는 겁니다. ⋯ 사람은 자연의 법칙에 의해, 대략 두 범주로 나눠집니다. 즉, 자기와 동등한 걸 생식하는 것 이외엔 아무런 능력도 없는, 말하자면 그저 재료에 불과한 저급한(평범한) 족속과 또 하나의 참된 인간, 즉 자기의 사회에서 '새로운 말'을 만들어내는 천부의 재능을 지닌 사람들로 나눠진다는 겁니다. ⋯ 첫째의 범주, 즉 재료는 대체로 보수적이며, 행실이 올바르고 복종심이 있어서 복종하기를 좋아하는 사람들입니다. ⋯ 둘째 범주는 모두가 법률을 짓밟는 파괴자이거나 그런 경향을 지니고 있는 사람들입니다. ⋯ 이런 인간의 범죄는 ⋯ 기존 질서의 파괴를 요구하고 있습니다. 그래서 만일 자기 사상을 위해 시체나 피를 밟고 넘어가도록 허락된 사람으로 생각합니다."(260-261)

그는 노파의 살해를 하나의 장애물로 간주하고, 그것을 밟고 넘기를 원한다. 그것은 그에게 일종의 도덕적 장애물이었다. 그는 그 도덕적 장애물을 평범한 사람들이 너무 소심하게 혹은 신경질적으로 도전하지만, 비범한 사람은 건널 수 있는 어떤 것으로 생각했다. 그리고 그는 도덕적 장애물을 밟고 넘어서서 전당포 주인을 죽일 수 있는 용기를 가진다면, 그는 비범한 자신을 확인할 수 있다고 생각했던 것이다. 그래서 그는 열심히 끈질기게 다음과 같이 생각한다. 즉, '노파 따위는 아무 것도 아니다! 노파는 어쩌면 과실이었는지도 모르지만, 하지만 그런 건 문제가 아니다! 노파는 단순한 병이었던 거다. 나는 한시바삐 밟고 넘어가고 싶었던 거다. ⋯ 나는 인간을 죽인 게 아니라 주의(主義)를 죽인 거다! 주의는 죽었지만, 밟고 넘어가지는 못하고 그냥 이쪽에 남고 말았다. … 그저 죽이는 일만 해 치운 거다.'(275) '비범한' 사람, 훌륭한 범죄자의 범주에 속한 다고 생각하는 그는 직접 다음과 같이 말한다. 즉,

"사실대로 말하지만, 난 나폴레옹이 되고 싶었어, 그래서 사람을 죽인 거야. … 가령 내 위치에 나폴레옹이 있었다고 하자. … 그 노파 의 트렁크 속에서 돈을 꺼내기 위해선(입신출세 길을 열기 위해서 야, 알겠지?) 노파를 죽이지 않을 수 없었다면 — 그것밖에 딴 방도 가 없었다면, 그는 그것을 단행했을까? … 끔찍스러운 죄라고 해서 망설이지 않았을까? … 난 이 '문제'로 무척 오랫동안 고민해왔어. 그 러다가 겨우(어쩌다 우연히), 나폴레옹 같으면 그런 주저는커녕 위 대하지 못하다느니 하는 건 꿈에도 생각하지 않았을 거야. … 도리어 그런 걸 망설여야 할 이유도 몰랐을 것이다. 여기에 생각이 미쳤을 때 나는 한없이 부끄러울 지경이었어. 만일에 다른 방도가 없었다면, 나폴레옹은 물론 우물쭈물 생각에 잠길 것도 없이 단숨에 목을 졸라 죽였을 거다! 그래서 나도 … 깊이 생각 하는 걸 집어치우고 … 단숨 에 해치운 거야."(414)

그러나 라스콜리니코프는, 나폴레옹 같으면 그런 짓을 했을 까 어땠을까 하는 문제로 그토록 오랫동안 고민한 자신을 보 면서, 자신은 나폴레옹이 아님을 명확히 느꼈고, 반성의 괴로 움을 겪었고 이제 고민을 털어버리고 싶은 심정을 가지고 있 음을 쏘냐에게 고백한다. 그리고 "도대체 나는 노파를 죽인 걸 까? 아냐, 나는 나 자신을 죽인 거야. 노파를 죽인 게 아니야! 나는 단숨에 영원히 나 자신을 죽여버린 거야"(419)라고 말한 다. 비범한 사람으로서 합리적 도덕성을 추구하고자 하는 사람 은 결국 인간적 삶의 길을 포기하는, 즉 자신을 죽이는 일임을 그는 깨닫는다.

스스로를 비범인이라고 여길 정도로 자부심이 대단한 똑똑한 청년, 탁월한 심리 분석의 소양을 겸비한 수사관의 끈질긴 유도 심문에도 조금의 허점을 보이지 않을 정도로 똑똑한 청년이, 자기가 지은 살인죄를 쏘냐에게 고백한다는 것은 상식적으로는 이해하기 힘들다. 그녀는 그리스도의 구원을 조금의 회의도 없이 굳게 믿는 여자다. 불행만을 겪고 있는 상황에서도 스스로의 구원을 믿는 여자다. 그리고 그녀는 자신과 가족의 생계를 위하여 자신의 몸을 팔고 있는 사람이다. 그러나 그녀는 순결한 영혼과 도덕적 성품을 지니고 습관적인 도덕적 삶을 살고 있는 사람이다. 즉, 자연스럽게 형성된 자신의 인격에 따라 도덕적 삶을 살고 있는 사람이다. 그녀는 삶의 원리나 이상에 관하여 성찰하는 모습은 보여주지 않는다. 그녀에게 중요한 문제는 어떤 행위가 옳은 것인가, 어떤 규범을 따라야 하는가가 아니고 어떤 사람이 되는가, 어떤 성품이나 인격을 가진 사람이 되는가다.

전당포 주인 노파를 살해했다는 사실보다는 범죄를 저지른 사람이 어떤 사람으로 경신하는가에 더 많은 관심을 가진 사람이 쏘냐다. 범죄 사실을 고백한 후 자신을 대하는 그녀의 모습을 보면서, 지금까지 이성적인 삶에 몰입했던 라스콜리니코프가 처음으로 감정의 중요성을 깨닫고 한 가닥 희망을 느낀다. 쏘냐가 그에게 느끼고 깨닫게 한 것은 '진정한 사랑'이었을 것이다. 사랑을 해야 할 특별한 이유들을 따져보지 않고, 언제나 어디까지나 함께 할 수 있고자 하는 것이 진정한 사랑임을 보여준 것이다.

그녀는 … 저도 모르게 그의 앞에 무릎을 꿇었다. "아, 어쩌자고 당신은 그런 짓을 했어요!" 하고 그녀는 절망적으로 외쳤다. 그러고 재빨리 일어나 그의 목에 매달려 두 손으로 꼭 껴안았다 ….

"당신은 참 이상한 여자야, 쏘냐 — 내가 '그런 말'을 했는데 끌어안고 키스를 하다니. 당신은 아마 제정신이 아닌가보군."

"아네요. 이 순간 이 세상에서 당신보다 더 불행한 사람은 없어요!" 그녀는 … 흐느껴 울기 시작했다.

일찍이 한 번도 경험하지 못한 감정이 그의 가슴에 파도처럼 밀려와 점점 그의 마음을 부드럽게 해주었다. 이제 그는 더 이상 그 감정에 반항하려 안 했다. 눈물 두 방울이 눈에서 흘러나와 속눈썹에 맺혔다. "그럼 당신은 나를 버리지 않는 거지, 쏘냐?" 한 가닥 희망을 느끼며 그는 그녀의 얼굴을 들여다보고 물었다.

"네, 네, 언제까지나, 어디까지나!" 쏘냐가 외쳤다. "난 당신을 따르겠어요, 난 어디라도 가겠어요! …"(410-411)

쏘냐는 자신이 사랑하는 사람이 잘못의 적절한 이유들을 대면서 변명하기보다는 자수를 하고 응당한 벌을 받고 새로운 사람으로 다시 태어나기를 바란다. 공리주의의 입장에서는 미래에 어떤 영향을 미칠 것인가에 따라 행위의 옳고 그름이 결정된다. 죄를 인정하고 뉘우쳐야 하는 것도 벌을 적게 받고 그래서 더 나은 세계를 가질 것이기 때문이다. 그러나 쏘냐는 결코 유용성에 관심을 두지 않았다. 그녀는 단지 인간됨에 관심을 두었다. 그리고 그녀는 자신이 사랑하는 라스콜리니코프를 구원할 수 있는 방법이나 자신의 역할에 대해서 생각하지 않는다. 단지 그 자신이 자신을 구원하는 데에만 관심을 가진다. 그래서 그녀는 "자, 이제 난 어떡하면 좋을까"라는 그의 질문에 다음과 같이 대응한다. 즉,

지금까지 눈물이 글썽거리던 그녀의 눈이 갑자기 빛나기 시작했다. "일어나세요!"(그의 어깨를 잡았다. 그는 깜짝 놀라 그녀를 쳐다

보면서 몸을 일으켰다.) "지금 곧 나가서 네거리에 서세요. 그리고 거기 엎드려서 우선 당신이 더럽힌 대지에 키스하세요. 그 다음에 사방으로 돌아가며 온 세계를 향해서 절을 하고, 똑똑히 들리게 큰소리로 '나는 사람을 죽였습니다!'라고 말하세요! 그렇게 하시면 하느님께서 당신에게 다시 생명을 내려주실 거예요 …." "당신은 징역 얘길 하고 있는가보군, 쏘냐? 자수라도 하라는 건가?" 그는 침울하게 물었다. "고통을 받으며 그것으로 자신을 속죄하는 거예요, 그렇게 해야 해요."(419-420)

결국 그는 광장 한복판에 무릎을 꿇고 땅바닥에 머리를 굽혀, 환희와 행복을 느끼면서 그 더러운 대지에 키스했다. 그리고 곧장 자수를 하였다. 그리고 차디찬 시베리아로 수형자의 길을 떠난다. 쏘냐도 그를 따라서 시베리아로 간다. 라스콜리니코프는 감옥에서 붙임성 없는 성격 때문에 동료 죄수들과 다투고 왕따를 당하다 끝내 병까지 얻는다. 설상가상으로 쏘냐도 병이 든다. 겨우 병상에서 일어난 그녀는 그를 찾는다. 삭막하고 황량한 시베리아까지 온 목적이 거기에 있었기 때문이다. 그녀를 본 라스콜리니코프는 진정으로 끓어오르는 뉘우침을 느끼며 그녀의 발치에 쓰러져서 서럽게 운다. 범죄자의 모습이 아닌 범죄자가 아닌, 자신만이 스스로 인정하는 죄를 깨달아 구원을 받은 그는 그녀를 사랑하게 되고 그녀와 함께하는 그의 새로운 미래를 꿈꾼다.

그들은 무슨 말을 하고 싶었으나 할 수가 없었다. 두 사람의 눈에는 눈물이 고였다. 그들은 둘 다 창백하게 여위어 있었다. 그러나 그 병들어 지친 파리한 얼굴에는 새 생활을 향하는 가까운 장래의 갱생, 완전한 부활의 서광이 이미 빛나고 있었다. 사랑이 그들을 부활시켰던 것이다. 그들의 마음은 서로 상대방의 삶을 위한 마를 줄 모르는

생명의 원천이 되었다. … 그는 다만 느꼈을 뿐이다. 이론 대신에 생활이 있었다.(546-547)

쏘냐는 선과 악을 구분하지 못했던 것이 아니다. 그녀는 이론에 의지하거나 이론이 제공하는 객관적인 내용에 의지하지 않고 선과 악을 명백하게 이해했던 사람이다. 도덕적 지식이나 신념을 가졌느냐에 따라 선한 사람과 악한 사람이 구분되지 않는다. 그녀의 선악 관념에는 비슷한 상황에서 다른 사람도 그렇게 행위하거나 하지 않을 것이라는, 보편화 가능성의 원리 (=의무 윤리)나, 미래의 결과에 좋은 영향을 미친다는 유용성의 원리(=공리주의)는 전혀 포함되지 않았다. 그녀는 지식이나 신념에 따라 행위하지 않았다. 그녀는 사랑과 성실의 성품에 따라 습관적으로 자연스럽게 행위했다. 그녀의 행위의 동기는 자신과 다른 사람들에 대한 진정한 사랑이었다. 그녀는 사랑이 도덕의 본질임을 잘 알려주는 인물이었다.

4. 결론

도덕교과교육에의 합리적 접근은 습관적 도덕성을 극복하고 자율적 도덕성을 추구하고자 한다. 자율성은 전통과 습관에 대한 불신의 표현이다. 자율성을 유지하기 위해서는 기존의 전통과 습관으로부터 벗어나는 것이 필요하다. 그것은 자율성에 방해물일 뿐이다. 자율성은 개인이 이성적 존재이기 때문에 가능한 것이다. 습관을 선택하든지 이성을 선택하든지 양자택일을 해야 하고, 바람직한 것은 이성을 선택해야 한다는 것이다.
그러나 합리적 접근은 습관의 의미를 크게 오해한다. 습관과 이성은 양자택일의 관계가 결코 아니다. 즉, 이성에 이미 습관적인 요소가 깃들어 있으며, 습관 속에 이미 이성적인 요소가 묻어 있기 때문에, 그것들을 논리적으로는 구분할 수 있지만 사실적으로는 구분할 수 없는 것이다. 따라서 도덕교과교육에의 합리적 접근이나 습관적 접근은 따로 분리될 수 없는 것이며, 통합적인 방식으로 도덕교육이 이루어져야 한다.

전통과 습관 속에는 이성적인 요소가 묻어 있다. 전통과 습관을 따른다는 것은 무조건 맹목적으로 따른다는 의미가 아니다. 전통과 습관이 이루어지는 과정도 이성을 통해 이루어지는 것이며, 더욱이 그것을 따른다는 것도 맹목적으로 따르는 것이 결코 아니다. 거기에는 자기 비판 내지 자기 수정의 힘이 작용한다. 그것은 화석처럼 고정된 것이 아니라 탄력성과 변화 가능성을 지닌다. 스스로 변화할 수 있다는 것은 어떤 기준을 가지고 자기 검토를 할 수 있다는 것이다. 이 경우 기준은 또 다른 의미에서 합리성이라 할 수 있을 것이다. 오크쇼트는 습관이 스스로 변화 가능하고 그래서 이미 이성이 들어 있다는 점을 '박쥐의 맹목(blind as a bat)'이라는 비유를 사용하여 나타낸다.18) 전통과 습관은 장님의 눈과 같이 전혀 상황을 파악할 수 없는 것이 아니며, 습관적인 행위가 결코 맹목적인 행위는 아니라는 것이다. 그것은 박쥐의 맹목과 같다는 것이다. 사람들에게 박쥐는 맹목적이고 어리석게 보일지 모르지만, 동굴 속에서의 박쥐들의 행동은 사람들보다 더욱 정확하고 목적적이다. 마찬가지로 전통과 습관 역시 시공간적 상황에 대응하여 다양한 모습으로 나타나면서 스스로 지속적으로 변화하고 있는 하나의 유기체와 같은 존재로 이해될 수 있다. 상황에의 적절한 대응은 합리적 사고 능력의 산물에 다름 아니다. 따라서

---

18) M. Oakeshott, 'The Tower of Babel', 위의 책, p. 64.

전통과 관습이 자기 비판과 자기 변화를 이루는 데 그 기준과 방향을 제공하는 것이 바로 합리성이라는 것이다.

존 듀이(John Dewey)도 습관의 의미를 새롭게 해석하면서 교육에서의 그것의 중요성을 강조한다. 그는 삶과 교육을 동일한 과정으로 이해한다. 그리고 인간의 성장은 지성적인 습관의 형성을 통해서 가능하다고 주장한다. 그는 성장으로서의 교육 과정 자체가 도덕성을 획득하는 과정이어야 한다고 생각한다. 인간의 삶은 고정되지 않으며 항상 변화하는 것이기 때문에, 도덕교과교육은 고정된 사실 자체를 학습하는 과정이기보다는 문제를 도덕적으로 해결하는 데 필요한 것을 관찰하고 탐구하고 사고하는 방법을 학습하는 과정이어야 한다는 것이다. 그는 도덕적인 삶을 위해서는 단순한 지식보다는 지성적 습관을 통한 실천이 필요하다고 생각한다. 그가 말하는 습관은 지성적 습관을 의미하며, 이 지성적 습관의 형성이 도덕성을 결정짓는다는 것이다. 그래서 "그는 인간은 이성이나 본능의 창조물이 아니고 습관의 창조물이라고 주장한 것 같다."[19]

도덕교과교육에서 습관은 지성적 습관으로서 능동적인 의미를 지닌다. 습관과 이성은 모두 인간의 본성으로서 그것들 간의 상호 작용에 의해서 인간의 행위가 결정된다. 습관은 환경을 변화시키기도 하지만 자신도 고정되지 않고 변화할 수 있는 탄력성을 지니고 있다. 도덕적인 습관이란 지성적 습관으로서, 정해진 규범을 습득해나가는 과정이라기보다는 이전의 경험을 환경과의 상호 작용으로 갱신할 수 있는 능력을 말하는 것이다.

오늘날 우리의 도덕 교과 교육에서 합리적 접근이 주도권을

---

19) John Dewey, *Human Nature and Conduct* (New York : The Modern Library, 1957), p. 125.

상실하였지만, 습관적 접근에 대한 오해도 불식되지 않고 있다. 진정한 통합적 접근의 도덕교과교육을 위한다면 이성적 습관 형성을 통한 교육이어야 할 것이다. 이성적 습관을 성품이라고 부를 수 있다. 성품은 종종 분명하게 정의하기가 어려운 그런 익숙한 말들 중 하나다. 영어 단어 character는 밀랍 판, 보석 원석 혹은 금속 표면 등에 '새기다'는 뜻을 지닌 그리스어 charassein에서 나온 말이다. 그 어원으로부터 개인에게 '새겨진' "행동 양식 내지 도덕적 자질"의 의미를 가지게 되었다. 성품은 도덕적인 이성적 습관들의 총체를 말한다.

생텍쥐페리(Antoine de Saint Exupéry)가 『어린왕자』에서 말하고 있듯이, "오직 마음을 가지고 올바르게 볼 수 있다. 본질적인 것은 눈에는 보이지 않는다." 성품은 그런 본질적인 것들 중의 하나다. 성품은 순수한 이성(=눈. mind)을 통해서는 형성될 수 없는 것이며, 마음(=마음속에 새겨진 습관 내지 이성적 습관. mind & heart)을 통해서만 형성될 수 있다. 도덕적 원리와 규범 이해의 교육은 진정한 도덕교과교육일 수 없다. 원리와 규범들은 우리의 현실에 적용되지 못하고 맴돌기만 한다. 우리는 그것들을 이해하고 동의하고 기억하지만, 항상 상황에 적용되는 것은 아니다. 그러나 성품은 항상 우리와 함께하며, 항상 어떤 상황에서도 즉각적으로 나타난다. 성품은 아무도 보고 있지 않을 때 우리(의 모습)이다.

성품 교육으로서의 도덕교과교육은 이론 교과 또는 도덕적 지식의 전수에 중점을 두는 것이라기보다는 실기 교과로서의 면모를 가져야 한다고 생각한다. 즉, 도덕교육은 미술이나 음악 같은 실기 위주의 교육이어야 한다는 것이다. 이 경우 실기란 도덕적 행위에 해당한다. 미술 교육에서 이론이란, 요리책(=요리 이론)이 요리가 있고 난 후에 만들어지듯, 그림을 그리는 기교를 습득한 후에 그 기교를 정리한 것에 지나지 않듯이, 도덕적 이상과 규범 그리고 그것들에 대한 지식들은 도덕적 행위들이 이루어지고 난 후에 정리된 것에 지나지 않는 것이다. 도덕교육에서 지식의 교육은 이런 차원에서 이루어져야 한다. 이 경우 보편적이거나 객관적인 도덕적 규범이나 지식의 추구는 금물에 해당한다. 사람들이 실질적으로 도덕적 행위를 행하는 이유와 그 방식을 이해하는 식의 도덕교육 내용과 그것을 정당화시키고 설명할 수 있도록 정리하는 식의 도덕교육 내용이 통합적으로 이루어져야 한다. 이런 통합적 도덕교과교육은 이른바 실천적 지혜, 도덕적 감각 내지 감식력을 가지도록 교육하는 것이다.

□ 참고 문헌

도스토예프스키 지음·오재국 옮김, 『죄와 벌』(서울 : 삼성출판사, 1976).

박재주, 「도덕교육에서의 습관과 이성의 패러독스」, 『초등도덕교육』 제6집(한국초등도덕교육학회, 2000. 12).

피터즈, R. S. 지음·정희숙 옮김, 『교육철학자비평론』(서울 : 서광사, 1989).

Dewey, John, *Human Nature and Conduct* (New York : The Modern Library, 1957).

Oakeshott, Michael, "The Tower of Babel", *Rationalism in Politics and other essays* (London and New York : Methuen & Co. Ltd., 1962).

_____, "Rationalism in Politics", *Rationalism in Politics and other essays* (London : Methuen & Co. Ltd., 1962).

_____, "Rational Conduct", *Rationalism in Politics and other essays* (London and New York : Methuen & Co. Ltd., 1962).

Peters, Richard S., "Reason and Habit : The Paradox of Moral Education" in W. R. Niblett ed., *Moral Education in a Changing Society* (London : Faber & Faber Ltd., 1963).

□ 지은이 / 박재주

서울대 사범대에서 문학사, 교육학 석사, 교육학(윤리교육) 박사 학위를 받은 뒤, 한국학중
앙연구원에서 철학(동양철학) 박사 학위를 받았다. 1986년부터 지금까지 청주교육대 윤리
교육과 교수로 있으면서 한국초등도덕교육학회 회장과 동양윤리교육학회 회장, 한국윤
리학회 부회장, 한국윤리교육학회 부회장 등을 지냈다. 주요 저서로는『남북 분단과 사상
적 갈등』(공저, 1991),『사회주의 체제의 변화와 적응』(공저, 1993),『주역의 생성 논리와
과정철학』(1999),『동양의 도덕교육 사상』(2000),『서양의 도덕교육 사상』(2003) 등이 있
고, 역서로는『현대 마르크스주의에 대한 이해』(공역, 1987),『공산주의 정치 체계』(공역,
1988)『강한 민주주의』(1991),『중국윤리사상사』(공역, 1997),『주역과 전쟁 윤리』(공역,
2004),『윤리탐구공동체 도덕교육론』(2007),『해의 양심과 달의 양심』(2008) 등이 있으며,
주요 논문으로는「유가 윤리에서의 공감의 원리」(2007),「덕의 통합성과 통합적 접근의
도덕교육」(2008),「철학적 탐구 공동체를 통한 함께 생각하기의 도덕과 교육」(2009) 등
60여 편이 있다.

문학 속의 도덕철학
초판 1쇄 인쇄 / 2010년 7월 5일
초판 1쇄 발행 / 2010년 7월 10일

■
지은이 / 박재주
펴낸이 / 전춘호
펴낸곳 / 철학과현실사
서울특별시 종로구 동숭동 1－45
전화 02－579－5908~9

■
등록일자 / 1987년 12월 15일(등록번호 제1－583호)

■
ISBN 978-89-7775-725-7 93130
*잘못된 책은 바꾸어 드립니다.
값 20,000원